La Difficile Recherche de l'égalité

Pierre Godin

La Difficile Recherche
de l'égalité

La Révolution tranquille
vol. 2

Boréal

Conception graphique : Gianni Caccia
Photo de la couverture : Canapress

© **Les Éditions du Boréal**

Dépôt légal : 2ᵉ trimestre 1991
Bibliothèque nationale du Québec
Diffusion au Canada : Dimedia

Données de catalogage avant publication (Canada)

Godin, Pierre, 1938-

    La Difficile Recherche de l'égalité

    (Boréal compact ; 28)
    Publ. antérieurement sous le titre : Daniel Johnson
Montréal : Éditions de l'Homme, c1980.
    Fait suite à : La Fin de la grande noirceur.
    Comprend des références bibliographiques et un index.

    ISBN 2-89052-381-0

    1. Johnson, Daniel, 1915-1968.   2. Union nationale.
3. Hommes politiques — Québec (Province) — Biographies.
4. Québec (Province) — Politique et gouvernement —
1960-1976.   I. Titre.   II. Titre : Daniel Johnson.

FC2925.1.J63G63 1991   971.4'04'092   C91-096265-0
F1053.25.J63G63 1991

CHAPITRE 1

Égalité ou indépendance

Entouré de ses conseillers, le chef de l'Union nationale cherche un titre pour le petit livre qu'il a l'intention de lancer pendant les assises générales du parti de mars 1965 et qui résume son nouveau credo constitutionnel.

— Pourquoi pas *Égalité ou Indépendance* ? hasarde quelqu'un.

Johnson reste déconcerté un bref instant. Il lance à son interlocuteur un regard étonné. Accoler à son option un mot aussi piégé que celui d'indépendance, n'est-ce pas suicidaire ? Il ne dit rien, apparemment plongé dans ses pensées — la réflexion est son péché mignon, un legs de ses années de séminariste. Il se dirige vers la fenêtre de la suite qu'il occupe au quatrième étage du Château Frontenac, dans l'aile longeant le parc dont le nom perpétue le souvenir de Frederik Haldimand, un gouverneur britannique surnommé « le Tortionnaire » par les anciens Canadiens.

Johnson aura bientôt cinquante ans. La force de l'âge s'accompagne, chez lui, d'un mélange de sérénité et de sévérité. Il a perdu du poids après sa crise cardiaque de l'automne précédent, et cette récente finesse confère à sa physionomie une sorte d'austérité et de sérieux qui l'avantage. Il n'a plus cet air banal de l'avocat légèrement replet, affligé d'un début de double menton et peu conscient de son apparence. Il est onze heures et Johnson, selon son habitude, est encore en robe de chambre. Chaque matin, avant de s'habiller, il aime aller et venir, lire les journaux et téléphoner aux quatre coins de la province pour tâter, jour après jour, le pouls de la population.

Outre Paul Gros d'Aillon qui, les yeux interrogateurs, est suspendu à ses lèvres, il y a dans la chambre Jean-Noël Tremblay, Charles Pelletier et l'ironique Paul Chouinard, son nouveau secrétaire particulier. En entendant la suggestion, celui-ci a laissé tomber :

— C'est très bon, ça...

Johnson semble absent. Il tourne le dos à ses collaborateurs. Il observe, au pied de la terrasse Dufferin, le fleuve prisonnier de la glace épaisse de février. Quelques instants s'écoulent encore — pour Paul Chouinard, c'est une éternité. Le patron se retourne tout à coup et dit :

— Oui..., c'est un bon titre.

Johnson accepte le risque. Son premier livre portera donc le titre provocant de *Égalité ou Indépendance !* Slogan mystificateur peut-être, mais combien subtil. Une formule choc aussi, bien frappée, qui traduit à merveille les deux termes de l'alternative qui s'offre à la nation canadienne-française. Une formule ouverte et large, assez ambivalente pour lui laisser une porte de sortie : « Donnez-moi l'égalité ou je fais l'indépendance ! » C'est la stratégie du *hold-up*, la bourse ou la vie ! Johnson ne négocie jamais sans se ménager une issue. C'est là une règle apprise autrefois quand il traitait avec la direction de l'Université de Montréal, à titre de président des étudiants.

Depuis quelques mois déjà, son entourage réfléchissait au diptyque révélé à mots couverts par Charles Pelletier aux gens du RIN, lors de la rencontre du « Club des volailles » au printemps de 1964. En réalité, l'expression était née en janvier 1963, au moment où Johnson avait fait sa première intervention majeure devant l'Assemblée législative, pour exposer sa nouvelle image constitutionnelle. *Le Nouvelliste,* quotidien de Trois-Rivières, avait alors résumé son discours par un titre frappant : « Johnson réclame l'égalité ou l'indépendance. » Le brillant de la formule n'avait pas échappé à ses proches. Et le moment semble enfin venu de l'utiliser de façon spectaculaire dans le débat national. En effet, elle habille parfaitement le contenu idéologique du pamphlet qu'un comité de quatre conseillers est parvenu à élaborer en un mois de travail soutenu.

Paradoxalement, c'est le premier ministre Jean Lesage qui a

donné à Johnson l'envie de tâter de la littérature politique. En 1960, celui-ci s'était découvert une éphémère vocation d'écrivain et, pour mieux faire connaître sa pensée, avait publié *Jean Lesage s'engage*. Depuis, Paul Gros d'Aillon avait fait des pieds et des mains pour convaincre son chef de suivre l'exemple du leader libéral, en le lui rappelant à satiété... en pure perte.

Finalement, c'était Jean Lesage qui avait réussi à ébranler la montagne : au cours d'une passe d'armes constitutionnelle toute récente, il avait mis Johnson au défi de publier, comme lui-même se proposait de le faire, le texte intégral de tous ses discours consacrés à la question nationale. « On verra alors lequel des deux tergiverse le plus ! » avait-il lâché de sa voix de stentor. Pris au piège, Johnson s'était donc rallié à l'avis de son publiciste. Il allait même devancer le premier ministre en publiant son manifeste dès le congrès de son parti, prévu pour mars[1].

Johnson n'écrit jamais une seule ligne lui-même. Aussi, pour colliger ses interventions et en faire une synthèse adéquate, choisit-il Charles Pelletier, rédacteur attitré de ses principaux discours. Pelletier, c'est le « penseur » de l'équipe. Johnson admire sa sagesse, sa modestie et sa discrétion. Ses textes sont toujours au point. Ses origines paysannes — il vient de Sainte-Anne-de-la-Pocatière, haut lieu québécois de l'agriculture — et sa profondeur intellectuelle font dire de cet ancien journaliste de *L'Action catholique* : « Pelletier, c'est un homme qui a les pieds dans la bouette de la réalité et la tête dans les nuages. »

Mais pour faire du bon travail, croit Charles Pelletier, il faut y mettre le temps. Aussi répond-il à Johnson qui l'exhorte à se mettre rapidement à l'ouvrage :

— Il faudrait que j'y consacre tout mon temps. J'aurai besoin de quelques mois.

Le chef unioniste est pressé. Son livre doit être prêt dans un mois et demi, au plus tard. Et puis, il a besoin de Pelletier pour la routine quotidienne. Impossible, donc, de le libérer entièrement[2]. Johnson prend le téléphone et joint Gros d'Aillon, à Montréal.

— Je vous ai fait envoyer les textes, lui dit-il. Regardez ce que l'on peut faire avec cela et donnez-moi une réponse en fin de semaine[3].

Son « Français » rédige un premier jet, soumis quelques jours plus tard à la critique de Johnson et du comité *ad hoc*, composé de Pelletier, Jean-Noël Tremblay et Paul Chouinard. Trop indigeste, le texte de Gros d'Aillon. Deuxième rédaction dont se charge cette fois Charles Pelletier, suivie d'une autre série de séances d'épluchage, souvent nocturnes. Johnson participe à toutes les phases du processus, jusqu'à la correction des épreuves, même. Le véritable auteur, c'est lui. Même s'il n'a pas écrit un traître mot. Il oriente les idées, la pensée et l'articulation du livre. De la première à la dernière page se déploie la philosophie constitutionnelle de Daniel Johnson. Mais son œuvre lui monte à la tête ! Un matin, il confie à Gros d'Aillon :

— Je me suis réveillé séparatiste, ce matin. Il faut que je me retienne[4] !

C'est une boutade, bien sûr, mais elle reflète l'effervescence politique qui marque le début de 1965. Daniel Johnson a raison de « délirer ». Pour la première fois depuis 1961, les événements le favorisent. Grâce aux maladresses du gouvernement Lesage, il perçoit enfin le bout du tunnel où sa carrière s'était ensablée depuis son élection à la direction du parti de Maurice Duplessis. Lesage a l'air de s'essouffler. Réformistes et conservateurs du cabinet sont, paraît-il, comme chiens et chats. René Lévesque fait de plus en plus bande à part et, certains jours, il emprunte le langage des crypto-séparatistes.

Au cours de ses combats des cinq dernières années, Lesage a arraché à Ottawa une série de victoires à la Pyrrhus. Mais l' « épirote » ne peut aller plus loin. À la fin de 1964, il conclut donc un traité de paix constitutionnel qui ressemble à une reddition. Lesage commet une grave erreur en acceptant les yeux fermés la formule d'amendement et de rapatriement de la Constitution canadienne (la formule Fulton-Favreau) proposée par le gouvernement fédéral[5].

Il s'agit d'un traquenard pour le peuple du Québec, car la formule l'enchaîne à la volonté fatalement majoritaire du Canada anglais. Le pacte que Lesage s'apprête à signer ouvre des brèches inquiétantes dans le rempart des droits garantis au Québec par le texte de 1867. Johnson, qui cherchait désespérément un cheval de bataille susceptible de rassembler autour de lui l'opposition montante et grognonne des nationalistes, saisit ce retour de la fortune. Grâce à la précipitation d'un Jean Lesage, épuisé aussi bien par les chamailles de ses ministres que par ses luttes homériques et tonitruantes contre la puissance outaouaise, il tient enfin une carte maîtresse. Fédéraliste dans l'âme, le chef libéral ne peut pousser plus loin ses revendications sans faire s'écrouler le château de cartes du fédéralisme canadien. À Johnson, donc, de jouer et de bien jouer.

L'occasion se présente dès le début de 1965. En effet, de par la volonté même du premier ministre, 1965 sera consacrée à la révision constitutionnelle. Lesage se donne pour mission de convaincre ses compatriotes du bien-fondé de la formule Fulton-Favreau. La belle affaire ! Ce programme ravit un Daniel Johnson en train, comme par hasard, d'armer la gueule de ses canons pointés à la fois contre Lesage et Ottawa. Un Daniel Johnson qui prépare avec passion les grandes assises unionistes de mars, lesquelles scelleront l'unité entre lui et la faction Bertrand, et lui fourniront l'occasion de proclamer à la face des Canadiens et des Québécois son *nouveau et percutant slogan* : égalité ou indépendance !

*   *   *

Au moment où il amorce le grand débat sur la formule Fulton-Favreau, Jean Lesage a atteint le faîte de la puissance politique. Il est sorti vainqueur de ses bagarres avec Ottawa. Toujours fulminant, il domine la scène politique canadienne. Aucun chef de parti n'a une personnalité aussi brillante. Mais il a déjà fait le tour du jardin politique québécois, il en connaît chacune des plantes et s'y sent à l'étroit. Que lui reste-t-il comme objectif, sinon la direction du Parti libéral canadien que le doux et minoritaire Pearson ne parvient pas à relancer ? Jean Lesage à Ottawa, Jean Lesage digne successeur des Laurier et Saint-Laurent ? Pourquoi pas ? L'idée est dans l'air en 1965, année au cours de laquelle les libéraux de Pearson iront aux urnes avec l'espoir d'obtenir de l'électorat un mandat majoritaire. Les stratèges fédéraux s'interrogent : Lester B. Pearson possède-t-il le charisme et l'autorité nécessaires ?

Aux yeux des orthodoxes du fédéralisme canadien — et des tories aussi, bien sûr —, les attaques de Lesage ont porté atteinte à l'aura politique de Pearson, qui n'a pas su résister avec fermeté au chantage du gouvernement de la Révolution tranquille. Dans trois domaines au moins, Ottawa a capitulé devant Lesage : les impôts, les programmes à frais partagés et les rentes. Entre 1960 et 1965, il faut le souligner, la discorde canado-québécoise a mis entre parenthèses le dossier délicat de la révision constitutionnelle. Elle s'est surtout nourrie de tractations et de discussions autour du partage des deniers publics. Hasard ? Non. C'est plutôt le produit de la nécessité où se trouve le gouvernement québécois, surtout depuis 1963, de dénicher de nouvelles sources de revenus pour financer sa *révolution*. Le Québec est au bord de la faillite. Lesage n'a plus le choix : il doit revendiquer un nouveau partage de l'assiette fiscale entre le fédéral et les provinces. L'argent est à Ottawa, mais les besoins sont à Québec.

Depuis ce jour des années de guerre où le libéral Adélard Godbout a malencontreusement abandonné au gouvernement fédéral de Mackenzie King l'exclusivité du droit de percevoir des impôts en sol québécois, la fiscalité est demeurée un brandon de discorde entre Québec et Ottawa. En janvier 1954, Duplessis s'était fixé comme objectif la reconquête du droit perdu. Dans un geste historique qui prit les fédéraux de Louis Saint-Laurent au dépourvu, il institua un impôt provincial de 15 pour 100, déductible de l'impôt fédéral. On entendit d'abord, venant d'Ottawa, de longs jappements. Saint-Laurent grogna puis se gendarma pour, finalement, consentir à une déduction de 10 pour 100. La muraille était fissurée. La gaffe de l'insouciant Godbout se trouvait ainsi réparée, en partie tout au moins.

Jean Lesage reprend l'offensive là où Duplessis l'avait interrompue. Pendant la conférence fiscale de juillet 1960, il fait monter les enchères et réclame du gouvernement Diefenbaker rien de moins que la remise aux provinces de 25 pour 100 de l'impôt sur le revenu des particuliers, 25 pour 100 de celui des sociétés et 100 pour 100 de l'impôt sur les successions. C'est la première formulation de la demande du 25-25-100 des trois impôts directs. En 1954, le ministre fédéral du Grand Nord canadien, Jean Lesage, avait répliqué à Duplessis, qui invoquait le droit prioritaire des provinces pour justifier la création d'un impôt québécois : « C'est une théorie absurde ! » Aujourd'hui qu'il est à la tête de l'État du Québec, il reprend les arguments du Chef. De toute évidence, en matière de fédéralisme, les conceptions se modifient selon qu'on se trouve à un bout ou à l'autre de la lorgnette.

Mais, à Ottawa, en juillet 1960, Lesage n'est pas le seul à

afficher, sans aucune retenue, des appétits fiscaux insoupçonnés. Toutes les provinces sont affamées. Leslie Frost, de l'Ontario, réclame à lui seul 800 millions de dollars. Si elles étaient satisfaites, les demandes totales des provinces grugeraient le tiers du budget fédéral, soit deux milliards de dollars. Le premier ministre Diefenbaker se sent assiégé.

En octobre de la même année, seconde phase de la conférence fiscale. Diefenbaker réussit à faire l'unanimité des chefs provinciaux contre lui en ne consentant qu'une remise de 14-9-50 sur les trois impôts. Dépité, Lesage quitte Ottawa avec fracas, en avertissant Diefenbaker qu'il tient mordicus à son 25-25-100. Pendant que le premier ministre ontarien Frost démolit sans pitié les propositions fédérales, celui de la Saskatchewan, T. C. Douglas, parle d'un « retour à la loi de la jungle d'avant 1930[6] ».

Contrairement aux autres, le Québec n'a pas limité ses revendications aux gros sous, mais a aussi exigé la reconnaissance « du droit inaliénable à exercer sa pleine souveraineté dans les domaines de sa compétence ». C'est la première fois que Jean Lesage utilise un mot promis à une brillante carrière dans un Québec où le nationalisme de survie de l'ancien régime va bientôt prendre une allure conquérante. Au fond, il maquille ses demandes d'argent sous le fard de principes fondamentaux. Il s'est aussi imposé comme chef de file des premiers ministres provinciaux et les invite à Québec, au début de décembre, pour reconstituer l'interprovincialisme — vieux front qui renaît immanquablement aux années noires du fédéralisme canadien.

En février 1961, John Diefenbaker rappelle à Ottawa les premiers ministres des provinces pour leur offrir 20 pour 100 de l'impôt. Du même souffle, il modifie cependant le calcul des paiements de péréquation, de telle sorte que le Québec n'y gagne pas un sou de plus. Lesage voit le piège et soumet une contre-proposition que « Dief » promet d'étudier. Il repart donc pour Québec en rentrant sa colère. Une fois de plus, Ottawa n'a pas tenu compte de sa demande 25-25-100. Les pourparlers sur la fiscalité ne reprendront qu'en novembre 1963 — avec un nouvel interlocuteur fédéral.

En avril de la même année, en effet, le gouvernement de John Diefenbaker cède le pouvoir aux libéraux de Pearson. Lesage prononce son discours du budget, la veille du scrutin fédéral. Moment propice, s'il en est un pour adresser au futur premier ministre Pearson ce qui se révèle, en fait, un ultimatum : Québec accorde un an à Ottawa pour satisfaire ses exigences fiscales. Si, après ce délai, le gouvernement fédéral ne remet pas à Québec 25 pour 100 de l'impôt des particuliers et des sociétés, et 100 pour 100 des droits successoraux, ce sera alors la double taxation dont Ottawa devra porter l'odieux ! Pearson est élu, conformément à la prédiction des oracles. Le partage des impôts se négociera donc entre rouges. Est-ce de bon augure pour le Québec ?

Ce chassé-croisé ne laisse pas Daniel Johnson indifférent. Il ne ménage pas ses encouragements à Lesage, l'incite même à se radicaliser. Dans sa réponse au discours du budget, il soutient que Québec ne jouira pas de la moindre liberté fiscale, même en rapatriant les impôts dans une proportion de 25-25-100. Ottawa conservera toute la taxation indirecte, 75 pour 100 des deux grands impôts directs et, ce qui est plus grave encore, la totalité de l'initiative fiscale. La conclusion s'impose d'elle-même : Québec doit récupérer tout le champ de l'impôt, soit 100 pour 100. Si Lesage pratique la surenchère, Johnson, lui, prône le cambriolage ! Aussi longtemps qu'Ottawa tiendra les cordons de la bourse bien serrés, ne les desserrant que selon son bon plaisir, ajoute-t-il, la souveraineté du Québec demeurera une fiction pompeuse et dérisoire. Leurs multiples pèlerinages, courbettes ou révérences ne continueront de rapporter que des miettes à ces bonnes filles que sont les provinces[7].

Ancien pilote de l'aviation royale canadienne, « Mike » Pearson est avant tout un pacificateur. Le rôle de premier plan qu'il a joué dans le règlement de la crise de Suez lui a valu, en 1957, le prix Nobel de la paix. Pearson abhorre les affrontements. Diplomate, il sait conserver son flegme, son sourire même, quand d'autres comme Jean Lesage ponctuent leurs raisonnements de coups de poing sur la table. Aussitôt élu, Pearson relance le dialogue fédéral-provincial sur la fiscalité. On finira bien par s'entendre, non ?

Novembre 1963, les chefs provinciaux se retrouvent désunis devant un Pearson qui essaie d'en arriver à un compromis valable pour les uns et les autres. L'Atlantique tient à ce qu'Ottawa conserve toute son autorité sur la bourse nationale. L'Ouest, lui, veut que le fédéral se retire partiellement ou complètement (cette dernière position est celle de la Colombie-Britannique) du domaine des impôts directs. Lesage réitère sa position : 25-25-100 des impôts mais « sans ultimatum », précise-t-il à la presse. Entre rouges, on peut évidemment se parler sans crier[8].

Pearson prête une oreille attentive aux doléances des provinces. Mais son compromis de diplomate mécontente Jean Lesage, qui doit se contenter d'une remise de 18-9-75 sur les impôts directs au lieu de son éternel 25-25-100. Or, alors qu'il espérait récupérer au moins 70 millions de dollars pour l'année financière 1965-1966, il retourne dans sa capitale avec un maigre total de 42 millions de dollars. Tout n'est pas joué, cependant, car les premiers ministres vont réétudier l'entente à Québec en mars 1964. Lesage déclare donc « qu'il se reprendra en mars ». En bon chef d'opposition, Johnson ironise : « Parti en lion, Lesage revient en mouton. »

C'est à voir ! Car la conférence de Québec s'annonce orageuse. Pour avoir les moyens de sa politique, Lesage ira jusqu'à la guérilla constitutionnelle s'il le faut. Ce qu'il cherche, c'est non seulement de nouveaux points d'impôt mais aussi le règlement de deux autres dossiers litigieux : le régime des rentes que les deux gouvernements entendent créer chacun de leur côté et le retrait fédéral des programmes à frais partagés.

La dispute canado-québécoise à propos des rentes a pris naissance au printemps de 1963. Les révolutionnaires tranquilles avaient largement recouru aux emprunts pour financer leurs travaux d'Hercule. Dès les premiers mois de 1963, le fond du baril est atteint. Et où trouver de l'argent ? À Ottawa, bien sûr, mais aussi à même l'épargne obligatoire des contribuables. Il suffit, ont dit ses technocrates à Lesage, de créer, à partir de celle-ci, un vaste réservoir de capitaux dans lequel l'État pourra puiser. Comment ? En constituant un régime public de retraite dont les cotisations seront gérées par une caisse gouvernementale. Il suffisait d'y penser, comme pour l'œuf de Christophe Colomb[9].

Au moment des élections générales de 1963, Daniel Johnson avait été le premier à préconiser la « création d'un régime de retraite universel et transférable ». Fidèle à son aversion pour l'État, il excluait cependant toute participation gouvernementale, lui préférant une caisse de retraite privée gérée conjointement par les entreprises et les syndicats. Les libéraux fédéraux de Pearson avaient, eux aussi, inscrit une telle mesure à leur programme électoral de la même année. À peine élu, Pearson coupe l'herbe sous les pieds de Lesage en annonçant, le 16 mai, son intention de passer à l'action dans ce domaine. Vif courroux de ce dernier, qui lui réitère son ultimatum fiscal, tout en pressant ses technocrates d'accoucher au plus vite d'un régime de rentes proprement québécois. Lesage constitue un comité de travail composé de l'actuaire Claude Castonguay, d'un jeune loup de l'économie politique, Jacques Parizeau, et de deux sous-ministres : Claude Morin et Michel Bélanger.

Quand les échos de la contre-offensive québécoise parviennent à Pearson, celui-ci prend sa plume de diplomate pour expliquer son projet à son homologue du Québec et lui proposer la tenue d'une conférence fédérale-provinciale. Le 27 juin, soit sept jours plus tard, Lesage répond par une mise en garde « contre toute action unilatérale » d'Ottawa. Il accepte néanmoins l'idée d'une réunion au sommet, pourvu qu'on y discute aussi du programme fédéral d'aide aux municipalités, évalué à 400 millions de dollars et que Pearson entend instaurer en violation même de la Constitution, l'administration municipale étant, en effet, du ressort exclusif des provinces.

Fin juillet 1963, Pearson expose son projet de rentes aux premiers ministres provinciaux réunis à l'édifice du Parlement, dans la somptueuse Confederation Room dont les riches draperies font d'énormes taches écarlates sur les murs satinés. L'enjeu réel de cette conférence improvisée des 25 et 26 juillet ne sera pas la caisse de retraite, comme on aurait pu le croire, mais plutôt le projet d'aide aux municipalités vigoureusement dénoncé par Québec. Lesage ne peut pas ouvrir son jeu parce que son projet de régime de rentes n'est pas encore prêt. L'Ontario, qui désire instaurer son propre programme, demeure lui aussi dans l'expectative.

Le dilemme de « Mike » est le suivant : comment appliquer un régime de rentes universel et transférable quand le Québec et l'Ontario, qui regroupent les deux tiers de la population canadienne, refusent d'y participer ? On en reste donc aux discussions préliminaires. Le débat véritable reprendra à la conférence de Québec, en mars 1964, dans un climat social tendu à cause des menaces de mort proférées contre Elizabeth d'Angleterre par la frange extrémiste du mouvement indépendantiste. Quant au programme d'aide aux municipalités, la souplesse de Pearson permet à Jean Lesage d'avaliser un accord en vertu duquel les sommes mises à la disposition des municipalités par le fédéral et déposées dans une caisse de prêts seront administrées et distribuées par les provinces et non par Ottawa :

— Le régime confédératif est entré dans une ère nouvelle !

clame pompeusement le premier ministre québécois, pour qui la preuve vient d'être faite qu'il est possible, à l'intérieur de la Confédération, de trouver des formules d'entente respectant le point de vue légitime du Québec.

Convient-il de chanter victoire ? s'interroge l'éditorialiste Jean-Marc Léger, du *Devoir*. Non. Car l'accord Lesage-Pearson sanctionne une nouvelle intrusion du fédéral dans un domaine de compétence provinciale. Non seulement Ottawa supervisera-t-il l'action du gouvernement québécois dans un secteur où il n'a aucun droit de regard mais, en outre, il lèvera au Québec même des taxes directes aux fins d'utilisation provinciale. C'est la répétition de la polémique autour des subventions fédérales aux universités qui avait opposé Duplessis à Saint-Laurent durant les années 50.

Daniel Johnson ne trouve pas de mots assez cinglants pour fustiger la « trahison » de Lesage. Il affirme devant l'Assemblée que le Québec abdique gravement et impose un formidable recul à sa souveraineté en acceptant l'argent et l'aide d'Ottawa. Avec son programme de prêts aux municipalités, le fédéral vient de se doter, pour la première fois depuis 1867, d'institutions, de cadres, d'organismes, enfin de toute une organisation bureaucratique et administrative qui lui permettra de consolider et de maintenir son ingérence dans le domaine municipal. Ce précédent historique extrêmement dangereux ajoute-t-il, relève tout simplement « de la collaboration avec l'occupant[10] ».

L'emportement de Johnson traduit la fébrilité politique du moment. Avec ses attentats à la bombe et ses appels à la subversion, le terrorisme québécois pousse à l'inflation verbale et introduit dans les débats politiques une dimension nouvelle : l'angoisse et la peur. Pour les hommes politiques, cette tension signifie notamment une surveillance policière accrue. Aussi ne faut-il pas s'étonner si, le 30 mars 1964, la délégation fédérale dirigée par Lester B. Pearson trouve le Château Frontenac transformé en un véritable camp retranché. Chacun des ministres fédéraux se voit accompagné d'un policier qui ne le quittera pas d'une semelle pendant son séjour à Québec. Ne pénètre pas qui veut à l'étage du Château réservé aux délégués! Et ceux qui en sortent sont immédiatement pris en filature par les agents de la GRC. Mise en scène ou craintes fondées?

Si la ministre fédérale de la Santé, Judy LaMarsh, met parfois des gants de boxe pour répondre à ses adversaires, elle a cependant une sainte horreur de la violence physique et des armes. Son allure masculine ne l'empêche aucunement d'être terrorisée par l'atmosphère qui règne à Québec où l'air est irrespirable et où la polémique autour de la visite prochaine de la reine domine les conversations de café. Le *montie* qui la suit à la trace lui donne la désagréable impression que sa vie est en danger. Elle a le sentiment d'être en pays ennemi, d'être une étrangère indésirable dans son propre pays...

Après la première journée de travail, Judy va dîner dans un restaurant du vieux quartier avec le journaliste Joe Scanlon. À quelques tables du couple, discret comme seul sait l'être un policier en civil, mange l'ange gardien de Miss LaMarsh, qui la raccompagne ensuite incognito (?) au Château Frontenac. D'être constamment suivie et épiée par des hommes armées indispose encore plus la corpulente politicienne contre les revendications de Jean Lesage[11]. Appuyée par Walter Gordon, son collègue des Finances, aussi centralisateur qu'antiaméricain, Judy LaMarsh prône la ligne dure contre Québec et les provinces. Il faut un gouvernement central fort et il est plus que temps, selon elle, de rabattre le caquet à Lesage! Avant la conférence, la jeune ministre — elle n'a que trente-neuf ans — a eu maille à partir avec le Québec et l'Ontario, les deux provinces qui s'opposent au projet fédéral des rentes dont l'application relèvera de son ministère.

La délégation fédérale n'inclut pas que des faucons. Outre le modéré Pearson, le secrétaire d'État, Maurice Lamontagne, est également disposé à faire des concessions aux provinces pour prouver la justesse de ses théories sur le fédéralisme coopératif. L'ancien économiste de l'Université Laval est, comme Pearson, un adepte de cette souplesse dans la négociation qui constitue pour lui la marque de fabrique d'un fédéralisme viable et bien compris. Principal conseiller politique du premier ministre canadien et numéro un du mandarinat outaouais, l'influent Tom Kent assiste lui aussi à la conférence. Il y jouera un rôle clé.

Avant de se présenter à Québec, Pearson s'est laissé convaincre, par Walter Gordon notamment, d'opposer une fin de non-recevoir aux réclamations de Lesage. Au fait des difficultés financières de Québec, les fédéraux craignent de nouvelles exigences et Ottawa ne peut aller plus loin dans la voie des compromis, le courrier reçu par les députés anglophones indiquant hors de tout doute une hostilité accrue des Canadiens anglais envers toute nouvelle concession au Québec. Pearson va donc dire trois choses à Jean Lesage : Nous ne vous donnerons pas un sou de plus ! Nous nous opposons à tout nouveau retrait du Québec des programmes à frais partagés ! Nous vous interdisons de toucher au domaine des allocations familiales ! Telle est, pour l'essentiel, la stratégie fédérale[12].

Le matin du 31 mars, les participants envahissent l'Assemblée législative. Il y a des policiers partout. Avant de s'arrêter devant la porte du Sauvage, les voitures officielles doivent passer entre une double haie serrée de policiers provinciaux au garde-à-vous. À l'intérieur, le dispositif de sécurité est impressionnant : toutes les issues de la Chambre verte sont gardées. Ces mesures engendrent un climat de violence et de méfiance, peu propice au dialogue. Il y a quand même un élément positif : pour la première fois dans l'histoire des rencontres fédérales-provinciales, un système de traduction simultanée est disponible. Ainsi, chacun pourra discourir dans sa langue avec la certitude d'être compris de tous ses interlocuteurs.

À peine les discussions ont-elles commencé que, déjà, le sentiment d'un échec gagne les délégués. La modération et l'habileté diplomatique de Pearson ne parviennent pas à alléger le climat d'affrontement accentué par l'attitude belliqueuse du premier ministre québécois, qui n'est vraiment pas à prendre avec des pincettes ! S'adonnant un peu trop assidûment à la dive bouteille, il est devenu depuis quelque temps la cible préférée des caricaturistes. Au cours d'une conférence fédérale-provinciale antérieure, le président avait dû annuler la séance du soir à cause de l'agressivité d'un Lesage qui avait visiblement trop bu durant le dîner[13].

Mais, ce matin-là, le chef libéral est sobre. S'il joue au matamore, c'est pour impressionner Pearson et les premiers ministres des provinces. De plus, il est aux abois : son gouvernement est financièrement étranglé par une politique de grandeur qui a vidé les coffres de l'État. Pearson voit l'humeur de son collègue et, craignant de sérieux accrochages au sujet des rentes, il propose aux délégués d'en reporter l'étude à la dernière journée de la conférence. L'accord est unanime. Mais, à cet instant précis, un membre de la délégation fédérale commet un impair.

— À moins, M. Lesage, que vous n'ayez quelque chose à dire à ce sujet ? demande le maladroit.

— Oui, j'ai des choses à dire, et les voici !

Dans un geste théâtral, le premier ministre sort de son porte-documents une brique de cinq cents pages qu'il jette avec fracas sur la table — c'est le rapport tant attendu sur le régime de retraite québécois. Au milieu d'un silence impressionnant, il en explique les grandes lignes[14].

Au malaise évident des fédéraux répond le vif intérêt des premiers ministres provinciaux. Walter Gordon se maîtrise difficilement et Judy LaMarsh dévisage avec une méfiance empreinte d'une animosité à peine déguisée les deux ministres qui flanquent Lesage : l'expert en droit constitutionnel Paul Gérin-Lajoie, qui n'arrête pas de chuchoter à l'oreille de son chef, et René Lévesque, dont le visage dur et fermé ne lui paraît pas de bon augure pour l'avenir du Canada. L'excellence du programme québécois et sa supériorité sur le projet fédéral sautent cependant aux yeux de tous. Le contribuable paiera une cotisation moyenne de 2,9 pour 100 et touchera, à la retraite, l'équivalent de 25 pour 100 de son revenu. Le programme prévoit en outre que la caisse de retraite constituée par les cotisations atteindra un milliard en 1970, deux milliards et demi en 1976 et plus de quatre milliards en 1986. Il s'agira donc d'un puissant levier économique qui accroîtra l'indépendance financière de la province.

À la recherche eux aussi de nouvelles sources de revenus, les premiers ministres provinciaux sont séduits par le régime québécois. Pearson également, qui remarque avec flegme :

— Peut-être devrions-nous tous nous joindre au programme du Québec ?

Le sort du régime de retraite canadien paraît scellé. Stimulés par les propositions québécoises, les chefs des provinces expriment tour à tour de fortes réserves à l'endroit de celui-ci. John Robarts, de l'Ontario, bouscule Ottawa :

— Mon gouvernement participera au programme fédéral à la condition que toutes les provinces y participent !

Pearson baisse pavillon. À huit heures, le lendemain, il réunit ses collaborateurs dans sa suite pour leur proposer d'harmoniser le projet fédéral et celui du Québec[15]. Rencontre orageuse ! Le recul de Pearson stupéfie Gordon et LaMarsh pour qui Lesage est tout au plus un crâneur assoiffé d'argent. Si Ottawa dit non, il fera l'agneau. Pearson croit le contraire. Maurice Lamontagne et Tom Kent également. Judy est profondément déçue par son chef. Le climat d'intimidation qui sous-tendait la réunion aura donc eu raison de sa détermination. Il aura suffi à Jean Lesage de lancer sa foudre pour que Pearson lui cède et abandonne la ligne dure.[16]

La suite de la conférence prouve que l'attitude compassée du premier ministre du Québec ne tenait pas de la bravade. Il maintient son intransigeance jusqu'à la fin des discussions en précisant, de surcroît, que ses 25-25-100 ne sont qu'un « strict minimum ». Il annonce aussi à Pearson que sa province se retirera de cinq programmes à frais partagés en janvier 1965 et réclame donc une compensation fiscale de l'ordre de 220 millions de dollars. C'est beaucoup d'argent. Au total, les diverses revendications du Québec équivalent à 68 pour 100 de l'impôt sur le revenu, 25 pour 100 de l'impôt sur les sociétés et 100 pour 100 des droits successoraux. Ce n'est plus 25-25-100 que veut maintenant Lesage mais 68-25-100 !

Pearson a beau tenir à la collaboration avec les provinces, peut-il aller jusqu'à leur laisser sa chemise ? Il écoute les doléances de Lesage et de ses homologues, mais ne propose rien en retour. Tantôt il formule quelque acceptation de principe, tantôt il émet des réserves. Il étire le temps. Le soir du 2 avril, on assiste à un coup de théâtre ! Refusant de s'associer au communiqué final de la conférence, Lesage convoque les journalistes pour exprimer son « profond désaccord ». Si Ottawa ne cède pas à ses exigences fiscales, ce sera la double taxation ! menace-t-il.

En compagnie du premier ministre Robarts, Pearson fait à son tour, devant les reporters, le bilan — plutôt maigre — de la conférence. Mais il ne prononce pas le mot que tous ont en tête : fiasco ! Le sourire s'est retiré de son visage de diplomate chevronné. « Écartèlement de la Confédération », titre la presse du lendemain. Comble de l'ironie, un appel à la bombe cloue l'avion de Pearson au sol, à l'aéroport de l'Ancienne-Lorette. Les policiers fouillent en vain l'appareil — un farceur, sans doute. Judy LaMarsh est plongée dans de sombres pensées. Son chef l'a tellement désappointée qu'elle souhaiterait presque voir l'avion exploser en plein vol! Peut-être vaudrait-il mieux pour le bien du Canada, se dit-elle avec un brin de cynisme, que le *leadership* timoré de Pearson vole en mille miettes en même temps que cet appareil qui le reconduit dans la capitale canadienne, au soir de ce Waterloo humiliant[17].

Maintenant que les politiciens ont échoué, c'est au tour des mandarins de la fonction publique d'entrer dans le jeu! La fin de la Confédération, que certains esprits ne manquent pas d'évoquer pour stopper les revendications québécoises, n'est pas pour Pâques de 1964! Quinze jours plus tard, en effet, Ottawa et Québec finissent par s'entendre grâce à la médiation des technocrates. Le mandarin québécois Claude Morin reprend la discussion avec Tom Kent, là où les hommes politiques l'avaient abandonnée. Claude Morin a trente-cinq ans. Il fume sans cesse sa pipe comme René Lévesque, la cigarette. C'est un homme carré dont le crâne s'est précocement dénudé. Élève du père Lévesque, il est allé se spécialiser dans les questions de sécurité sociale à l'Université Columbia de New York. Après la victoire libérale de 1960, il est passé au service du nouveau premier ministre, dont il rédige les discours constitutionnels. Morin s'est rapidement imposé, au point de devenir bientôt l'éminence grise de Lesage, qui, en juin 1963, l'élève au poste de sous-ministre des Affaires fédérales-provinciales.

Le numéro un de la technocratie québécoise éprouve beaucoup de respect pour Tom Kent, un ancien directeur de journaux. D'ascendance allemande, Kent est bilingue, mais sa seconde langue est l'allemand et non le français. Doté d'une froide logique, il parvient toujours à éteindre les pires incendies à coup de compromis compliqués mais acceptables. Quelques jours après l'échec de Québec, les deux fonctionnaires se rencontrent grâce à l'initiative du ministre fédéral Maurice Sauvé. Ce dernier se conduit en politique comme un éléphant dans un magasin de porcelaine. Son allure de fier-à-bras impressionne ses interlocuteurs, qu'il n'hésite pas à bousculer comme bon lui chante. Redoutant quelques frasques de sa part, on l'a tenu à l'écart de la conférence de Québec, en dépit de son désir d'y participer. Le bouillant ministre possède cependant un atout : il est l'ami commun de Morin et de Kent, et se trouve donc bien placé pour jouer à l'honnête courtier[18].

Au cours d'une conversation téléphonique, Morin apprend au ministre que Lesage lui a demandé de glisser dans le prochain discours du budget, prévu pour le 17 avril, une violente charge contre Ottawa afin de justifier la levée d'une double taxe sur le revenu des citoyens et des entreprises ; Maurice Sauvé, qui a cru déceler de l'inquiétude dans la voix de son interlocuteur, transmet immédiatement le «message» à Tom Kent. Morin a-t-il voulu leur tendre une perche ? Le lendemain, Kent et Sauvé se retrouvent chez Pearson, qui demande en voyant leur mine grave :

— Quelle est la dernière tuile ?

Le fatalisme de Pearson a grandi depuis la déroute de Québec. Kent et Sauvé lui demandent la permission de se rendre dans la Vieille Capitale pour sonder les intentions du sous-ministre Morin. Le premier ministre fédéral se montre réticent — en cas de «fuite», ne l'accusera-t-on pas encore de ramper devant Lesage ? Il soupire :

— D'accord, allez-y ! Je ne voudrais pas que l'on dise un jour que je n'ai pas tout fait pour sauver la Confédération. Mais soyez discrets[19] !

Il faudra cinq jours aux porte-parole des deux camps, réunis à Ottawa, pour trouver une formule acceptable. Ce n'est pas une partie de plaisir ! Le 11 avril, six jours avant le dépôt du budget Lesage, Morin et son collègue Claude Castonguay en viennent à un cheveu de rompre la négociation. Quinze points empêchent encore un accord définitif. En fin de journée, au moment où les deux négociateurs québécois se préparent à quitter la salle du Conseil privé où a lieu la réunion, Kent fait signe à Sauvé de le suivre, puis se dirige vers les toilettes. Les deux hommes conviennent alors de faire un nouveau bout de chemin.

La négociation reprend et, à dix-neuf heures, Morin et Castonguay donnent finalement leur consentement à un arrangement qui accorde au Québec des concessions fiscales importantes (225 millions de dollars de plus en 1965 et en 1966, soit l'équivalent de 24 pour 100 de l'impôt des particuliers) en retour de l'adhésion de la province à un régime de retraite uniforme qu'elle sera, toutefois, seule à administrer[20]. L'entente permet aussi au Québec de se retirer de 28 programmes à frais partagés, en échange d'un abattement supplémentaire de 20 points. En 1966, Québec pourra donc percevoir 44 pour 100 de l'impôt sur le revenu.

Jean Lesage obtient enfin le redressement fiscal réclamé depuis 1960.

— Le soleil est aussi resplendissant à Québec qu'à Ottawa, commente-t-il peu après devant les journalistes.

Cette épreuve de force entre les deux capitales vient de prouver que la théorie des deux nations est praticable. Le Québec s'est comporté comme une nation négociant, par le biais du gouvernement fédéral, avec une autre nation, pendant que les autres provinces attendaient passivement le dénouement. Québec est donc un État dans un autre État. Il a agi comme tel et, ô miracle ! le Canada n'a pas éclaté[21]. Sans doute. Mais il faut dire que le premier ministre canadien a l'impression de trahir son mandat, d'abdiquer devant une province.

Vers la fin de la négociation secrète, il confie à Claude Morin, que Kent a laissé seul un instant en sa compagnie, à sa résidence du 24 Sussex Drive :

— Je suis premier ministre du Canada et je souffre d'insomnie, car je ne sais plus quoi faire…

Allongé sur un divan bas, vieilli et désabusé, Pearson se tait quelques secondes avant de reprendre :

— Quoi que je fasse, je suis un homme condamné d'avance, par Diefenbaker ou par Lesage. Que dois-je faire ? C'est terrible d'être critiqué de tous côtés ! Parfois, je me demande si je suis fait pour être premier ministre…

— On peut vous critiquer aujourd'hui, réplique Morin pour lui remonter le moral, mais je suis sûr que l'on dira de vous dans quelques années : Pearson était l'homme de la situation. C'est ce que je pense, sincèrement.

— Vous avez peut-être raison, répond Pearson, pensivement. Si je vis assez longtemps pour entendre cela, je pourrai alors me dire que j'ai bien agi[22].

Une camisole de force pour le Québec

Quand, au début de 1965, avec son air resplendissant et suffisant de bourgeois de la Grande-Allée, Jean Lesage enclenche de nouveau le mécanisme de la révision constitutionnelle en acceptant la formule Fulton-Favreau, il s'aventure sur un terrain miné. Daniel Johnson l'attend de son côté des barbelés. La révision constitutionnelle? C'est, depuis 1930, un exercice périlleux pour les hommes politiques canadiens qui s'y livrent. En effet, toutes les tentatives pour rapatrier et réviser le texte caduque de 1867 ont systématiquement abouti à des échecs.

C'est en 1931 que le *Statut de Westminster* a reconnu la souveraineté du Canada. Il subsiste toutefois un lien de dépendance avec l'ancienne mère patrie : pour modifier sa Constitution, le Canada doit encore s'adresser au Parlement britannique. Londres ne demanderait pas mieux que de remettre aux Canadiens cette dernière responsabilité. Aussi, le premier ministre fédéral de l'époque, le conservateur R. B. Bennett, soucieux de convaincre les provinces de la nécessité d'effacer ce dernier vestige colonial, leur demande de confier au Parlement le pouvoir d'amender la Constitution de 1867. Levée immédiate de boucliers au Québec et en Ontario. Alexandre Taschereau et Howard Ferguson, premiers ministres des deux provinces, ne veulent absolument pas renoncer à leurs prérogatives :

— Rapatrier l'*Acte de l'Amérique du Nord britannique* sans l'adoption préalable de dispositions garantissant les droits provinciaux saperait le pouvoir des provinces au profit d'Ottawa.

Bennett renvoie son projet aux calendes grecques.

En 1950, seconde tentative et second avortement à la conférence fédérale-provinciale de Québec. Pour faciliter la chose, on divise en trois catégories les dispositions de la constitution de 1867 : celles qui pourraient être amendées par le Parlement fédéral seul, celles qui requerraient l'assentiment unanime des provinces et celles qui pourraient être amendées par le fédéral et une majorité des provinces. Pour Maurice Duplessis, il s'agit là de rapiéçage. Il réclame plutôt la rédaction d'une constitution entièrement nouvelle (Daniel Johnson reprendra plus tard cette exigence). Mais pour Louis Saint-Laurent, le temps d'une telle réforme n'est pas encore venu. Il vaut mieux, plaide-t-il, élaborer une méthode permettant de modifier de temps en temps, au gré des besoins, le document de 1867. La conférence s'ajourne sur cette divergence[23].

Le premier ministre Diefenbaker propose à son tour une réunion au sommet pour rapatrier et amender la Constitution. Elle a lieu en novembre 1960 et aboutit, bien entendu, à une impasse. Le Québec exige le consentement unanime des provinces pour modifier le document. Paul Gérin-Lajoie se montre catégorique :

— Le Québec ne cédera jamais sa compétence en matière de droits civils et de propriété !

Conciliante, la Saskatchewan propose d'accorder au Québec non pas le droit de veto demandé par Gérin-Lajoie, mais un droit de désaveu justifié par son statut spécial au sein de la Confédération.

— Inacceptable ! rétorquent les délégués québécois.

Troisième échec. On continue de tourner en rond[24]. Au cours de la conférence fédérale-provinciale du 14 octobre 1964, les participants abordent de nouveau la question. Coup de théâtre ! Après trente ans d'échecs consécutifs, les provinces et Ottawa s'entendent enfin sur une procédure d'amendement. Le Canada pourra donc modifier sa constitution sans recourir à un parlement étranger, comme toute nation véritablement indépendante. Aucune loi du Parlement britannique ne s'appliquera désormais au Canada.

La formule Fulton-Favreau propose trois méthodes pour amender la Constitution : les dispositions fondamentales (répartition des pouvoirs, langue, religion, etc.) ne pourront être changées qu'avec le consentement unanime du fédéral et des provinces ; les dispositions touchant plus particulièrement une province ne pourront être amendées sans l'accord de celle-ci ; toutes les autres dispositions exigeront l'assentiment de 7 des 10 provinces, représentant au moins la moitié de la population du Canada[25].

A-t-on enfin déniché la formule magique ? L'imprudent Jean Lesage, à qui, jusqu'ici, tout a réussi dans le domaine complexe des relations fédérales-provinciales, en est convaincu. Québec demandait un droit de veto ? Il l'obtient. Pour tout changement fondamental, il faudra son accord. Lesage déclare :

— La formule d'amendement garantit désormais de façon formelle les droits de l'autonomie des provinces et répond aux exigences du Québec.

Dès la première opposition, il se porte à la défense de la formule Fulton-Favreau. La fédération du Parti libéral l'appuie sans une seule fausse note :

— La formule permet l'évolution constitutionnelle du Québec ; elle constitue même une grande victoire !

René Lévesque brille par son absence quand les militants libéraux encensent leur chef. Désaccord ? Non, car à la demande de Lesage, le ministre s'est présenté avec Pierre Laporte devant les étudiants de l'Université de Montréal pour défendre la formule.

— C'est une victoire en retard mais pas une défaite, assure-t-il sans grande conviction.

Pour une fois, Lévesque n'a pas le dessus. Son opposant Jacques-Yvan Morin, brillant juriste à la barbiche trop bien taillée, arrache l'appui des étudiants. Morin démontre de façon lumineuse que la formule Fulton-Favreau emprisonnera le Québec dans un carcan[26].

Pour sa part, Daniel Johnson a enfin trouvé la faille de Jean Lesage. Il évalue clairement la situation : l'appui inconditionnel du premier ministre à une formule d'amendement qui soumet l'avenir du Québec au veto du Canada anglais, ou même d'une seule petite province comme l'Île-du-Prince-Édouard, l'isolera des éléments nationalistes et intellectuels qui l'ont soutenu jusqu'ici. La bourde de Lesage lui ouvre toutes grandes les portes du pouvoir. Qui ne connaît pas, en effet, la loi de fer de l'histoire politique du Québec, qui se vérifie depuis la Confédération ? Tout chef politique qui heurte de front le nationalisme canadien-français s'expose à la défaite.

Dès janvier 1965, Johnson se lance sur le sentier de la guerre. Ce faisant, il amorce une remontée politique spectaculaire qui le conduira au pouvoir en un an à peine. Le succès immédiat qu'il remporte dans sa croisade contre la formule Fulton-Favreau annonce la chute du « père » de la Révolution tranquille.

Le chef unioniste ne manque pas de toupet. Adopter comme cheval de bataille un thème aussi aride et impopulaire qu'une formule d'amendement constitutionnel relève du défi ou de l'inconscience totale ! Au début, ses auditeurs ne mordent pas à l'hameçon. Mais à force d'en parler chaque fois qu'il prend la parole en public, en l'émaillant d'images percutantes afin de mieux souligner les dangers d'une formule qu'il connaît bientôt par cœur, Johnson réussit à faire bouger l'opinion. Le constitutionnaliste Jacques-Yvan Morin, qui tient la formule Fulton-Favreau pour un véritable cheval de Troie, se joint à lui dans la lutte et l'on voit bientôt le politicien populariser les arguments alambiqués du juriste.

Le 27 janvier, Johnson donne le ton à sa campagne, en affirmant devant les parlementaires que la formule Fulton-Favreau constitue une camisole de force pour le Québec. Loin d'empêcher la centralisation fédérale, elle bloque, au contraire, toute décentralisation des pouvoirs au profit du Québec en exigeant l'accord d'au moins six autres provinces — accord plus que problématique. Il sera impossible au Québec d'étendre sa compétence, car « le veto de n'importe quelle province suffirait à tout bloquer, et rien ne pourrait se faire sans l'unanimité d'un forum où nous sommes 1 contre 10 ». Certes, le Québec peut paralyser les autres provinces, mais celles-ci auront toute latitude d'agir de même à son endroit. En somme, Johnson retourne contre Lesage le fameux droit de veto obtenu par le Québec et que son adversaire considère comme une victoire. Bref, la formule Fulton-Favreau fait du Québec une province comme les autres et rabaisse les Québécois au rang d'« esclaves » de la majorité anglophone. Quant au droit à l'autodétermination, on n'en parle même plus. Après avoir donné aux Québécois la « clé du Royaume » aux élections de 1962, le gouvernement Lesage leur fournit maintenant le cadenas[27].

L'opportunisme de bon aloi du politicien, qui, ayant vu son adversaire se découvrir, en profite pour le mettre k.-o., donne un sens à la bataille passionnée de Johnson. Il faut cependant connaître la conception qu'il se fait de la nation pour apprécier à juste titre la nature de son irréductible opposition. Société naturelle, comme la famille, la nation possède, avant toute constitution ou droit positif, des droits naturels inaliénables, par exemple celui de s'autodéterminer. Voilà pourquoi, même s'il ne favorise pas lui-même l'indépendance comme solution immédiate aux problèmes du Québec, Johnson interdit à son parti de la rejeter définitivement. Car la nation canadienne-française pourrait éventuellement la choisir, à l'exception de toutes les autres[28]. L'option indépendantiste revêt donc pour lui un caractère légitime, en plus, et cela va de soi, de s'avérer un instrument d'intimidation vis-à-vis des anglophones. Depuis quelques années, il s'en sert constamment pour faire avancer sa cause et celle du Québec. Il a la profonde conviction, issue de son tempérament d'Irlandais catholique intégré par sa mère à la nation francophone, qu'il ne faut surtout pas rejeter a priori l'indépendance. Parallèlement, s'il reconnaît à la nation canadienne-anglaise le droit de s'autodéterminer sur son propre territoire, il lui nie celui d' « autodéterminer » de force les Canadiens français du Québec ou de les retenir de force dans la Confédération. Ce serait pourtant là le résultat le plus évident de la formule Fulton-Favreau. C'est cette conclusion qui le pousse à employer fréquemment, pour la désigner, des expressions comme « camisole de force », « carcan », « cadenas », « corset constitutionnel[29] ».

Vers la fin février, Johnson élargit le front. Un mois plus tôt, Lesage avait saisi l'Assemblée de son intention de réduire les pouvoirs du Conseil législatif et de faire adopter une adresse à la reine appuyant la formule Fulton-Favreau. Les deux projets sont liés parce que, après l'adoption de l'amendement, la Constitution du Québec ne pourra plus être modifiée sans le consentement du Conseil législatif. Or, celui-ci obéit à l'Union nationale, qui s'oppose à la formule. Stratégie vouée à l'échec, cependant, car comment imaginer un seul instant que les conseillers législatifs, qui doivent approuver toute loi, accepteraient de faire hara-kiri ?

Dès le dépôt du projet de loi visant à réduire les pouvoirs de la Chambre haute, Johnson avertit Lesage qu'il dispose d'un « moyen infaillible de bloquer le rapatriement ». Il prévient :

— Je joue ma tête et mon parti contre la formule de rapatriement. Nous allons faire une lutte à mort, une lutte-suicide : suicide du Parti libéral ou suicide de l'Union nationale et de Daniel Johnson ! À mon âge, l'avenir n'est pas un problème... Mais jamais je ne voterai pour une formule de « dépatriement » qui enlève de façon radicale et définitive la maîtrise de leur destin aux Canadiens français, et fait d'eux une nation sans patrie[30] !

Le « moyen infaillible » de Johnson, c'est, bien sûr, le Conseil législatif dominé par la majorité unioniste. Le 24 mars, tous les conseillers de l'UN se lèvent comme un seul homme pour voter contre le projet de loi 3. Jean Lesage grogne :

— Je suis patient, mais ma patience a des limites et celle de mes collègues aussi !

Pour venir à bout de la résistance du Conseil législatif, il lui reste l'adresse à la reine. Mais, à sa grande surprise, les honorables membres de la Chambre rouge prennent eux aussi à témoin Elizabeth d'Angleterre ! En mai, ils lui font parvenir une contre-adresse la priant de ne pas tenir compte de la requête de l'Assemblée

législative — requête « anticonstitutionnelle », d'ailleurs, puisqu'en vertu de la Constitution de 1867 la législature du Québec
détient le droit exclusif de modifier sa charte, ce qui inclut les
pouvoirs et l'existence mêmes du Conseil législatif. Comment se
terminera la querelle ? Lesage songe à employer les grands
moyens : l'abolition pure et simple du Conseil législatif, ce que sa
défaite de juin 1966 ne lui permettra pas de réaliser. Cette idée
devient, avec le temps, une « patate chaude », car Johnson pro-
mettra lui aussi de le faire disparaître, mais quand il détiendra
enfin le pouvoir il ne pourra s'y résoudre. Ce sera finalement Jean-
Jacques Bertrand, son successeur, qui supprimera la Chambre
haute en décembre 1968.

Après avoir longtemps hésité, le directeur du *Devoir* se joint
au camp du refus. Pour Claude Ryan, la formule Fulton-Favreau est
un « inacceptable compromis » qui gèle la Constitution sur des points
cruciaux nécessitant une révision sérieuse, expose le Québec à
rester prisonnier pour longtemps de ses frontières constitutionnelles
actuelles, accorde à une province représentant 5 pour 100 de la
population un droit de veto à une modification voulue par les autres
et rend impossible l'obtention par le Québec d'un statut différent.
Le 2 mars, Ottawa lui-même vient donner raison à Johnson et à
Ryan par la bouche de Guy Favreau, ministre de la Justice, l'un des
deux auteurs de la formule d'amendement. En déposant son livre
blanc sur la Constitution, Guy Favreau avoue : le Québec ne peut
guère compter sur la procédure d'amendement proposée pour se
ménager un régime différent de celui des autres provinces à l'intérieur
de la Confédération[31]. Langage on ne peut plus limpide.

Le jour où Daniel Johnson propose au premier ministre Lesage
de tenir un référendum sur la révision de la Constitution, il est loin
de se douter que cette suggestion va lui fournir l'une de ses meilleures
armes. En démocratie, invoque Johnson, tout changement constitutionnel majeur est soumis au peuple souverain. C'est la procédure
utilisée en Suisse, en France et en Australie, entre autres. Le peuple
canadien a-t-il déjà été consulté une seule fois ? demande-t-il. Non.
C'est pire au Québec, où le gouvernement entend faire ratifier la
formule Fulton-Favreau par une majorité simple — et partisane —
de la Chambre basse.

L'idée d'un référendum déplaît au chef libéral qui la repousse
avec morgue :

— Comment voulez-vous que j'aille expliquer cela à des non-instruits ? confie-t-il aux journalistes, en brandissant le livre blanc du ministre Favreau[32].

Quand il laisse parler son cœur, Jean Lesage a le don de dire des énormités. Et, depuis un certain temps, il les additionne. Est-ce la fatigue ou le désenchantement ? On ne sait trop. Mais soutenir publiquement que la formule d'amendement dépasse le niveau d'entendement du Québécois moyen, quelle gaffe magistrale pour un chef de parti ! Éditorialistes et caricaturistes lui tombent dessus, cela va sans dire. Et le rusé Daniel Johnson, qui n'avait jamais espéré pareille aubaine, tire le maximum de capital politique d'une remarque qui, répète-t-il inlassablement, « constitue une insulte à l'intelligence de la population[33] ».

Fin mars, il devient évident pour tout le monde, même pour les libéraux, que Johnson est en train de remporter la bataille. Les milieux nationalistes, depuis l'Ordre de Jacques-Cartier jusqu'aux sociétés Saint-Jean-Baptiste en passant par les indépendantistes déclarés, invitent leurs membres à une offensive majeure contre la formule Fulton-Favreau. Les milieux étudiants s'agitent.

Lesage reçoit un ultimatum : renoncez à votre erreur, lui écrivent les étudiants, ou bien attendez-vous à une manifestation monstre à Québec ! De son côté, Pierre Bourgault, l'ancien journaliste de *La Presse* passé à l'action politique, réclame une opposition de masse et se dit prêt à donner la main à Daniel Johnson.

— Si le premier ministre Lesage ne trouve pas un prétexte, n'importe lequel, pour enterrer la formule Fulton-Favreau, s'exclame Johnson, nous formerons contre lui un front commun des représentants du peuple du Québec. Nous le forcerons à reculer[34] !

Jean Lesage a du plomb dans l'aile. À Ottawa, les libéraux fédéraux sont tout aussi désemparés que lui devant l'opposition commune des conservateurs, des néo-démocrates et des créditistes de Caouette. Pour Johnson, l'heure de rallier les Québécois sous sa bannière a sonné. Il peut, s'il le veut, miner l'autorité de Jean Lesage et lui imposer une volte-face honteuse. Il le tient à sa merci. Pourquoi pas une grande marche populaire sur Québec ? Dans le climat fébrile des grandes manœuvres s'amorcent des discussions préliminaires entre l'UN et le RIN, les étudiants, les cultivateurs, les syndicats et les jeunes de la chambre de commerce. Le Dr Marc

Lavallée s'entremet une fois de plus entre Bourgault et Johnson. Avenue des Pins, à Montréal, où réside Lavallée, on discute fort pour rallier tout le monde au choix du 8 mai.

Mais Daniel Johnson lui-même fait finalement échouer la manifestation. Il veut bien fraterniser dans la rue avec Pierre Bourgault et les boxeurs de Reggie Chartrand, autre figure de proue de l'indépendance, mais à condition d'en retirer le maximum d'avantages. Les pourparlers lui semblent mal engagés et il craint que le grand gagnant de toute cette histoire ne soit le RIN plutôt que l'Union nationale. Le projet avorte donc. La marche n'aura pas lieu[35]. De toute façon, les conseillers de Johnson et son organisateur en chef, Fernand Lafontaine, répugnent à l'idée de le voir descendre dans la rue. Si jamais il y avait du désordre — et les libéraux n'hésiteraient pas à en provoquer —, son image à peine naissante de leader crédible risquerait d'être irrémédiablement ternie[36].

En fin de compte, c'est Jean Lesage lui-même qui met fin aux protestations : le 26 mars, en effet, il bat en retraite. Vivement impressionnés par l'opposition croissante, plusieurs ministres l'ont convaincu de temporiser. Il pourra en profiter pour demander aux sondeurs de vérifier si la vague déclenchée par Johnson est superficielle ou si elle atteint vraiment les couches populaires. Les ministres aimeraient bien savoir, également, si les « non-instruits » de leur chef comprennent ou pas le sens véritable de la formule Fulton-Favreau[37].

Les résultats du sondage sont on ne peut plus éloquents : une majorité de Québécois s'oppose à la formule de rapatriement. Daniel Johnson peut déposer les armes et Lesage mettre fin à son apologie. Contrairement à Duplessis, celui-ci n'a pas réussi à s'ériger en guide constitutionnel convaincant aux yeux de son peuple, lequel le désavoue. En octobre, après un long voyage dans l'Ouest du Canada où il a pu mesurer l'ignorance des anglophones au sujet du Québec (« Les gens ne me croyaient pas quand je leur affirmais qu'il y avait plus de trois millions de Québécois qui ne parlaient pas un mot d'anglais. »), le premier ministre fait publiquement son autocritique :

— Ce n'est pas mûr. Je ne suis pas prêt à demander à M. Pearson de reprendre l'étude de la formule Fulton-Favreau. Je ne suis pas prêt non plus à présenter à nouveau une motion demandant son approbation. Je veux réfléchir... Je dois admettre que le moment n'est pas venu pour le pays de se donner une nouvelle constitution[38].

C'est, en somme, un enterrement de première classe. Rien de nouveau sous le soleil, cela dure depuis 1931. Le corps prend bientôt le chemin du caveau : la motion meurt au feuilleton de la Chambre. Daniel Johnson a raison de pavoiser comme il le fait, quelques jours plus tard, dans un discours cinglant et même méchant à l'adresse du grand perdant de la révision constitutionnelle :

> M. Lesage vient de découvrir, après avoir été député et ministre à Ottawa, que les Anglais ne nous comprennent pas. S'il m'entendait, je sais qu'il me soupçonnerait de l'accuser d'avoir été ivre pendant tout le temps qu'il a été à Ottawa. Mais je sais qu'il n'a pas passé son temps ivre à Ottawa. Alors qu'il était ministre des Affaires du Nord, c'est lui qui a ordonné l'enseignement de l'anglais à nos Esquimaux. M. Lesage s'apprêtait, avec ses ministres Laporte et Lévesque, à perpétrer une trahison contre la nation canadienne-française en tentant de faire adopter un texte qui représente la volonté lucide de l'*Establisment* pour maintenir l'ordre constitutionnel établi[39].

Deux mois plus tard, Lesage écrit au premier ministre Pearson pour lui faire savoir que le Québec écarte définitivement la formule Fulton-Favreau. *It's a dead duck!* commente-t-il aussi à l'Assemblée, sans se douter que le plus noir des moutons, c'est peut-être lui.

La cure de mars

L'ascension politique de Daniel Johnson connaît un nouveau bond en mars 1965, à l'occasion des assises générales de l'Union nationale pendant lesquelles il lance dans la bataille constitutionnelle son livre sur l'égalité ou l'indépendance. Durant ce congrès dont le slogan « Québec d'abord ! » sera repris lors des élections de juin 1966 qui sont déjà en vue, 3000 militants attentifs — le cirque grotesque de 1961 est loin ! — repensent, durant trois jours, les structures et la doctrine du parti. Il en résultera un programme adapté aux idées nouvelles et qui insufflera un nouvel élan aux militants, en prévision de l'affrontement électoral. Finalement, ces assises se révèlent pour l'Union nationale une fontaine de Jouvence. C'est une véritable apothéose, la cure de mars d'un chef et d'un parti qui ont le vent en poupe. Pour les journalistes ancrés dans une vision de l'UN qui appartient désormais au passé, ce congrès des 19, 20 et 21 mars 1965 demeurera une révélation, un point tournant.

Deux jeunes qui promettent assurent la coordination du congrès. Le notaire Mario Beaulieu, qui, depuis 1962, a abattu un travail de géant, voit à l'organisation technique. C'est lui, en outre, qui a mis au point une formule que les membres vont tester durant trois jours. Quant à l'animation du congrès, Johnson l'a confiée à un nouveau venu, Marcel Masse. C'est un professeur d'histoire de 29 ans, ambitieux, dynamique et ultranationaliste. Il aime, plus que tout, se faire photographier avec le fleurdelisé en fond de scène. C'est un petit homme très séduisant dont certains se demandent ce qu'il peut bien faire dans l'Union nationale. Ce qu'il y fait ? C'est très simple : avec 31 députés et 40 pour 100 des voix, l'UN représente pour lui la seule solution de rechange face aux libéraux et ce, malgré sa mauvaise réputation de parti fermé au renouveau et aux intellectuels.

Marcel Masse n'est pas du genre à croupir longtemps dans l'opposition. Mais il tient à ses idées. Favorable à la nationalisation de l'électricité, il a fait campagne avec les rouges en 1962. Il était alors l'un des dirigeants de la société Saint-Jean-Baptiste de Joliette. Alliance uniquement circonstancielle toutefois, car, originaire d'une région fortement conservatrice, il est de « sang bleu ». C'est à la fin de la même année qu'il rencontre pour la première fois Daniel Johnson chez le nouveau député unioniste de Joliette, Maurice Majeau. Les deux hommes se découvrent des atomes crochus et, en 1963, Johnson demande à sa nouvelle recrue de prendre la parole à sa place au congrès de la Presse étudiante nationale. En 1964, quand Johnson ranime le comité politique formé au moment du congrès de 1961, il y invite Masse. C'est, pour le jeune professeur radical de Joliette, le point de départ d'une fulgurante carrière politique[40].

Entre Marcel Masse et le militant unioniste traditionnel, peu articulé et peu bavard, il y a un monde. Dans un parti renommé pour son mépris des « cerveaux », il faisait figure d'intellectuel. Mais là aussi, les assises de mars ont fait leur œuvre et les penseurs ne sont plus mis au ban de l'UN. Duplessis ne pouvait pas les souffrir, ne voyant en eux que « joueurs de piano » ou poètes, et Johnson, en fidèle disciple, avait adopté la même attitude. Mais son opinion se modifie dès l'instant où il se rapproche des milieux indépendantistes et étudiants. Simultanément, ceux-ci découvrent, à son contact, qu'il n'est pas aussi farouchement anti-intellectuel qu'on le prétendait et qu'il possède même une intelligence exceptionnelle.

Johnson mise beaucoup sur les défections parmi les libéraux — il n'hésite pas à inviter au congrès les idéologues et spécialistes de toutes tendances politiques. D'ailleurs, la formule conçue par Mario Beaulieu empêche les députés et encore plus le chef de dominer le congrès. Pas de piédestal pour eux ! Ils participeront aux discussions dans la salle, avec les militants. Pour bien marquer sa réconciliation avec l'intelligentsia, Johnson promet une totale liberté de parole aux experts invités : les Jacques-Yvan Morin, Claude Ryan, Jean Marchand, Vincent Lemieux, Louis Laberge, Marcel Faribault, François-Albert Angers et autres.

— Après vos interventions, si vous désirez participer au congrès, vous êtes les bienvenus, messieurs !

L'invitation s'adresse également à la presse même si, de tous les hommes politiques, Johnson est sans doute celui qui a eu le plus à se plaindre du parti pris des journalistes. Les hideuses caricatures de Normand Hudon sont encore dans toutes les mémoires. Mais depuis sa défaillance cardiaque de l'automne 1964, il se sent plus serein, plus conciliant envers les reporters. Ce qui n'est pas le cas pour plusieurs députés et organisateurs, fermement opposés, tout d'abord, à leur présence dans les ateliers. Soumis, depuis 1960, à un traitement qu'ils jugent ignoble, plusieurs ont encore la hantise des journalistes.

— Nous n'avons rien à cacher, ont dit aux tenants du huis clos Mario Beaulieu et Fernand Lafontaine. Si nous ouvrons portes et fenêtres, la presse devra bien rapporter ce qu'elle aura vu et entendu.

— Ce sera bon pour notre parti, a renchéri Johnson. Si les journalistes voient ce qui se passe au congrès, ils changeront d'opinion à notre endroit[41].

Calcul tout à fait pertinent. Le ton général et les résolutions des assises obligent les journalistes à ouvrir leurs yeux, pour ne pas dire leur esprit. Antidémocratique, l'Union nationale de Daniel Johnson ? Thèse qu'il sera désormais difficile de soutenir, car l'autorité politique suprême appartiendra dorénavant au Conseil national formé des députés, des conseillers législatifs et des délégués de chacun des 95 comtés du Québec, et non plus au seul chef. Le Conseil pourra même limoger ce dernier s'il ne donne plus satisfaction et convoquer de façon bisannuelle un congrès de désignation du chef du parti. C'est Johnson lui-même et Paul Dozois, revenu à de meilleurs sentiments depuis le caucus de Mont-Gabriel, qui ont établi la nouvelle procédure à suivre pour le choix d'un chef : il suffira, pour déclencher le processus, que le Conseil national soit saisi d'une requête en ce sens portant au moins 50 signatures[42].

Le vocabulaire même reflète la volonté de démocratisation du député de Bagot. Celui-ci exige qu'à l'avenir le numéro un du parti porte le titre de « leader » plutôt que celui de « chef ». Le dernier soir du congrès, un Johnson visiblement heureux de la nouvelle ambiance démocratique dans laquelle baigne son parti confie à son entourage :

— Cette fois, je crois que nous sommes sur la bonne voie[43].

Si de forts sentiments nationalistes animent les 3000 délégués, ceux-ci ne sont cependant pas prêts à adopter une résolution préconisant carrément l'indépendance du Québec. La plénière atténue une proposition en ce sens déposée par la commission de la Constitution. L'Union nationale reconnaît plutôt le droit du Québec à l'autodétermination et s'engage à tenir un référendum sur les moyens à prendre pour ce faire. Même désescalade à propos de la question linguistique qui, en 1965, mobilise l'opinion. Que faut-il opposer aux libéraux favorables à la priorité du français au Québec ? Les délégués approuvent le principe de l'unilinguisme français, mais consentent à en différer l'inscription au programme sur une recommandation de Johnson, qui désire étudier davantage les répercussions économiques d'une pareille mesure.

Pour apaiser les « ultras », contrariés par son attitude dilatoire, Johnson laisse néanmoins la porte ouverte :

— Nous dépensons près d'un milliard par an pour éduquer nos jeunes en français. Il faudra prendre les mesures nécessaires, même radicales, pour que cet argent ne soit pas dépensé en pure perte et que nos enfants n'arrivent pas sur le marché du travail handicapés par leur langue[44].

Autrefois monolithique et ennemie jurée du socialisme, l'Union nationale procède à une légère ouverture sur sa gauche. Certaines résolutions du congrès ont un contenu socialisant et réformiste : création d'un ministère de la Planification économique, établissement d'un régime complet d'assurance-maladie administré par l'État, gratuité scolaire pour tous les ordres d'enseignement, création d'un fonds industriel, loi « antiscabs », adoption d'une déclaration des droits de l'homme. Ni Maurice Duplessis ni le Daniel Johnson du tout début des années 60 ne se reconnaîtraient dans ce programme.

Emporté par le tourbillon de ce renouveau qu'il avait d'ailleurs souhaité, l'ex-mouton noir Jean-Jacques Bertrand fait amende honorable. Au cours de la séance de clôture, il abandonne enfin les doutes qui l'assaillaient encore depuis la rencontre de Mont-Gabriel. Comme saint Thomas, il a attendu de voir et de toucher la réforme promise par Johnson lors du caucus secret avant d'abattre ses cartes. D'une voix hachée par l'émotion, il déclare solennellement :

— Le renouveau que vous avions souhaité est lancé. Nous sommes sur la voie qui remet le parti démocratiquement entre les mains de l'Union nationale. Le député de Bagot a travaillé avec nous tous pour cette démocratisation. Il doit recevoir de nous tous l'appui pour les combats à venir contre le régime de Québec.

Les délégués saluent la reddition de Bertrand par des bravos tonitruants, suivis du traditionnel « Il a gagné ses épaulettes, maluron malurette ». Pour la presse, qui n'a pas réussi à percer le silence entourant le mystérieux caucus de Mont-Gabriel, ce ralliement signifie la fin de la dissidence du député de Missisquoi.

Moins grandiloquent mais pareillement acquis au leadership de Johnson, Yves Gabias jure, lui aussi, fidélité :

— Je veux que la province entière sache que j'appuie carrément Daniel Johnson[45].

Médusée par le sérieux des assises et l'esprit réformiste qui semble maintenant animer l'UN, l'ensemble de la presse commence à voir Johnson d'un autre œil. Il est vrai que l'effet de surprise n'est pas étranger à cette sympathie subite. C'est un peu comme si le diable lui-même se faisait soudainement ermite ou bon Dieu[46]. Il faut dire aussi qu'au printemps 1965 les journalistes ne demandent pas mieux que de fraterniser avec l'Union nationale. Pour plusieurs d'entre eux, la Révolution tranquille s'est ensablée et la presse en ressent déjà les contrecoups. « Le plus grand quotidien français d'Amérique », *La Presse,* sort à peine d'une « grève politique » de sept mois qui a cassé les reins à l'équipe réunie en 1961 par Gérard Pelletier. Depuis le « samedi de la matraque », l'information relative aux mouvements nationalistes et indépendantistes est censurée dans les pages du *Soleil* et de *L'Action*. Bref, l'heure est à l'autocensure et à la morosité dans les salles de rédaction. L'entente cordiale qui avait régné depuis 1960 entre le régime Lesage et le quatrième pouvoir a vécu.

Parallèlement à ses démêlés avec les libéraux, la presse commence, peu à peu, à prendre au sérieux les idées sociales de Daniel Johnson. Non seulement a-t-il radicalisé son nationalisme (et cela ne peut que ravir des journalistes ouvertement sympathiques aux idées indépendantistes), mais il ne cherche plus à heurter de front les forces progressistes de la société québécoise. Il n'est plus de la droite « bête ». Ainsi, il vient de déclarer devant la chambre de commerce de Montréal :

— Il y en a qui voient des socialistes et des communistes partout. J'en vois de moins en moins. La Suède, que j'ai eu le plaisir de visiter l'an dernier, compte parmi les pays les plus prospères de l'Europe. Or, malgré son étiquette socialiste, la Suède demeure fondamentalement un pays où l'entreprise privée est choyée[47].

Le reporter Jacques Guay donne libre cours à son étonnement, lui qui, comme tant d'autres, ne croyait pas que « ça pouvait penser, un militant unioniste » :

> Lorsque les partisans de l'UN votent sans sourciller l'assurance-santé et la gratuité scolaire, et revendiquent un ministère du Plan et une loi « antiscabs », où sont les conservateurs ? On est loin de l'époque des œufs communistes ou de la chute du pont de Trois-Rivières[48].

« Ça bouge dans l'Union nationale ! » écrit de son côté l'éditorialiste Vincent Prince. Quelques mois plus tard, à l'occasion du congrès du Parti libéral, Louis Martin, du *Magazine MacLean,* trace un parallèle entre l'atmosphère d'enterrement qui y règne et le climat de résurrection qui a marqué les assises unionistes, puis il conclut : « Feu la Fédération libérale du Québec[49] ! »

Claude Ryan, nouveau pape laïc du journalisme québécois, a suivi de près le déroulement du congrès unioniste dont il était d'ailleurs l'un des invités. En coulisse, il communique sa surprise à Fernand Lafontaine :

— Je pensais que l'Union nationale, ce n'était qu'une bande d'habitants !

Son éditorial salue le nouveau départ de Daniel Johnson en termes élogieux :

> Pour la première fois depuis cinq ans, l'Union nationale cesse d'être un groupe désuni, défaitiste, miteux. Elle a repris confiance en elle-même. Elle semble aimer sincèrement son chef. Elle a même commencé à recruter de nouveaux adhérents. Elle reprend sa place au cœur du dialogue politique québécois[50].

Le clou des assises, c'est évidemment le lancement de *Égalité ou Indépendance*. Ici aussi, l'effet de surprise est grand. Johnson, indépendantiste ? Comment ne pas s'interroger avec un pareil titre ? Pourtant, il n'en est rien. Le chef unioniste vise d'abord une réforme en profondeur du régime politique canadien. Lancé dès le début du congrès, son manifeste révèle, noir sur blanc, ses idées sur la question du Québec et indique du même coup où il en est dans son cheminement, après plusieurs années de réflexion, d'influences diverses et d'expériences politiques. Il fait le point.

Johnson reprend à son compte la revendication de Duplessis pendant la conférence constitutionnelle de Québec, en 1950, et en fait l'idée maîtresse de son livre : il faut une nouvelle constitution canadienne, fondée sur l'alliance et l'égalité entre les deux nations reconnues par les pères de la Confédération et par le rapport Durham. Si des préférences vont à la Confédération, Johnson ne rejette pas pour autant l'indépendance dans l'éventualité où l'égalité s'avérerait impossible, car s'il y a quelque chose de sacré, c'est bien le droit du Québec à l'autodétermination. Conclusion : deux partenaires égaux, sinon, c'est l'indépendance :

> L'assimilation étant définitivement écartée, le statu quo ne pouvant satisfaire personne, nous refusant à poursuivre une politique de replâtrage et d'interminables quémandages, il ne nous reste donc que deux solutions : l'égalité ou l'indépendance, une nouvelle constitution ou la séparation. (…) Cette égalité, l'obtiendrons-nous ? La réponse ne dépend pas de nous seuls. Ce que nous voulons, en fait, c'est le droit de décider nous-mêmes ou d'avoir part égale aux

décisions dans tous les domaines qui concernent notre vie nationale. (…) Après trois siècles de labeur, notre nation a bien mérité de vivre librement. Tant mieux si elle peut se sentir chez elle d'un océan à l'autre. Ce qui implique qu'on lui reconnaisse l'égalité complète. Sinon, il faudra bien faire l'indépendance du Québec. Canada ou Québec, là où la nation canadienne-française trouvera la liberté, là sera sa patrie[51].

Pour Johnson, le mot « indépendance » équivaut au mandat de grève que se font octroyer les négociateurs syndicaux. C'est un moyen de pression pour arracher l'égalité à la partie canadienne, un épouvantail, du chantage quoi ! Les négociateurs syndicaux doivent parfois déclarer la grève ; aussi ne faut-il pas rejeter l'indépendance que le Québec devra peut-être choisir par nécessité. Il est clair, toutefois, que c'est là le recours ultime, la « chaloupe de secours qui n'est envisagée que pour le cas désespéré où le paquebot Canada serait assuré de sombrer[52] ». L'indépendance, si tout le reste a échoué. Comme Johnson est d'un naturel patient, autant dire tout de suite que c'est une éventualité dont il n'envisage même pas la concrétisation de son vivant. En 1965, tout au moins. En outre, homme complexe, il ne croit pas aux solutions miracles. L'indépendance pure et simple comme panacée au mal québécois ? À ses yeux, cette thèse est trop simpliste.

Mais en prenant ainsi à son compte le mot « indépendance », Johnson lui confère une certaine légitimité, car son parti — comme lui-même — représente la seule solution de rechange au pouvoir libéral. S'il peut l'utiliser sans danger, c'est pour trois raisons principales : il fait de plus en plus appel aux éléments les plus radicaux de la jeune génération, son parti a le vent dans les voiles et lui, Johnson, est perçu comme un modéré. Dans sa bouche, le mot « indépendance » fait moins peur que dans celle de Pierre Bourgault, par exemple. N'oublions pas non plus qu'il est le premier leader politique traditionnel à approuver le refus de la situation établie en 1867 et, par conséquent, le refus possible du Canada. C'est la première fois qu'un parti gouvernemental revendique la souveraineté du Québec, si les circonstances l'exigent. Johnson reprend, en somme, la thèse de Lesage en faveur d'un statut particulier pour le Québec, mais la pousse à sa limite extrême en en faisant un ultimatum et en prévenant ses interlocuteurs anglophones qu'il envisage même l'irrémédiable. Tournant capital dans l'histoire politique du Québec. Le mot « indépendance » acquiert dès lors ses lettres de noblesse.

Inutile de préciser que le titre choisi par Johnson fait tiquer les éléments fédéralistes de l'UN. Prisonnier de ses courtisans ultra-nationalistes, le chef leur aurait-il encore cédé ? Pour Maurice Bellemare, le séparatisme est comparable aux flammes de l'enfer. Il faut que sa confiance en son « frère » Daniel soit forte pour qu'il tolère un voisinage aussi gênant que celui des Jean-Noël Tremblay, Antonio Flamand ou Marcel Masse, tous des séparatistes déguisés en unionistes ! L'ancien serre-frein ne jure que par le beau et grand Canada. Aussi court-il chez son chef dès qu'il apprend le titre du manifeste.

— *Égalité ou Indépendance...* Qu'est-ce que c'est, ça ? marmonne-t-il, le ton inquisiteur et l'œil mauvais.

— Maurice, fait Johnson en lui tapotant amicalement l'épaule pour le rassurer, ce sont des termes qui sont bien d'actualité pour défendre l'autonomie que nous voulons. L'égalité constitutionnelle, c'est ce que nous voulons, non ? Je pense qu'on va se battre à mort pour ça[53] !

À demi rassuré, le député de Champlain retient toutefois l'idée que le mot important pour Johnson, c'est « égalité » et non « indépendance ». C'est cette interprétation qui prévaudra parmi les proches du chef hostiles à l'option indépendantiste. Pour l'organisateur Lafontaine, aussi pro-Canada que Bellemare, « égalité ou indépendance » ne sera jamais plus qu'un slogan électoral. Il considère Johnson comme un fédéraliste qui défend la ligne autonomiste tenue autrefois par Duplessis et Sauvé, mais avec une analyse et un vocabulaire différents. Sauvé, qui se réclamait de la continuité duplessiste, passait son temps à dire : « Si j'ai une bonne cote dans les journaux, c'est à cause du père... S'il n'avait pas fait la bataille de l'autonomie, je ne pourrais pas la faire[54]. »

À l'extérieur du parti, les réactions sont multiples et contradictoires. Autant Claude Ryan a magnifié le renouveau unioniste, autant il repousse le slogan johnsonien qui relève, pour lui, de la démagogie et de l'opportunisme politique. Il connaît Johnson depuis fort longtemps — tous deux ont milité dans les mouvements d'action catholique — et jamais celui-ci ne lui a donné l'impression de favoriser l'indépendance. Ce diptyque ambigu, à l'image même de la personnalité politique de son auteur qu'une décision à prendre ou un choix à faire mettent parfois à la torture, vise avant tout la clientèle riniste. Ryan aime les positions franches et se fait le défenseur attitré de l' « hypothèse canadienne », c'est-à-dire d'un fédéralisme renouvelé. La démarche de Johnson équivaut à rechercher une solution médiane en invoquant l'appui des extrêmes — attitude illogique qui débouche sur l'ambivalence.

Le titre ronflant du manifeste johnsonien n'impressionne guère plus la presse anglophone et fédéraliste. « Dogmatiser sur la reconnaissance des deux nations, prévient la revue *Cité libre,* c'est trop souvent prendre son désir pour une réalité : la sécession du Québec. C'est aussi se fonder sur une théorie nationaliste et ethnocentriste qui n'est pas acceptée dans le monde occidental[55]. » Susan Dexter, de *MacLean's* de Toronto, se demande si Johnson n'est pas un nouveau Duplessis. Il courtise les nationalistes les plus extrémistes, comme les troupes de Pierre Bourgault, et flirte ouvertement avec l'idée de la séparation, comme l'avait fait Duplessis en 1953 et qui, une fois au pouvoir, n'avait rien eu de plus pressé que d'étrangler Paul Gouin et l'Action nationale[56].

Du côté des nationalistes que le nouveau credo de Johnson devrait normalement combler d'aise, on doute de sa sincérité. Pourtant, c'est la première fois que l'option indépendantiste est affirmée dans des termes aussi contemporains par un chef politique établi. Quand celui-ci proclame « égalité ou indépendance », il ne dit pas « égalité ou fédéralisme renouvelé » ! Si l'on fait exception d'Honoré Mercier, qui avait évoqué, au tournant du siècle, la possibilité de l'indépendance du Québec, jamais le choix offert aux Québécois n'a été martelé aussi nettement que par Daniel Johnson. Alors, pourquoi un tel doute méthodique chez ceux qui devraient être les premiers à le porter aux nues ?

René Chaloult, un nationaliste intransigeant qui meuble sa retraite politique en correspondant avec son ancien « espion » de la fin des années 40, se rappelle tout à coup qu'en 1964 Johnson trouvait tout à fait irréaliste l'idée de l'indépendance, car le peuple, lui écrivait-il, n'était pas prêt à l'admettre. Et voilà que, quelques mois plus tard, il s'approprie le terme. Conversion pour le moins rapide et surtout surprenante ! Devant les doutes de son ami, Chaloult avait répliqué, l'année précédente : « N'appartient-il pas à un chef politique d'orienter le sentiment populaire plutôt que de le suivre ? » Après la publication de *Égalité ou Indépendance,* Chaloult demande à son correspondant s'il conservera le même langage, une fois premier ministre. Pour toute réponse, Johnson envoie à son critique un exemplaire de son livre avec la dédicace suivante : « À René Chaloult — qui croit à la cause et qui finira par croire à l'homme que ses convictions et les circonstances (la conjoncture !) conscrivent à l'action[57]. »

Incrédulité tout aussi ferme au RIN, où on a tiré des leçons des diverses tentatives de rapprochement avec les unionistes de Johnson. On les tient encore pour des « nationaleux », même si Pierre Bourgault admet que le général marche en avant de ses troupes. Il faut dire aussi que les rinistes n'accordent pas beaucoup d'importance au livre et au slogan de Johnson parce qu'ils n'arrivent tout simplement pas à imaginer le retour de l'Union nationale au pouvoir. Et René Lévesque, dont le nationalisme s'intensifie depuis un certain temps ? D'abord, il n'aime pas voir ravaler au rang de « menace » l'option de l'indépendance. C'est une façon de la souiller tout en prétendant la respecter. *Égalité ou Indépendance,* c'est, pour lui, la proclamation ambiguë d'un homme qui ne s'est pas encore détaché complètement de cette attitude traditionnelle des Canadiens français qui consiste à dire : « Faisons attention, nous sommes petits[58] ! »

Jean Lesage n'est pas plus dupe que son ministre des Richesses naturelles. Le chef de l'opposition n'a rien d'un indépendantiste et sa nouvelle prise de position constitutionnelle le conduira tout droit à l'impasse. *Égalité ou Indépendance* exprime la grande faiblesse de Johnson : son ambivalence profonde en tout. En Chambre, Lesage éprouve constamment de la difficulté à situer clairement son adversaire. C'est avec peine qu'il parvient parfois à lui arracher un oui ou un non. C'est une couleuvre qu'il a en face de lui, pas un chef de parti ! Dès qu'il croit le tenir, il lui glisse des mains. Ses célèbres sautes d'humeur n'ont pas d'autre cause que les faux-fuyants du chef unioniste.

Mai peu importe les critiques et le scepticisme ! On ne peut contenter tout le monde et son père, dit le proverbe. Une chose est sûre, néanmoins : les assises de mars ont permis à Daniel Johnson d'afficher un style nouveau. Il a démocratisé son parti, en a cimenté l'unité et a amorcé un programme électoral adapté aux besoins nouveaux. Il lui aura fallu quatre ans pour surmonter les obstacles qui entravaient la marche de l'Union nationale. Le congrès a été la minute de vérité du parti, une victoire pour Johnson et trois jours de gloire pour une formation qu'on qualifiait, la veille encore, de duplessiste. C'est le retour de l'Union nationale d'avant 1936, parti à la gauche du centre et fortement nationaliste. Quant à son chef, il a fini de singer Duplessis. Il ne lui reste plus maintenant qu'à parfaire, avec l'aide des « ingénieurs de l'image », ce style nouveau qu'une presse agréablement surprise a découvert chez lui durant cette cure de mars 1965.

Notes — Chapitre 1

1. Paul Gros d'Aillon, *Daniel Johnson, l'égalité avant l'indépendance,* Montréal, Stanké, 1979, p. 88.
2. Charles Pelletier.
3. Paul Gros d'Aillon, *op. cit.,* p. 89.
4. *Ibid.,* p. 90 et Charles Pelletier.
5. La formule tire son nom de ses deux auteurs, le ministre fédéral de la Justice, Guy Favreau, et l'ancien ministre conservateur de la Justice, David Fulton.
6. *Le Devoir,* les 26 juillet et 27 octobre 1960.
7. *Le Devoir,* le 24 avril 1963.
8. *Le Devoir,* le 30 novembre 1963.
9. Claude Morin, *Le Pouvoir québécois en négociation,* Montréal, Éditions du Boréal Express, 1972, p. 19.
10. *Le Devoir,* les 29 et 30 juillet, et le 22 août 1963.
11. Judy LaMarsh, *Memoirs of a Bird in a Gilded Cage,* Toronto, McClelland and Steward, 1969, p. 125.
12. *Ibid.,* p. 124-125.
13. *Ibid.,* p. 112.
14. Peter Newman, *The Distemper of Our Times,* Toronto, McClelland and Stewart, 1968, p. 309.
15. Lester B. Pearson, *Mike : The Memoirs of the Right Honorable Lester B. Pearson,* vol. 3, Toronto, University of Toronto Press, 1975, p. 249.
16. Judy LaMarsh, *op. cit.,* p. 126-127.
17. *Ibid.,* p. 127.
18. Peter Newman, *op. cit.,* p. 311.
19. *Ibid.*
20. *Ibid.,* p. 313.
21. Peter Desbarats, *The State of Quebec,* Toronto, McClelland and Stewart, 1965, p. 132-133.
22. Peter Newman, *op. cit.,* p. 314.
23. Michel Brunet, *Histoire du Canada par les textes, 1855-1960,* tome II, Montréal, Fides, 1963, p. 180-190.
24. *Le Devoir,* le 4 novembre 1960.
25. *Le Devoir,* le 15 octobre 1964.
26. *Le Devoir,* les 9 et 15 mars 1965; et Jean Provencher, *René Lévesque, portrait d'un Québécois,* Montréal, La Presse, 1973, p. 216.
27. *Le Devoir,* le 27 janvier 1965.
28. Charles Pelletier.
29. *Ibid.*
30. *Le Devoir,* les 22 février et 1er mars 1965.

31. *Le Devoir*, les 3 et 4 mars 1965.

32. *Le Devoir*, le 17 mars 1965.

33. *Le Devoir*, le 3 avril 1965.

34. *Le Devoir*, les 15, 22 et 29 mars 1965.

35. Paul Gros d'Aillon, *op. cit.*, p. 8 ; et *Le Devoir* du 12 avril 1965.

36. Le Dr Marc Lavallée.

37. *Le Devoir*, le 27 mars 1965.

38. *Le Devoir*, les 8 et 25 octobre 1965.

39. *Le Devoir*, le 28 octobre 1965.

40. Marcel Masse.

41. Fernand Lafontaine.

42. Charles Pelletier et *Le Devoir* du 22 mars 1965.

43. Paul Gros d'Aillon, « L'honorable Daniel Johnson, premier ministre de la province de Québec », *Commerce*, vol. 69, n° 1, janvier 1967, p. 34.

44. *Le Devoir*, le 22 mars 1965.

45. *Ibid.*

46. Gérard Bergeron, *op. cit.*, p. 378.

47. Jacques Guay, *Johnson par lui-même, op. cit.*, p. 26.

48. *La Presse*, le 30 mars 1965.

49. *La Presse*, le 23 mars 1965 et le *Magazine Maclean*, vol. 6, n° 1, janvier 1966.

50. *Le Devoir*, le 24 mars 1965.

51. Daniel Johnson, *Égalité ou Indépendance*, Montréal, Éditions de l'Homme, 1965, p. 105, 119 et 123.

52. François-Marie Monnet, *Le Défi québécois*, Montréal, Quinze, 1977, p. 85.

53. Maurice Bellemare, in *Daniel Johnson*, émission télévisée diffusée par Radio-Québec dans le cadre de la série « Visages » le 2 novembre 1977.

54. Fernand Lafontaine.

55. Gilles Boyer, « La notion de nation », *Cité libre*, n° 73, janvier 1965, p. 26.

56. Susan Dexter, « Another Duplessis for Québec ? », *Maclean's*, vol. 78, n° 8, avril 1965, p. 3.

57. René Chaloult, *Mémoires politiques*, Montréal, Éditions du Jour, 1969, p. 227-231.

58. René Lévesque, in *Daniel Johnson*, *cf.* note 53.

CHAPITRE 2

Le nouvel homme

Dans l'entourage de Daniel Johnson, on se répète, avec une note de fatalisme : « Si le patron pouvait rencontrer les électeurs un par un, on aurait 100 pour 100 des votes. » Remarque qui reflète à la fois la force et la faiblesse du chef unioniste, à l'approche des élections générales. Grâce aux balourdises de Lesage, son étoile politique a pris du brillant depuis le début de 1965, mais son image fait encore écran entre ce qu'il est réellement et la perception de la population. Johnson ressent l'urgence de faire peau neuve, mais comment s'y prendre ? Pourra-t-il jamais effacer « Danny Boy » de l'esprit des gens ? Comment contrer le « sabotage » des médias ?

Sa force de persuasion est terrible, mais encore faudrait-il qu'elle atteigne sa cible. Contrairement au justicier libéral Claude Wagner, qui se fait des ennemis dès qu'il ouvre la bouche, Johnson gagne à être « exposé ». Le contact direct l'avantage. Comme Pierre Bourgault, l'art oratoire en moins, il sait mettre les opposants et les rieurs de son côté. Mais dans un monde où les médias filtrent et transforment les rapports humains, sa performance est réduite de 50 pour 100, car il n'a pas encore vraiment bonne presse.

Ses relations avec les journalistes sont empoisonnées, et cette situation dure depuis 1960. Il est vrai que, depuis le début de l'année, les plus tenaces des clichés qu'ils lui accolaient commencent à vieillir. Mais ce n'est encore la paix. À preuve, sa plus récente prise de bec avec Marcel Thivierge, correspondant du *Devoir* à

Québec : ce dernier est proche des libéraux et ne lui passe rien. Mécontent d'un article au sujet du Comité des comptes publics, Johnson l'accuse d'être soudoyé par le gouvernement.

Quant à Jean Lesage, son blason terni l'incite à cligner maladroitement de l'œil du côté des banquettes réservées à la presse :

— Je pourrais me plaindre tous les jours d'articles de journaux, mais je respecte trop la liberté de la presse pour le faire[1]...

Les préjugés de Johnson envers les journalistes ont la vie aussi dure que leur parti pris contre lui. Que sont-ils donc, sinon des propagandistes ou des vendus ? Qu'est donc Johnson, sinon un opportuniste de seconde classe ? Ne sachant pas travailler avec la presse, le député de Bagot ignore tout des ficelles d'un métier aussi pervers que nécessaire ! Il obéit encore trop souvent à ses vieux réflexes de duplessiste possédé par le mépris des reporters, alors qu'il lui suffirait de les courtiser, de les flatter, pour les avoir dans sa manche. Il résiste. Il y a chez lui des barrières psychologiques qui doivent sauter s'il désire améliorer sa crédibilité politique. Ce travail de dynamitage, ce sont deux magiciens de l'audiovisuel, Jean Loiselle et Gabriel Lalande, qui vont l'accomplir.

Un jour, Johnson attend l'ascenseur dans l'édifice de la Banque de Commerce, à Montréal, où se trouve son étude. L'un de ses voisins de palier s'avance vers lui. Son nom : « Gaby » Lalande. C'est le grand patron montréalais de l'agence publicitaire américaine Young and Rubicam. C'est lui qui a mis au monde le personnage de Mme Blancheville qui a fait grimper les ventes de savon Procter and Gamble auprès des ménagères québécoises. Il arrive souvent à Johnson et à Lalande de prendre l'ascenseur ensemble et d'échanger des propos d'usage. Ce jour-là, le premier fait le naïf :

— Je ne trouve personne pour refaire mon image, vous n'accepteriez pas, vous[2] ?

« Gaby » sourit. Il le prend au mot. Vendre du savon ou un parti politique, c'est techniquement du pareil au même. Seul le produit diffère. Johnson vient de rencontrer son premier magicien. Il reste à trouver le « réalisateur », celui qui l'accompagnera sur le terrain : le technicien. Son nouveau secrétaire particulier, Paul Chouinard, croit connaître l'oiseau rare, son ami Jean Loiselle, conseiller en audiovisuel. Les deux hommes se sont connus à Radio-Canada, où Loiselle a été réalisateur jusqu'en novembre 1963, puis se sont retrouvés à Paris en 1964. Tous deux amateurs d'art et de littérature, ils prennent plaisir à déjeuner ensemble tous les lundis. C'est un rituel. Avant de quitter Paris pour Montréal, Chouinard avait dit à Loiselle :

— Je rentre au pays pour travailler avec Daniel Johnson. Viens me voir[3] !

Paul Chouinard est un *contact man* extraordinaire. Comme son frère, le comédien Jacques Normand, il pratique l'humour avec bonheur. C'est un diplômé en science politique. Grand et brun, il a un défaut de la vue qui ajoute à l'ironie naturelle de son regard. Un sourire à peine esquissé illumine son visage en permanence. Il partage le goût de rire avec ce patron qui l'a embauché en novembre 1964 pendant son séjour à l'hôpital Notre-Dame. Dès leur premier dîner au Continental, rue Saint-Louis, à Québec, le jeune Chouinard avait été conquis par l'humour et la prévenance de son futur patron. Il l'avait écouté respectueusement, comme s'il s'agissait du roi d'Angleterre ; il n'était alors qu'un modeste étudiant, sans un sou en poche, rentrant d'Europe et en quête d'un emploi. Quand l'addition — astronomique — leur avait été présentée, Johnson l'avait réglée comme si cela allait de soi. Par la suite, cependant, ils conclurent un accord : le patron se chargerait des grosses additions et le secrétaire particulier des plus petites, lesquelles étaient plutôt rares !

Un midi, entre la poire et le fromage, Chouinard tend une perche à Loiselle.

— Il y a une élection dans l'air et on cherche un expert en télévision. On ne veut pas répéter la catastrophe de 1962. Le débat télévisé nous a coûté des milliers de votes !

Jean Loiselle ne mord pas. Son visage reste neutre. Il vante plutôt les mérites du conseiller en communication de Lesage, Maurice Leroux, qui est d'ailleurs un de ses amis. Grand et sportif — il fait des poids et haltères pour se garder en forme —, Loiselle est un homme froid et méthodique — le genre p.-d.g. Se mêler de politique ? Il n'y pense même pas ! C'est un univers qui lui est étranger et qui lui semble totalement dépourvu d'intérêt. Il se trouve fort bien là où il est, c'est-à-dire au groupe d'information de *La Presse* et de *La Patrie*.

Un mois plus tard, son éternel demi-sourire aux lèvres, Paul Chouinard confie à son ami :

— C'est curieux... Je demande des noms à tout le monde, et on me donne toujours le tien... Ça ne t'intéresserait pas ?

Jean Loiselle éclate de rire. Quelle proposition saugrenue ! C'est le type même du cadre de Radio-Canada, bardé de préjugés à l'égard du parti de Maurice Duplessis. Travailler avec « Danny Boy » ? Quelle drôle d'idée ! Entre lui et l'Union nationale, il y a tout un monde de différences..., un océan d'idées toutes faites.

— Ne ris pas..., ne ris pas, fait Chouinard, un peu vexé. C'est très sérieux !

Le lundi suivant, il revient sur la question :

— J'ai un mandat du patron. Veux-tu le rencontrer ?

— Pourquoi pas ? fait Loiselle.

Arrivé chez Johnson, rue Oxford, à midi et demi le dimanche suivant, Loiselle en sort à dix-neuf heures, sur le point d'accepter. Il se débat comme il peut contre la sirène Johnson.

— Je ne suis pas un partisan de l'Union nationale, monsieur Johnson. La politique, autant vous le dire tout de suite, ça me dit moins que rien ! J'ai même horreur de ça !

Daniel Johnson sourit. Il connaît le refrain. Lui qui mange de la politique du matin au soir, comment un tel aveu l'atteindrait-il ? Il allume une cigarette et implore presque le réalisateur :

— J'ai besoin de quelqu'un comme vous, monsieur Loiselle.

Johnson a la mémoire longue. Il se rappelle fort bien cette nuit de 1962, au club Renaissance, au lendemain de la correction que lui avait administrée Lesage devant des milliers de Québécois. Jean Loiselle, en personne, et un autre type de Radio-Canada l'avaient tourné en dérision. Il avait avalé la pilule sans rien dire.

— Vous m'aviez écœuré jusqu'à trois heures du matin à me dire tout ce que je devrais faire à l'avenir... Vous m'aviez convaincu, monsieur Loiselle. J'ai suivi vos conseils, sauf sur un point : la télévision. C'est vous qu'il me faut pour m'apprendre à me servir de la télévision. Vous ne pouvez pas refuser, je vous donne l'occasion de mettre vos idées en pratique[4] !

Jean Loiselle se sent fléchir. Habituellement, il faut plus que des flatteries pour ébranler ce froid technicien. Va-t-il plier devant ce Johnson dont l'avenir politique relève de la cartomancie ? Il devient provocant :

— Si jamais je fais de la politique, monsieur Johnson, ce ne sera sûrement pas avec vous ni avec l'Union nationale! Vous étiez contre la nationalisation de l'électricité, en 1962, moi, j'y étais favorable à 100 pour 100! Voyez-vous, monsieur Johnson, on ne pourrait pas s'entendre, vous et moi…

En 1962? Johnson n'avait pas le choix: s'il disait oui à la nationalisation, les créditistes entraient dans la bataille avec les beaux dollars des sociétés d'électricité. Son parti serait-il seulement encore là, aujourd'hui? La politique, c'est l'art du possible.

— Pour l'avenir, vous ferez quoi? demande encore Loiselle.

— Regardez le programme. Pensez à ma proposition jusqu'à mercredi, voulez-vous?

Trois jours plus tard, c'est oui. Jean Loiselle passe au service de l'UN. Son défi: vendre un premier ministre à la population. Une «rééducation» complète s'impose pour Johnson afin de tuer à jamais le sinistre «Danny Boy». En finir une fois pour toutes avec ce cauchemar. Tous ceux qui l'approchent sont frappés par une évidence: l'image imposée par les médias n'a rien à voir avec l'homme. Loiselle doit chasser de l'inconscient collectif l'image du politicien démagogue et voleur — lui enlever son lasso et ses pistolets! Au cours des élections de 1962, un proche de Johnson avait hélé un taxi. Que pensait le chauffeur des chances qu'avait le chef de l'UN de se faire élire?

— Bien, avait-il marmonné, Lesage ou Johnson, c'est pareil: deux voleurs! Savez-vous que Johnson a fait de la prison, monsieur?

— Quoi! Qu'est-ce que vous dites là?

— C'est écrit dans les journaux…

Pas facile de progresser avec un tel héritage! Pourtant, le chef unioniste s'en accommode depuis 1960, même en présence de ses collègues de l'Assemblée, qui ne l'ont pas plus ménagé que la presse.

Un jour, Henri Coiteux, député libéral de Duplessis, lance en Chambre, au beau milieu d'un discours de Johnson:

— C'est assez, Danny Boy! C'est assez, tu peux t'asseoir[5]!

Tout le monde pouffe de rire, des deux côtés de la Chambre… Cela devient une règle pour certains députés libéraux d'arrière-ban, plus narquois que les autres, de le saluer par les mots «Allô! Danny Boy». Méchanceté? Même pas — pure taquinerie. Néanmoins, caricatures et sarcasmes lui font mal, autant qu'à sa famille.

En 1962, son fils aîné, un gringalet de dix-sept ans qui lui ressemble comme deux gouttes d'eau et porte le même prénom, l'accompagne dans un restaurant où se trouve, entouré de sa cour, l'auteur du cruel « Danny Boy », Normand Hudon. Daniel fils est dévoré par l'envie de lui casser la figure ! Il a dû changer de collège dernièrement à cause de la mauvaise réputation faite à son père par le célèbre caricaturiste. Celui-ci a beau se montrer philosophe à ce sujet en recourant à des métaphores pour lui expliquer que la politique est une arène particulière où le politicien, comme le joueur de hockey, reçoit parfois des coups bas, Daniel fils rage contre Hudon. Ce jour-là, Daniel père sert à son fils une grande leçon de politique : en dehors de la patinoire, il ne veut avoir que des amis. Il se dirige d'un pas décidé vers Hudon et lui serre chaleureusement la main, comme s'il s'agissait d'un de ses meilleurs amis[6].

Sa famille n'est pas seule à pester contre les caricatures de Hudon. Fernand Lafontaine n'en tolère aucune. Il est convaincu que les libéraux soudoient Hudon pour salir son chef ! Un jour, il lui dit :

— Votre plus grand adversaire, ce n'est pas le Parti libéral, c'est Normand Hudon. Payez-vous donc, vous aussi, un caricaturiste. Achetez-vous-en un !

— Mais non, mais non, répond Johnson agacé. Ça ne marche pas comme ça !

Le chirurgien Loiselle ne pratiquera pas seul l'opération. Trois membres du clan johnsonien l'assistent : le journaliste Gros d'Aillon, le politicologue Chouinard et le publicitaire Lalande. Il y a encore Mario Beaulieu et Charles Pelletier qui participent à la métamorphose du chef de l'UN. D'abord, le langage. Si Johnson sait fort bien analyser une situation et s'il connaît l'art de simplifier un problème compliqué pour le rendre accessible au peuple, en revanche il hésite à révéler à ses auditeurs le fond de sa pensée. Il répète à Loiselle :

— Que dois-je donc dire, que dois-je faire ?

— Qu'est-ce que vous pensez à propos de la planification économique, par exemple ?

— Je ne peux pas dire ce que j'en pense réellement, je ne serais jamais élu !

Johnson est encore prisonnier de son passé duplessiste. Sous l'ancien régime, c'était la règle de cultiver les préjugés des gens, de ne pas dire les choses trop crûment, de masquer même ses opinions

de peur qu'une trop grande franchise ne nuise à une carrière politique. Visiblement, se dit Loiselle, notre homme a besoin de nouveaux points de repère.

— Si c'est ce que vous pensez sur telle ou telle question,
monsieur Johnson, eh bien ! dites-le donc franchement, affirme-t-il
avec véhémence. Arrêtez de niaiser ou de raconter des sornettes à
la population !

— Si je vous obéis, monsieur Loiselle, les électeurs vont me
vomir !

— Mais pourquoi donc ? Les temps ont changé, vous savez.
Aujourd'hui, les gens veulent entendre la vérité[7].

Le communicateur Loiselle a trouvé une expression pour
désigner le comportement de son chef. Il souffre, dit-il aux autres,
du syndrome duplessiste. Non seulement camoufle-t-il ses opinions,
mais il parle mal volontairement, de crainte de passer pour un
intellectuel, un « maudit Français », voire un « fifi »... Johnson n'est
pas le seul, dans son parti, à être atteint de ce complexe réducteur.
Des hommes comme Maurice Bellemare ou Maurice Custeau, député de Jeanne-Mance, au demeurant très civilisés et capables de
s'exprimer dans une langue châtiée, n'hésitent pas à lancer des
jurons aussitôt qu'il y a 10 personnes autour d'eux.

Après le discours, c'est l'image physique du chef que Loiselle
veut modifier. Il lui apprend à se tenir correctement devant les
journalistes : ne jamais s'énerver, conserver un ton posé en toute
circonstance, donner l'impression d'être totalement maître de lui-
même, ne jamais se montrer pris au dépourvu par les questions, si
perfides soient-elles. Mais le plus important, c'est qu'il se débarrasse
de l'agressivité accumulée au fond de lui et dirigée contre les
« veaux » de la presse ou de la télévision.

À vrai dire, si ses relations avec les journalistes ne sont pas
meilleures, Johnson n'est pas le seul coupable. Il est incapable
d'haïr quelqu'un longtemps. Entre lui et les informateurs, il y a un
malentendu, une sorte de peine d'amour. L'amitié de la presse, il la
souhaite plus que tout, en dépit de l'ostracisme dont il se croit
victime depuis le jour où il s'est emparé du leadership de son parti.
Ainsi, il a plaidé en faveur de l'ouverture totale des assises de mars
aux médias, contrairement à un Jean-Noël Tremblay, par exemple,
incapable de maîtriser sa hargne à l'endroit des « morveux de la
presse ».

Johnson a toujours recherché l'estime et la considération des journalistes, même si ceux-ci ne le payaient guère de retour. Lors du congrès de 1961, un reporter de *La Presse* vient enquêter au QG de Johnson sur ses chances d'être élu. Le candidat n'est pas là, mais sa « béquille », Jacques Pineault, le reçoit. Le téléphone sonne : c'est Gérard Cournoyer, ministre de Lesage, qui désire s'entretenir avec son ami Johnson. Au lieu de raccrocher en même temps que Cournoyer, Pineault poursuit une conversation imaginaire. Il brode une histoire tarabiscotée qui laisse croire au reporter que Lesage est trahi par l'un de ses ministres. Celui-ci devient blanc comme un drap, invente une excuse et file à son journal. Riant encore dans sa barbe, le « père Pineault » raconte son bon tour au patron, qui pique une colère et lui ordonne de rappeler le journaliste en vitesse pour dégonfler le ballon avant qu'il ne fasse la une du quotidien[8] !

Il faut aussi guérir cette manie qu'a Johnson de promener sans cesse ses lunettes de ses yeux à sa poche quand il parle en public. Ce tic, signe d'une tension chez lui, brouille également la perception qu'on a de lui. Daniel Johnson porte-t-il ou non des lunettes ?

— Dites-moi, avez-vous besoin de vos lunettes tout le temps ou bien à 50 pour 100 seulement ? interroge Loiselle.

— Je les mets pour lire, pour voir au loin aussi. En somme, elles me sont nécessaires 80 pour 100 du temps.

— Vous avez une décision à prendre, monsieur Johnson. L'Union nationale ne peut avoir deux chefs, l'un qui porte des lunettes et l'autre qui n'en porte pas[9].

Désormais, donc, il les portera constamment. Avec leur monture de corne noire, elles lui donnent d'ailleurs l'air qui convient à un futur premier ministre. Une autre manie est encore à supprimer : en Chambre ou en public, Johnson a la vilaine habitude de mettre les mains dans ses poches. Ce n'est ni poli ni joli ! Jeune politicien, à la fin des années 40, il adorait, pour tuer le temps, monter sur la tribune avant l'orateur principal, qui était souvent Maurice Duplessis. À cette époque, on se plantait sur la scène, en avant du micro, et on parlait, parlait, parlait, en gesticulant bien sûr, mais en fourrant aussi, le plus souvent, les mains au fond de ses poches. De ce mauvais apprentissage, Johnson a gardé deux tics : il parle trop longtemps et, quand il est à la télévision, il se croit encore sur une tribune de campagne. Il se campe sur ses pieds en n'oubliant surtout pas de faire disparaître ses mains dans les poches de son pantalon ou de son veston. Vraiment, on dirait « Danny Boy » !

— Je ne pourrai pas parler à l'aise si je dois toujours penser à mes mains, proteste Johnson.

— Un seul remède, coupe Loiselle. C'est simple : je vais faire coudre vos poches d'habit !

Estomaqué puis amusé, Johnson accepte :

— Prenez ces deux costumes et faites-en coudre les poches. Nous allons tenter l'expérience[10].

L'expert complète la métamorphose en modifiant aussi la garde-robe de Johnson. Jusque-là, celui-ci s'habillait n'importe comment, son feutre posé sur le côté du crâne, son mouchoir blanc trop long jaillissant de la poche du veston et ses pantalons chiffonnés, trop courts et couleur rouille. Jacques Pineault avait coutume de dire de son patron qu'il s'habillait comme un commis de bar. C'était plutôt un accoutrement d'avocat de campagne ! Loiselle lui impose la chemise blanche et le costume bleu marine. Rien de voyant — allure sobre et conservatrice, même. Johnson devra conserver une tenue impeccable tout au long de la journée et ne pas hésiter à retirer un costume trop fripé ou une chemise dégageant une douteuse odeur de transpiration.

Vers la fin de 1965, il ne reste plus au nouveau Johnson qu'à maîtriser la télévision. On ne peut apprendre à nager sans eau, paraît-il. Il en va de même avec ce médium : on ne peut l'apprivoiser loin de l'œil intraitable des caméras. Dès le début de 1966, Loiselle et les autres spécialistes de l'image, Lalande, Gros d'Aillon et Cie, poussent brutalement le patron sous les projecteurs. Apprenez à nager, M. Johnson ! Il s'agit d'une série d'émissions de 30 minutes qui passeront le dimanche après-midi, juste avant *L'Heure des quilles* ! Le scénario est le suivant : s'aidant d'un texte qu'il rédige lui-même (c'est nouveau), le chef de l'UN développe le thème choisi pendant une quinzaine de minutes, puis trois journalistes essaient sournoisement de lui enfoncer la tête sous l'eau. On baptise la série *En toute franchise*. Pour être franc, les premières émissions sont des fours. Loiselle est un maître exigeant. Dès la première répétition, il doit tirer les oreilles de son élève, qui a osé se présenter avec trois heures de retard. Plus de discipline, M. Johnson ! Peu à peu, celui-ci apprivoise le médium, même s'il est certain qu'il ne sera jamais un René Lévesque…

La mue qui s'opère chez Johnson ne passe pas inaperçue. À l'Assemblée, les journalistes vont de surprise en surprise. Avant 1965, il était à leurs yeux le type même du leader partisan, rancunier, partial. Sa nonchalance dans l'expression ne l'aidait pas, non plus. Quand il s'adressait à Lesage, il pointait ses lunettes vers lui en répétant d'un ton nasillard et traînant : « M. le premier ministre... »

Maintenant, l'homme paraît sûr de lui, encore plus rusé qu'avant et son ton est plus démocratique. Il réussit même à s'élever au-dessus de la partisanerie, à s'ériger en un défenseur digne de foi des libertés sociales fondamentales et à s'attaquer aux libéraux en exprimant franchement le fond de sa pensée. Les rôles sont renversés. Jusque-là, c'était Lesage qui écrasait facilement un chef de l'opposition agressif et trop souvent à court d'arguments valables. Aujourd'hui, Johnson s'amuse à ses dépens. Celui qui pique des crises à propos de tout et de rien, c'est maintenant le premier ministre[11].

À nouvel homme, nouveau clan. Après le congrès de 1961, Johnson s'était retrouvé, diminué, à la tête d'un parti coupé en deux. Contesté par les réformistes de Bertrand, tourné en dérision par la presse et captif des duplessistes à qui il devait sa victoire à la Pyrrhus, il régnait, oui, mais en chef solitaire et méfiant. Autour de lui se serraient quelques inconditionnels comme Fernand Lafontaine, Réginald Tormey, André Lagarde ou Jean-Paul Cardinal. Cinq ans plus tard, il est entouré de sang neuf. C'est le propre d'un véritable leader que de créer son propre clan et d'écarter les gêneurs ou les contestataires irréductibles pour s'entourer d'auxiliaires venus de l'extérieur du parti.

À l'approche de la victoire électorale de juin 1966, l'équipe qu'il a patiemment réunie devient un « cabinet parallèle » qui préfigure celui avec lequel il dirigera bientôt la province. Mais sous Johnson, ce ne sera pas le cabinet officiel, institution imposée par le parlementarisme, qui tiendra véritablement les rênes. La politique, il la fera avec ses conseillers personnels — politiciens et techniciens —, avec ses « colonels », comme on dira bientôt. Le groupe de politiciens comprend d'abord Fernand Lafontaine, Jean-Paul Cardinal, André Lagarde et Christian Viens, auxquels s'ajoutent le notaire Mario Beaulieu, à qui Johnson s'apprête à confier la direction de la campagne électorale, Jean-Noël Tremblay, l'ultranationaliste rentré en grâce après son coup de Trois-Rivières, et le dernier venu, Marcel Masse, jeune carriériste qui personnifie la nouvelle Union nationale et qu'enivre déjà le parfum du pouvoir.

Du côté des techniciens, la récolte a été plus que fructueuse. Aux anciens comme Paul Gros d'Aillon et Charles Pelletier, tous deux scribouillards impénitents, se sont joints le joyeux Paul Chouinard, responsable des discours, déplacements et conférences de presse du patron, le publicitaire Gabriel Lalande, qui vend avec la même efficacité soupes, savons et partis politiques, le préfet de discipline Loiselle et, enfin, la toute dernière recrue : Dominique Lapointe, qui a pris la succession de Gros d'Aillon au *Temps,* ce dernier étant enfin parvenu à s'infiltrer au *Montréal-Matin,* malgré la réticence première de Régent Desjardins.

La nouvelle équipe est en place, la partie de hockey peut maintenant commencer ; 1962, c'était une demi-finale où l'inégalité des équipes assurait aux rouges une victoire facile. La finale de 1966 sera plus contestée. Pour Daniel Johnson, une chose est sûre : s'il échoue, il devra passer la main à un autre ; s'il triomphe, ce sera la consécration de toute une vie. Les signes d'un éventuel changement politique sont déjà là, pour qui sait les voir.

La Révolution tranquille au ralenti

Qui a dit que la révolution dévorait toujours ses enfants ? Dans ce Québec des années 1965-1966, la question est de savoir si cet adage, sorti de l'esprit brumeux de quelque idéologue, vaut également pour des révolutionnaires dits tranquilles et solidement embourgeoisés. Le renouveau de la société québécoise continue mais au ralenti, le souffle puissant de 1960 ayant peu à peu perdu de sa vigueur en entraînant une inflation financière et nationaliste pas toujours voulue. Jean Lesage fait moins Jupiter et son équipe du tonnerre a perdu de sa foudre et de sa fougue. Le style a changé : c'est Claude Wagner, ministre de la Justice et chasseur de têtes exemplaire, qui donne maintenant le ton. Le langage de la libération employé au début de la décennie a été remplacé, à mi-chemin, par celui du *law and order.* Il fallait s'y attendre puisque, comme on dit, la liberté appelle son contraire. L'effet du pendule — des avances suivies de reculs ou de piétinements — que l'histoire des hommes a forgé, paraît-il, pour donner le temps de s'acclimater à ceux qui évoluent lentement.

Qui pourrait les dévorer, ces « révolutionnaires tranquilles » sur le retour, sinon Daniel Johnson, ce conservateur qui affirme depuis 1960 qu'ils sont trop pressés, qu'ils vont trop vite ? Le régime Lesage tente de trouver un nouveau tempo. On ralentit, mais on n'arrête pas tout. Bien au contraire. Les grands dossiers ne manquent pas. Ce n'est pas encore l'imagination qui fait défaut, mais plus simplement l'envie de réaliser les politiques promises ou envisagées. Le désir d'aller de l'avant s'endort ou s'émousse.

Où en est-on au juste avec cette fameuse sidérurgie québécoise de 225 millions de dollars, promise à grand renfort de publicité dès octobre 1964 ? Lesage avait décrété : « Aucun problème ! Nous l'aurons, notre sidérurgie, car les aciéries actuelles ne suffisent pas à la demande du marché de l'acier. » Cette aciérie serait construite et gérée par la Société générale de financement, société d'État dirigée par Gérard Filion, journaliste qui assommait le régime Duplessis à coups d'arguments gros comme le bras, du temps qu'il dirigeait *Le Devoir*. Lesage s'était montré catégorique : trois ans suffiraient pour la mise en exploitation. L'emplacement était choisi : ce serait Bécancour, petit village agricole situé entre Montréal et Trois-Rivières, sur la rive nord du grand fleuve. Une décision idéale pour une sidérurgie qui serait bien à nous, la région étant francophone à 100 pour 100 — enfin, une industrie gigantesque qui échapperait à l'emprise industrielle de Montréal[12]. L'homme qui applaudit le plus fort en apprenant la nouvelle fut Maurice Bellemare, député du comté voisin. Il en oublia la ligne de parti. Deux ans plus tard, l'ours Bellemare et les villageois de Bécancour attendaient encore leur Eldorado.

Claironné dans les discours du Trône de janvier 1965 et déposé en avril à l'Assemblée législative, le projet de loi créant la sidérurgie québécoise (Sidbec) meurt au feuilleton. Un Fulton-Favreau de l'acier. Encore une fois, Jean Lesage se fait des ennemis. Il est en conflit ouvert avec trois de ses ministres les plus importants, René Lévesque, Paul Gérin-Lajoie et Erik Kierans, un Irlandais dynamique et radical, qui parle un français rigolo et chantonnant, et qui est passé sans coup férir de la présidence de la Bourse de Montréal au cabinet. Entreprise mixte ou étatique ? La question est au cœur de la polémique : qui va bénéficier davantage de la future sidérurgie, le capital privé ou l'État ? Le premier ministre tient à ce que l'État demeure minoritaire, l'administration (et les profits, objectent ses critiques) devant nécessairement être confiée à l'entreprise privée. Kierans, ministre du Revenu qui forme avec Lévesque une paire de trouble-fête à tendance socialisante, favorise une acierie d'État. En mai, tempête et crise au cabinet, où six ministres au moins se rangent derrière l'Irlandais contre la thèse de Lesage. L'opinion publique s'émeut : nationalistes, syndicats, cultivateurs et étudiants réclament une acierie publique. Le chef libéral se retrouve à peu près seul avec la rue Saint-Jacques. Mais elle pèse lourd, la rue Saint-Jacques. Kierans va-t-il démissionner ? Il y songe sérieusement, le fait savoir à tous, mais s'accorde un sursis lorsque son chef bat en retraite. L'adoption de la loi est reportée à plus tard. La Révolution tranquille respire[13]...

Hier, Daniel Johnson soutenait que seul le peuple est grand et non l'État. Que dit-il, au cours de cette querelle qui met aux prises partisans du secteur public et de l'entreprise privée ? Eh bien ! dans une volte-face qui ne l'émeut pas, il pousse, aujourd'hui, le gouvernement à étatiser la sidérurgie. Le pragmatisme l'emportera toujours chez lui sur l'idéologie. Trois raisons principales expliquent sa conversion : l'entreprise privée est complètement déficitaire dans ce domaine ; établie de façon rentable, la sidérurgie créera des milliers d'emplois ; enfin, l'emplacement choisi favorisera la décentralisation industrielle et l'équilibre économique. Socialiste, le nouveau Johnson ? Pas du tout et, pour bien le montrer, il consacre une partie importante du même discours à démolir la thèse socialiste en se fondant sur l'exemple de l'Europe, où, dit-il aux hommes d'affaires de la chambre de commerce de Montréal, l'époque glorieuse du socialisme d'après-guerre est morte et enterrée[14].

Les politiques majeures du gouvernement Lesage n'avortent pas toutes. La mesure la plus importante de 1965 — le fameux régime de retraite, objet de marchandages secrets entre mandarins québécois et outaouais — voit le jour. La Caisse de dépôt et de placement qui lui est assortie mettra, à peine 10 ans plus tard, un réservoir de plus de deux milliards de dollars à la disposition du gouvernement. Autre innovation, dans le secteur minier cette fois : la création de la Société québécoise d'exploration minière, la Soquem. Maintenant que l'électricité a été nationalisée sans que personne ait eu à revenir à la chandelle, pourquoi l'État ne s'intéresserait-il pas d'un peu plus près au sous-sol, autre grande richesse naturelle du Québec ? Au début, Lesage a dit non. Il a fallu l'entêtement des Lévesque, Kierans et Laporte pour lui vendre le projet d'une intervention gouvernementale dans ce secteur. Le premier ministre n'achète pas facilement, mais, comme pour l'électricité et le ministère de l'Éducation, il finit par céder devant l'insistance de ses ministres réformistes. Aiguillonné, d'autre part, par son ministre de l'Agriculture, Alcide Courcy, inquiet du bilan négatif des « révolutionnaires tranquilles » dans ce domaine, Lesage a donné son accord à la création d'une commission royale d'enquête sur les problèmes agricoles[15].

La syndicalisation des employés de l'État, autre mesure capitale, suscite des affrontements marqués entre le régime et les groupes concernés. Les fonctionnaires réclament depuis longtemps le droit de négocier et de faire la grève. Lesage l'a d'abord pris de haut, laissant tomber avec sa morgue coutumière : la reine ne négocie pas avec ses sujets ! Néanmoins, après de nombreuses difficultés, Sa Majesté finit par s'asseoir à la même table que lesdits sujets. Les employés de la Régie des alcools ont fait grève, les ingénieurs d'Hydro aussi et les enseignants se sont contentés d'arrêts de travail sporadiques. Malgré une mobilisation très dure contre certains de ses articles, les députés adoptent, en août, le projet de loi 55, qui consacre la valorisation du statut des employés du gouvernement et reconnaît également le droit de grève.

Au cours d'une manifestation particulièrement chaude devant le Parlement, le premier ministre remarque une pancarte proclamant sans complexe : « Abat le terrorisme ! » En ces heures conflictuelles, il accumule les sottises. Il s'empresse de souligner aux journalistes que cette pancarte grammaticalement fautive prouve la nécessité de valoriser la fonction publique... Au début de septembre, les esprits s'étant apaisés, commence alors la négociation de la première convention collective des quelque 25 000 fonctionnaires de l'État du Québec[16].

« Ce n'est pas un cabinet, c'est une salle d'échantillons ! » ironise Johnson pour stigmatiser les discordes ministérielles que l'autorité du premier ministre n'arrive plus à camoufler totalement. Que peuvent donc avoir en commun des hommes comme René Lévesque et Bona Arsenault, lancé dans une chasse aux sorcières en règle contre « socialisants, séparatisants et communisants » qui, paraît-il, hantent les salles de rédaction et Radio-Canada ? Ou Erik Kierans, « bâtard d'Irlandais plein d'imagination » et millionnaire radical, et Émilien Lafrance, ministre pour qui tempérance et lutte antialcoolique tiennent lieu de priorités en matière de politique sociale ? Des camouflets, Lesage n'en reçoit pas de Kierans seulement, mais aussi de René Lévesque, qui se sent à l'étroit dans ce gouvernement de plus en plus velléitaire.

Est-ce la fin du mariage de raison qui unit, depuis six ans, deux hommes dont la philosophie et les perspectives sont si divergentes ? Leur rivalité a grandi depuis le début de la Révolution tranquille. Déjà, le soir de la victoire de 1960, Lesage avait pris ombrage du succès et de la popularité du nouveau député de Laurier. Ce dernier vient de s'attaquer férocement à la puissante société Noranda Mines (« Apprenez à vous civiliser dans le temps qui vous reste... »). Lesage le tance sévèrement au Conseil des ministres. Surtout, lui lance-t-il devant les autres, pas question d'une nouvelle nationalisation ! René le Rouge songe, comme Kierans un peu plus tôt, à démissionner, mais deux des technocrates qui le secondent, Michel Bélanger et Éric Gourdeau, l'en empêchent. Il doit donc avaler à la fois la rebuffade du chef et l'épithète d' « insensé » que lui adresse publiquement la société Noranda[17].

Autre sujet de mésentente, la grève à la Régie des alcools, où les négociations sont au point mort après plusieurs semaines de grève. C'est un conflit bruyant, le premier, historiquement, à toucher des employés du secteur public. La bile du premier ministre s'échauffe, laissant transparaître chez lui non seulement une grande impatience, mais encore une pensée sociale flottante. En démocratie, les conflits ouvriers se règlent par la négociation ou par la grève, si la première achoppe. C'est la règle. Jean Lesage ne veut plus entendre parler de cette grève et invite les syndiqués à rentrer au travail, même sans accord.

— Je serai généreux avec vous, susurre-t-il d'un ton paternaliste. Nous nous entendrons vite pour régler les problèmes qui nous séparent[18]...

Un contrat d'abord ! répliquent les fonctionnaires, pas si naïfs que ça. Une semaine plus tard, Lévesque se dissocie publiquement du paternalisme de son chef au cours d'un violent échange avec

Daniel Johnson, qui fait de son mieux, dirait-on, pour fournir à « Ti-Poil » l'occasion de mettre son grain de sel dans la dispute.

— Ne lâchez pas ! lance-t-il à l'intention des grévistes à un moment où Lesage n'est pas en Chambre. Vous avez pris la décision de faire la grève. Bon, bien, finissez-la[19] !

Le mot passe à l'histoire. Durant les années subséquentes, ce sera le cri de ralliement des syndiqués du secteur public. Dès le lendemain après-midi, un premier ministre furieux convoque une réunion surprise du cabinet. Une séance de discipline ! Le matin même, Lesage avait laissé voir aux journalistes les sentiments qui l'animaient envers Lévesque. Il discutait à bâtons rompus des dangers que couraient les diplomates en mission à l'étranger quand il avait laissé tomber, à brûle-pourpoint :

— Pas la peine d'aller si loin, chaque fois que je quitte la Chambre, je suis poignardé dans le dos[20] !

Au Conseil des ministres, Lesage fulmine contre Lévesque. Jamais encore il n'a été contredit en public d'une manière aussi cavalière par l'un de ses parlementaires ! René Lévesque écrase son mégot en grimaçant. Il brûle d'envie, tout à coup, de claquer la porte du cabinet. Il a l'impression — et d'autres ministres également — que Lesage l'humilie pour le forcer à démissionner. Est-ce le moment « de faire son frais », pense-t-il ? Ses responsabilités l'enchaînent à son fauteuil de ministre. Il ne sera pas dit qu'il aura fait ce plaisir à ceux qui, parmi ses chers collègues, ne rêvent que du jour où les journaux titreront : « René Lévesque démissionne ! » C'est Erik Kierans qui le tire d'affaire, ce jour-là, en faisant remarquer au premier ministre que lui-même s'était permis une égale liberté de parole à propos de Sidbec. Un silence gêné suit son intervention. La cloche signalant la reprise des travaux de la Chambre se met à tinter. La tension tombe. Apaisé, Jean Lesage lève la séance[21].

Mais il sait rebondir sur ses pieds. Il a conservé une partie de ce flair politique qui lui avait permis d'imprimer à la réforme une direction sûre et efficace, au début de la décennie. Le premier ministre va confier à ses deux enfants terribles des portefeuilles où leur radicalisme fera moins de ravages. En cette fin d'année 1965, d'ailleurs, le pôle des priorités gouvernementales se déplace de l'économique vers le secteur social. En octobre, Lesage annonce son plus important remaniement ministériel depuis 1960 : les deux ministres « économiques » par excellence, René Lévesque et Erik Kierans, deviennent des « sociaux », le premier au Bien-Être social, le second à la Santé.

Les intéressés ne sont pas longs à saisir le sens de la manœuvre. Le chef du gouvernement les éloigne tous les deux du dossier le plus capital pour l'avenir du Québec, celui de l'économie. Depuis que, vers la fin de 1963, il a tenté, à peu près sans résultat, de scinder le cartel financier qui détenait le monopole de la vente des obligations gouvernementales, afin de favoriser les contribuables, Kierans est aussi mal accepté que Lévesque par les milieux d'affaires. Même à titre de président de la Bourse de Montréal, le satané Irlandais passait, rue Saint-Jacques, pour un rebelle et un marginal. Cette mutation au secteur social signifie que ni lui ni Lévesque n'auront plus un mot à dire lors de la mise en route de projets aussi importants que la sidérurgie ou la Caisse de dépôt et de placement. C'est un Lesage majestueusement solitaire qui en donnera l'orientation principale.

Les deux ministres viennent bien près de claquer la porte. Ils n'en font pourtant rien, se rangeant une fois de plus à l'avis de leurs technocrates qui leur disent : il y a encore trop de choses à accomplir pour partir ! Lesage leur offre d'ailleurs de nouveaux défis. En effet, la Révolution tranquille va trouver son second souffle dans le champ de l'action sociale ; avec le développement économique, ce sera sa priorité constante. L'an 2 de la Révolution tranquille commence peut-être par ce remaniement imprévu.

— Nous devons maintenant mettre l'accent sur l'humain, soutient le premier ministre, et réorienter nos politiques sociales dans le domaine du bien-être, de la santé, du travail et de l'éducation[22].

À Kierans, Lesage demande de mettre de l'ordre dans le fouillis des affaires hospitalières, en prévision de l'adoption prochaine de l'assurance médicale aux nécessiteux et de l'assurance-maladie universelle prévue pour le 1er juillet 1967. À Lévesque, qui a atteint les trois objectifs qu'il s'était fixés aux Richesses naturelles — la nationalisation de l'électricité, la refonte de la loi des mines et la création de Soquem —, il confie la tâche de réunir en un tout cohérent les mille et une mesures gouvernementales en matière de sécurité sociale.

Les deux amis surmontent leur déception et relèvent leurs manches pour élaborer « en étroite collaboration » une politique dynamique de sécurité sociale. Curieux tandem. L'Anglais et le Français. Le premier est issu des riches cénacles financiers de Westmount, le second, du fin fond sous-développé de la Gaspésie et du journalisme. Ils ont pourtant bien des idées en commun et si jamais leur amitié devait se briser, ce serait sur le récif de la question nationale. Ils bénéficient d'un sursis car, au début de 1966, chacun des deux vit encore son ambivalence tranquille, comme beaucoup de Québécois.

Pour le nouveau ministre de la Justice, Claude Wagner — quarantaine forte, cheveux en brosse, une vraie tête de SS comme le cinéma se plaît à les montrer —, l'aire d'application du mot « social » ne s'arrête pas à la santé ou à l'assistance sociale. Ce terme englobe aussi la loi, l'ordre public, la criminalité et, finalement, la liberté physique et d'opinion. Sur le bureau du nouvel homme fort du cabinet Lesage, il y a une petite potence. Le visiteur sait ainsi où il se situe dans le débat entre partisans du maintien de la peine de mort et abolitionnistes. Comme son chef Lesage, il croit à la valeur exemplaire de la peine capitale et veut proposer au fédéral de tenir un référendum national sur son maintien.

Wagner et Johnson se haïssent. En 1964, alors qu'il venait à peine d'être nommé solliciteur général, le premier imposa le silence au second à propos de l'affaire des faux certificats. La mentalité du ministre, mélange d'autoritarisme et de bonnes intentions, irrite le chef unioniste, qui se fait un devoir, au risque de passer pour un raciste, de prononcer son patronyme à l'anglaise. Méchanceté de politicien ? Il faut dire que le personnage suscite la controverse et n'inspire pas confiance aux éléments contestataires de la société : nationalistes et syndiqués. Après avoir rédigé son célèbre rapport sur le « samedi de la matraque », voilà que notre homme se permet des suggestions à propos de la réhabilitation des criminels durant l'automne 1965. Il propose d'instituer au Québec un service de « liberté surveillée ». Mesure progressiste en soi mais aussitôt les éléments nationalistes traduisent : l'État policier est à nos portes. Wagner doit se défendre en distinguant l' « État policier de l'État protégé », nuance qui ne rassure personne. On ne sait trop pourquoi, mais le ministre de la Justice respire les malentendus[23].

Pourtant, sa montée politique a été si fulgurante qu'il apparaît à certains esprits comme le numéro deux du cabinet, dans ce Québec préélectoral. S'il n'était pas apparu de lui-même, dans cette société effrayée par les attentats terroristes et les manifestations de rue sans cesse plus violentes, il aurait fallu l'inventer, cet homme carré qui ne craint pas d'employer un langage de fer contre les criminels de droit commun et les agitateurs politiques. Bref, c'est un mal nécessaire. En réalité, l'agitation politique empêche le ministre de la Justice de se consacrer à ce qui est sa préoccupation première : la lutte implacable contre le crime organisé. C'est d'abord la mafia qui l'intéresse, non les quelques têtes chaudes de la cause indépendantiste. Il se passionne avant tout pour les vrais criminels et les vrais crimes : vols à main armée, tueurs à gages, trafic de narcotiques, fraudeurs systématiques, spécialistes divers du vol et de l'assaut indécent.

Dès son accession à la magistrature en avril 1963, après quatorze années de pratique du droit, Claude Wagner déclenche une grande croisade pour nettoyer la province de ses criminels. Depuis « Pax » Plante, autre célèbre justicier des années 50 qui dut aller finir ses jours aux Antilles, on n'avait pas entendu s'exprimer avec autant de fermeté et de vertu la voix de la moralité publique. La conjoncture sert admirablement le nouveau redresseur de torts, qui sème bientôt la panique parmi les grands caïds locaux, spécialistes des faillites frauduleuses et des incendies criminels et qui, sous-fifres de la mafia de New York, s'en donnent à cœur joie depuis quelques années. Pour se mettre à l'abri de la vindicte wagnérienne, les grosses têtes du réseau liquident les complices susceptibles de les livrer. En octobre 1965, la police découvre un véritable charnier dans les bois reculés de Saint-Gilles de Lotbinière. Au fond d'une fosse gisent des corps troués comme des passoires et enduits de chaux vive, que la police a tôt fait de relier au réseau criminel.

Tandis que Claude Wagner traque ses truands avec plus ou moins de bonheur — Lucien Rivard, cerveau d'une bande internationale qui fait le trafic de la cocaïne au Texas et au Québec, vient de lui filer entre les pattes en s'évadant de la prison de Bordeaux —, son chef, Jean Lesage, devient de plus en plus soupe au lait. Maître de lui, Daniel Johnson le fait trébucher à propos de tout et de rien. C'est l'époque des colères du vendredi matin qu'attise habilement le député de Bagot au bénéfice d'une presse qui y trouve invariablement de la bonne copie pour l'édition du samedi.

Jean Lesage est devenu insupportable pour tout le monde. Il passe son temps à couper la parole à Johnson. Un jour, il cherche querelle à Maurice Bellemare, dont le sang peut tourner aussi vite que le sien. Peine perdue, car celui-ci lui réplique de toute sa hauteur d'ancien serre-frein :

— Le premier ministre ne me mettra pas en colère, car mon médecin me l'a interdit hier soir[24]...

Maurice Bellemare est de toutes les batailles, mais c'est lui seul qui décide s'il tirera ou non. Fort d'une expérience parlementaire de vingt ans, il tombe très rarement dans un piège. Avocat, il aurait peut-être pu devenir premier ministre. Sans sa verve et sa maîtrise de la procédure parlementaire, l'Union nationale perdrait la moitié de sa force de frappe. Studieux et efficace, il peut rivaliser même avec Lesage pour la connaissance approfondie des grands dossiers de l'heure. Au cours du débat sur la refonte de la loi des mines, René Lévesque en personne l'a chaudement félicité, devant toute la Chambre, pour son « travail de géant ».

Bellemare regrette de ne pas avoir de « formation » et fait tout pour y remédier. Si ses dossiers sont si bien à jour, c'est parce qu'il s'est doté, avec les années, d'un système de fiches et de classeurs qu'on lui envie. Quand il ne comprend pas un problème, il n'hésite pas à consulter amis ou experts. Pour désarmer des adversaires plus instruits que lui, il joue la carte de la pitié. Un jour, après avoir été traité « d'acabit » par Lesage, il simule l'humilité :

— On le sait bien, dit-il d'un ton modeste, le premier ministre a eu la chance de faire son droit. Il a été élu à Ottawa. J'aurais voulu, moi aussi, mais mes parents n'avaient pas les moyens[25]...

Jean Lesage est un homme fatigué qui porte le Québec sur ses épaules depuis six ans. Il demeure brillant, plus que le chef de l'opposition. Il possède mieux ses dossiers et, contrairement à Johnson toujours mal à l'aise devant un texte, il peut encore, malgré son atonie, discourir avec des inflexions et des pauses dignes d'un grand comédien. Ses nerfs à fleur de peau lui font maintenant redouter les crocs-en-jambe de Johnson. Il sait qu'au détour d'une phrase ou d'un compliment, empoisonné, ce dernier lui fera perdre pied, avec un sourire gentil sans doute mais toujours sournoisement.

Il n'a plus qu'une seule solution : se réfugier dans son Olympe où son caractère altier le met à l'abri de Johnson et du commun des mortels. C'est quand il a l'air de s'amuser que celui-ci lui décoche ses flèches les plus traîtres ; par exemple, quand il lui dit en le fixant ironiquement :

— C'est-y clair, ça ?

Lesage n'a plus qu'à rougir et à se taire. Il comprend trop bien ce à quoi Johnson fait allusion. Des mauvaises langues ont sûrement raconté à ce dernier qu'il avait une liaison avec une jolie dame prénommée Claire. Ce ne sont là, bien sûr, que viles calomnies. Mais comment clouer le bec de Johnson sans, en même temps, déclencher des commérages sur sa vie privée ? Chaque fois que le « c'est-y clair, ça » revient, il encaisse en rougissant.

L'Assemblée législative est devenue pour Johnson un forum bienveillant où, grâce au succès de sa lutte contre la formule Fulton-Favreau et à l'apothéose de mars qui a consolidé son leadership, il se montre un tribun plein d'assurance qui excelle dans l'improvisation et la répartie. Bien servi aussi par son intuition et sa nouvelle maîtrise de soi, il saute d'un sujet à l'autre, fait parfois des bonds prodigieux et jongle avec les mots avant de retomber sur ses pieds. C'est un maître de l'ironie qui peut passer en un instant de la plus noire des colères aux sarcasmes les plus mordants. Un vendredi matin, il souffle à l'oreille de son collège Dozois, qui occupe le siège voisin du sien :

— On va s'amuser, ce matin, je vais avoir Lesage !

Johnson se lève et soumet au premier ministre une série de questions enchevêtrées, sans rapport apparent les unes avec les autres. Devinant que le renard de Bagot mijote un autre de ses coups pendables, Lesage se raidit. Perplexe, Paul Dozois chuchote à son chef :

— Où veux-tu aller comme ça ?

— Regarde-moi bien, tu vas comprendre, répond-il à mi-voix.

Il amène peu à peu sa victime à parler des Amérindiens du Grand Nord québécois, en soulignant la grandeur de ce territoire et de sa population inuit. Puis, sans prévenir, il demande :

— M. le premier ministre est déjà allé à Fort Chimo, non ?

— Oui, en effet, j'ai eu l'occasion de me rendre dans cette vaste région de notre beau Québec…

— Je me suis laissé dire que vous vous êtes même baigné à Fort Chimo...

— En effet, le chef de l'opposition est bien informé... Je me suis baigné et je dois dire que c'était tout de même assez confortable malgré la température de l'eau.

— Ce devait être en tout cas plus confortable que de se baigner dans une piscine sans eau, non ?

Lesage devient cramoisi. Il répond par un sec « en effet » et reprend son siège. Quelques jours plus tôt, Johnson avait appris par son réseau d'informateurs et de « placoteux » que, au cours d'une récente tournée dans le comté de Montmagny-L'Islet, le premier ministre avait un peu trop levé le coude et, complètement ivre, avait plongé tête première dans la piscine presque vide d'un de ses organisateurs ! Ce genre d'échanges est monnaie courante, mais, parfois, seuls les deux protagonistes en comprennent le sens.

Johnson sait aussi se montrer cinglant envers ses adversaires de la Chambre, même s'il s'agit d'une femme. Un jour, le premier ministre confie à Claire Kirkland-Casgrain, première femme élue à la législature du Québec, en décembre 1961, la présidence des débats. Naïve, la députée Kirkland-Casgrain se jure d'avoir le dessus sur l'imprévisible chef de l'opposition, qui lui fait suivre, ce jour-là, un cours accéléré d'initiation politique qu'elle n'allait jamais oublier ! Après l'incident, la députée déambule dans le corridor du Parlement en faisant claquer, comme d'habitude, ses hauts talons sur le sol de marbre. La capiteuse dame s'arrête devant Johnson, qui l'observe, ironique, devant la porte de son bureau. Elle hésite un instant avant de s'exclamer avec un sentiment partagé :

— Vous ! Je ne sais pas si je devrais vous embrasser ou vous tuer !

— Madame, réplique Johnson d'un ton suave, si vous saviez quelle différence cela ferait...

Les manières de grand seigneur du premier ministre contrastent avec la simplicité très « homme moyen » du chef unioniste et irritent de plus en plus son entourage. Autour de 1965-1966, Lesage perd la maîtrise intellectuelle d'un cabinet fractionné en chapelles qui se snobent mutuellement. Le premier ministre s'écoute parler et veut répondre à toutes les objections et à toutes les opinions, même les plus anodines. Au lieu d'animer les séances du Conseil des ministres, comme il en a le devoir, il se perd dans des digressions interminables et oiseuses qui transforment ces réunions en de longues parlottes désordonnées. C'est toute l'équipe de la Révolution tranquille qui agonise lentement au cours de ces palabres inutiles[26].

Mais il y a plus grave encore. Le chef du gouvernement multiplie les gaffes publiques et les accusations incendiaires contre certains groupes de la population. En juin 1965, il dénonce les « rêveurs séparatistes et la toundra de leurs mentons » devant le Cercle des femmes journalistes. On doit l'expression, petit bijou en son genre qui reflète bien le climat politique des derniers mois de la Révolution tranquille, à l'humour de René Arthur, un érudit de Québec qui anime, à Radio-Canada, l'émission *Match intercités* et rédige aussi certains discours du premier ministre. Les journalistes, eux aussi, ont le don de l'agacer de plus en plus. En avril 1965, comme ils l'interrogent au sujet du suicide mystérieux de Gilles Legault, jeune détenu de la prison de Bordeaux, Lesage s'irrite :

— Tâchez donc d'avoir une perspective un peu plus élevée ! La Constitution, oui. La conférence fédérale-provinciale, oui. Un gars qui se pend à Bordeaux avec sa courroie de béquille, non ! Arrêtez de faire des huit colonnes avec des chiens écrasés ! ...

La perle fait « huit colonnes », justement. Johnson souffle sur la braise :

— On peut tout craindre d'un homme qui a une façon si particulière de voir les choses, surtout la mort d'un homme[27].

Comme la presse a monté en épingle son penchant immodéré pour les spiritueux, cela le pousse, un jour, à protester pathétiquement :

— J'invoque une question de privilège, M. le président. Une question de privilège absolument sérieuse... Je n'ai pris aucune boisson alcoolique, pas même de vin, depuis des semaines. Il est temps que cessent les calomnies ! C'est la réputation de la province que l'on attaque, alors que l'on a un premier ministre qui se fait un devoir d'aller à la messe tous les matins et d'aller communier pour ses collègues[28]...

L'éditorialiste Gérard Pelletier, qui a été mis à la porte de *La Presse* en mars à la suite d'une grève de sept mois, tient maintenant le premier ministre pour un tartufe. Au sein de l'intelligentsia montréalaise, ils sont plusieurs à partager cette opinion, surtout depuis le renvoi inexplicable d'un rédacteur en chef dont l'équipe de journalistes — trop libre et trop fureteuse peut-être ? — avait déjà eu maille à partir avec Lesage.

Dès le printemps 1964, avant le début de la grève, celui-ci faisait espionner les correspondants de *La Presse* en mission à Québec. Un jour, Richard Daignault, Dominique Clift et Jacques Guay évoquent entre eux, sous forme d'hypothèse, un renversement possible du gouvernement. Le lendemain matin, Lesage annonce à son entourage que *La Presse* complote contre lui. À l'occasion d'une réception chez le lieutenant-gouverneur, un premier ministre éméché devient cassandre après avoir été tartufe. Il apostrophe deux journalistes du quotidien :

— Vous vous pensez bons, vous autres, les journalistes de *La Presse,* mais, dans quelque temps, vous pourriez vous retrouver sur le trottoir !

Comme par hasard, la grève de *La Presse* débutera quelques semaines plus tard[29].

Le congédiement de Pelletier provoque un vif émoi. C'est un signe des (mauvais) temps, prophétise le politicologue Léon Dion. Est-ce déjà le retour de la réaction politique ? Repêché par *Le Devoir,* Pelletier règle ses comptes avec Lesage dans un éditorial particulièrement caustique et intitulé « Monsieur Lesage et l'art de la gaffe » :

Jadis, le journaliste Olivar Asselin collectionnait dans une colonne de son journal, sous le titre « Lafortuniaiseries », les déclarations intempestives d'un certain Lafortune... Serons-nous bientôt forcés de reprendre à notre compte cette initiative et d'inventer le terme « Lesagidioties » ? Du train où vont les choses, nous n'en serions pas étonnés. Le premier ministre du Québec se méfie si peu de son intempérance verbale qu'il pourrait déjà nourrir une rubrique régulière[30] !

Québec ou Ottawa ?

Depuis 1945, année de ses débuts politiques à Ottawa dans le sillage des Mackenzie King et Louis Saint-Laurent, Jean Lesage semble béni des dieux. Tout lui sourit. Chacun de ses succès confirme le fait qu'il est né sous une bonne étoile. Au fédéral, il démarre en flèche. Élu à 33 ans aux Communes, il devient, en 1951, l'adjoint parlementaire du ministre des Affaires étrangères, puis du ministre des Finances. C'est la voie à suivre pour monter très haut. En 1953, Saint-Laurent le nomme ministre des Ressources et, quelques mois plus tard, ministre du Grand Nord et des Ressources nationales.

Il a su au bon moment (en 1958) faire le saut à Québec, où les morts successives de Duplessis et de Sauvé lui ont apporté le pouvoir sur un plateau d'argent. Il a également su s'entourer d'hommes de grand talent et, en 1962, miser étonnamment juste en déclenchant une élection référendaire sur la nationalisation de l'électricité à laquelle il s'opposait pourtant, la veille encore. Mais cette chance, qui courtise depuis 1945 celui que l'on baptise déjà le « père de la Révolution tranquille », ne risque-t-elle pas de l'abandonner aujourd'hui, alors que rien ne va plus autour de lui ?

Jean Lesage a cinquante-trois ans — soit trois années de plus que Johnson. Il est à un carrefour politique. S'il piétine à Québec, c'est peut-être parce qu'il s'ennuie d'Ottawa, prétendent certains. Une chose est claire, en tout cas : il ennuie de plus en plus de monde à Québec. Au printemps de 1965, des bruits courent au sujet de son éventuel retour à Ottawa, où, paraît-il, il y aurait une confédération à sauver. Sans doute aurait-il mieux à faire là qu'à Québec, où le rythme de croisière de la réforme passe de la grande à la petite vitesse ? « Jean Lesage, premier ministre du Canada », c'est tentant. Pourquoi ne pas suivre les traces de Laurier et de Saint-Laurent ? En 1965, pas plus qu'en 1962, Lester B. Pearson ne semble solidement accroché au pouvoir. C'est d'ailleurs un secret de polichinelle dans les cercles de la capitale fédérale, que « Mike » songe à se retirer de la vie politique. Pour Jean Lesage, c'est une certitude. De plus, le principe de l'alternance favoriserait la candidature d'un Canadien français : Laurier, King, Saint-Laurent, Pearson... Jean Lesage. Ainsi le veut la tradition politique. Et puis, qui sait s'il ne combattrait pas plus efficacement le séparatisme québécois à partir d'Ottawa ? Quel destin extraordinaire serait le sien ! Aller sauver la Confédération comme premier ministre du Canada après l'avoir matraquée comme premier ministre du Québec. L'histoire a de ces paradoxes !

À Québec, l'idée de catapulter Lesage au fédéral traîne depuis 1963. Mais elle a vu le jour au Canada anglais, où elle s'est manifestée pour la première fois après l'échec électoral de Pearson, en juin 1962 ; contre toutes les attentes des stratèges libéraux, Diefenbaker avait repris le pouvoir de justesse et on s'était alors sérieusement posé la question : Pearson a-t-il la trempe d'un chef ? Inquiets également devant l'effervescence séparatiste, annonciatrice, selon eux, de grands malheurs pour le pays, les Canadiens anglais finissent par penser que seul un homme fort venant du Québec pourra mater ses compatriotes. Or, le seul homme à posséder l'autorité politique nécessaire s'appelle Jean Lesage. Mais les choses ne vont pas plus loin, car, le 8 avril 1963, l'opposition parlementaire, majoritaire aux Communes, renverse le Lion des Prairies et Pearson reprend péniblement le pouvoir. Quelque temps avant les élections, Lesage a d'ailleurs mis un terme aux rumeurs en affirmant : « Je reste à Québec. »

Deux ans plus tard, le problème du leadership du premier ministre Pearson se pose avec la même acuité. Du gouvernement minoritaire libéral se dégagent, en 1965, une image de faiblesse et des odeurs de putréfaction politique. Une série de scandales touchant des membres du cabinet font ployer le malchanceux Pearson sous le poids d'une charge trop lourde, de toute façon, pour ses épaules. Dans la capitale fédérale, les yeux se tournent une fois de plus vers le sauveur, Jean Lesage.

« Mike » en a plus qu'assez des méandres tortueux de la politicaillerie et rêve de prendre sa retraite. En 1958, il avait encouragé Lesage à aller travailler à Québec au cours d'une rencontre en Floride où les deux hommes récupéraient leurs forces, après le raz-de-marée conservateur du 31 mars. Avant de prendre une telle décision, cependant, le Québécois voulait obtenir le feu vert de son chef. Dans l'esprit de Pearson, son collègue irait se faire élire à Québec pour un mandat ou deux, puis reviendrait à Ottawa, où il s'emparerait aisément du leadership du Parti libéral fédéral[31]. Aujourd'hui, en janvier 1965, le temps est venu : il lui offre sa succession au cours d'une visite que lui rend Lesage à Hobe Sound, en Floride. Flatté, ce dernier refuse toutefois de s'engager, car il ne quittera certainement pas sa capitale avant les élections de 1966. Après ? Peut-être. En même temps, il laisse entendre à Pearson qu'il est, lui aussi, tenté par un retour à la vie privée[32].

« Jean Lesage ira à Ottawa ! » titre, peu après, l'influent magazine américain *Time*. À Québec, les journalistes ont eu vent de l'offre de Pearson et tentent d'en apprendre plus long.

— Est-il exact que vous allez à Ottawa ? demande au premier ministre le moustachu Marcel Thivierge, du *Devoir*.

— Évidemment, répond un Lesage biblique, seule la providence sait ce que me réserve l'avenir... Pour l'instant, je peux vous dire qu'il est de mon devoir de demeurer à Québec et pour longtemps !

— Longtemps ? Qu'est-ce à dire ? fait le reporter.

Silence du premier ministre.

— Et que voulez-vous dire par providence ?

— Je veux dire Dieu, car je suis croyant...

Dieu ne parlerait-il pas, comme Pearson, la langue anglaise ? Le premier ministre canadien ne lui aurait-il pas tout simplement offert son poste ?

— Tout ce que je peux vous dire, conclut Lesage avec un air suffisant, c'est que je reçois de fortes pressions de l'extérieur du cabinet, d'une extrémité à l'autre du Canada[33].

Pearson fait moins d'histoires. Deux jours plus tard, loin de nier la conversation d'Hobe Sound, il chatouille même l'amour-propre de son homologue québécois.

— M. Lesage s'est déjà illustré dans la politique fédérale. Il n'y a pas de doute qu'il pourrait accomplir de grandes choses s'il revenait[34]...

L'aventure fédérale attire fortement le premier ministre du Québec. Mais sa sagesse politique l'invite cependant à laisser mûrir les événements avant de dire oui. Sa nomination à la tête des libéraux fédéraux sera-t-elle contestée ? La chose est fort possible, car au moins trois ministres de Pearson convoitent la succession : Paul Martin, ministre des Affaires étrangères, Mitchell Sharp, ministre du Commerce, et Paul Hellyer, ministre de la Défense nationale. Le principe de l'alternance joue toutefois en sa faveur (le Franco-Ontarien Martin se réclame de son appartenance française, mais il ne parle plus qu'avec beaucoup de difficulté une langue maternelle qu'il a oubliée depuis les genoux de sa mère), tout comme la médiocrité de la représentation canadienne-française à Ottawa.

Finalement, les stratèges libéraux fédéraux n'ont qu'une seule réserve à propos de la candidature de Lesage, mais elle est de taille : on doute de sa rentabilité électorale au Canada anglais. Depuis 1960, il s'est acquis auprès des anglophones la réputation d'un contestataire agressif du pouvoir central. Qui peut prévoir avec certitude sa valeur électorale en Ontario et dans l'Ouest, où, dans certains milieux, on n'est pas loin de le voir comme un séparatiste ? Second argument de poids : ce n'est même pas certain que sa popularité au Québec soit encore très grande[35].

Sa cote à l'ouest du Québec, c'est Lesage lui-même qui la mesurera. En septembre, il effectue une importante tournée de trois semaines au Canada anglais. Le but officiel de sa visite : expliquer le Québec aux anglophones et leur faire accepter, si possible, l'idée des « deux majorités ». Le thème dominant de ses 20 discours est « le Québec, point d'appui du Canada français ». Lesage tente de répondre à une question que, dans une année à peine, Daniel Johnson devra lui aussi soumettre à l'attention des *Canadians* : « *What does Quebec want ?* » Lesage est le premier chef politique québécois en exercice qui affirme aussi clairement au Canada anglais la double vocation du Québec et la nécessité d'un statut particulier.

La candidature fédérale de Lesage dépend de deux tests : la réussite de son périple dans l'Ouest et une victoire aux prochaines élections provinciales. Le premier sondage échoue lamentablement. L'Ouest ne le comprend pas. Il en revient déçu et frustré. Pire : il s'est fait dire à Toronto, à Vancouver et à Calgary que le Canada serait un pays uni si tout le monde parlait une même langue, l'anglais, et si tous les Canadiens partageaient une même culture — anglo-américaine. Un fossé d'incompréhension. Tout ce qu'il a réussi à faire à l'ouest de Toronto, c'est de réveiller les préjugés anti-francophones et de soulever du ressentiment contre le Québec. Quel choc pour cet apôtre de la bonne entente qui rentre chez lui pour s'y barricader ! Son avenir fédéral s'assombrit tout à coup. A-t-il joué son va-tout ? Il lui reste encore le test des élections.

À Ottawa, les stratèges se retournent rapidement. Il caressent un projet tel qu'ils relèguent au second plan l'éventuelle candidature de Lesage. Au Québec, les ratés de la Révolution tranquille ont rendu disponibles pour le service fédéral un grand leader syndical et deux intellectuels : les compères Jean Marchand, Pierre Trudeau et Gérard Pelletier. Trois vieux copains réfractaires au nationalisme de leurs compatriotes, qui vont changer la face du fédéralisme canadien.

On comprend Pearson de vouloir quitter sa galère à la première occasion. Son gouvernement s'enlise depuis le début de 1965 dans le marécage des scandales politiques. Au tableau d'honneur : les ministres et députés du Québec. La dégringolade a commencé à la fin de janvier avec le ministre d'État Yvon (Boum-Boum !) Dupuis, qui avait connu des heures plus glorieuses lorsqu'il pourfendait avec succès les thèses simplistes de Réal Caouette, durant les élections générales de 1962 et 1963. Un Pearson bouleversé expulse de son cabinet le jeune ministre de trente-huit ans, mêlé à une affaire de pot-de-vin de 10 000 dollars, relative à l'émission d'une concession pour l'hippodrome de Saint-Jean d'Iberville. Exit Yvon Dupuis[36] !

Un Pearson encore plus bouleversé perd, quelques mois plus tard, un second ministre du Québec, et non le moindre. Il s'agit de Guy Favreau, ministre de la Justice, père de la fameuse formule d'amendement et leader prestigieux des libéraux québécois à Ottawa. C'est un coup dur pour l'autorité du premier ministre. Encore une affaire de trafic d'influence à laquelle sont mêlés, cette fois, des membres du personnel de Guy Favreau ainsi que le député libéral Guy Rouleau, ci-devant secrétaire parlementaire de Pearson lui-même. Un beau gâchis !

La figure clé de l'intrigue est le célèbre truand Lucien Rivard. Finalement appréhendé après son évasion à la James Bond, le grand caïd n'en tire pas moins des ficelles pour obtenir du ministère fédéral de la Justice un cautionnement qui bloquera la demande américaine d'extradition. Rivard ne veut pas être jugé aux États-Unis, où l'attend la prison à perpétuité ; il préfère la justice de son pays. L'avocat du gouvernement américain, Me Pierre Lamontagne, révèle le pot aux roses : on a voulu l'acheter pour qu'il cesse de s'opposer au cautionnement demandé par Rivard. Énormes manchettes ! Des noms sortent ! Des membres de l'entourage du ministre Favreau seraient dans le coup ! Celui-ci est dans de beaux draps et Pearson aussi.

Après avoir fait une enquête, le juge Frédéric Dorion blâme Guy Favreau pour son manque de jugement. C'est son seul crime, mais c'en est quand même un. Un ministre doit être infaillible, savoir s'entourer. René Tremblay, autre ministre dont le nom a été mêlé au scandale, échappe cependant à la réprimande du juge. Tempête à Ottawa. Le ministre de la Justice remet sa démission. Aux Communes, il assiste, livide — ce sera l'heure la plus longue de sa vie —, au débat tumultueux suscité par sa conduite. Il y a un drame Guy Favreau. Trop sensible pour encaisser un coup pareil, il en mourra, affirment ses amis à l'époque. Ils ne se trompaient pas. Pourtant, il aimait tout de la vie, cet imposant ministre qui dominait la plupart de ses semblables du haut de ses six pieds. Avec sa moustache drue et forte, ses yeux d'un bleu métallique et sa prestance, il captivait ses pires ennemis, tel le conservateur Erik Nielson, le vautour du Yukon qui éventa l'affaire, en novembre 1964. Quand il était entré en politique, aux élections d'avril 1963, Favreau avait une chevelure noire et épaisse. Quand il mourut, quatre ans plus tard, victime de la politique, sa tête était devenue grisonnante. Il venait d'avoir cinquante ans.

L'opposition fait ses choux gras de la mésaventure du ministre Favreau. Aux urnes, et vite ! tonne le Lion des Prairies. L'affaire Favreau, c'est, pour « Dief », l'équivalent canadien du scandale Profumo en Angleterre. En niant solennellement devant les Communes que son personnel ait pu être mêlé à l'affaire des pots-de-vin, Guy Favreau n'a-t-il pas tout simplement menti comme son collègue britannique Profumo ? Il ne reste à Pearson qu'une seule solution pour se sortir de l'impasse : des élections générales. Le peuple tranchera[37].

Avant le scrutin, qui aura lieu le 8 novembre, le Parti libéral entreprend de renouveler son aile québécoise. Depuis 1960, la qualité politique se trouve à Québec. Pour ramener le pendule du côté fédéral et faire renaître du même coup l'intérêt des Québécois pour l'arène outaouaise, il faut constituer à Ottawa une équipe aussi dynamique que celle des « révolutionnaires tranquilles ». Les éclaireurs ont repéré un homme capable, pensent-ils, de relancer le Parti libéral fédéral et de revigorer par la même occasion le chancelant cabinet Pearson. Il s'agit de Jean Marchand, bouillant leader syndical qui vient de démissionner de la présidence de la Confédération des syndicats nationaux. Il avait failli se joindre à l'équipe Pearson en 1963. Trapu, chevelure en bataille et moustache hérissée, fort en gueule malgré une pipe rivée à ses lèvres, Jean Marchand fait de l'action syndicale depuis l'âge de vingt-deux ans. En 1944, il a été l'un des fondateurs de l'ancêtre de la CSN, la Confédération des travailleurs catholiques du Canada. C'est un rude jouteur de quarante-sept ans qui s'est colleté plus d'une fois avec Duplessis.

Trois hommes d'Ottawa s'affairent à le convaincre : Maurice Lamontagne, secrétaire d'État, Maurice Sauvé, ministre des Forêts, et l'infortuné Guy Favreau, qui conserve son siège de député. Quelques discussions, mises au point et promesses suffisent à Jean Marchand. Il est mûr pour l'action politique. Cependant, il n'a pas envie, lui le progressiste qui a flirté toute sa vie avec le socialisme, d'aller se casser les reins, seul, dans un parti inféodé au grand capital. Il exige que ses amis Trudeau et Pelletier viennent avec lui. Tous pour un, un pour tous ! C'est comme ça depuis quinze ans — depuis la grève de l'amiante de 1949, que tous trois ont vécue de près. On les prend ensemble ou rien ! Exigence qui ralentit la négociation avec les fédéraux, qui voient avec appréhension l'arrivée de trois renards socialisants dans le poulailler capitaliste. Les émissaires demandent à réfléchir...

Durant les trois dernières années, le rédacteur en chef de *La Presse,* Gérard Pelletier, a poussé ses camarades Marchand et Trudeau à s'engager dans la politique active. Complètement subjugué par le journalisme — métier qu'il a d'abord exercé au *Devoir* puis dans le mouvement syndical avant d'aboutir à *La Presse,* en 1961 —, il se croyait immunisé contre le virus. Mais on vient de le priver du poste important qu'il occupait au « plus grand quotidien français d'Amérique » et il se considère, à quarante-six ans, comme un homme libre. Il n'est pas chômeur pour autant, car il rédige une chronique que publient *Le Devoir* et 20 autres quotidiens du pays.

Qu'est-ce qui pèse le plus lourd : une chronique de journal ou une confédération menacée ? Jusque-là, ses amis lui disaient : « Toi, tu es rédacteur en chef d'un grand quotidien. Tu connais la musique. C'est ce que tu peux faire de mieux. » Maintenant, Marchand et Trudeau lui soufflent, pour le convaincre de les suivre : « Il n'y a plus de raison qui tienne. Tu viens, toi aussi. Ta chronique, un autre la fera à ta place. Le Canada a survécu jusqu'ici sans ta chronique[38]... »

Des trois candidatures, c'est celle de Pierre Elliott Trudeau qui provoque le plus de scepticisme. Après de nombreuses démarches infructueuses, il a finalement obtenu de l'Université de Montréal la chaire d'enseignement en droit constitutionnel qu'il convoitait. Il traîne derrière lui une réputation de contestataire et de dandy pourri par la fortune familiale. On dit de lui que c'est un intellectuel sans sentiment qui n'arrivera jamais à faire une campagne électorale convenablement. Pas sérieux, ce Trudeau, beaucoup trop fantaisiste pour devenir politicien. Il a quarante-six ans, mais en paraît dix de moins en dépit d'une calvitie précoce. Il est de type ascétique et c'est un judoka accompli. Peut-on seulement imaginer pareil phénomène en politique ? On dit encore de lui : il va entrer en politique pour 15 jours, après il partira autour du monde en oubliant ses commettants ! Un blasé, voilà tout. À la fin des années 50, on l'a aperçu de temps à autre sur quelques tribunes, à l'époque du Rassemblement des forces démocratiques. Il vient et il va. Apparaît puis disparaît. Un personnage flou. Tout millionnaire qu'il soit, il se plaît en compagnie des socialistes et on l'a vu quelques fois siéger à une tribune néo-démocrate. Mais l'opinion le considère surtout comme l'animateur de l'influente revue *Cité libre,* qu'il a fondée en 1951 avec son ami Pelletier.

Marchand et Pelletier sont loin de partager les préjugés qui courent sur leur ami Trudeau. Sa réputation de séducteur qui ne risque pas de se tuer au travail ne repose sur rien. Ils connaissent bien, le second surtout, son acharnement et sa capacité à fournir un effort constant. Pour le moindre petit article destiné à *Cité libre* ou à l'hebdomadaire *Vrai* que dirigeait à la fin des années 50 un autre membre de la bande, le journaliste Jacques Hébert, Trudeau consacre autant d'énergie et d'attention que s'il s'agissait d'un livre. Ils savent également que, sous des dehors d'enfant gâté prêt à démolir le jouet qui ne l'amuse plus, se cache un homme qui n'abandonne pas facilement ses entreprises. S'il fait le saut en politique, on peut être assuré qu'il ira jusqu'au bout de sa nouvelle trajectoire, en y consacrant le meilleur de lui-même[39]. Tout le reste sera affaire de style ! Faut-il, pour devenir un grand homme d'État, mépriser à tout prix les bolides de luxe et la vie de château ?

Durant les derniers jours de la négociation avec les fédéraux, René Lévesque reste constamment en contact avec ses amis de longue date. Un soir, de Terre-Neuve où il assiste à une conférence politique, il téléphone à Marchand :

— Ne fais pas l'erreur d'entrer en politique seul. Allez-y tous les trois ensemble. Moi, j'ai payé chèrement l'erreur d'être allé seul chez les libéraux provinciaux. Ne faites pas comme moi[40] !

Jean Marchand tient compte de ce conseil basé sur l'expérience. Le 10 septembre, il donne publiquement son adhésion à Pearson, en compagnie de ses deux camarades. Leur principal mobile est la crise constitutionnelle. Ils vont à Ottawa pour une seule et unique raison : empêcher le Québec de quitter la Confédération. Telle est la mission qu'ils se sont donnée. Mais pourquoi n'ont-ils pas choisi le Nouveau Parti démocratique, plus conforme à leurs antécédents ? Comme aucun des trois n'a le « goût de mourir avec les honneurs », ils ont opté pour le seul parti capable d'empêcher la dislocation du Canada. La faiblesse du Nouveau Parti démocratique tient au fait qu'il n'a aucun appui réel dans les masses populaires et aucun avenir au Québec. Le réalisme le plus élémentaire les oblige donc à choisir le véhicule libéral, sinon aussi bien rester chez soi. Leur apostasie leur vaut une première accusation de « trahison » de la part de Robert Cliche, le leader québécois du NPD. Il y en aura bien d'autres !

La Confédération les appelle à son secours. Défendre une chose aussi sacrée contre une agression québécoise appréhendée vaut bien quelques injures. Quant à la *révolution* sociale et économique, dont le trio a cultivé le mythe dans ses récits et son action, elle attendra bien quelques années. Si jamais Jean Lesage songe encore à une carrière pancanadienne, il peut remballer son rêve ! Le Canada vient de trouver ses messies, qui sont, dit-on, trois gentilles « colombes ». Faux symbole. Marchand, Trudeau et Pelletier n'arrivent pas à Ottawa en messagers de la paix, mais en guerriers qui brûlent de remettre à sa place un Québec devenu, à leur avis, beaucoup trop fort. La suite des événements le montrera : ce sont trois faucons qui vont prendre leur envol à l'automne de 1965.

La décision du trio déçoit aussi Claude Ryan. Pour lui, il s'agit d'un rendez-vous manqué entre la social-démocratie, souhaitée par les milieux syndicaux et intellectuels québécois, et trois hommes qui ont fortement contribué à lui ouvrir la voie. Néanmoins, leur geste est d'une importance capitale, reconnaît-il, car il est celui de toute une génération, celle qui vient d'atteindre sa maturité après avoir milité pendant vingt ans dans les corps intermédiaires ou l'action privée. On assiste à la rencontre des néo-démocrates d'après-guerre avec cet ingénieux assimilateur qu'a toujours été, au Canada, le Parti libéral[41].

L'arrivée en politique des trois nouveaux défenseurs du fédéralisme canadien constitue la seule surprise d'une campagne qui ne modifie en rien la position des partis aux Communes. Le soir du 8 novembre, Lester B. Pearson est toujours minoritaire. Son second gouvernement sera donc aussi précaire que le premier. Non, décidément, « Mike » n'a pas la trempe d'un grand chef. L'année 1963 se répète : les Canadiens ont préféré l'instabilité gouvernementale plutôt que de lui accorder majoritairement leur confiance. Il faut donc s'attendre à de nouvelles élections à plus ou moins brève échéance. Pearson devra préparer son successeur. Marchand ou Trudeau ? Il va les observer tous deux.

Daniel Johnson s'est tenu à l'écart de la mêlée fédérale. Fin septembre, au retour d'une tournée préélectorale en Gaspésie en compagnie de Jacques Pineault, il a réuni ses députés à Saint-Jean-des-Piles, dans le vaste domaine de Maurice Bellemare. L'UN va-t-elle participer aux élections fédérales ? Le caucus statue : pas question de prêter main-forte à ce vieux sacripant de « Dief », qui ne comprend rien aux doléances du Québec. « Québec d'abord ! » scandent les députés, plus préoccupés d'ailleurs du prochain scrutin provincial que des déboires et des ratés de « Mike » Pearson, l'internationaliste plus apte à régler les problèmes du monde que ceux de son propre parti ou de son pays.

Notes — Chapitre 2

1. *Le Devoir*, le 31 juillet 1965.
2. Pierre O'Neil et Jacques Benjamin, *Les Mandarins au pouvoir*, Montréal, Québec/Amérique, 1978, p. 62.
3. Jean Loiselle.
4. *Ibid.*
5. Maurice Bellemare, Radio-Canada, *op. cit.*
6. Daniel Johnson fils.
7. Jean Loiselle.
8. Jacques Pineault.
9. Jean Loiselle.
10. *Ibid.*
11. Jacques Guay.
12. *Le Devoir*, le 20 octobre 1964.
13. *Le Devoir*, les 28 mai et 15 juillet 1965.
14. *Le Devoir*, le 17 février 1965.
15. *Le Devoir*, les 22 janvier, 22 mai et 31 décembre 1965.
16. *Le Devoir*, les 4, 5 et 6 août 1965.
17. Peter Desbarats, *René Lévesque ou le projet inachevé*, Montréal, Fides, 1976, p. 111.
18. *Le Devoir*, le 6 février 1965.
19. *Ibid.*, et Jean Provencher, *René Lévesque, portrait d'un Québécois*, Montréal, La Presse, 1973, p. 212.
20. *Le Devoir*, le 5 février 1965.
21. Peter Desbarats, *op. cit.*, p. 116-117.
22. *Le Devoir*, les 15 octobre et 29 novembre 1965.
23. *Le Devoir*, les 8 juillet et 3 septembre 1965.
24. Jacques Guay.
25. Mario Cardinal, Vincent Lemieux et Florian Sauvageau, *Si l'Union nationale m'était contée...*, Montréal, Éditions du Boréal Express, 1978, p. 137.
26. Peter Desbarats, *op. cit.*, p. 118.
27. *Le Devoir*, les 24 et 27 avril 1965.
28. *Le Devoir*, le 29 avril 1965.
29. Jacques Guay.
30. *Le Devoir*, le 29 août 1965.
31. Lester B. Pearson, *Mike : The Memoirs of the Right Honorable Lester B. Person*, vol. 3, Toronto, University of Toronto Press, 1975, p. 40.
32. *Ibid.*, p. 244.
33. *Le Devoir*, le 11 février 1965.
34. *Le Devoir*, le 13 février 1965.

35. *Ibid.*
36. *Le Devoir*, le 23 janvier 1965.
37. *Le Devoir*, les 12 avril, 30 juin et 2 juillet 1965.
38. Gérard Pelletier, in la série « Histoire de la presse écrite au Québec » diffusée au réseau FM de Radio-Canada en janvier 1980.
39. *Ibid.*
40. *Ibid.*
41. *Le Devoir*, les 3 et 13 septembre 1965.

CHAPITRE 3

La conquête du pouvoir

Au début d'avril 1966, un « Lac-à-l'Épaule » tropical se déroule en Floride. Plusieurs ministres sont réunis avec Lesage au Seaway Hotel, au bord de la mer, pour fixer la date des élections. Sont présents, entre autres, René Lévesque, Claude Wagner, Pierre Laporte et Paul Gérin-Lajoie. La bonne humeur des Québécois n'est pas seulement attribuable aux brûlures du soleil sur leur peau de nordiques décolorée par l'hiver, mais d'abord et avant tout aux résultats d'un sondage interne qui accorde aux libéraux 85 sièges sur 108[1] !

« Lesage n'est pas battable ! » répètent, depuis des années, les spécialistes de la chose politique. Le sondage semble leur donner raison. Après tout, le premier ministre n'a-t-il pas tenu la plupart de ses promesses ? Devant lui, il n'y a qu'un front disparate, qui va des unionistes de Johnson aux turbulents irréalistes de Bourgault en passant par les créditistes-séparatistes d'extrême droite du Dr Jutras. Armée qu'il sera facile de mettre en déroute dès les premiers coups de canon.

Le bilan du gouvernement Lesage est impressionnant : récupération d'Ottawa de plus de 30 pour 100 de l'impôt, création d'un ministère de l'Éducation, nationalisation de l'électricité, caisse de retraite qui financera les grandes politiques de l'avenir, droit de grève accordé aux employés de l'État, revalorisation de la fonction publique, assurance-hospitalisation, création de la Société générale de financement, du Conseil d'orientation économique, de Sidbec (enfin, presque). Comment ne pas se croire invincible, voire immortel? Certains ministres parlent même de récolter 75 pour 100 des voix!

Pourtant, certaines données du sondage devraient faire réfléchir ces libéraux par trop optimistes. Le taux des indécis est très élevé, les changements en éducation ont indisposé de larges secteurs de la population, comme l'a révélé une question du sondage, et les sondeurs sous-estiment peut-être la clientèle du Rassemblement pour l'indépendance nationale et du nouveau parti créditiste de tendance indépendantiste, le Ralliement national. Peu importe. Lesage fixe la date du scrutin au 5 juin. La grande vedette de la campagne, cette fois, ce sera lui et non plus René Lévesque, qui file doux pour le moment. Lesage a besoin d'un triomphe personnel pour pouvoir reprendre en main son cabinet, oublier son fiasco dans l'Ouest canadien et obtenir un mandat sans ambiguïté avant d'affronter les trois preux chevaliers du fédéral, messires Marchand, Trudeau et Pelletier, qui ont tous été élus[2].

Basané et débordant de vitalité, le premier ministre annonce, le 18 avril:

— Élections le 5 juin! Il me faut un mandat précis pour négocier avec Ottawa un nouveau partage des impôts.

Grippé et le teint blême, Johnson réplique:

— Nous sommes prêts. M. Lesage n'a pas cependant à demander au peuple du Québec l'autorisation d'aller négocier des droits qui nous appartiennent de par la Constitution.

La plupart des ministres de Lesage exultent. Alcide Courcy, ministre de l'Agriculture, parie 10 dollars avec un journaliste que Johnson sera battu dans son propre comté. René Saint-Pierre, ministre des Travaux publics, prédit 109 comtés au libéraux. Il n'y en a que 108 — c'est un pince-sans-rire! L'ami personnel du premier ministre, Bona Arsenault, prévoit une campagne électorale sans histoire, une simple marche pendant laquelle l'armée libérale n'aura pas à tirer un seul coup de feu. « Ce sera la bataille la plus facile de ma carrière », se réjouit-il. Un seul ministre (toujours le même) n'est pas au diapason:

— Tout ce que je souhaite, commente un René Lévesque moins optimiste que ses collègues, c'est que ça se fasse le plus vite possible[3].

Jean Lesage présente, dès le début de la campagne, son « programme complet de gouvernement » pour les cinq prochaines années, dont l'idée maîtresse est le développement. Le souffle est encore là, même si certains silences en éducation et en économie indiquent qu'il sera plus tempéré. On va abolir le Conseil législatif, tenter de récupérer le maximum du fédéral au chapitre des impôts, améliorer le rendement de la péréquation, créer un ministère des Sports et des Loisirs, et un autre du Développement économique, établir une université populaire francophone à Montréal. On haussera également les allocations familiales et le salaire horaire minimum passera à 1,25 $; la gratuité scolaire sera instaurée au collégial, on adoptera une déclaration des droits de l'homme, la priorité du français, une loi générale sur la sécurité sociale, une politique de logement à loyer modique et enfin une politique de main-d'œuvre et d'éducation des adultes. Un oubli impardonnable, cependant, quand on va aux urnes avec une carte électorale surévaluant le vote rural : la classe agricole[4].

Quand Daniel Johnson a lancé « nous sommes prêts », ce n'était pas de la vantardise. Contrairement à la campagne de 1962, l'Union nationale brûle du désir de faire travailler ses nouveaux muscles. Après sa défaillance cardiaque de 1964, Johnson s'était fixé deux objectifs : élaborer une plate-forme nationaliste et bâtir une stratégie électorale en rase-mottes qui prendrait l'adversaire par surprise. À la fin d'avril, son but est presque atteint. Le programme électoral ? Une équipe de 40 experts, regroupés dans une dizaine de commissions dont Marcel Masse a coordonné les travaux, en a déterminé les principaux axes. Il ne reste plus qu'à traduire le manifeste du « groupe des 40 » dans un langage électoral. Cela prendra 10 jours.

Enfermé au club Renaissance, un groupe restreint, composé notamment de Daniel Johnson, Jean-Jacques Bertrand, Charles Pelletier, Marcel Masse, Paul Dozois et Jean Loiselle, accouche d'un enfant qui a bonne mine. Johnson possède enfin le programme moderne et progressiste (comparable en plusieurs points à celui des libéraux) qui lui manquait. Le manifeste vise trois clientèles. Pour élargir sa base urbaine, l'Union nationale s'adresse d'abord aux quartiers ouvriers des grandes villes régionales et de l'est de Montréal, où se concentrent les ruraux en quête d'emplois dans l'industrie. Ce sont des secteurs où le chômage est élevé et les revenus, très bas. Aussi l'UN propose-t-elle une politique de l'emploi : création d'une commission tripartite de la main-d'œuvre et d'un conseil de l'emploi, assurance-travail et loi intégrée de la sécurité sociale.

Le tiers de la population vit à Montréal. Qui veut gouverner doit y détenir une bonne assise électorale. Toutefois, Johnson n'oublie pas que ce sont avant tout les comtés ruraux qui lui donneront la victoire. Le manifeste unioniste, à l'opposé de celui des rouges, choie la classe paysanne : plan quinquennal agricole, chambre agricole, Office des grains de provende, assurance-récolte, assurance-bétail, meilleure voirie rurale, développement régional et programme d'aide aux travailleurs de la forêt. Aux nationalistes, on ne promet pas l'indépendance mais la priorité du français, le rapatriement de la totalité des impôts directs et de la sécurité sociale, une constitution interne pour le Québec, la réunion de l'assemblée constituante, une nouvelle alliance entre deux nations égales et le statut d'un véritable État national pour le Québec.

À cela s'ajoute une série de mesures dont certaines sont déjà consignées dans le manifeste des libéraux : l'abolition du Conseil législatif, une charte québécoise des droits, l'assurance-maladie, un protecteur du peuple, l'assistance judiciaire, une loterie, un haut-commissariat aux sports et la création d'un réseau québécois de radio-télévision[5].

Au double slogan libéral « Québec en marche ! » et « Pour un Québec plus fort ! » on opposera « Québec d'abord ! » Plus terre à terre, le riniste Pierre Bourgault clamera d'un bout à l'autre de la province : « On est capable ! » Mais la caisse est vide. Les réserves de 1962 ont fondu avec la réorganisation du parti. Six années dans l'opposition et des sondages peu encourageants éloignent la manne. Heureusement, le journal du parti, le *Montréal-Matin*, est très prospère. L'UN puise dans ses surplus et contracte un emprunt important au Trust général du Canada, où règne un vieil ami de l'Union nationale, le financier Marcel Faribault. Sous Duplessis, un candidat dépensait entre 10 000 et 15 000 dollars pour se faire élire. En 1966, période noire, plusieurs devront trouver eux-mêmes des sources de financement[6].

Comment remporter la victoire ? s'est demandé Johnson. En face, c'est l'« équipe du tonnerre » avec ses Lévesque, Kierans,

Laporte et Gérin-Lajoie. Il serait beaucoup trop risqué de l'affronter directement, ce serait se passer la corde au cou. Johnson opte donc pour la guérilla dans chaque comté. Sa stratégie : occupons-nous de chaque électeur, de chaque comté, de chaque poll. Oublions l'équipe. Ce sera une lutte locale, une lutte sur le terrain. Une bataille d'hommes, pas de partis. Son organisateur pour l'ouest du Québec, Fernand Lafontaine, lui répète sans cesse :

— On ne prendra pas la province en bloc. Si on veut gagner, il faut se battre dans chaque paroisse, dans chaque bureau de vote !

Ce postulat exige une organisation sans faille pour chacune des 30 000 sections de vote du Québec. Le mot d'ordre devient donc : six militants dans chaque poll, deux hommes, deux femmes et deux jeunes. Second postulat : faire la lutte uniquement dans les comtés sûrs et éviter de gaspiller temps et argent dans ceux où les chances sont nulles — l'ouest anglophone de Montréal, par exemple. Dorénavant on vise 60 comtés sur 108. Pour se retrouver au pouvoir, il suffit d'en remporter 55. C'est mathématique, simple et possible. La carte électorale permet en effet d'obtenir une majorité de comtés, indépendamment de la proportion des suffrages récoltés dans chacun d'eux ou à la grandeur du Québec. C'est fou, mais c'est comme cela ! Duplessis gouvernait avec 73 pour 100 des sièges mais seulement 52 pour 100 des voix. Il régnait, mais n'avait l'appui que de la moitié de la population. L'autre moitié était vouée à la géhenne de l'opposition perpétuelle.

En arrêtant sa stratégie comté par comté, Johnson mise donc sur une carte démodée qui permet une surreprésentation des sièges par rapport aux voix. Même avec une minorité des suffrages, l'Union nationale peut gagner, répète-t-il à ses militants.

— Nos comtés, nous irons les chercher un à un jusqu'à ce que nous en ayons 55. Alors, nous serons au pouvoir.

Fernand Lafontaine préfère le chiffre magique de 56 comtés qui symbolise pour lui une victoire mieux assurée. Il dit aux unionistes :

— C'est 55 comtés plus 1 qu'il nous faut !

Le notaire Mario Beaulieu veut mettre toutes les chances du bon côté et avance toujours le chiffre de 60 ! Il s'amuse aux dépens de Lafontaine, un homme de plus de six pieds :

— Si nous perdons le pouvoir, ce sera la faute du grand ! S'il disait 60 comtés au lieu de 56, ça serait plus sûr[7]...

Se battre localement plutôt qu'à l'échelle provinciale exige des candidats de valeur et très représentatifs de leur milieu. Règle d'autant plus contraignante que, dans certaines régions du Québec où l'image de Johnson nuit encore au parti, les candidats devront se faire élire seuls et parfois contre leur chef. Dans quelques comtés, l'organisation préfère tout simplement ne pas le voir. En Mauricie, son coin de province, Bellemare se fait dire trop souvent à son goût :

— Si vous n'aviez pas Johnson, vous gagneriez. Cachez-le ! Ne le montrez pas, car il vous nuira !

Combien d'organisateurs lui confessent : « Si c'était Bertrand au lieu de Johnson, comme ça serait facile ! » De telles confidences enragent le bouillant député, car, pour lui, ce sentiment anti-Johnson résulte de la campagne sournoise des hommes de Bertrand contre le chef. Bien des pro-Bertrand, pense Bellemare, ne seraient pas fâchés si « Danny Boy » était battu. Le parti pourrait enfin s'en débarrasser !

— Si nous gagnons, rétorque Bellemare aux organisateurs, cela voudra dire que Johnson aura réussi à battre deux partis : le Parti libéral et le parti de Bertrand[8].

Conscient de la pauvreté de son image et toujours philosophe, Johnson recommande à ses candidats :

— Faites-vous élire, moi, mon rôle sera de ne pas vous empêcher de gagner. Mais en 1970, ce sera à mon tour de vous faire élire !

L'humilité de Johnson renverse Jérôme Proulx, candidat dans Saint-Jean. Un jour, au beau milieu de la campagne, le chef lui téléphone :

— Monsieur Proulx, dites-moi franchement : est-ce que je dois aller ou non à Saint-Jean ? Si ça doit vous nuire, je n'irai pas...

Le jeune professeur n'en revient pas ! Lui dire une chose pareille à lui, obscur candidat de rien du tout ! Cet homme doit avoir un sens du renoncement peu commun, se dit l'ancien séminariste. Proulx est ému. Il répond en avalant quelques syllabes :

— Monsieur Johnson, je vous invite. Venez[9] !

L'acceptation de ses limites n'empêche pas le chef de superviser le choix de ses candidats. Avec trois dépisteurs — Mario

Beaulieu, Fernand Lafontaine et Christian Viens —, il passe chacun des comtés au peigne fin afin de déterminer le profil du candidat idéal. Convaincu de l'importance d'une bonne organisation, il se soucie de chaque détail et ne laisse rien au hasard. On étudie les caractéristiques socio-économiques du comté, cible les clientèles et isole les indécis. Après, on choisit un candidat fait sur mesure pour le comté. Pareil procédé évite des erreurs coûteuses, comme celle d'imposer un intellectuel de Montréal aux électeurs de Bellechasse. Le candidat johnsoniste par excellence est très actif à l'échelle locale et régionale plutôt que provinciale. Un « gros canon », mais dont l'influence s'arrête aux frontières du comté ou de la région : maire, conseiller municipal, commissaire ou médecin.

La candidature de Clément Vincent dans Nicolet correspond à cette optique. En 1962, le jeune et dynamique cultivateur de Sainte-Perpétue — il n'a que trente-quatre ans et jouit d'une grande popularité en milieu agricole — s'est fait élire au fédéral. À l'époque déjà, Johnson lui promettait :

— Un jour, je serai premier ministre et tu seras mon ministre de l'Agriculture.

Vincent prenait cette remarque avec un grain de sel, car il se trouvait fort bien à Ottawa. Mais Johnson, qui n'était pas homme à lâcher sa proie, voulait Vincent et il l'aurait ! Il entreprit donc de « travailler » son homme jusqu'à ce qu'il lui ait arraché son adhésion. Tantôt, il lui envoyait un émissaire lui souffler à l'oreille : « M. Johnson a besoin de toi à Québec. » Tantôt, au hasard d'une rencontre, il revenait à la charge : « Bon, Vincent, quand me donnes-tu ta réponse ? »

Le cultivateur résistait et invoquait l'importance de son rôle à Ottawa. Johnson s'était alors tourné vers sa femme :

— Vous savez, Yvette, lui suggérait-il perfide, Québec est bien plus près de chez vous qu'Ottawa... Vous devez faire plus de 200 milles pour aller rejoindre Vincent. Une fois à Québec, ce sera seulement 75 milles !

Après l'annonce de la date des élections, comme le député fédéral refuse toujours de plonger du côté québécois, il a recours aux grands moyens. Au cours d'une assemblée à Nicolet, il annonce sans prévenir :

— Nous avons ici avec nous le nouveau candidat dans Nicolet, Clément Vincent.

La politique du fait accompli ! Comment le démentir devant la télévision, ses amis, sa femme... Johnson a bien calculé son coup afin d'impressionner les milieux ruraux : si un gars d'Ottawa, député fédéral en plus, passe avec l'Union nationale, c'est que ce parti formera à coup sûr le prochain gouvernement[10]. Astucieux, non ? La presse du lendemain titre : « Clément Vincent, un des plus beaux coups de filet de l'Union nationale. »

Dans le comté montréalais de Saint-Henri, le vote italien de Ville-Émard frustre continuellement l'UN de sa victoire. La majorité du vainqueur se situe autour de 2000 voix. Ce comté est voisin de celui du truculent Frank Hanley, qui lance, durant la campagne, au sujet de l'Exposition universelle toute proche et beaucoup trop sérieuse pour lui : « Nous devons nous débarrasser de cette idée de culture qui hante nos esprits... » Johnson espère effectuer une trouée dans ces comtés de la frange défavorisée de Montréal et il a confié au notaire Beaulieu le soin de dénicher des candidats sur mesure. Le comté de Hanley, Sainte-Anne, en est un, mais l'Irlandais l'a transformé, avec les années, en citadelle imprenable. Dans Saint-Henri en revanche, il est possible de culbuter l'ennemi, du moment que le candidat est à la fois italien et francophone. Or, dans l'équipe du maire Jean Drapeau, il y a un dénommé Camille Martellani, entrepreneur d'origine italienne perçu comme un Canadien français. Pourra-t-il recueillir les suffrages des deux groupes ? Mario Beaulieu fait la tournée des restaurants et cafés de Saint-Henri.

— Martellani, le gars qui veut se présenter, est-il un Canadien ?

— Ah ! j'sais pas, mais il parle comme nous...

— Ah ! il parle comme nous autres[11] ?

Martellani sera candidat. Il faut aussi une nuit complète de tractations pour enlever de haute lutte la candidature de Paul-Émile Sauvageau, autre conseiller du maire Drapeau. Issu du peuple, Sauvageau hérite d'un comté à son image, Bourget, ancien fief du libéral Jean Meunier. Pour le comté de Lafontaine, autre circonscription de l'est de Montréal, Beaulieu a l'œil sur Jean-Paul Beaudry, un épicier en gros reconnu pour sa simplicité et son honnêteté. Il le connaît depuis quinze ans et le persuade de rencontrer Johnson. L'épicier est nationaliste ; pour le fléchir, le chef unioniste lui dit :

— Qu'avez-vous fait jusqu'ici pour votre province ? Si vous

êtes nationaliste, prouvez-le en vous joignant à nous !

Territoire rouge, le comté de Lafontaine comporte bien des embûches pour un bleu nationaliste comme Beaudry. S'il le conquiert, c'est en gagnant à sa cause des libéraux nationalistes et en évitant aussi d'y exhiber son nouveau chef. Ses électeurs lui avouent : « Pour vous, M. Beaudry, pas de problème. Vous serez élu, mais pas votre parti. Si vous aviez un autre chef... » L'épicier doit se résigner à faire campagne sans Johnson, même si cela lui fait mal au cœur, car il l'admire beaucoup[12].

Le scénario est à peu près identique pour toute la périphérie de Montréal, où Fernand Lafontaine s'affaire à convaincre les éventuels candidats jugés dignes d'intérêt. Johnson a du mal avec son « grand ». C'est une tête de mule qui ne se laisse pas marcher sur les pieds ! Même le chef — qui veut tout savoir de ses collaborateurs — n'arrive pas à le tenir en laisse. Leurs méthodes de travail sont complètement différentes et Lafontaine explose quand il se sent surveillé de trop près.

— Faites ce que vous voulez comme chef du parti et moi, comme organisateur, je ferai ce qui me plaît ! Vous êtes trop éloigné du peuple. Vous passez par les journaux pour lui parler, moi, je circule dans les comtés, je rencontre les militants...

Parfois, leurs discussions au sujet d'un candidat possible dégénèrent en pugilat verbal. C'est au tour de Johnson d'exploser, en tutoyant son organisateur :

— Tu es chargé de l'organisation électorale, mais le choix des candidats ne relève pas de toi !

— Votre candidat dans ce comté, rétorque Lafontaine, est un « tarla » ! Prenez-le si vous voulez, mais n'oubliez pas que son comté, c'est peut-être le cinquante-sixième dont vous aurez besoin pour gagner ! C'est peut-être le cinquante-sixième comté qui vous manquera le soir du vote[13] !

Le député de Labelle s'est longtemps fait tirer l'oreille avant d'accepter de devenir organisateur. Un jour, en 1963, Johnson le convoque à son bureau et lui offre le poste. L'ingénieur hésite, mais le chef ne lui laisse pas de répit et tourne autour de lui comme un vautour.

— Je vais y penser..., finit-il par dire.

En rentrant chez lui, à Sainte-Véronique, où l'air pur des

Laurentides convient mieux à ses poumons malades, Lafontaine est furieux contre lui-même et contre son chef. Il se dit : « Je suis jeune, j'ai une femme et trois enfants, et je n'ai pas l'intention de mourir député de l'opposition ! » Sa femme, à qui il raconte son entrevue, commente d'un ton résigné :

— Je vois que tu as dit oui…

— Tu te trompes. J'ai dit non, mais je lui ai dit que je te consulterais.

À vingt-trois heures, le même soir, le téléphone sonne.

— Puis ? demande Johnson au bout du fil. As-tu parlé à Marie-Paule ?

— Oui et elle m'approuve de refuser.

Quelque temps plus tard, un dîner à 100 dollars le couvert a lieu au club Renaissance. Lafontaine n'a toujours pas cédé. Cela n'empêche pas Johnson de se lever et de réclamer le silence :

— J'ai une bonne nouvelle... M. Lafontaine a accepté avec beaucoup de plaisir l'organisation pour l'ouest du Québec.

Ovation. L'ingénieur réticent est pris au piège ! Que faire d'autre, sinon sourire... Ses voisins de table lui reprochent :

— Pourquoi tu nous l'as pas dit ?

— C'est un menteur ! C'est faux..., je n'ai jamais dit oui !

Malgré sa santé fragile, l'organisateur est un bourreau de travail. C'est cette qualité et son génie de l'organisation qui ont conquis Johnson. Un samedi soir de 1965, celui-ci assiste avec Jean-Paul Cardinal à une réunion sociale au Club canadien, situé en face du club Renaissance, rue Sherbrooke. En quête d'air frais, Cardinal fait quelques pas sur le trottoir quand il aperçoit de la lumière dans l'immeuble du parti. Des voleurs ? Non — c'est Lafontaine qui scrute ses organigrammes, un samedi soir.

— Qu'est-ce que tu fais ici ? demande l'avocat surpris de sa découverte.

— Je suis en train de battre les rouges ! réplique l'organisateur.

— Tu sais bien qu'on ne les battra pas, plaisante le premier en accompagnant ses propos d'un sourire malicieux.

— Qu'est-ce que tu dis là ? Et Daniel, est-ce qu'il pense comme toi ?

— Il n'a pas confiance trop, trop.

— Si vous faisiez comme moi, on le prendrait, le pouvoir !

L'avocat éclate de rire et file raconter à son chef sa rencontre fortuite. Estomaqué par le zèle de l'ingénieur, celui-ci remarque :

— Si le grand est capable de faire ça, moi aussi je le peux[14] !

Lafontaine s'entend à merveille avec Jacques Pineault et l'associe à son travail. « Je mets le génie au service de la politique ! » plaisante-t-il. Il y met aussi, comme son chef, beaucoup de persuasion. Il lui faudra pas moins de cinq semaines de harcèlement pour convaincre le Dr Robert Lussier, le populaire maire de Repentigny, de se porter candidat dans l'Assomption. La perspective que sa femme se débrouille seule avec l'éducation de leurs sept enfants ne sourit guère au médecin. À l'instigation de Lafontaine, il accepte cependant de rencontrer Johnson, dont le nationalisme lui plaît beaucoup. Pour le Dr Lussier, un hercule qui a perdu ses cheveux très tôt, c'est là l'une des conditions de son ralliement, qu'il annonce 15 jours avant le scrutin. Ce court délai sera néanmoins suffisant pour lui permettre de remporter le comté haut la main[15].

La candidature de la brillante recrue Marcel Masse dans Joliette cause des soucis à Lafontaine. Pour une fois, il s'entend avec Johnson, qui, pas plus que lui, ne veut voir Masse dans Joliette, même si celui-ci convoite ce comté depuis son adhésion à l'Union nationale. C'est Montcalm, une nouvelle circonscription d'à peine 10 000 électeurs, qu'on lui réserve. Un sondage du parti dans Joliette a d'ailleurs révélé que l'élite traditionnelle s'oppose à Masse, perçu comme un petit professeur radical, séparatiste et inexpérimenté. De guerre lasse, Masse accepte d'émigrer dans le comté voisin de Montcalm ; il y sera vainqueur[16]. Dans Joliette, on oppose au libéral un candidat plus rassurant, Pierre Roy, qui gagne lui aussi, mais non sans avoir lâché ce mot curieux à l'adresse de Claude Wagner : « On est complice du silence quand on laisse écraser le peuple par des animaux comme Wagner[17] ! »

Dans Saint-Jean, l'aspirant Jérôme Proulx donne, lui aussi, du fil à retordre à l'organisation centrale, car il n'arrive pas à fixer son choix. Pire : il s'affiche ouvertement comme un séparatiste. Mais, pour Daniel Johnson, ce n'est pas là un obstacle. Au cours d'un repas, le jeune professeur lui a candidement avoué, en tirant nerveusement sur sa cigarette :

— Je suis séparatiste, monsieur Johnson…

Tout en lançant un clin d'œil complice à Paul Dozois, qui partage leur table, le chef réplique :

— Votre place est avec nous, monsieur Proulx.

Jérôme Proulx est le candidat idéal pour Saint-Jean, un comté semi-urbain de la rive sud de Montréal, habité par la classe moyenne. C'est un enseignant, un « paquet de nerfs » émacié par quatre ans de vie au grand séminaire. Plus homme de lettres que politicien, il enseigne la littérature française au Collège militaire de Saint-Jean et prépare une thèse sur le roman québécois. Son auteur préféré n'est pas Machiavel, mais Blaise Pascal. Son entrée en politique est davantage le fruit du hasard que d'une conviction profonde. L'automne précédent, en effet, il avait subjugué toute la province, lors de sa participation au jeu-questionnaire télévisé *Tous pour un*, animé par Raymond Charette : il avait réussi l'exploit, pendant trois émissions d'affilée, de répondre correctement à 43 questions sur l'esclavage des Noirs, remportant ainsi la jolie somme de 8000 dollars et devenant, du même coup, le « phénix de Saint-Jean », le professeur à la mémoire d'éléphant.

Toujours à l'affût de candidats, les unionistes décident de tirer parti de cette notoriété subite et l'organisation du comté invite Proulx à adhérer à l'UN. Pourtant, celui-ci n'a jamais milité dans un parti et son intérêt pour la chose publique est tout relatif. Le peu qu'il en sait, il le tient de son père, Armand Proulx, contremaître au moulin à scie de Saint-Jérôme, qui se cramponnait à son poste de radio dès qu'on y traitait de politique et n'hésitait pas à interrompre les jeux de son fils, alors âgé de huit ou dix ans :

— Jérôme, vient écouter. Camillien Houde va parler au marché Saint-Jacques[18] !

Comme initiation politique, c'est plutôt mince ! Aussi, avant d'abandonner l'enseignement, qui lui assure une carrière de tout repos, Proulx demande à réfléchir sérieusement. De son séjour au grand séminaire, il a gardé l'habitude de faire diriger sa vie par autrui. Il va voir son directeur de conscience, le sulpicien Procule Léveillé.

— Jérôme, vous devriez quitter l'enseignement, lui conseille celui-ci. Vous êtes prêt pour une carrière politique. Mais avant de prendre une décision définitive, allez donc en parler à Claude Ryan.

Proulx ne connaît pas Ryan personnellement, mais, puisque Procule Léveillé le lui recommande, il n'hésite pas à aller frapper à la porte de son « confessionnal ».

— J'ai bien connu Daniel Johnson, commence Ryan d'un ton pontifiant. Nous avons fait de l'action catholique ensemble. Je pense qu'il a besoin de candidats neufs. Je vous conseille d'embarquer, mais sachez que vous ne prendrez pas le pouvoir. L'Union nationale aura 40 sièges tout au plus, mais, en 1970, vous serez au pouvoir[19].

Le directeur du *Devoir* est convaincu que Johnson mordra la poussière, car il a des ailes de plomb. Quelques semaines plus tôt, il a décrété : « À moins que n'éclatent des scandales majeurs, l'Union nationale s'achemine vers une nouvelle défaite. Nous n'entrevoyons pas la possibilité d'une victoire pour M. Johnson, mais nous croyons qu'il pourrait très bien se maintenir en selle au lendemain du scrutin[20]. »

L'organisation de l'est de la province — 43 comtés à l'est de Trois-Rivières, sur les deux rives du fleuve —, revient à l'ancien chantre de Saint-Césaire, Christian Viens, homme des missions impossibles. Comme le ministre Bona Arsenault fait campagne dans Bagot plutôt que dans son propre comté de Matapédia, Johnson, toujours très sûr de lui, confie à Viens la tâche de trouver un candidat capable de battre le libéral. L'organisateur remplira sa mission à 22 voix près ! Ailleurs, en revanche, ce sera l'apothéose : le 5 juin, des 43 circonscriptions de l'est québécois, 30 passent aux mains des unionistes. Au Saguenay-Lac-Saint-Jean, les candidats choisis par Viens raflent quatre des cinq comtés.

L'organisateur procède comme Mario Beaulieu. Il tâte le pouls de l'électorat dans les brasseries et les cabarets. Johnson lui a dit :

— Il nous faut des hommes capables de se faire élire chez eux. Si tu dois les prendre chez les libéraux ou les créditistes, n'hésite pas !

Avec les vendeurs de publicité du *Temps,* Viens a monté un réseau d'émissaires locaux. Ces « chasseurs de têtes » lui font part de leurs découvertes et il va ensuite vérifier sur place l'à-propos de leurs choix. Il « lève » ainsi du bon gibier, comme le Dr Roch Boivin, maire de Chicoutimi-Nord.

— Si Boivin est candidat, il n'y aura personne pour le

battre ! s'entend répondre Viens chaque fois qu'il mentionne le nom du médecin dans les tavernes de la région.

— Aimeriez-vous faire de la politique, Dr Boivin ? M. Johnson aimerait beaucoup vous avoir près de lui, lui confie-t-il un jour.

— Voyons donc ! Jamais je ne serai candidat ! rétorque le maire, apparemment scandalisé par la proposition.

Roch Boivin ne veut rien entendre et sa femme encore moins. D'ailleurs, à force de voir l'organisateur de Johnson tourner autour de son mari, elle n'a qu'une seule envie : le trucider ! Pourtant, le médecin finira par capituler et il enlèvera le nouveau comté de Dubuc sans la moindre difficulté[21].

Par contre, l'ancien député fédéral de Roberval, Jean-Noël Tremblay, ne résiste pas longtemps. Il met la politique au-dessus de tout et acquiesce à l'invitation de Johnson, à la condition qu'on lui permette de se présenter chez lui, à Chicoutimi.

— Si vous allez dans Chicoutimi, objecte Johnson, vous allez à la boucherie. Il est impossible de faire élire un intellectuel comme vous à Chicoutimi !

— Vous vous trompez, riposte le professeur piqué au vif. Je vais aller vous chercher le comté[22].

Le chef fait en effet fausse route. À Chicoutimi, on ne jure que par « Jean-Noël ». Le comté est à l'image de son futur député provincial, ce fils de cultivateur urbanisé par les circonstances : c'est un comté urbain avec une enclave rurale. L'intellectualisme guindé de Tremblay est loin de déplaire aux fiers citadins de Chicoutimi et ne l'empêche nullement de se faire entendre des ruraux. En apprenant le nom de son rival unioniste, le notaire Jacques Riverin, candidat libéral, s'exclame présomptueusement :

— Mais on me donne le comté sur un plateau d'argent !

« Jean-Noël » ne manque pas de retourner le mot à son avantage en suggérant à ses électeurs :

— Vous allez avoir un député et le candidat libéral aura son plateau d'argent[23].

Pour coiffer sa grande famille de notables locaux dont la réputation s'arrête souvent aux limites de leur comté ou de leur région, Johnson rêve de quelques noms prestigieux. Il fait la cour à Robert Cliche, leader néo-démocrate et beauceron avant tout, à Jacques-Yvan Morin, l'intellectuel à barbiche avec qui il a combattu la formule Fulton-Favreau, à Louis Laberge, le rondouillet président de la puissante Fédération des travailleurs du Québec qui sait galvaniser son auditoire, de même qu'à quelques *stars* de la télévision, comme les animateurs Andréanne Lafond et Raymond Charette. Mais personne n'osera se mouiller avec lui[24]. Qu'à cela ne tienne ! L'Union nationale saura bien vaincre, même avec ses candidats plus ou moins inconnus.

Le protocole Johnson-Bourgault

Le chef unioniste est plus heureux dans ses pourparlers avec Pierre Bourgault, le président du RIN. Au moment de l'émission des décrets d'élections, il le convoque à son bureau du boulevard Dorchester. Outre les deux leaders, qui se serrent la main pour la première fois, Maurice Johnson et Marc Lavallée assistent à l'entrevue. Que veut Johnson ? Sûrement pas une alliance électorale en bonne et due forme avec les rinistes ; tout au plus une entente tacite qui évitera aux deux formations politiques de se nuire réciproquement. Une douzaine de comtés au moins peuvent basculer dans le camp unioniste si le RIN grignote le vote libéral. En amenant l'imprévisible Bourgault à jouer selon ses règles, Johnson veut être certain que les indépendantistes s'en prendront à Lesage et non à lui.

Quant à Pierre Bourgault, il laisse son interlocuteur abattre son jeu. Après tout, c'est Johnson qui a voulu le rencontrer. Deux heures s'écoulent en discussions agréables. On se confie un tas de choses en souriant, comme des amis de longue date. Ce jour-là, le chef riniste fait la connaissance d'un fin causeur, d'un politicien habile et intelligent. Mais ce leader, qu'a-t-il réellement dans le ventre ? Pour le savoir, Johnson emploie d'abord la flatterie :

— Vous, le RIN, vous allez remporter une cinquantaine de sièges...

— Non ! coupe Bourgault, je pense que nous n'en prendrons aucun.

Lucide, ce Bourgault, les deux pieds bien sur terre en dépit de sa réputation de « rêveur séparatiste », comme dit Lesage.

— Monsieur Johnson, qu'attendez-vous pour faire l'indépendance ? lui renvoie Bourgault en le dévisageant de ses yeux rougeâtres d'albinos.

— Je ne peux pas. Regardez donc qui m'entoure. Ce que je peux faire cependant, c'est la préparer[25]...

La conversation continue, mais c'est surtout Johnson qui parle. L'ancien journaliste de *La Presse* étudie sa stratégie avec curiosité. Il attend, sourit, se laisse séduire. Johnson le met soudain en garde contre Claude Wagner, dont il lui rappelle l'une des plus récentes déclarations : « La prison pour les séparatistes si je suis réélu ! » Nous sommes des adversaires politiques mais non des ennemis, lui dit-il encore. Pourquoi ne pas nous unir contre l'ennemi commun, le féroce Parti libéral ? Pourquoi pas un moratoire pendant la campagne électorale ? Si l'Union nationale essuie une défaite, vous pouvez être sûr que Lesage et Wagner s'en donneront à cœur joie dans la répression anti-indépendantiste.

— Monsieur Bourgault, poursuit un Johnson à peine moqueur, ce serait extraordinaire si nous étions ensemble... Vous, vous feriez les discours. Moi, vous le savez, je ne suis pas très bon là-dedans...

— Monsieur Johnson, réplique un Bourgault à peine moins moqueur, c'est vrai que ça serait agréable. Mais, vous le savez, tout ce que nous pourrions faire ensemble, nous pouvons, au RIN, le faire tout seuls !

— Je le savais, mais ça valait la peine d'essayer[26] !

Après cet innocent badinage, les deux chefs se mettent d'accord sur un certain nombre de points. D'abord, l'un et l'autre doivent être élus. Donc, aucun intérêt à se faire la lutte dans le Bagot de Johnson ou dans Duplessis, où se présente le chef indépendantiste. Johnson respectera le pacte, car il désire voir Pierre Bourgault à l'Assemblée. Durant la campagne, il en viendra même à se persuader de son élection. En visite à Rouyn, il affirme à Antonio Flamand :

— Bourgault va passer dans Duplessis. Ce sera symbolique, mais son élection va nous aider.

Il s'en faudra de peu que le chef riniste ne soit effectivement élu.

Ce jour-là, Johnson et Bourgault s'entendent également pour présenter des « poteaux » dans les comtés où l'un des deux partis possède de bonnes chances de l'emporter. Cet accord va donner la victoire à l'Union nationale, qui parviendra à se faufiler entre le libéral et le riniste dans une douzaine de comtés. Il est clair, cependant, que le RIN a peu de chances de tirer réellement profit de l'accord parce que ses partisans sont trop dispersés pour permettre à l'un ou à l'autre des candidats rinistes de passer entre l'unioniste et le libéral.

Faire un croc-en-jambe à Jean Lesage, c'est déjà, pour les rinistes, une grande satisfaction. Ils en sont à leur premier match électoral et l'objectif immédiat est de provoquer le vote indépendantiste pour enfin le situer, le jauger, le compter. Récolter autour de 10 pour 100 des voix constituerait déjà une grande victoire. Le 5 juin, ils en obtiendront 6 pour 100, soit 150 000 suffrages. Cependant, le RIN n'avait pas présenté de candidats dans la totalité des comtés.

Le dernier point de l'entente Johnson-Bourgault constitue un véritable piège pour les libéraux, qui ont décidé — unilatéralement, bien sûr — de centrer toute leur campagne sur Jean Lesage. Or, de tous les hommes politiques, il est le plus vulnérable. Johnson a compris qu'il suffira de détruire l'image du premier ministre pour que la pyramide s'écroule. Lui et Bourgault s'entendent donc pour ne pas s'attaquer mutuellement et pour, autant que faire se peut, ne viser que Lesage[27].

Au moment où la machine électorale fait entendre son ronron familier, Daniel Johnson est-il vraiment le chef incontesté dont parle maintenant la presse? Depuis les assises de mars 1965, Jean-Jacques Bertrand file doux. Il a poussé à la roue pour la relance du parti et l'élaboration du programme. Il s'est rallié, bien sûr, mais, entre lui et Johnson, le malaise persiste. Bertrand éprouve encore parfois l'envie de brûler la politesse à son chef et de se retirer définitivement sur ses terres. Sa démission, si elle survenait avant les élections, priverait automatiquement l'Union nationale de la moindre chance de battre les rouges.

Il a si souvent juré, dans le passé, de partir le jour où son chef trahirait sa promesse de démocratiser le parti qu'en le faisant à un tel moment il torpillerait la toute nouvelle crédibilité politique de Johnson.

Ce dernier raisonne en vain son lieutenant, qui lui a confié son envie de se retirer de la vie politique. Exaspéré, il dit à Jean Loiselle, qui le presse de revenir à la charge auprès de Bertrand:

— Si tu es si « smarte » que ça, va lui parler. Moi, j'ai tout essayé et ça n'a pas marché.

Loiselle essaie donc de ramener le dissident à de meilleurs sentiments.

— J'en ai assez de la politique ! lui avoue ce dernier. À Sweetsburg, je serai bien. Je pourrai me faire facilement 20 000 dollars par année avec le droit[28].

Mais ce n'est pas encore cette fois que Jean-Jacques Bertrand pourra réaliser son grand rêve d'une vie tranquille à la campagne, loin des marais de la politique. Contre toute attente, en effet, ce sera Antonio Barrette, chef démissionnaire et déchu de 1960, qui le forcera, en quelque sorte, à se présenter pour défendre son intégrité. Échaudé par le scandale des faux certificats de 1962, Johnson redoutait un nouveau coup de Jarnac de la part des rouges, passés maîtres dans l'art de fausser les résultats électoraux. Mais comment imaginer que la « bombe » viendrait des rangs unionistes ? C'est pourtant ce qui se prépare à Athènes, d'où l'ambassadeur canadien Antonio Barrette a expédié le manuscrit de ses mémoires à ses éditeurs de Montréal.

L'entourage du chef a appris entre les branches que le livre, qui réserve, paraît-il, de très mauvaises surprises à Bertrand et peut-être même à Johnson, sera lancé en pleine campagne électorale. Une belle vengeance, quoi ! Barrette n'a jamais digéré la façon cavalière dont l'avaient traité les hautes instances du parti en 1960. On peut donc tout craindre de son livre ! Quant au député de Missisquoi, s'il choisit de prendre sa retraite politique, n'aura-t-il pas l'air de fuir ?

Mais comment désamorcer la bombe avant qu'elle éclate, d'autant plus que la parution de l'ouvrage est prévue pour la fin mai chez Beauchemin ? Deux spécialistes des opérations délicates, Jean Loiselle et Maurice Custeau, député de Jeanne-Mance, finissent par mettre la main sur la photocopie intégrale du manuscrit de 484 pages. Il est plus que temps, le livre devant sortir une semaine plus tard. Rencontre d'urgence — les responsables passent une nuit entière à éplucher le texte explosif. C'est un chef-d'œuvre de « vengeance politique ». L'ancien premier ministre décrit en long et en large l' « attitude complice » de Jean-Jacques Bertrand envers le tandem Bégin-Martineau, pendant qu'il luttait pour démocratiser le parti[29]. Inutile de souligner que l'image du « Bertrand réformiste et pur » créée par les médias s'en trouve considérablement ternie. En principe, il n'y a pas là de quoi fouetter un chat. Mais voilà : le scrutin n'a pas encore eu lieu et cet incident, normalement anodin, équivaut maintenant à une charge de dynamite. Discréditer Bertrand, c'est s'en prendre à l'homme qui, avant tout, symbolise la responsabilité de l'Union nationale et même celle de Johnson.

La première étape consiste donc à convaincre Serge Barrette, le fils de l'ambassadeur, d'amener son père à retarder la publication de ses mémoires.

— Papa, le supplie-t-il au téléphone, ce serait une grave erreur de publier ton livre maintenant. Il y a des élections et l'Union nationale a une bonne chance d'être élue.

Au bout du fil, à Athènes, Antonio Barrette ricane. Johnson et Bertrand au pouvoir ? Une plaisanterie..., un mirage ! Il n'en croit rien et sa décision est définitive[30] !

Il reste les journaux. Un jeu d'épreuves en main, Loiselle et Bertrand frappent chez Claude Ryan, dont l'opposition comme les ministériels quêtent les avis ou le concours.

— M. Ryan, dit Loiselle avec conviction, lisez ceci ! C'est un acte de vengeance d'un homme politique déçu. Publier ça en pleine campagne, ce n'est pas honnête...

L'œil soupçonneux et profondément encavé du directeur du *Devoir* parcourt un jeu d'épreuves en diagonale. Il écoute les doléances des deux émissaires, puis estimant, semble-t-il, que l'affaire n'est pas assez importante pour lui, il les renvoie à son nouvel éditorialiste, Vincent Prince, qui est entré le matin même au *Devoir*. C'est un petit homme timide, au teint cireux, sympathisant de l'Union nationale. Il arrive de *La Presse,* où, du temps de Gérard Pelletier, il était éditorialiste en chef. L'affaire le captive : il en fait le thème de son premier éditorial intitulé « Une bombe qui n'éclatera pas ». Prince insiste sur le caractère partisan du geste de l'ambassadeur pendant que, à la une du journal, Jean-V. Dufresne résume le contenu du livre et offre à Jean-Jacques Bertrand un droit de réplique. La bombe devient un simple pétard[31].

Quelques semaines plus tôt, Johnson a eu fort à faire pour dédramatiser une autre situation qui risquait de devenir explosive, à propos, cette fois, de la position constitutionnelle de l'UN.

Son flirt avec le mouvement indépendantiste a si bien réussi que les cadres de son parti sont presque majoritairement des ultranationalistes, tel le jeune avocat Guy Bertrand, qui préside la

Commission des affaires de la nation, chargée de la rédaction d'un document résumant la position constitutionnelle de l'UN. À dix-sept ans, Guy Bertrand participait déjà aux assemblées publiques d'Antoine Rivard dans Montmagny-L'Islet, comté qu'il a dû renoncer à représenter aux élections de 1962, les militants lui ayant préféré le comptable Jean-Paul Cloutier. L'avocat indépendantiste est un expert en droit international et conseille le chef unioniste depuis 1963. Aux assises de mars, il a fait une intervention intitulée Indépendance ou intégration qui lui a valu d'être invité par Johnson à se joindre au « groupe des 40 » chargé de bâtir le programme électoral du parti[32].

Ce qui devait arriver arriva. Après avoir passé en revue les différentes options possibles — statut particulier, États associés, fédéralisme renouvelé —, la Commission des affaires de la nation, dominée par une batterie d'avocats nationalistes, est séduite par l'idée de l'indépendance. Durant le travail d'analyse, une même question revient continuellement : faut-il rester dans le régime fédéral ou en sortir ? Or, le mot « indépendance » fait peur — on est conscient qu'il serait périlleux, pour le parti, de le prendre à son compte. On propose plutôt la souveraineté politique, doublée d'une association économique avec le reste du Canada. Sans le savoir, le groupe des 40 forge le vocabulaire du futur chef souverainiste René Lévesque.

C'est une idée de position radicale : le chef suivra-t-il ? Avant de la soumettre aux 300 membres du Conseil national, il faut savoir ce qu'il en pense.

Un samedi matin du mois de mars, au club Renaissance de Montréal, Marcel Masse explique, au nom du groupe des 40, pourquoi il faut prôner la souveraineté politique du Québec. Les deux orthodoxes du fédéralisme, Paul Dozois et Jean-Jacques Bertrand, flanquent Johnson[33].

— C'est bien beau, l'indépendance, mais, en pratique, comment ça va se faire ? demande Dozois, qui ne semble pas disposé à avaler un aussi gros morceau.

Avant de s'aventurer sur ce terrain, Dozois veut un calendrier détaillé du transfert des pouvoirs du fédéral au Québec. Après l'indépendance, quels services et activités seraient de compétence partagée et quels autres seraient du ressort exclusif du Québec ?

Mais, tout d'abord, la province peut-elle déclarer sa souveraineté unilatéralement ? Si le Canada refuse l'association économique avec le Québec, faudra-t-il se tourner vers les États-Unis ? Nationaliste à l'ancienne mode, Paul Dozois s'en tient à son maître mot, l'autonomie. En 1952, il a failli entrer au Parti libéral. Au cours d'un entretien avec Georges-Émile Lapalme, il lui avait demandé à l'improviste :

— Quelle sera votre attitude au sujet de l'autonomie du Québec ?

Lapalme avait écarté la question du revers de la main, comme si elle était sans intérêt. Dozois l'avait interrogé une seconde fois et, devant l'attitude toujours évasive du chef libéral, il avait alors décidé de se joindre à Duplessis[34].

Maintenant Jean-Jacques Bertrand ne paraît pas plus disposé que lui à se rallier à l'option souverainiste. Sa principale objection porte sur le sort des minorités francophones du reste du pays, au lendemain de la proclamation de l'indépendance. « Ne serait-ce pas condamner nos frères de la diaspora canadienne ? » demande-t-il. Son homonyme, l'avocat Guy Bertrand, répond : les minorités francophones hors Québec ont fait un choix économique au détriment d'une option nationaliste ou culturelle. Elles doivent donc être considérées au même titre que les Italiens, les Ukrainiens ou les Allemands qui ont émigré au Canada anglais. Le problème des minorités constitue un mythe créé de toutes pièces par les adversaires de l'indépendance. La Hollande ou l'Italie n'ont jamais renoncé à leur souveraineté nationale parce que des milliers de Hollandais ou d'Italiens vivent en Amérique[35].

Comme toujours, Daniel Johnson reste assis entre deux chaises. Il ne dit ni oui ni non à la souveraineté, essaie plutôt de trouver une voie médiane entre les arguments avancés par les orthodoxes et les « ultras ». Il semble clair, cependant, aux membres de la Commission que le chef, lui non plus, n'est pas prêt à prôner une telle option.

— Votre conclusion est radicale et, avant de me prononcer, j'ai beaucoup de questions à vous poser, remarque-t-il d'un ton las. S'il faut siéger demain, dimanche, je suis prêt à le faire.

Durant les apologies des uns et des autres, il a écouté, pris des notes, mais n'a pas exprimé d'opinion. Le dimanche matin, il déclare au groupe :

— J'ai dormi sur les données que vous m'avez fournies hier. Je note que vous voulez confier à Ottawa 70 pour 100 des pouvoirs nationaux et 30 pour 100 au Québec. Et pour réaliser cela, vous mettez de l'avant un moyen radical : l'indépendance. Tant de chambardement pour si peu ! Pourquoi ne pas plutôt discuter avec Ottawa ? Pourquoi ne pas aller chercher ces pouvoirs un par un, sans provoquer un chambardement comme l'indépendance[36] ?

De tous les membres de la Commission, c'est sans doute l'avocat Bertrand qui est le plus déçu. Avant la tenue du Conseil national, au début d'avril, Johnson l'avait prévenu que la proposition serait battue si elle survenait trop tôt. Après le vote, qui lui arrache des larmes, le jeune homme file chez son chef pour lui remettre sa démission. C'est un être impulsif et entier. Il ira travailler avec Bourgault, tout comme Marc Lavallée, qui a suivi le même cheminement. Johnson paraît peiné de cette décision.

— Il y a deux façons de faire l'indépendance, lui confie-t-il pour justifier son refus. On peut la faire sans le dire. Ou annoncer ses couleurs au risque de ne jamais la faire. En politique, il faut éviter les difficultés inutiles. La population n'est pas mûre pour entendre le langage de l'indépendance. Elle va nous vomir.

Johnson est-il sincère ? L'avocat indépendantiste n'en doute pas un instant, mais, pour lui, le chef unioniste est prisonnier de ses hésitations et de ses contradictions. Certes, il n'est pas contre l'indépendance mais... Une ambiguïté teintée d'opportunisme l'emportera toujours chez lui.

— Les libéraux veulent démontrer à la population que l'indépendance, c'est quelque chose d'odieux, reprend Johnson d'un ton décidé. Je sais que c'est faux. C'est un but noble. Moi, je veux faire en sorte que ceux qui refusent l'indépendance portent le fardeau de la preuve. Si Ottawa nous refuse l'égalité, ce sera à lui d'en subir l'odieux[37] !

Nationalistes et fédéralistes du parti s'entendent finalement sur le compromis d'un nouveau pacte entre deux nations égales, proposition moins inquiétante pour l'électorat et tirée de *Égalité ou Indépendance*.

La question nationale ne dominera pourtant pas la campagne électorale. Paradoxe ? On pourrait le croire, mais si l'on examine les positions des deux grands partis à ce sujet on s'aperçoit que, l'inflation verbale mise à part, la similitude est frappante. Récupération fiscale, *opting out*, priorité du français, rapatriement de la sécurité sociale, voilà autant d'engagements qui se retrouvent dans les programmes libéral et unioniste.

Johnson est le premier à mettre une sourdine à sa revendication constitutionnelle, car il a mieux à faire dans les domaines social et économique. Mais quand il lui arrive d'aborder la question, il rappelle tout simplement que, le 5 juin, il ira à Ottawa chercher des droits qui nous appartiennent déjà, de même que ceux qui nous manquent pour faire du Québec un « véritable État national des Canadiens français ». Plus prosaïque, Lesage précise : « Ce n'est pas armé d'une baïonnette que j'irai à Ottawa, ni en criant ni en jappant, mais avec des chiffres... »

C'est sans doute Pierre Bourgault qui compte le moins ses sorties à l'emporte-pièce contre Ottawa. « Nous récupérerons tout l'argent qu'on nous a volé depuis deux cents ans ! » lance-t-il à Hull, en inaugurant sa campagne. Un peu plus tard, il fustige le masochisme de ses compatriotes : « Depuis quatre cents ans, nous n'avons fait que suivre comme des moutons. Il y a des Canadiens français qui ne sont pas heureux s'ils ne reçoivent pas un coup de pied au cul par jour ! » Mais, le plus souvent, c'est contre les libéraux qu'il fulmine et contre ce Jean Lesage, « qui a peur de Ames Brothers, de la Bank of Montreal, de St. James Street et de tous les autres exploiteurs du Canada français qui nous tiennent dans un étau que nous ne pourrons défaire que par l'indépendance ». Un autre jour, il s'écrie devant ses partisans de Sept-Îles :

— Dehors, les valets, voici le temps des hommes libres[38] !

Désormais, Jean Lesage ne se contient plus. « L'indépendance, c'est le danger le plus grave et le plus effroyable qui soit pour le Québec », affirme-t-il d'un ton lugubre devant les étudiants du séminaire de Sainte-Thérèse. Le premier ministre multiplie les mises en garde aux jeunes de dix-huit à vingt et un ans, qui ont droit de vote pour la première fois et qui forment un terreau propice à la semence riniste :

— Les séparatistes vous trompent ! Pourquoi leurs journaux et leurs orateurs vous font-ils passer pour des humiliés, pour des ignorants toujours vaincus ? L'indépendance, c'est une solution pour lâches et timorés. Les Québécois ne doivent pas opter pour l'aventure.

Yves Michaud, candidat libéral qui n'a sans doute pas lu le discours de son chef, proclame au contraire :

— Être libéral, c'est préférer l'aventure au statu quo[39]...

Le critique de la Révolution tranquille

La campagne offre à Daniel Johnson un tremplin idéal pour la critique des erreurs et des excès de la Révolution tranquille. Esprit fondamentalement conservateur, il excelle dans ce rôle. Pour lui, les libéraux ont rompu sans discernement avec toutes les valeurs du passé et les étiquettes ronflantes dont ils se parent vaniteusement lui rappellent ces enseignes balancées par le vent, au milieu des ruines accumulées, après le passage d'un ouragan. Il parcourt la province en chantant toujours la même antienne :

— Sans ancrage, sans gouvernail, le navire de l'État dérive dans le plus épais des brouillards, tantôt vers la droite, tantôt vers la gauche.

Pas plus que la population Johnson ne s'oppose au changement, mais le mécontentement généralisé que détectent les sondeurs tient d'abord à une cadence trop rapide qui nuit à l'assimilation des nouvelles données ainsi qu'au fait que « la voiture est mal conduite, comme si le chauffeur avait les facultés affaiblies ».

Première cible : le marasme économique du Québec. La « politique de grandeur » a coûté si cher au Trésor public que le gouvernement s'étrangle avec ses déficits et les Québécois, avec leurs taxes. Les finances publiques sont dans un état lamentable, soutient Johnson. Au cours des trois dernières années, le gouvernement a emprunté annuellement 500 millions de dollars en moyenne. En 1966, la capacité d'emprunt de la province est à peu près nulle. Le marché américain est fermé au Québec. Il vaut donc mieux ne plus en parler. Et la solvabilité financière ? Inquiétante. En février, une émission du gouvernement lancée à 99,50 $ pièce tombe le même jour de deux dollars. Ça ne s'était jamais vu.

Quant à taxer davantage, il ne faut pas y songer puisque le contribuable québécois est déjà surtaxé par rapport à celui des autres provinces. En 1965, le gouvernement n'a pu combler un déficit budgétaire de 229 millions de dollars, malgré une hausse des taxes de l'ordre de 25 millions. Mais comme 1966 est une année électorale, il n'est évidemment pas question d'augmenter ni l'impôt

sur le revenu ni les diverses taxes. Les dépenses s'élèveront à
2,3 milliards, les revenus, à 1,8 milliard. Comment bouclera-t-on le
budget? demande Paul Dozois, que Johnson vient de consacrer
critique financier de l'opposition[40].

Fidèle à la philosophie conservatrice de l'ancien régime animé
par l'idéal d'un équilibre budgétaire, Dozois soutient que le gouvernement emprunte beaucoup trop. Pire intendant de la province
depuis Bigot, le premier ministre Lesage conduit le Québec à
une « crise financière majeure ». C'est animé par cette conviction
qu'il s'enferme chez lui à la campagne, durant le congé pascal, pour
préparer sa réponse au discours du budget. Sa conclusion : l'équilibre
des finances exige une hausse importante des impôts. D'où le slogan
que son chef popularise durant la campagne : « Sortez vos piastres si
vous voulez garder les libéraux ; sortez les libéraux si vous voulez
garder vos piastres ! »

Véritable « bénédictin laïc », épithète inspirée à Johnson par la
couronne de cheveux blancs qui ceint sa tête, Dozois possède une
méthode bien à lui pour faire parler les statistiques officielles. Il les
compare d'abord avec celles de l'Ontario. Si la comparaison avantage le Québec, il s'impose un silence pudique, mais si le Québec
est perdant il s'empresse alors de monter les chiffres en épingle ! Par
exemple, en 1960, la dette par tête était de 231 dollars au Québec
et de 402 sollars en Ontario. En 1966, après six années de régime
libéral, elle est de 611 dollars au Québec contre 480 dollars seulement dans la province voisine. « Situation intenable pour M. Lesage »,
commente Dozois du ton nasillard et traînant qui lui est propre.

Autre désastre : le déficit du Trésor public est passé de 44
millions de dollars à 147 millions au cours des trois dernières
années. Pendant sa retraite pascale, le futur ministre des Finances
du Québec n'a rien ménagé pour mettre en lumière la « situation
financière désespérée » de la province. Malheureusement, ce satané
Lesage ayant dissous l'Assemblée le lundi de Pâques, il ne peut
déposer son volumineux rapport de 90 pages ! Pour le consoler,
Johnson lui affirme :

— C'est le plus beau matériel pour aller en élection[41].

Johnson appuie son critique financier en montrant le caractère
antisocial de la politique économique du gouvernement :

— Les libéraux taxent trop lourdement ceux qui n'en ont pas

les moyens et distribuent à ceux qui n'en ont pas besoin.

Pour Maurice Bellemare, la Révolution tranquille, c'est la révolution faite sur le dos du peuple, la révolution des nombreuses taxes, la révolution qui fabrique des pauvres. En campagne électorale, Bellemare est un cheval rétif qui brise tout sur son passage. Redoutant de sa part quelques frasques nuisibles à la nouvelle image progressiste du parti, Johnson charge Me Jean-Paul Cardinal de le tenir en bride. Mais les conseils de l'avocat sont loin de priver le rude et jovial député de ses moyens. « Ti-Jean la taxe » devient sa cible favorite.

— Il ne manque plus que la taxe sur les « springs » dans la chambre à coucher ! s'écrie-t-il un jour. Vous riez, mais ça va venir. Les libéraux vont installer de petits « springnomètres » sous les matelas. Y'en a à qui ça va coûter cher ! Pensez-y bien[42]...

« Les investisseurs ont peur du Québec et les capitaux fuient », affirme Johnson en amorçant un nouveau thème que les libéraux retourneront contre lui moins d'une année plus tard. Il a la partie belle pour rendre crédible ce thème, qui va tenir la population en haleine durant plus d'une décennie : il lui suffit de rappeler « certaines déclarations échevelées et stupides » des deux ministres radicaux du gouvernement, René Lévesque et Erik Kierans, et de répéter que, en 1965, le Québec était au dernier rang des provinces pour le nombre de nouveaux investissements à cause du climat politique défavorable. Rien n'est plus mobile que les capitaux ! S'ils ne se sentent pas les bienvenus ou s'ils sont tenus en suspicion « par un ministre qui parle avec mépris de la sacro-sainte entreprise privée » (allusion à René Lévesque), ils ont tôt fait d'émigrer vers des cieux plus hospitaliers.

Dès le début de la course, Johnson répète avec délectation à ses proches : « C'est Jean Lesage qui va battre Jean Lesage. » Il ne pense sans doute pas si bien dire. En effet, le chef libéral a les nerfs à fleur de peau. Il tolère mal critiques et contradicteurs. À Amqui, dans la vallée de La Matapédia, il rabroue vertement le maire, qui a osé parler devant lui de la piètre situation économique de la Gaspésie.

— Le marasme économique n'existe que dans l'esprit de ceux qui veulent le faire survivre ! tonne-t-il devant 300 partisans.

Quinze jours plus tard, en pays créditiste où on l'a baptisé « la grande poudrette » depuis qu'il a gagné le concours du plus bel homme du Canada, Jean Lesage s'en prend à un mineur de Normétal qui, nullement intimidé, lui crie à pleine gorge :

— On n'est pas à un concours de beauté, icitte !

— Venez donc me rejoindre sur l'estrade, riposte Lesage, on verra qui sera le plus beau quand je vous aurai administré une couple de taloches et que vous vous retrouverez à l'hôpital !

À Newport, en Gaspésie, il fait stopper sa limousine près d'un pont où s'affairent un père et son fils. Le beau Jean saute prestement à terre et se dirige tout souriant vers le plus âgé des deux, à qui il tend une main bien soignée.

— Non merci ! Je ne vous aime pas assez, réplique Napoléon Langelier, contremaître, en refusant de serrer la main tendue.

L'homme affirme qu'il crève de faim depuis 1960.

— Vous n'avez pas l'air si mal en train, tranche Lesage en tapotant son ventre rebondi.

— Que voulez-vous, un cochon engraisse à n'importe quoi…

— Vous n'avez pas une haute opinion de vous-même, conclut le chef libéral avant de remonter en voiture[43].

Le ton monte. Quand Jean Lesage dialogue avec la population, cela tourne souvent à un échange de propos acérés. Le mécontentement est grand en province, où l'on connaît de la Révolution tranquille la grandiloquence verbale mais non les avantages matériels. C'est la région de Montréal, avec son exposition universelle, qui a remporté la part du lion et qui monopolise argent et travaux publics importants : autoroutes, métro, tunnel Hippolyte-Lafontaine, etc. Aux yeux des habitants des autres villes, la province a l'air de « s'en aller chez le diable ». Ce sourd grondement du Québec non urbanisé, des oubliés de la Révolution tranquille, Johnson l'a rapidement décelé et s'en fait l'écho fidèle.

Depuis six ans, les libéraux ont négligé les cultivateurs en réaction au régime Duplessis, qui les gavait parce qu'il misait sur les comtés ruraux pour se faire élire. En ce domaine, Johnson ne commet pas la même erreur que Lesage, non seulement par souci électoral, mais aussi parce qu'il croit qu'une société prospère et équilibrée ne saurait se passer d'une agriculture florissante. Sur ce point, Lesage a si bien perdu contact avec la population qu'il se permet, par exemple, d'entretenir des cultivateurs de la Beauce de la priorité du français alors que l'agriculture québécoise donne tous les signes d'un ralentissement sérieux. Devant ceux de Saint-Henri de Lévis, le chef libéral réclame un mandat précis, non pas pour apporter des solutions à leurs problèmes, mais pour impressionner le premier ministre britannique Harold Wilson, qui a devant lui la requête présentée par son gouvernement pour restreindre les pouvoirs du Conseil législatif !

Quant à Johnson, il cultive avec minutie et démagogie l'inquiétude des campagnes et des petites villes à propos de la réforme scolaire. L'époque des illusions est finie, dit-il. Les libéraux avaient promis le meilleur système d'éducation au monde — meilleur que les systèmes américain ou français. Le rêve était permis. Mais aujourd'hui, la réforme tourne au cauchemar pour tout le monde : élèves, professeurs, administrateurs, parents, contribuables. On ne peut pas tout faire en même temps. Il faut donc réviser toute l'entreprise, revenir sur terre et surtout regarder d'un peu plus près le « petit empire » que le ministre de l'Éducation, Paul Gérin-Lajoie, s'est édifié à un prix fou.

La stratégie de Johnson a pour but de forcer la main au premier ministre, qui tarde à rendre publiques les quatrième et cinquième tranches du rapport Parent traitant du caractère confessionnel et du financement de l'école publique. Une fuite permet au quotidien *La Presse* de lancer, le 8 mai, un énorme pavé dans la mare électorale en publiant des extraits du document. Que proposent les commissaires ? Une réforme complète du caractère confessionnel des écoles basée sur le principe de la diversité des options religieuses des parents et des élèves. À l'avenir, l'école publique devra offrir le choix entre les enseignements catholique, protestant et non confessionnel.

Le rapport propose également de remplacer les commissions scolaires locales par des comités, d'établir une seule commission scolaire par région, de découper l'île de Montréal en sept commissions régionales et d'instaurer la gratuité scolaire jusqu'à l'université. Quant au budget du ministère de l'Éducation, il devra presque être triplé au cours des quinze prochaines années, passant de 1 milliard à 2,6 milliards de dollars[44].

— M. Lesage, êtes-vous en faveur des recommandations du rapport Parent ? tonne aussitôt Johnson, pour qui, aujourd'hui comme hier, religion et politique forment un mélange électoral explosif.

Deux jours plus tard, Lesage officialise le rapport « pour

éviter des erreurs d'interprétation » et met en garde le chef de l'Union nationale contre toute prise de position hâtive.

Pour l'Union nationale, déjà engagée dans une critique systématique de certains aspects de la réforme scolaire, la fuite représente une affaire en or. Le thème du caractère confessionnel des écoles s'ajoute à la panoplie des arguments avancés par Johnson, dès le mois de janvier, contre la politique scolaire du gouvernement. Il avait alors réclamé la tête de Gérin-Lajoie et de son sous-ministre Arthur Tremblay, responsables, selon lui, de l'« inefficacité flagrante, de la confusion, du désordre et de l'autoritarisme » du ministère de l'Éducation.

Johnson en a particulièrement contre le « grand prêtre de l'athéisme », Arthur Tremblay. En tant que haut fonctionnaire, affirme-t-il, il fait partie de cette « poignée d'hommes déterminés, mais dont les motifs profonds ou les objectifs à long terme restent très mal connus » et qui imposent leur credo laïc à la communauté. S'il n'aime pas servir de souffre-douleur au chef unioniste, le sous-ministre Tremblay se console néanmoins en pensant, à l'instar de ses collègues, que Johnson n'assumera jamais la responsabilité des affaires de l'État. L'orage passera en emportant ce politicien qui n'hésite pas, par électoralisme, à alimenter la résistance au progrès social.

Le gâchis qu'il voit dans le nouveau système d'éducation, c'est encore pour Johnson le « péril jaune » ! À ce sujet, il s'offre même quelques pièces lyriques :

— L'autobus scolaire déracine les enfants du rang, soutient-il dans les cantons. Nous sommes à préparer une génération de boîtes à lunchs et de rachitiques ! Les sanatoriums étaient fermés depuis quelques années, mais, si ça continue, il va falloir les rouvrir[45] !

Il y a pire encore que l'autobus, où l'élève se fait secouer matin et soir. Si le rapport Parent est appliqué, le jeune devra ensuite s'engouffrer dans l'école-usine, dans l'école sans Dieu, où le rapport maître-élève se dilue dans l'anonymat de la foule. Au faîte de cet édifice de la dépersonnalisation, d'où sortira quelques années plus tard un type d'homme uniforme, sans arêtes ni pointes pour le distinguer de son voisin, règnent l'inefficacité majestueuse et l'incurie proverbiale de la superbureaucratie étatique, qui ne se gêne pas pour gaspiller scandaleusement les deniers publics.

L'Union nationale n'est pas le seul parti à exploiter les craintes que soulève, dans certaines catégories de la population, le chambardement du système scolaire. Parti populiste né de la fusion des créditistes et des nationalistes de droite, et dont l'emprise électorale se limite aux milieux ruraux et défavorisés de l'Est et du Nord-Ouest québécois, le Ralliement national en fait, lui aussi, son principal cheval de bataille. Le Dr René Jutras, un des deux leaders du RN, multiplie les mises en garde — parfois cocasses — contre le rapport Parent :

— Je crains que les présentes réformes n'aboutissent à la formation d'une génération de fifis et de nénettes !

Lesage s'en prend à ceux qui le soupçonnent de vouloir laïciser l'école publique. Mais, le plus souvent, il en est réduit à fournir des assurances et à jurer ses grands dieux qu'il n'en fera rien, tant, en certains milieux, la résistance au changement est forte.

— Moi, Jean Lesage, ami intime de Son Éminence, qui envoie mes enfants dans une école confessionnelle, on m'accuse de vouloir enlever le crucifix des écoles. C'est de la chimère ! Si je suis payé par Satan, je ne mérite pas mon salaire ! soutient-il devant 450 Sœurs servantes du Sacré-Cœur-de-Marie[46].

Comme si le chef libéral n'avait pas assez à faire pour neutraliser l'acide du climat genre « crois ou meurs » entretenu par ses adversaires et démontrer ainsi que Dieu n'est pas mort au pays du Québec, voilà que les syndiqués du secteur public le font trébucher à leur tour. Lesage a une réaction d'amant trompé ; n'est-ce pas lui, en effet, qui a affranchi les employés de l'État de leur statut de ronds-de-cuir méprisés et sous-payés, et qui leur a accordé le droit de grève, la sécurité d'emploi, une carrière enfin ennoblie ? Ces ingrats le trahissent en pleine campagne en testant leurs nouveaux droits au moyen de débrayages et de manifestations hostiles au gouvernement. Qui aurait pu prévoir que le rodage des structures syndicales héritées de la Révolution tranquille coïnciderait avec une campagne électorale ? Enseignants, fonctionnaires, policiers, ingénieurs, architectes et autres membres des professions libérales à l'emploi du gouvernement, tous des gens ayant un contact presque quotidien avec la population, vérifient leur nouvelle liberté jusqu'au défoulement. C'est une époque de mutation sociale majeure dont le régime Lesage fait maintenant les frais après en avoir été le catalyseur.

Les enseignants sont les premiers à mettre à l'essai cette nouvelle arme qu'est la grève. Dès le début de l'année, les débrayages se sont multipliés à travers la province et le ministre Gérin-Lajoie a dû avouer son impuissance devant l'escalade des revendications et manifestations. Principale pomme de discorde : la négociation à l'échelle provinciale, que Québec entend mener pour uniformiser le renouvellement des conventions collectives. Les salaires constituent une autre pierre d'achoppement ; les enseignants les trouvent trop bas, même si, globalement, ils sont maintenant comparables et souvent supérieurs à ceux de leurs collègues ontariens. Néanmoins, Gérin-Lajoie refuse de céder à la panique et explique ces conflits en chaîne par l'éclatement que connaît, depuis cinq ans, le monde de l'éducation au Québec. Les relations entre l'État et les syndicats se stabiliseront avec le temps, assure-t-il.

Sans doute, mais faut-il pour cela que les libéraux en meurent, politiquement ? À la fin de janvier, Jean Lesage met le holà à la contestation. Il avertit les « grévistes, les apprentis grévistes et ceux qui ont envie d'être grévistes » que le rattrapage a eu lieu et que le temps est venu d'accorder les augmentations salariales au rythme de l'économie du Québec. C'est là le premier principe de la nouvelle politique salariale que les technocrates du gouvernement s'affairent à élaborer. Les élèves des écoles spécialisées sont, eux aussi, sur la brèche parce que le ministère veut prolonger leur calendrier scolaire de trois semaines. Cela suffit pour que 27 000 étudiants désertent les salles de cours !

Au début de mars, la vague contestataire atteint les 2300 professeurs de l'État du Québec : 30 000 élèves sont privés de cours. Le gouvernement obtient une injonction interdisant la grève, qui de toute façon est illégale. Les professeurs vont-ils la défier en choisissant la prison ? Le premier ministre les supplie :

— Retournez en classe, on négociera ensuite !

Les syndiqués réclament l'intervention de René Lévesque, qui, loin de reprendre le « lâchez pas ! » adressé un an plus tôt aux grévistes de la Régie des alcools, leur conseille le réalisme politique plutôt que des « évangiles irréalisables[47] ».

Toujours en ce début de mars, le spectre d'une grève générale des 25 000 fonctionnaires ajoute une note encore plus dramatique au tableau social. L'État a un mois pour parapher sa première entente avec ses employés, sinon... Une grève dans la fonction publique, avertit Lévesque devant l'Assemblée, serait un « fléau véritable ». Mais le pire est finalement évité : la veille de l'échéance, Jean Lesage et Marcel Pepin, président de la CSN, s'entendent sur les conditions d'un accord. Le premier ministre n'en est pas pour autant au bout de ses peines, car les ingénieurs d'Hydro et ceux du gouvernement poursuivent le mouvement, imités en mai par les 1600 « professionnels » de l'État (ainsi qu'ils se nomment eux-mêmes), qui quittent le travail et dressent un piquet devant le Parlement.

Quelques jours plus tard, Lesage se trouve nez à nez avec les grévistes, dont l'un agite une pancarte où l'on peut lire : « Qui s'instruit s'appauvrit. » Devant cette paraphrase dérisoire de son fameux slogan « Qui s'instruit s'enrichit », qui avait donné le coup d'envoi à la réforme de l'enseignement, le chef libéral sent la moutarde lui monter au nez :

— Vous croyez ça, vous, qui s'instruit s'appauvrit ? tempête-t-il en déchirant le carton.

— Il y a des plombiers et des électriciens qui gagnent plus que moi, rétorque le gréviste.

— C'est honteux ce que vous faites là ! Ce n'est pas professionnel... Je ne suis pas fier de mes professionnels.

— Nous ne sommes pas fiers non plus de notre premier ministre[48]...

La presse monte l'incident en épingle, 10 jours à peine avant le vote. C'est comme si Lesage lui-même déposait les suffrages du peuple dans les urnes de Daniel Johnson, car, de par la volonté même de ses mandarins de l'image, tous les projecteurs du camp libéral sont braqués sur lui. La sérénité qui caractérisait jadis le chef de l'État a cédé peu à peu la place à l'agressivité d'un chef de parti à la voix éraillée, complètement épuisé par une campagne solitaire. Mais le coup de grâce, ce sont les 2000 policiers provinciaux, désireux de se syndiquer comme les autres employés du gouvernement, qui le lui assènent.

En avril, vif tollé dans les milieux syndicaux à la suite du congédiement d'Arthur Vachon, président de la nouvelle Association des policiers provinciaux, qui cherchait à obtenir l'accréditation syndicale. Accorder le droit de grève aux agents de la paix exige réflexion. Pourquoi un tel harcèlement antisyndical ? demandent les policiers au ministre Wagner, responsable du dossier.

— Le renvoi de l'agent Vachon est sans appel, répond celui-ci, sans fournir plus de précisions.

M. Wagner ne veut pas expliquer son geste ? Eh bien ! ce sera la grève morale, ripostent les policiers. Prêt à se battre avec une détermination aussi grande que celle dont il fait preuve dans sa lutte contre la mafia, le ministre leur montre le poing. Il met sa carrière politique en jeu, tout en offrant, cependant, de rencontrer une délégation qui ne serait pas dirigée par l'agent Vachon. Pourquoi une telle vindicte contre cet homme ? Aurait-il la petite vérole ? C'est Jean Lesage qui donnera bientôt le mot de l'énigme.

Le 19 mai, le gouvernement refusant toujours de justifier le congédiement de Vachon et de reconnaître l'Association comme agent négociateur, les discussions avortent entre Claude Wagner, les directeurs de la police provinciale et les policiers. Puisque la « grève morale » n'a rien donné, ce sera la grève totale ! Mais le premier ministre ne peut courir le risque de laisser la province tout entière sans protection, d'autant plus que le scrutin doit avoir lieu dans 15 jours. À la demande du gouvernement, trois compagnies du Royal 22e Régiment sont placées en état d'alerte. Wagner avertit : tout policier absent de son travail sera congédié, inscrit sur une liste noire et banni à jamais de tous les corps policiers du Québec.

Resté, jusqu'ici, à l'écart des démêlés de Lesage avec les syndiqués du secteur public, Daniel Johnson télégraphie aux policiers : « Si je suis élu, j'accéderai à vos demandes, mais, de grâce, pas de grève ! » Le même jour, à Valleyfield, il laisse planer le spectre de l'État militaire :

— Vous voyez ça, mes amis, l'Armée dans le Québec !

Et l'assistance de scander indistinctement les cris de Castro ! Cuba ! Espagne ! à l'endroit du régime Lesage[49].

De passage à Grande-Baie, au Saguenay, le premier ministre jette de l'huile sur le feu en affirmant à un brave cultivateur que le M. qui prétend pouvoir diriger les agents de la PP — un dénommé Arthur Vachon, à ce qu'on dit — constitue un risque pour la sécurité de l'État. « C'est un communiste, vous savez. » C'était couru d'avance : l'accusation fait les manchettes. Après avoir stigmatisé tant de fois l'anticommunisme des duplessistes, est-il bon, électoralement, de tomber aujourd'hui dans le même travers ? Lesage veut aussitôt atténuer ses propos, faire disparaître toute trace de son faux pas mais en vain. Le mouvement syndical le conspue et Arthur Vachon exige qu'il produise des preuves, si tant est qu'il en possède.

— Prouvez vos insinuations, monsieur Lesage, ou vous aurez à en répondre devant les tribunaux ! lui intime-t-il par le truchement de la presse.

Quelle fin de campagne pour le chef libéral ! En vérité, il est pris au piège, s'étant imprudemment engagé sur la foi d'un renseignement fourni à Claude Wagner par la Gendarmerie royale du Canada. L'agent Vachon est un activiste communiste, donc *a security risk*, a affirmé la GRC au ministre québécois, mais en refusant de prouver ses dires afin de ne pas dévoiler ses méthodes d'enquête, qui frôlent parfois l'illégalité. Incapable d'étayer ses accusations, Lesage se retrouve dans le même bain que son ministre, accusé par la presse d'avoir menti en prétendant, sans preuves à l'appui, que Vachon représente un danger public[50].

Enfin, la victoire...

Pour l'électorat, l'affaire Vachon, c'est un peu d'épices avant le vote ; pour les libéraux, c'est le coup d'assommoir de dernière minute ; et pour Jean Lesage, c'est un efficace croc-en-jambe qu'il se fait à lui-même avec l'assistance de Wagner. Durant les derniers jours de sa discrète campagne, Daniel Johnson est convaincu de sa victoire. Il présente l'image tranquille du coureur qui attend sa médaille. Alors que le premier ministre sue sang et eau à quelques mètres de la ligne d'arrivée, il est en grande forme, mentalement et physiquement. Pour un cardiaque à qui son médecin déconseillait, quelques mois plus tôt, de se mêler de la campagne sous peine d'y laisser sa peau, cela tient du prodige.

Le départ est pourtant très ardu, car Johnson est aux prises avec une vilaine grippe qui ne lui laisse pas de répit, à tel point qu'il en perd la voix, comme René Lévesque en 1960. Ignorant la gravité du mal qui afflige son patron, Paul Chouinard, qui le sent irascible et nerveux, a parfois du mal à supporter ses sautes d'humeur. Il devine que quelque chose le contrarie, mais quoi ? Peu à peu, pourtant, Johnson devient plus serein. Deux médecins l'accompagnent partout durant la campagne : son frère Réginald et son beau-frère Yvon Charest, un oto-rhino-laryngologiste qui surveille sa gorge tout en se délectant de ses discours politiques.

Réginald lui a prescrit un régime de vie sévère que deux gardes-chiourmes, l'organisateur Marc Faribault et le colonel Bernard Coderre, autre beau-frère, voient à faire respecter à la lettre. Après les assemblées publiques, au dodo ! On lui interdit d'aller trinquer avec les organisateurs locaux. Quelques poignées de main, et c'est tout. Quand Johnson oublie l'heure, le colonel Coderre s'avance et dit :

— Messieurs, je m'excuse, mais le futur premier ministre doit aller se reposer.

Marc Faribault se tient toujours près de Johnson et lui allume ses cigarettes. Si un électeur accapare le chef trop longtemps, ce dernier sent sur son bras la main de son ami Marc, qui le pousse d'autorité vers une autre personne. Quand un militant le supplie : « Monsieur Johnson, venez chez nous ! », il répond invariablement d'une voix douce : « Voyez donc mon organisateur, M. Faribault, c'est lui qui décide. » Comme la réponse est toujours négative, Faribault et Coderre deviennent rapidement les bêtes noires des organisateurs locaux. On les traite de « colonels », sans même savoir que l'un des deux l'est vraiment.

Sachant qu'il devra négliger son comté, Johnson a dit à Clément Vincent, orateur efficace en zone rurale et assez sûr de son propre comté pour faire campagne ailleurs :

— Tu vas gagner pour moi le comté de Bagot, car, comme chef de parti, je ne pourrai pas y être souvent.

Aux assemblées dans Bagot, on retrouve sur l'estrade Vincent et Pierre-Marc, le fils cadet du chef unioniste, que la politique attire déjà et qui aime parcourir les rangs avec le principal organisateur de son père, Gaston Gauthier. Le candidat libéral, Lucien Lecompte, est un ancien aviateur, peu connu dans le comté. Quand on se tient à plus de 30 000 pieds dans les airs durant vingt ans, loin des verts pâturages de Bagot, comment faire pour déloger le commandant en chef Johnson qui l'occupe avec ses blindés depuis 1946 ? Et les slogans de fuser : « On a assez de taxes sans avoir aussi le compte ! » Même absent, Johnson ne peut pas perdre, car son « père politique », Edmour Gagnon, toujours de ce monde et âgé de quatre-vingt-un ans, prédit sa victoire. Et il ne se trompe jamais ! Aux journalistes qui viennent fureter dans Bagot, il répète d'une voix tremblotante :

— D'après nos résultats, Daniel va gagner. C'est mon élève. Je ne travaille pas pour lui, il travaille pour moi[51]...

L'âge n'a pas privé le vieil Edmour de son flair politique : son « élève » sera, en effet, réélu et avec une majorité de 2000 voix, la plus considérable depuis 1946.

Pour le dessert, Johnson s'est réservé la forteresse libérale de Montréal, qu'il tente d'ébranler par deux offensives motorisées aux quatre coins de la ville. Le coup consiste à faire six brèves apparitions dans autant d'assemblées publiques qui se tiennent simultanément le même soir. Une course contre la montre qu'il remporte en respectant un horaire calculé à la seconde. Lui qui est toujours en retard à ses rendez-vous, ce soir-là, il a des ailes. Escortée de motocyclettes qui déchirent l'air du cri de leurs sirènes, la caravane unioniste traverse à vive allure les rues de Montréal, au nez des badauds ahuris.

Ça coûte cher, ce genre de spectacle ! La campagne a porté un dur coup à la caisse, qui se retrouve à sec, quatre jours avant le vote. Une collecte d'urgence rapporte plus de 400 000 dollars en une seule journée. Cette manne est de bon augure, car si les « contracteurs » montent aussi nombreux dans le train unioniste, c'est que celui-ci se dirige sûrement vers la victoire.

Le 2 juin, 10 000 partisans convaincus, massés dans les gradins de la patinoire Maurice-Richard, savourent les envolées nationalistes de Daniel Johnson, qui promet, en outre, de prolonger le métro de Saint-Henri à Pont-Viau. Le lendemain soir, au centre Paul-Sauvé, les libéraux ne sont que 6000 à acclamer leur chef. Celui-ci a beau tourner en dérision la promesse de Johnson au sujet du métro (« Lui qui se plaint que la province soit en faillite et les contribuables surtaxés, comment s'y prendra-t-il ? ») et s'engager à redonner à Montréal son visage de métropole française, il ne parvient pas à galvaniser la foule. Pire. Au beau milieu du discours de René Lévesque, le bruit sourd d'une détonation se fait entendre. Un bâton de dynamite a explosé dans une des toilettes du complexe sportif. Lévesque s'exclame :

— Voilà le sabotage qui commence[52] !

Le succès de l'assemblée unioniste de Montréal se répercute en province grâce à la télévision que Loiselle et Cie ont monopolisé pour l'occasion. Dans les comtés ruraux, les organisateurs s'inquiétaient : « Ici, l'Union nationale, ça marche fort, mais à Montréal ? » Or, la télévision vient de montrer à la province qu'à Montréal aussi ça marche fort. Une nuit, Gabriel Loubier téléphone à Mario Beaulieu :

— Qu'est-ce qui se passe à Montréal ? Tous mes organisateurs sont fous. Il paraît qu'on gagne à Montréal ?

— Oui, ça marche très bien, répond le notaire[53].

Le vote se déroule le dimanche, précédent qui dérange bien des habitudes. La veille, Johnson se retrouve au Grand Hôtel de Saint-Hyacinthe, où il procède au bilan de la campagne avec quelques conseillers, dont André Lagarde. On prend des paris sur la victoire : Johnson se donne gagnant par un comté. Quelques journalistes sont également sur les lieux. L'un d'eux, Peter Cowan, du *Montreal Star,* se rend à la chambre du chef unioniste, dont il veut connaître l'opinion.

— Et puis, M. Cowan, quelles sont vos prédictions ? lui demande plutôt celui-ci.

Le reporter est convaincu de la victoire de Lesage et le lui dit en prenant tous les ménagements possibles... Sourire presque attendri de Johnson, qui suggère à son ami Lagarde :

— André, veux-tu expliquer à M. Cowan pourquoi nous allons gagner 55 comtés demain ?

L'optimisme de l'imprimeur est à l'égal de celui du chef. Il est le grand manitou d'une puissante machine électorale qui a fait facilement élire à la fin de 1965 le maire de la nouvelle ville de Laval, Jacques Tétreault. Depuis 1960, c'était la première victoire d'une organisation de l'Union nationale. Le triomphe de Laval, et bien d'autres signes aussi, laissaient entrevoir à Johnson la possibilité de soumettre les libéraux à sa loi, mais il demeurait très prudent à ce sujet. « Si on ne gagne pas cette fois-ci, on gagnera dans deux ans », avançait-il. Il était certain de former au moins une très forte opposition, de sorte que le gouvernement Lesage ne régnerait pas longtemps. Une autre élection suivrait nécessairement, à plus ou moins brève échéance.

La tournure de la campagne modifie ses projections, si bien qu'il en vient à ne plus souffrir de voir ses proches douter de la victoire. Une nuit — il devait être quatre heures du matin —, Johnson convoque ses conseillers à son bureau de Montréal pour une dernière réunion de stratégie. Malgré l'heure tardive, plusieurs y assistent, dont Paul Dozois, Mario Beaulieu, Jean-Jacques Bertrand, Fernand Lafontaine, Jean Loiselle, Marcel Masse et Clément Vincent. Une circonspection toute paysanne interdit à ce dernier de chanter victoire avant l'heure.

— De la façon dont les choses évoluent, dit-il, on formera une grosse opposition. On approchera de 50 sièges, le pouvoir sera tout près...

— Ce n'est pas assez! coupe le chef. C'est le pouvoir qu'il nous faut. Le pouvoir, c'est facile à avoir. Vous comptez le nombre de comtés et, quand vous êtes rendu à 55, vous avez le pouvoir! Clément, si vous avez 50 comtés, comptez-en 5 de plus et nous aurons le pouvoir[54].

Le dimanche 5 juin, il fait 25 degrés. Une belle journée — qui sait si la tiédeur de l'été naissant n'incitera pas l'électorat à faire des folies, à renverser le gouvernement de la Révolution tranquille? Après la messe, l'affluence est très forte dans les bureaux de scrutin. Le choix se fait entre 419 candidats et 4 principaux partis. Le *Montréal-Matin* mis à part, les grands quotidiens ont tous suggéré à leurs lecteurs de reporter au pouvoir les «révolutionnaires tranquilles».

Le pape Claude Ryan a été le plus affirmatif: «M. Lesage est sans doute désagréable, impétueux et capricieux certains jours, il n'en conserve pas moins une efficacité, une souplesse, un style qui en font l'un des hommes publics les plus dynamiques du Canada.» Quant à l'Union nationale, elle a entrepris une «mue profonde» dont elle sortira rajeunie, mais le moment des récoltes n'est pas arrivé. «Son chef ne réussit pas à synthétiser avec clarté et dynamisme les objectifs qu'il veut proposer au Québec.» La conclusion du journaliste est téméraire: «Cette élection ne sera pas une grande étape dans notre vie politique[55].»

Avec sa femme Reine et ses deux fils, qui ont droit de vote pour la première fois, le député de Bagot franchit les 500 pas qui séparent sa résidence de stuc gris, devant laquelle flotte paresseusement le fleurdelisé, du bureau de vote, une petite maison blanche comme on en voit tant dans les villages du Québec. Il est exactement dix heures.

Rayonnant, Johnson badine avec la troupe de journalistes et

de caméraman qui le regardent accomplir ses devoirs de citoyen de Saint-Pie de Bagot. À onze heures, les Johnson prennent place, comme tous les dimanches, sur le banc familial de l'église paroissiale. La modeste église à deux clochers regarde la rivière Noire, d'où monte le grondement des rapides qui courent au milieu de ce petit village de 3000 âmes. Sur sa façade en grosses pierres grises carrées s'ouvrent trois hautes portes en ogive, de style gothique. À l'intérieur, les dorures glacées contrastent sobrement avec les murs et la voûte de couleur crème. Dix luminaires imposants, répartis dans l'allée centrale et les deux ailes latérales, dominent la nef.

Ses dévotions accomplies, le chef de l'Union nationale déjeune en famille puis, réussissant à tromper la vigilance des journalistes qui épient depuis le matin ses allées et venues, il part faire la tournée du comté avec son fils Pierre-Marc. Vers quinze heures, il communique d'un taxiphone avec ses deux organisateurs en chef, Fernand Lafontaine et Christian Viens, puis remet à son fils la liste des 55 comtés que son parti devrait remporter. Une seule de ses prévisions se révélera fausse : le comté de Mercier, donné gagnant à cause de la grande popularité du candidat Conrad Touchette, prospère marchand d'automobiles du plateau Mont-Royal, qui sera battu contre toute attente par un jeune économiste inconnu, de constitution malingre et affublé de lunettes qui lui mangent la moitié du visage, Robert Bourassa, protégé de René Lévesque. La cinquante-cinquième circonscription gagnante sera plutôt celle de Saint-Hyacinthe, où l'ultranationaliste Denys Bousquet envoie au tapis l'imbattable ministre René Saint-Pierre.

S'il doit être élu premier ministre en fin de soirée, Daniel Johnson doit retrouver une voix audible. Avant de s'installer devant le petit écran, où vont bientôt défiler les noms des élus et des vaincus, il se rend donc chez le médecin du village, le Dr Maurice Chaput, qui lui injecte un médicament qui lui rendra sa voix.

— Maurice, lui dit-il, si je ne suis pas trop malchanceux, j'ai 55 comtés dans quatre heures.

La maison gris ardoise de la rue Notre-Dame bourdonne bientôt d'animation. Les rues du village sont désertes — chacun est rivé à l'écran de télévision. Johnson est entouré de sa famille et de quelques-uns de ses principaux collaborateurs, dont André Lagarde, qui le présentera pour le mot de la victoire si victoire il y a, Paul Chouinard et Marc Faribault, son préfet de discipline durant la campagne, venu avec sa fille Geneviève. Radio-Canada a installé une caméra dans le bureau attenant à la maison. Un car de reportage stationne dans la rue. L'appareil de télévision se trouve dans une pièce du sous-sol, où les organisateurs du député de Bagot ont établi leur permanence.

D'après les premiers résultats, les deux grands partis sont nez à nez. Jusque vers vingt heures, il est difficile de prévoir comment la soirée va se terminer. Première projection de Radio-Canada : 59 libéraux, 47 unionistes, aucun RIN, aucun RN, un indépendant. Pas rassurant. Heureusement, l'ordinateur ne peut que donner des chiffres, sans tenir compte de la nature des circonscriptions. Comme ce sont les comtés rouges de Montréal qui « entrent » les premiers, le vote libéral semble donc en avance. Daniel Johnson a noté que son parti est en tête dans deux ou trois comtés jugés imprenables, notamment dans Saint-Hyacinthe la Rouge. On se disait, durant la campagne : si on passe dans Saint-Hyacinthe, on passe partout ! Peu après vingt heures, le futur chef du gouvernement assure à son entourage, en allumant la Xième cigarette de la soirée :

— On prend 55 comtés !

Pour lui, l'issue du scrutin ne fait plus de doute. Sa victoire lui paraît si certaine qu'il se retire dans une autre pièce pour griffonner son premier discours à titre de premier ministre du Québec. Pourtant, à l'écran, rien ne paraît joué. Les libéraux mènent largement par le nombre de voix, sans parler des sièges où la lutte est serrée. Tout à coup, les résultats qui parviennent des comtés éloignés font tourner le vent. Un instant plus tard, les candidats libéraux reprennent l'offensive. Le brouhaha général qui, un moment plutôt, avait envahi les pièces de la maison s'éteint subitement, remplacé par la consternation. Ce suspense ne finira-t-il donc jamais ? À vingt et une heures, nouveau renversement : l'Union nationale a quatre sièges de plus que les libéraux. Dix minutes plus tard, ceux-ci mènent par trois comtés !

Chaque fois que son parti gagne un siège, Johnson embrasse Geneviève, la fillette de Faribault, en disant :

— Un comté, un bec !

À vingt-deux heures, la victoire paraît plus assurée. L'Union nationale a élu 17 députés et se trouve en avance dans 39 circonscriptions. Les libéraux ont élu un député de plus, mais ne mènent que dans 31 comtés. Cela signifie donc une possibilité de 56 sièges pour l'UN et de 49 pour le Parti libéral.

L'oscillation du vote produit de curieux effets. Quand Johnson a l'air de gagner, la foule des courtisans et des futurs « patronneux » se presse dans sa maison ; quand il est en perte de vitesse, le vide se fait. La population flottante de la maison Johnson passe, ce soir-là, de 100 à 300 personnes selon la tendance du vote ! Des figures qui, depuis 1961, s'alimentaient aux mangeoires libérales apparaissent comme de souriants fantômes. Depuis le début de la soirée, un important vendeur de matériaux, bien connu de Johnson, se promène de sa résidence à celle du libéral Lecompte sans se décider à entrer !

— Mets-le dehors, s'il se présente ! ordonne Johnson à son secrétaire Paul Petit.

L'ancien chauffeur de la société d'autobus Intercité est au comble de la nervosité. Pour lui comme pour son patron, c'est l'élection de la dernière chance. Si Johnson perd encore, ce sera probablement la fin de sa carrière politique, et lui ne pourra que le suivre dans sa chute. Le lendemain de la défaite de 1962, son patron l'avait remis en selle en lui lançant d'un air déterminé : « P'tit frère, on se relève les manches et on recommence ! » Pourra-t-il répéter la même phrase, tantôt, si le sort le défavorise une fois de plus ?

Même les quotidiens du matin sont tout hésitants. Dilemme terrible : à qui accorder la victoire ? Au *Montréal-Matin,* le collaborateur de Johnson, Paul Gros d'Aillon, choisit comme manchette de la première édition : « Libéraux légèrement en avance. » La seconde édition est tout aussi prudente : « Résultats très serrés. » La dernière proclame : « Johnson triomphe[56] ! »

À vingt-trois heures, le rendez-vous du renard de Bagot avec le pouvoir se confirme soudainement. L'Union nationale a fait élire 54 députés et les libéraux, 51. Deux indépendants sont élus : la majorité de Johnson est de un siège ! Il reste un comté en balance : Chauveau. Il faut remonter à 1886 pour trouver une aussi mince majorité parlementaire, alors que 33 libéraux disposaient d'un siège de plus que l'opposition, formée de 26 conservateurs et de 6 indépendants.

Comment gouverner avec une majorité d'un seul siège ? La précarité de la victoire unioniste se lit également dans la répartition des suffrages : 47 pour 100 à Lesage et 41 à Johnson. C'est la répétition des élections de 1944, alors que Duplessis avait pris le pouvoir en ayant un nombre de voix inférieur de 2 pour 100 à celui des libéraux de Godbout mais avec une majorité de cinq sièges. Lesage renoncera-t-il à gouverner devant des résultats aussi contestés ? En principe, rien ne l'y oblige, sinon la tradition parlementaire.

Le comté de Chauveau — à qui ira-t-il ? — relève de la sphère d'influence de Christian Viens. Même si Radio-Canada attribue finalement une avance aux libéraux, Viens est assuré de la victoire du candidat unioniste François-Eugène Mathieu. Les chiffres recueillis par son organisation le lui prouvent. Au début de la soirée, il s'est entendu avec son chef pour maintenir ouverte la ligne téléphonique qui relie Saint-Pie à son bureau de la rue Lirmong, à Québec. De temps à autre, et à tour de rôle, Daniel fils, Pierre-Marc ou Marie, l'une des deux filles de Johnson, conversent avec lui. Quand la télévision donne le libéral en avance dans Chauveau, Viens commande :

— Passez-moi vite le *boss* !

— Qu'est-ce qui se passe dans Chauveau ? interroge Johnson d'un ton calme.

— On a 1200 voix de majorité, selon mes chiffres ! répond Viens.

— Ça ne se peut pas ! Radio-Canada ne peut pas se tromper à ce point-là !

— J'te l'dis, c..., réplique l'organisateur contrarié en jurant comme un charretier. Ce sont des votes comptés ! Les votes sont dans la boîte ! Radio-Canada ne m'influencera pas !

— Ne te fâche pas, Christian. Si c'est vrai, ce que tu dis, tu parles à un premier ministre... On est au pouvoir[57] !

C'est Viens qui a raison, la télévision le confirme un peu plus tard. Au Winter Club de Québec, Jean Lesage a les yeux rivés, depuis vingt heures, sur l'appareil de malheur. C'est vers vingt et une heures que le sentiment de la défaite commence à gagner les partisans libéraux entassés dans la grande salle ; la bonne humeur et l'assurance du début cèdent vite la place au désarroi. Les visages s'allongent à mesure que les résultats défilent sur l'écran.

Quand le reporter Jacques Fauteux interroge Jean Lesage vers vingt-trois heures, alors que son parti tire de l'arrière par trois sièges, ce dernier a du mal à masquer sa nervosité. Le visage cramoisi, il refuse l'inévitable, nie l'évidence. N'est-il pas invincible, ainsi que le lui répète son entourage depuis six ans ? La défaite ? Il n'en a encore jamais goûté l'amertume. Aussi n'est-il pas bon perdant : son expression incrédule en témoigne.

— D'après les chiffres de Radio-Canada, commence-t-il d'une voix qui cherche à convaincre, le vote est plus fort pour les libéraux, 47 pour 100 contre 40 pour 100... J'ai sous-évalué la force de l'Union nationale, je croyais qu'elle ne prendrait que 35 pour 100 des voix, et surévalué la force du Ralliement national, à qui j'accordais 8 pour 100 des voix...

— Qu'allez-vous faire devant ce changement important ? coupe Fauteux.

Lesage se hérisse :

— Il n'y a pas de changement important... Le vote de la population est là !

— Quelle décision allez-vous prendre ? intervient l'animateur Pierre Nadeau, de son studio de Montréal.

— Aucune décision à prendre ce soir, tranche le premier ministre d'un ton catégorique. Il y a eu des erreurs dans le comté de Chauveau... Je ne suis pas en mesure de prendre quelque décision que ce soit avant plusieurs jours...

Pierre Nadeau a l'impression, en écoutant Lesage, que celui-ci refuse de céder son trône. Il le lui demande. La réponse ne se fait pas attendre :

— Je suis loin de croire que le gouvernement que je dirige est défait !

Un reporter qui assiste à la scène dans le studio de fortune aménagé au Winter Club n'est pas sûr d'avoir bien entendu. Il insiste :

— Est-ce à dire, M. Lesage, que vous entendez former le prochain gouvernement ?

— Si... je vais former le prochain gouvernement ? Mais oui, c'est clair[58] !

Jean Lesage se conduit comme un boxeur qui essaie de reprendre ses esprits après avoir été mis k.-o. S'agripper à sa couronne alors que son parti sera minoritaire en Chambre est contraire à l'esprit du parlementarisme. Silencieux et abattus, les militants libéraux écoutent leur malheureux chef, dont les divagations sont retransmises sur un écran géant placé au milieu du « tableau de la victoire ». Le visage bouffi et décomposé du père de la Révolution tranquille rend l'échec encore plus cuisant.

Soudain, l'écran s'illumine. La mine d'enterrement du grand vaincu s'évanouit devant celle, plus rayonnante, de Daniel Johnson. Avec ses lunettes de corne noire, sa moustache fine et bien taillée, ses cheveux bruns séparés à gauche par une raie très nette et son éternel costume bleu foncé, il a l'allure rassurante d'un directeur de caisse populaire de petite ville. Il n'a pas le panache que conserve Jean Lesage, même dans la défaite.

— Si M. Lesage n'est pas certain d'avoir perdu l'élection, ironise le nouveau premier ministre avec le ton légèrement agressif du vainqueur à qui l'on conteste la victoire, nous, nous sommes certains de l'avoir gagnée. Le seul parti qui, ce soir, célèbre une victoire, c'est l'Union nationale !

Les raisons de sa réussite ? Johnson les énumère sans hâte et sans passion, d'une voix traînante, en dessinant par moment un geste retenu. De Montréal, le reporter Claude-Jean Devirieu (que Lesage a malencontreusement traité d'« immigrant » durant la campagne pour souligner ses origines françaises) lui demande si le rythme trop rapide de la Révolution tranquille n'aurait pas agacé le peuple.

— C'est vous l'immigrant dont parlait M. Lesage ? raille Johnson, avant de répondre : non, je ne crois pas que la Révolution tranquille soit allée trop vite, mais je crois que la voiture était mal conduite...

— Monsieur Johnson, enchaîne Pierre Nadeau, votre parti n'a obtenu que 40 pour 100 du vote, vous n'avez pas la majorité...

— Si vous enlevez le vote anglophone de Montréal, si vous enlevez tout ce qui est anglais, juif, je suis sûr que l'Union nationale a une très forte majorité du vote francophone[59].

Les anglophones du West Island de Montréal grincent des dents devant cette déclaration. Raciste, Daniel Johnson ? Pas du tout. Dans l'euphorie de sa victoire, il décrit un phénomène électoral notoire : la population juive et anglophone de la périphérie montréalaise a toujours boudé son parti. La vérité a ses droits que perpétue d'ailleurs l'adage populaire voulant que même un cochon serait élu dans les comtés anglophones de Montréal, pourvu qu'il soit peint en rouge ! Johnson n'entretient aucune illusion sur la popularité des unionistes en zones anglophones. À ses amis irlandais de Notre-Dame-de-Grâce, notamment au politicologue Herbert Quinn, il répète depuis des années, en blaguant :

— Pourquoi ne nous appuyez-vous pas ? Cela vous permettrait d'avoir des représentants dans mon cabinet quand je serai premier ministre.

Chez les libéraux de Québec et de Montréal, le *post-mortem* est déjà amorcé. « C'est la fin de la Révolution tranquille », gémit l'un. « Un retour à l'Union nationale, mais c'est impossible ! Moi, je m'en vais aux États-Unis », prétend l'autre. Malheur au chef vaincu ! Déjà, au Club de réforme de Montréal, des organisateurs ne dissimulent plus leur ressentiment contre ce chef qui a voulu mener une campagne solitaire. Réélu avec une majorité accrue dans son comté de Laurier, Lévesque donne libre cours à son amertume :

— Ça ne tient pas debout ! lance-t-il aux journalistes. J'attendais entre 60 et 65 sièges. L'Union nationale a canalisé les mécontentements, elle a joué sur le négatif. C'est un retour à une certaine mesquinerie.

René Lévesque est déçu, mais pas trop surpris, ayant vu la campagne de Lesage se gâter rapidement. À la mi-mai, une tournée dans le Bas-du-Fleuve lui avait ouvert les yeux : rien n'allait plus ! Son chef accumulait les erreurs. Son scepticisme grandissait et, quand il lisait dans les journaux que son parti remporterait entre 55 et 65 sièges, il se disait : « Tant mieux s'ils ont raison[60]... »

« C'est la campagne qui nous a battus, enchaîne un militant plein de repentir. Je ne savais pas ce que c'était, la campagne. J'y suis allé quatre jours... et je sais, ce soir, pourquoi nous avons été défaits. » Et cette satanée carte électorale qui favorise le vote rural ! Pourquoi ne pas l'avoir remaniée, comme les experts l'avaient recommandé à Lesage dès 1962 ? Pour contrebalancer le vote des agriculteurs, il suffisait de faire disparaître une dizaine de circonscriptions rurales. Mais non ! Lesage n'a pas voulu toucher à ces comtés, dont certains se trouvaient protégés par la Constitution de 1867, à cause de leur composition ethnique. Le résultat ? Une défaite écrasante partout à l'extérieur des grandes villes. Jusqu'aux tiers partis, qui n'ont pas répondu aux espoirs des stratèges : on attendait des créditistes-séparatistes du Dr Jutras, surtout actifs dans les campagnes, qu'ils donnent le coup de grâce à Johnson. C'est le contraire qui s'est produit : mieux organisées que le RN, les troupes de Bourgault ont enlevé au Parti libéral le vote des jeunes, des étudiants et des intellectuels, concentré dans les villes.

La presse aussi est coupable, bien sûr !

— Si vous me permettez d'être méchant, accuse Lévesque, c'est l'appui des journalistes qui nous a fait défaut. Chez certains, les convictions politiques dépassaient comme dépasse un jupon.

— Vous voyez ce que vous avez fait ! Vous êtes fiers, hein ! maintenant, se font reprocher les reporters affectés au camp libéral.

La phobie « antijournalistique » atteint même la famille du chef libéral. Corinne Lesage croule sous le poids combiné de la fatigue accumulée — elle a suivi son mari partout durant le marathon — et d'une forte déception. Elle qui n'aime pas les gens de la presse, qui l'ont surnommée par dérision la « Corinne parlementaire », prend deux d'entre eux à partie :

— C'est de votre faute, ce qui arrive ! J'espère que l'Union nationale va brimer votre liberté.

Le fils, Jules, déjà aussi costaud que le père, a fait la campagne avec le ministre Bona Arsenault et rage tout autant que sa mère :

— Les journalistes, pour les avoir avec soi, il faut les payer !

Autour de minuit, la grande salle du Winter Club est déserte. La fête n'a pas eu lieu. Jean Lesage s'est calmé : après tout, il a fait tout ce qu'il a pu. Il est en train de répondre aux dernières questions des reporters, quand sa femme le tire par la manche :

— Viens-t'en ou je vais les engueuler ! C'est de leur faute, tout ça...

— Voyons maman... voyons, fait son mari en l'enlaçant affectueusement avant de quitter la salle où tout évoque sa cuisante défaite, la première de sa vie politique[61].

À Saint-Pie de Bagot, bourg agricole qui a l'honneur maintenant d'abriter un premier ministre, c'est le délire. Ce grand jour, plusieurs l'attendaient depuis vingt ans ! Lesage devra bien démissionner malgré ses grands airs, se dit-on au Collège du Sacré-Cœur, où des centaines de partisans attendent le nouveau premier ministre. L'ordinateur de Radio-Canada vient de projeter sur l'écran géant les derniers résultats : 55 unionistes, 51 libéraux et 2 indépendants. La défaite libérale est consommée. Les indépendantistes s'en tirent avec près de 9 pour 100 des voix : 5,6 pour 100 pour le RIN et 3,2 pour le Ralliement national.

La nouvelle « géographie politique » est plutôt contrastée : Montréal est rouge comme l'enfer et le reste de la province est bleu comme le ciel. Tous les anciens de l'Union nationale sont réélus. La trouée prévue à Montréal s'est réalisée. Avec ses six comtés, l'UN a grugé la citadelle libérale. Aux comtés de Saint-Jacques et de Sainte-Marie s'ajoutent ceux de Saint-Henri (Camille Martellani), de Lafontaine (Jean-Paul Beaudry), de Bourget (Paul-Émile Sauvageau) et de Maisonneuve (André Léveillé). La percée unioniste est encore plus impressionnante dans la périphérie montréalaise, avec huit gains au détriment des libéraux. Dans l'Assomption, le Dr Lussier est passé comme une balle, Jérôme Proulx a remporté Saint-Jean malgré son « séparatisme », Marcel Masse a eu plus de mal que prévu à se faire élire dans Montcalm — le « grand » Lafontaine avait raison : il ne suffit pas d'être un adonis pour se faire plébisciter par l'électorat.

Dans Saint-Hyacinthe, le professeur d'histoire Denys Bousquet doit sa victoire à une trentaine de voix. Dans les comtés ruraux du centre et de l'est du Québec, la déroute libérale est manifeste. Du groupe des jeunes unionistes élus en 1962 dans cette région, tous, ou à peu près, sont de retour : Gabriel Loubier (Bellechasse), Paul Allard (Beauce), Jean-Paul Cloutier (Montmagny-L'Islet). Tous les trois sont ministrables. Dans Trois-Rivières, le brouillon Yves Gabias a battu de peu Léon Balcer, passé finalement du côté des rouges. Il entrera donc la « tête haute » à l'Assemblée, qui lui avait restitué droits et privilèges avant la campagne. Un nouveau venu dans Maskinongé, l'ancien juge Rémi Paul, succède à Germain Caron, qui, sur son lit de mort, l'avait recommandé à Fernand Lafontaine.

Au Saguenay-Lac-Saint-Jean, les bleus ont raflé quatre circonscriptions sur cinq. Jean-Noël Tremblay entre donc au Parlement et probablement aussi au Conseil des ministres. Dans la région de Québec, parler de balayage n'est pas un euphémisme : 13 comtés sur 16 vont dorénavant afficher les couleurs unionistes. L'indépendantiste Antonio Flamand s'est fait élire dans Rouyn-Noranda contre la machine pourtant dévastatrice de Réal Caouette, tandis que son ami Armand Maltais a pris Limoilou. Le camp des « ultras » se retrouvera donc au grand complet autour du nouveau chef du gouvernement québécois. Celui des fédéralistes aussi, car les Bertrand, Dozois, Bellemare et Gosselin ont tous été réélus. Beaucoup de haute voltige en vue pour Daniel Johnson.

Saint-Pie ne se ressemble pas en cette nuit d'euphorie. Rue Notre-Dame, l'animation est à son comble. Dès qu'on a confirmé la victoire de l'UN, le Collège du Sacré-Cœur — où d'immenses tableaux indiquent les résultats, comté par comté — a été pris d'assaut par les féaux du suzerain de Bagot. À cette même heure, lors de la déroute de 1962, Saint-Pie était aussi désert que la lune. Ce soir, il n'y a pas assez de rues pour accueillir toutes les automobiles qui convergent vers le Collège où le nouveau premier ministre vient saluer ses électeurs.

Ovation monstre. La foule siffle, hurle, danse, pleure même... «Je ne peux pas le croire!» répètent des militants surexcités. L'homme du peuple, Daniel Johnson, fils d'un employé de la Régie des alcools de Danville et chef aimé du monde ordinaire, des petits, des défavorisés, du sous-prolétariat urbain, élevé ce soir au poste suprême de la nation, promet, en s'épongeant le front de son mouchoir blanc :

— Nous formerons un gouvernement qui gouvernera avec le peuple! Ce ne sera plus le «je», le «moi», ce ne sera plus MON gouvernement mais NOTRE gouvernement! Ce ne sera plus le gouvernement d'un homme, d'un petit groupe, ni celui de la Grande-Allée...

À peine élu chef de l'État du Québec, Johnson prend ses distances vis-à-vis du grand seigneur Jean Lesage, qui avait la détestable habitude de tout s'approprier, même ses adversaires politiques. Un jour, à Ottawa, il avait déclaré emphatiquement pour justifier ses exigences : «Mon opposition me pousse à faire cela...» Durant la campagne, Johnson s'est amusé à répéter : «M. Lesage parle toujours de MON gouvernement, de MON opposition, comme si on lui appartenait. Tant qu'à y être, il pourrait parler de MES taxes, de MON chômage...»

Le «père Pineault» est au septième ciel. De tous les intimes du chef, c'était lui qui prédisait la victoire avec le plus de conviction. Durant la campagne, il a fait le tour de la province à deux reprises et, son expérience politique aidant, il a senti venir la chute du gouvernement. Pineault a passé la soirée au Collège du Sacré-Cœur avec les organisateurs locaux et Étienne Simard, l'un des chauffeurs de Johnson. Ils se sont installés devant la télévision avec une boîte de valiums... pour amortir les mauvais résultats ! Le nouveau premier ministre aperçoit soudain son vieux matou, dont les lunettes légèrement teintées ne parviennent pas, ce soir, à dissimuler l'éclat du regard.

— Regardez-moi comme il faut, père Pineault, plaisante-t-il en s'approchant de lui. Maintenant, vous allez devoir me parler avec respect !

C'est la spécialité de l'organisateur de traiter son chef plus ou moins cavalièrement, quand tous les deux sont en tournée. Quand il ne dort pas sur le siège arrière de la voiture, Johnson adore lui chercher querelle. Un jour, après une assemblée à Saint-Georges de Beauce, Pineault confie de sa voix rauque au chauffeur Étienne Simard :

— Son discours était pourri comme jamais...

À l'arrière de la voiture, une voix monocorde et endormie marmonne avec une colère feinte :

— Vous êtes poli pour votre chef, père Pineault !

Au milieu de la nuit, André Lagarde demande une escorte à la police provinciale. Johnson prend la route de Montréal, où ses partisans l'attendent au club Renaissance. Ensuite, une réception intime aura lieu au Reine-Elizabeth. Dans la voiture qui file à vive allure, il remarque avec une pointe de tristesse dans la voix, en faisant allusion à sa fragile victoire :

— Les choses ne sont jamais faciles pour moi. J'ai gagné souvent dans ma vie, mais toujours de justesse, difficilement...

— Monsieur Johnson, réplique Paul Chouinard, arrêtez de vous plaindre... Vous avez gagné ! Vous détenez le pouvoir, que voulez-vous de plus ?

Un peu honteux, le nouveau premier ministre sourit à Marc Faribault, qui l'accompagne :

— Je te l'avais bien dit que je serais premier ministre un jour !

— Tu avais raison. Je te tire mon chapeau.

À cinq heures du matin, le reporter de Radio-Canada, Guy Lamarche, prend un verre au Press Club, rue Peel. Un collègue lui glisse à l'oreille : « Johnson est arrivé au Reine-Elizabeth. » Lamarche se présente à la réception de l'hôtel et affirme au préposé :

— Je suis attendu par M. Johnson, mais j'ai oublié le numéro de sa chambre.

L'homme le lui communique aussitôt. Lamarche remercie, puis va frapper à la porte. Marcel Masse ouvre et le fait entrer tout naturellement, comme s'il était du clan. En robe de chambre, Johnson savoure tranquillement sa victoire, son habituel verre de Cutty Sack à la main. Ses familiers l'entourent : Jean Loiselle, Mario Beaulieu, Paul Gros d'Aillon et Paul Chouinard.

— Ouais…, vous êtes maintenant au pouvoir ! fait Lamarche.

— Qu'est-ce qu'on va en faire ? C'est là la question ! répond Masse.

La conversation se poursuit à bâtons rompus. Johnson n'a pas encore remarqué la présence de journaliste. S'en rendant compte tout à coup, il lui demande amicalement :

— Comment avez-vous fait pour trouver ma chambre ?

L'un des premiers gestes que doit accomplir un premier ministre, c'est de se concilier les milieux bancaires. Aussitôt sa majorité assurée, Johnson a téléphoné dans la soirée à son ami de longue date, Roland Giroux, président de la Société de placement Lévesque et Beaubien. Avant les élections, le financier lui avait promis, même s'il doutait de sa victoire :

— Si tu es élu, j'irai t'aider.

Johnson lui rappelle sa promesse :

— J'ai besoin de toi. C'est sérieux. Je serai chez toi à huit heures, demain soir !

Personnage éminent du monde financier québécois, Roland Giroux, âgé de 53 ans, a son franc-parler. Conseiller attitré des premiers ministres du Québec, il a décodé le langage complexe des finances pour Paul Sauvé et Jean Lesage. Il n'est pourtant pas un économiste, mais un *self-made man* qui a quitté l'école à dix-sept ans, à la suite d'une faillite paternelle durant la crise des années 30. Quelques années plus tôt, son père l'avait enfermé pendant quatre ans au pensionnat de Saint-Césaire pour réprimer en lui le rebelle de treize ans qui venait de fomenter une grève à l'école d'Ahuntsic.

Tout ce qu'il sait, Giroux l'a appris de lui-même. C'est également un nationaliste, capable de jurer comme un vrai Canadien français ! Lors de la nationalisation des compagnies d'électricité, en

1962, il avait été l'un des principaux conseillers financiers de René Lévesque. À l'époque, son amitié pour Johnson, opposé à la nationalisation, avait été mise à rude épreuve.

Le sujet était devenu tabou entre les deux amis, dont les familles étaient liées au point de passer ensemble, quelques années plus tôt, les vacances d'été à Wells Beach, dans le Maine. Des délateurs mettaient parfois Lévesque ou Lesage en garde contre le financier en leur glissant à l'oreille : « Roland Giroux, c'est un ami personnel de Johnson. » Mais jamais aucun des deux hommes ne lui avait retiré sa confiance, car il se faisait un devoir de limiter ses avis au domaine financier et d'éviter tout esprit partisan[62].

Le lundi soir, à vingt heures, Johnson implore son ami :

— Il faut que tu viennes m'aider...

C'est presque un appel de détresse. Sa victoire a donné une sorte de vertige au chef unioniste. Autour de lui — et Giroux le sait aussi bien que son ami —, il y a beaucoup de bonne volonté, de jeunesse et d'intelligence. Mais pour l'expérience et la compétence, c'est plutôt maigre. Le financier accepte et, dès le lendemain matin, à l'ouverture des banques, on le voit faire à pied, avec Johnson, la tournée des principaux prêteurs de la rue Saint-Jacques. Cette sollicitation, inusitée pour le commun des mortels, a pour objectif d'asseoir le crédit du nouveau gouvernement.

Les banquiers posent deux conditions avant de délier les cordons de leur bourse : Johnson devra s'engager à assainir les dépenses publiques et à administrer avec plus de rigueur un Trésor que la prodigalité des « révolutionnaires tranquilles » a presque réduit à néant[63]. De 1960 à 1965, en effet, les dépenses publiques ont augmenté, annuellement, de plus de 20 pour 100 en moyenne. Taux inacceptable pour les milieux bancaires. Entre 1955 et 1960, par exemple, sous un gouvernement unioniste, la hausse annuelle n'avait été que de 11 pour 100 en moyenne. « Foi jurée », promet le nouveau premier ministre, qui tiendra parole, tout comme son successeur Jean-Jacques Bertrand, car, entre 1966 et 1970, la croissance moyenne annuelle des dépenses gouvernementales ne dépassera pas 8 pour 100[64].

Notes — Chapitre 3

1. Peter Desbarats, *René Lévesque ou le projet inachevé*, Montréal, Fides, 1976, p. 138.
2. *Ibid.*, p. 139.
3. *Le Devoir*, le 19 avril 1966.
4. Programme officiel du Parti libéral publié dans *Le Devoir* du 23 avril 1966.
5. Programme officiel de l'Union nationale publié dans *Le Devoir* du 2 mai 1966.
6. Roger Ouellet et Mario Cardinal, Vincent Lemieux et Florian Sauvageau, *Si l'Union nationale m'était contée...*, Montréal, Éditions du Boréal Express, 1978, p. 174 et 186.
7. Mario Beaulieu et Fernand Lafontaine.
8. Maurice Bellemare, et Mario Cardinal, Vincent Lemieux et Florian Sauvageau, *op. cit.*, p. 112.
9. Jérôme Proulx.
10. Clément Vincent.
11. Cité par Pierre O'Neil et Jacques Benjamin, *Les Mandarins du pouvoir*, Montréal, Québec/Amérique, 1978, p. 47.
12. Jean-Paul Beaudry.
13. Fernand Lafontaine.
14. *Ibid.* et Me Jean-Paul Cardinal.
15. Le Dr Robert Lussier.
16. Fernand Lafontaine.
17. Cité par Louis Martin, *Magazine Maclean*, vol. 6, n° 9, septembre 1966.
18. Jérôme Proulx.
19. *Ibid.*
20. *Le Devoir*, le 22 août 1966.
21. Christian Viens.
22. Jean-Noël Tremblay.
23. *Ibid.*
24. Pierre-Marc Johnson et Paul Gros d'Aillon, *Daniel Johnson, l'égalité avant l'indépendance*, Montréal, Stanké, 1979, p. 102-103.
25. Marc Lavallée et Pierre Bourgault.
26. Pierre Bourgault.
27. Marc Lavallée.
28. Jean Loiselle.
29. Voir à ce sujet le chapitre 5.
30. Paul Dozois.
31. Paul Dozois, Jean Loiselle et *Le Devoir* du 25 mai 1966.

32. Me Guy Bertrand.

33. *Ibid.* et Raymond Lynch.

34. Paul Dozois.

35. Me Guy Bertrand.

36. Paul Dozois et Me Guy Bertrand.

37. Me Guy Bertrand.

38. *Le Devoir*, les 26 avril et 24 juin 1966.

39. *Le Devoir*, les 3, 16 et 30 mai 1966.

40. *Le Devoir*, les 9 avril 1965 et 16 février, 2 mars et 1er avril 1966.

41. Paul Dozois et *Le Devoir* du 16 mai 1966.

42. Cité par Louis Martin, *op. cit.*

43. *Le Devoir*, les 6, 17 et 20 mai 1966.

44. Rapport de la Commission royale d'enquête sur l'enseignement dans la province de Québec, Québec, 1966, tomes 4 et 5.

45. Cité par Jacques Guay, *Magazine Maclean, op. cit.*

46. *Le Devoir*, le 4 juin 1966 et le *Magazine Maclean,* vol. 6, n° 9, septembre 1966.

47. *Le Devoir*, les 12 mars, 13 et 18 avril 1966.

48. *Le Devoir*, le 26 mai 1966.

49. *Le Devoir*, les 28 et 30 mai 1966.

50. *Le Devoir*, les 31 mai et 2 juin 1966.

51. *Le Devoir*, le 14 mai 1966.

52. *Le Devoir*, les 3 et 4 juin 1966.

53. Mario Cardinal, Vincent Lemieux et Florian Sauvageau, *op. cit.*, p. 177.

54. Clément Vincent.

55. *Le Devoir*, les 21 et 31 mai 1966.

56. Paul Gros d'Aillon, *op. cit.*, p. 107-108.

57. Christian Viens.

58. *Le Devoir*, les 6 et 7 juin, et l'enregistrement de l'émission télévisée diffusée par Radio-Canada, le 5 juin 1966.

59. *Ibid.*

60. Jean Provencher, *René Lévesque, portrait d'un Québécois*, Montréal, La Presse, 1973, p. 288.

61. *Le Devoir* et *La Presse*, les 6 et 7 juin 1966.

62. Roland Giroux.

63. *Ibid.*

64. Denis Monière, *Le Développement des idéologies au Québec*, Montréal, Québec/Amérique, 1977, p. 321.

CHAPITRE 4

L'héritage de Jean Lesage

Daniel Johnson à la tête du gouvernement québécois, c'est, pour plusieurs, comme si le Québec venait de retourner en un instant au Moyen Âge. Claude Ryan s'est trompé dans ses prédictions. Cinglante leçon de modestie pour celui qui écrivait, deux ans plus tôt, en accédant à la direction du *Devoir* : « Celui qui signe ces lignes ne se prend ni pour un prophète ni pour un génie. Jeune, il aimait passer pour brillant. (...) Aucun parmi les personnages en place ne peut se vanter de l'avoir fait manger dans sa main. Il n'a jamais sollicité son entrée au *Devoir,* on l'a prié de venir[1]... »

Ryan est persuadé que la victoire de Johnson est un accident de parcours attribuable à une carte électorale antidémocratique - 40 pour 100 des suffrages, appelle-t-on cela un triomphe ? Les libéraux ont d'abord été défaits par eux-mêmes. Quant au nouveau premier ministre, c'est peut-être un bon politicien, mais il est limité intellectuellement et sans grande profondeur. Qu'arrivera-t-il sous un gouvernement dirigé par un tel *minus habens* ? « Nous demeurons convaincu que l'équipe de l'Union nationale n'était pas prête pour assumer tout de suite le pouvoir, pontifie le journaliste. Il sera difficile de trouver parmi ses députés des hommes aptes à chausser, du jour au lendemain, les bottes des Lévesque, Gérin-Lajoie, Kierans et Laporte[2]. »

Sa collègue de *La Presse,* Renaude Lapointe, paraît tout aussi médusée par la défaite libérale, qu'elle impute au Québécois rural, épouvanté par l'express de la Révolution tranquille. «Rien ne vaut à ses yeux le petit train départemental qui s'arrête à chaque gare. Tranquillement, pas vite[3].»

Au Canada anglais, un sentiment de panique domine. On a poussé un soupir de soulagement devant la piètre performance des deux partis ouvertement séparatistes, mais ce Johnson qui parle d'égalité et d'indépendance, ne va-t-il pas mener le Québec à la séparation? Difficiles à comprendre, ces Québécois. Voilà qu'en six ans à peine un gouvernement progressiste et moderne les met au diapason du XXᵉ et ils le congédient!

Pour vendre sa marchandise, Johnson n'a pas compté ses promesses: combien en réalisera-t-il? se demande le *Financial Post*. Pourra-t-il seulement attirer et retenir les investisseurs étrangers? Ceux-ci craignent ce Québec qui, depuis quelques années, est devenu trop bruyant. Alors qu'il serait préférable d'adopter un ton modéré, le manifeste du nouveau premier ministre prêche, au contraire, des idées provocantes comme celle des «deux nations[4]».

La presse américaine et européenne défend deux interprétations: émergence du nationalisme québécois qui met la Confédération en danger et retour d'un certain conservatisme après le bouillonnement créateur de la Révolution tranquille. Sans doute influencé par le contexte américain, le *New York Times* compare la situation québécoise à celle de Porto Rico: l'indépendance constitue un idéal séduisant, mais les considérations pratiques conduiront les Québécois à vouloir conserver la protection et les privilèges garantis par l'*Acte de l'Amérique du Nord britannique*.

Pour le quotidien *Le Monde,* de Paris, l'élection de Daniel Johnson ramène le Québec six ans en arrière, car, qu'il le veuille ou non, ce dernier «reste lié à une mauvaise aventure — le règne, pendant près de vingt ans, de Maurice Duplessis». Quant au *Times,* de Londres, le succès de l'Union nationale est un véritable coup de théâtre qui laisse entrevoir bien des ennuis pour Pearson puisque Daniel Johnson poursuivra une politique nettement plus centrée sur le Québec que son prédécesseur. Les Londoniens voient plus juste que les Américains ou les Français[5].

Sur l'Outaouais, on est aussi profondément secoué par la victoire imprévue du rusé Johnson qu'on l'avait été par le raz-de-marée tout aussi imprévisible de John Diefenbaker en 1958.

Néanmoins, on attend le nouveau premier ministre de pied ferme. « Si le chef unioniste considère son fragile succès comme la ratification du nationalisme fanatique que proclame le programme de son parti, menace Peter Newman, traduisant ainsi l'état d'esprit qui règne à Ottawa, alors ce sera la fin de la Confédération canadienne. »

L'attitude des milieux intellectuels du Québec oscille, selon les options, entre la stupeur amère et le contentement. Le groupe *Cité libre* simplifie : « Une fois de plus, le Québec s'est adonné à son nationalisme sentimental et ce nationalisme l'a de nouveau ramené dans les ornières du conservatisme. » La revue de Pierre Trudeau reproche aussi à Johnson sa chasse aux sorcières dans le secteur de l'éducation : « Il a fait semblant de comprendre tout de travers le rapport Parent en laissant entendre que le caractère confessionnel des écoles était en danger. Il a feint d'ignorer que c'est la nouvelle pastorale qui a décroché le crucifix des écoles, non le gouvernement Lesage. Il lui reste à décrocher la lune qu'il a promise aux foules[6]. »

Les nationalistes conservateurs vivent des jours radieux. Il était plus que temps de renverser le gouvernement Lesage, non seulement à cause de l'éducation, où ses technocrates avaient imposé un chambardement inutilement radical du système, mais également parce que, au chapitre de l'autonomie, il venait d'amorcer des capitulations majeures en plus de jeter de la poudre aux yeux de tout le monde. On peut désormais espérer un redressement important de la politique autonomiste avec l'Union nationale, qui a toujours fait preuve d'une grande fermeté sur cette question. Pour la revue *Relations,* Johnson à Québec, ce n'est pas la fin du monde. La vie continue normalement. Il ne fait ni plus clair ne plus noir. Il n'est besoin ni d'éteindre ni d'allumer son fanal. Les ténèbres et la lumière se partagent encore les vingt-quatre heures de la journée[9]...

La gauche nationaliste tient un langage différent. Pour le Parti socialiste du Québec, le vote en faveur de l'Union nationale est une « chose effroyable », certes, mais Jean Lesage n'a qu'à s'en prendre à lui-même. S'il a été défait, ce n'est pas parce qu'il allait trop vite, comme le lui reprochait Johnson, mais parce qu'il n'est pas allé assez loin. Après 1962, la droite a repris le parti en main et a freiné les réformes de Lévesque et de Gérin-Lajoie par des maladresses dans les relations ouvrières, des négligences en agriculture et un opportunisme flagrant en matière de politique nationale. C'est un mythe politique que de dire que le gouvernement Lesage a entrepris trop de choses et trop vite ; au contraire, il n'a pas assez fait et pas assez rapidement. Le vote du 5 juin est beaucoup plus une protestation contre le régime Lesage, seconde manière, qu'une déclaration d'amour envers Daniel Johnson. La preuve ? Celui-ci a perdu 1 pour 100 de son électorat par rapport à 1962 et 2 pour 100 par rapport à 1960. La part des suffrages accordée à l'UN est la plus faible depuis 1948. Il n'a pas fait de miracle, mais a plutôt raté son élection. Il gouvernera par défaut. Où sont donc allés les électeurs-fuyards ? Certainement pas vers Lesage, qui a perdu lui aussi du terrain par rapport à 1962, mais plutôt vers des tiers partis plus radicaux et plus nationalistes, notamment le Rassemblement pour l'indépendance nationale. Le 5 juin, on n'a pas voté contre un régime trop révolutionnaire, mais contre une équipe qui devenait trop conservatrice[8].

Les chiens aboient, la caravane passe... Ignorant la tempête soulevée par son « coup d'État », Johnson joue ses premières cartes. C'est d'abord l'entrée triomphale dans sa capitale, Québec, le mercredi suivant l'élection. Ce jour-là, au Parlement, Lesage et ses ministres, réunis en Conseil, tentent encore de comprendre pourquoi le ciel leur est tombé sur la tête.

Johnson arrive à l'aéroport d'Ancienne-Lorrette à bord d'un vol régulier d'Air Canada. Pour son premier rendez-vous avec ses sujets, il a refusé de se pavaner dans le luxueux avion à réaction acheté par l'ancien régime : quand il était dans l'opposition, il n'avait cessé de monter en épingle la mégalomanie et les dépenses somptueuses de Lesage : il doit donc rester logique avec lui-même. Quand la porte s'ouvre, le futur premier ministre paraît au sommet de la passerelle, souriant largement et les deux bras levés pour saluer la foule de ses partisans. Jean-Jacques Bertrand et Paul Dozois sont à ses côtés, en un geste symbolique qui indique sa volonté de gouverner en étroite collaboration avec les deux hommes qui, au cours des dernières années, ont tout fait pour lui couper la gorge. Aujourd'hui. tout semble oublié.

Un attroupement considérable l'attend devant le club Renaissance, rue de la Grande-Allée. Le convoi — 200 voitures bondées de sympathisants bruyants — défile dans les rues de la vieille ville

aux belles maisons coloniales de pierre grise. Un chauffeur d'autobus, qui a sans doute voté du « bon bord », range son lourd véhicule
pour laisser la voie libre à la caravane. Il interrompt une discussion
entre deux passagers :

— Votre frère est fonctionnaire ? Ne vous inquiétez pas. Daniel
va sûrement le garder !

La passation des pouvoirs ne saurait tarder. Néanmoins, le
vaincu étudie, calcule, interroge ses proches. Il étire le temps.
S'arracher aux délices du pouvoir, quel tourment ! Quand va-t-il se
décider à passer les rênes à l'élu du 5 juin ? Celui-ci profite du temps
mort de la transition pour convoquer ses députés à une retraite
fermée, les 9 et 10 juin, à La Bastogne, près de Québec. Les deux
tiers des 56 députés — le recomptage a donné à l'UN un député de
plus, René Bernatchez (Lotbinière) — n'ont encore jamais mis les
pieds à l'Assemblée législative. Le caucus a pour but de leur apprendre ce que tout nouveau député devrait savoir sur les dangers de
l'exercice du pouvoir et les pièges de la vie politique. L'euphorie
règne. La rencontre devient une grande fête qui consacre la
réhabilitation des pestiférés de l'enquête Salvas. Après six noires
années de jeûne et de honte, le cauchemar a pris fin le soir du 5 juin.
La page est définitivement tournée.

Le chef du parti réserve une mauvaise surprise aux bons
bleus, pour qui la notion de pouvoir est synonyme de pillage ou
d'assiette au beurre. L'esprit encore hanté par le fantôme de l'enquête Salvas, Johnson annonce sans ambages : le favoritisme, c'est
fini !

— Messieurs, attention ! S'il y en a un seul parmi vous qui se
fait prendre, il aura affaire à moi ! Je vous préviens : je désavouerai
automatiquement toute personne qui se laissera aller au népotisme
ou au favoritisme. Les libéraux prêchaient la vertu, nous, messieurs,
nous la pratiquerons[9].

Les professeurs de moralité publique abondent à cette rencontre. Ce sont les anciens, ceux qui connaissent la musique, les
Bellemare, Dozois, Bertrand et Gosselin. Tour à tour, durant deux
longues journées, ils enseignent les bonnes manières à leurs nouveaux
collègues.

— Le pire ennemi que vous aurez, annonce le sage Bellemare,
le gars avec qui vous ne devez pas être vu, c'est l'entrepreneur.

Éloignez-vous des entrepreneurs ! Tenez-les au frette ! Et surtout, n'en créez pas de nouveaux, car ils ne vous lâcheront plus. Quand vous habiterez à Québec, attention aussi aux donzelles, elles peuvent vous entraîner dans des pièges malheureux.

— Avant de nommer quelqu'un à une fonction, conseille de son côté Jean-Jacques Bertrand, prenez six mois, un an, deux ans s'il le faut !

En guise de dernière recommandation, Johnson ajoute :

— Tenez-vous avec les petites gens. Informez-vous auprès d'elles. Il faut que vous restiez à l'écoute de la population : ceux qui ne le feront pas subiront la défaite aux prochaines élections. Et surtout, messieurs, si vous avez des problèmes personnels ou financiers, venez me voir. N'allez pas vous confier aux entrepreneurs, encore moins aux journalistes. Je suis une victime des journaux et je sais qu'il est inutile de répondre à un journaliste qui vous attaque. N'oubliez pas qu'il a sa plume tous les matins — vous n'aurez jamais le dernier mot. J'ai encaissé durant six ans[10]...

La formation de son cabinet réserve à Johnson bien des maux de tête. Tandis que les libéraux faisaient leur révolution tranquille, il faisait la sienne dans son parti en le purgeant peu à peu des duplessistes. Il se retrouve donc avec un parti jeune, régénéré, mais sans expérience, et une députation où les hommes de stature nationale sont rares. Rien ne l'assure que les roitelets locaux feront de bons rois provinciaux. La difficulté consiste à dénicher 20 ministrables dans une députation qui n'a pas connu le baptême du feu. Quel défi que de succéder à l' « équipe du tonnerre » ! Claude Ryan aurait-il raison ?

Pour l'aider à résoudre son problème, Johnson convoque son état-major à un caucus secret. Il se compose de fidèles qui le suivent depuis 1961 : Fernand Lafontaine, Mario Beaulieu, André Lagarde et Jean-Paul Cardinal. C'est ce comité restreint qui, réuni chez Jean-Paul Cardinal, à Saint-Sauveur, a ébauché le futur cabinet. Johnson les met dans le coup, mais, comme d'habitude, se réserve le dernier mot. Ses collaborateurs constatent d'ailleurs qu'il a déjà tout décidé, du moins pour les ministères importants. Le principe clé de la composition du cabinet réside dans le jumelage des principaux ministères, qui seront confiés à un ancien secondé par des ministres d'État. C'est donc un très lourd fardeau pour les députés d'expérience.

Une réunion plus officielle suit celle de l'état-major. Elle se déroule les 11 et 12 juin à Mont-Gabriel, chargé de souvenirs moins heureux. Outre les conseillers du premier ministre y ont été invités quelques têtes d'affiche : Jean-Jacques Bertrand, Paul Dozois, Maurice Bellemare ainsi que Jean-Noël Tremblay. Un petit jeu, qui ressemble à une distribution de prix, se poursuit durant deux jours. Chacun a sa liste, qu'il compare avec celle des autres. On ajoute des noms, on en rature ou on modifie la place de chacun des futurs ministres dans la hiérarchie du cabinet. Ainsi se précise peu à peu sa composition. En temps normal, celle-ci obéit à un certain nombre de facteurs : ancienneté, expérience, compétence, représentativité, etc. À Mont-Gabriel, c'est, avant tout, l'expérience qui prévaut. Aussi ne faut-il pas s'étonner si, le jour de la prestation de serment, six ministres seulement se partagent 12 des 20 portefeuilles.

Daniel Johnson se réserve deux ministères : les Affaires fédérales-provinciales et les Richesses naturelles. Jean-Jacques Bertrand reçoit l'Éducation et la Justice, et le numéro trois dans la hiérarchie officielle, Paul Dozois, se voit confier les Finances et les Affaires municipales. C'est donc une sorte de troïka qui dirigera les affaires de la province. En somme, Bertrand et Dozois se portent garants d'un premier ministre dont la réputation reste à bâtir. Le député de Missisquoi demande un portefeuille pour son ami Claude Gosselin, le bouillant député de Compton. Ne lui ayant pas pardonné son virulent plaidoyer de l'automne 1964, Johnson commence par se rebiffer, mais il finit par se rendre aux arguments de Bertrand et convoque Gosselin.

— Claude, vous avez été notre critique aux Terres et Forêts et vous possédez aussi une expérience comme cultivateur ; peut-être aimeriez-vous avoir l'Agriculture ?

— Vous n'êtes pas sérieux ! Vous ne voulez pas me nommer ministre ? fait le député. Je vais être franc avec vous : j'ai quitté l'école en neuvième année... Je n'ai pas l'instruction pour un tel poste...

— Pas de blague ! Vous ne vous attendiez pas à être nommé ministre ? J'en ai discuté avec Jean-Jacques et il m'a dit : « Aux Terres et Forêts, envoie Claude Gosselin, il va te faire du bon travail. »

— Écoutez, bafouille l'ami de Bertrand, je ne sais pas quoi dire... Nommez-moi n'importe où !

L'affaire se corse avec Fernand Lafontaine, qui diffère, une fois de plus, d'opinion avec son chef! Ingénieur de son état, le député de Labelle ne veut rien de moins que la Voirie et les Travaux publics — deux ministères qui vont, par tradition, à l'organisateur en chef. Mais Johnson songe à Jean-Noël Tremblay pour la Voirie et essaie de convaincre Lafontaine des grandeurs du ministère des Richesses naturelles.

— C'est très intéressant, lui souligne-t-il. Les Richesses naturelles, c'est l'avenir du Québec, la mise en valeur de nos ressources hydrauliques.

— Non, ça ne m'intéresse pas, coupe le député de Labelle.

— Alors... Les Richesses naturelles et les Terres et Forêts?

— Non plus...

— Le Tourisme?

— Non! C'est bien dur de me donner les ministères que je veux! lâche l'organisateur. Les auriez-vous promis à un autre?

— Comment sais-tu cela? Quels ministères? demande Johnson avec curiosité.

— La Voirie et les Travaux publics...

Les candidats à ce double ministère ne manquent pas. Maurice Bellemare s'est vanté durant la campagne qu'il en deviendrait le titulaire. Il veut beaucoup de choses, en fait, le rude député de Champlain. Le soir de la victoire, il a déclaré à la presse que Johnson lui réservait le Travail et, quelques jours plus tard, il a révélé aux correspondants parlementaires:

— Moi, c'est le ministère de l'Éducation que je vais avoir. J'vous dis que les technocrates, y vont marcher par là[11]!

C'est plutôt le Travail que le premier ministre réserve à Bellemare. Aux prises avec des grèves en série, le Québec a besoin d'un ministre à poigne, capable de dicter sa volonté aux syndicats. Sous Duplessis, Bellemare n'hésitait pas à interrompre l'opposition en employant un langage brutal et parfois grossier. Face aux Louis Laberge et Marcel Pepin, il faut un homme qui a l'écorce rude, un batailleur. «Moi, j'aime la guerre. Je la cherche et je la veux», répète sans cesse le député de Champlain. Il faut aussi un négociateur qui sache bluffer. À ce chapitre, personne ne peut l'égaler. Un jour, en Chambre, il lança à un ministre libéral qui l'ennuyait: «Minute! Je peux prouver ce que j'avance. Si je vous montrais le petit papier que j'ai ici...» Le papier en question était blanc[12].

Le malheur, pour Johnson, c'est que Maurice Bellemare se voit partout, sauf au Travail :

— Je vais commencer par vous dire ce que je ne veux pas et vous me donnerez ce que vous voudrez dans le reste. Je ne veux pas le Travail...

Le chef l'arrête. Le débat s'envenime rapidement. Mais Johnson n'en démord pas : il est le ministre idéal pour mater les syndicats. Le Travail, c'est un cadeau empoisonné, réplique Bellemare. Finalement, il quitte précipitamment Mont-Gabriel pour se réfugier chez lui, au Cap-de-la-Madeleine, où il ordonne à sa femme :

— Si on m'appelle, je suis couché ! Je ne suis là pour personne, même pas pour Johnson !

Le chef lui envoie des émissaires, mais c'est peine perdue. Avant la prestation de serment du cabinet, une réception intime est prévue au Château Frontenac pour les ministres désignés. La veille, le téléphone sonne chez les Bellemare.

— Il ne veut pas vous parler, M. Johnson, dit la femme du député.

— Demandez-lui de venir à l'appareil, insiste ce dernier.

— Allô ! fait Bellemare d'une voix basse.

— As-tu fini de bouder ? Espèce de gros boudeur...

— C'est pas du boudage, coupe le député. Vous avez déjà un problème avec Bertrand... Voulez-vous en avoir un autre avec moi ?

— Maurice, tu vas venir au Château. Je te promets que c'est Marcel Masse qui sera ministre du Travail, pas toi !

— C'est pas un guet-apens, ça ? fait Bellemare, méfiant.

À son arrivée au Château, une trentaine de personnes l'applaudissent en scandant : « Bellemare ! Bellemare ! » Le député se bute à Fernand Lafontaine, pas plus fixé que lui au sujet des portefeuilles qui lui sont finalement destinés. Les deux ne s'aiment pas beaucoup — une vieille rivalité les divise depuis le début des années 60.

— Tu sais quelque chose, toi ? hein ! le Grand ?

Johnson s'approche de Bellemare et l'invite à le suivre dans une pièce voisine. Il n'a pas changé d'idée et met tout dans la balance — prières, menaces, supplications — pour le persuader d'accepter le Travail.

— Tu es le plus compétent. Je n'ai personne d'autre... Si tu refuses, tu mets ta carrière politique en jeu...

Bellemare abdique. Son chef lui confie aussi le ministère de l'Industrie et du Commerce.

— Comme ministre responsable de l'Expo, lui susurre Johnson en guise de consolation, tu vas accueillir les rois et les chefs d'État étrangers[13].

Fernand Lafontaine a la main plus heureuse. Il obtient ce qu'il voulait : la Voirie et les Travaux publics. Si la pensée de devenir ministre de la Voirie a pu effleurer un moment l'esprit de Jean-Noël Tremblay, il s'en est défait rapidement. Son collègue Lafontaine y tenait trop pour que Johnson le lui confiât. Pourtant, il se serait peut-être contenté du titre de ministre de la Voirie, ne fût-ce que pour le symbole. Antonio Talbot, qui l'avait précédé au siège de Chicoutimi, ne l'avait-il pas été sous Duplessis, Sauvé et Barrette ? L'Agriculture n'aurait pas déplu non plus à ce bachelier en théologie, natif de Saint-André de Roberval. En fait, Jean-Noël Tremblay devra se satisfaire d'un ministère qui ne le séduit pas particulièrement, mais pour lequel il est le mieux préparé de toute la députation : les Affaires culturelles.

À Mont-Gabriel, il a assisté avec une lueur d'ironie dans le regard à la distribution des cadeaux. Il considère comme une erreur le jumelage des ministères parce que, selon lui, cette pratique empêchera les autres députés d'avancer. Le samedi soir, Johnson lui dit :

— Il va falloir que je vous en sauve un... Ils les veulent tous !

— Le seul dont ils ne veulent pas, réplique Tremblay, ce sont les Affaires culturelles.

— Eh oui ! Ils sont bien démunis là-dessus !

C'est ainsi que Jean-Noël Tremblay, âgé de quarante ans, se retrouva au ministère de la Culture et non de l'Agriculture, destiné depuis des temps immémoriaux à Clément Vincent. Après le scrutin, Johnson a déclaré au dynamique cultivateur de Sainte-Perpétue : « Je forme mon cabinet. Pas de problème pour toi, tu seras mon ministre de l'Agriculture. » Tremblay n'avait aucune chance d'accéder à la tête de ce ministère, pas plus que René Bernatchez, député de Lotbinière, dont Johnson ne voulait pas malgré ses états de service — et sa grande connaissance des questions agricoles.

Une lourde responsabilité attend Jean-Paul Cloutier, comptable et gestionnaire compétent, réélu pour un second mandat dans Montmagny. Comme ministre de la Santé, de la Famille et du Bien-être, il administrera un budget de près de 800 millions de dollars. Il ne ressemble en rien à René Lévesque, à qui il succède à la Famille et au Bien-être : ni bavard ni politicien pour deux sous. Au Tourisme, Johnson nomme son grand ami Gabriel Loubier, l'avocat-commerçant de Bellechasse. Ce boute-en-train est propriétaire d'un commerce de fer de construction et de rebuts métalliques. Aussi, pour l'injurier, ses adversaires politiques le traitent-ils de « marchand de ferraille ».

Johnson et Loubier ont beaucoup de traits communs. Ni l'un ni l'autre ne sont à proprement parler des intellectuels, mais ils sont tous deux très sociables, humains et ouverts au dialogue. Présenté au député de Bagot par son conseiller, l'abbé François Routhier, professeur de sociologie religieuse à l'Université Laval, Loubier s'attache rapidement à Johnson, qui lui offre le comté de Bellechasse au cours des élections de 1962. Commence alors l'époque des longues soirées de discussions politiques chez Loubier, à Sainte-Foy, soirées qui se terminent par la dégustation de mets chinois, que le député de Bellechasse adore préparer pour ses invités. Peu loquace, se contentant de placer par-ci par-là quelques bons mots, l'avocat, qui vient de franchir le cap de la trentaine, est suspendu aux lèvres de Johnson, dont il admire la façon d'aborder et d'analyser les problèmes. À l'automne 1965, un incident va cimenter leur amitié. Les élections approchent et, au cours d'un caucus à Saint-Hyacinthe, des factieux, inspirés par l'ancien ministre William Cottingham qui déteste le chef, cherchent une fois de plus à remettre en question le leadership de Johnson. Loubier le défend avec tant de flamme que le caucus rejette d'emblée les attaques des comploteurs[14].

Le nouveau premier ministre complète la composition de son cabinet en désignant Yves Gabias au secrétariat de la Province, Fernand Lizotte aux Transports et aux Communications et Raymond Johnston, l'unique Anglais de la députation, au Revenu. Les huit ministres d'État devront seconder les ministres titulaires, écrasés par une charge trop lourde. Plus tard, ils pourront éventuellement accéder à la direction du ministère auprès duquel ils sont délégués. Ce sont Marcel Masse (Éducation), Armand Russell (Travaux publics), Edgar Charbonneau (Industrie et Commerce), Armand Maltais (Justice), Roch Boivin (Santé), Paul Allard (Voirie), François-Eugène Mathieu (Famille et Bien-Être) et Francis Boudreau (Affaires municipales[15]).

Les technocrates restent en place

Durant toutes les années qu'il a passées dans l'opposition, Daniel Johnson n'a cessé de décrier les « technocrates sans âme » qui forgeaient au même moment l'armature économique et sociale du Québec de la Révolution tranquille. Durant la soirée du 5 juin, la jeune technocratie québécoise tremble donc pour sa pérennité. À Québec, ils sont, ce soir-là, une vingtaine de hauts fonctionnaires et sous-ministres — les gros bonnets de la bureaucratie étatique — qui suivent devant la télévision le déroulement d'un scrutin qui en laisse plus d'un songeur. À minuit, quand l' « équipe du tonnerre » est bel et bien terrassée, Arthur Tremblay, grand sorcier de la réforme scolaire dont Johnson avait exigé la démission au début de l'année, invite tout le monde chez lui pour décider des mesures à prendre. Il pose la terrible question : devons-nous démissionner ? Les discussions se poursuivent fort tard dans la nuit avant de se conclure unanimement par le mot d'ordre : « Restons en place. Nous sommes d'abord au service de l'État. »

Le bon ogre Daniel Johnson va-t-il dévorer les méchants « technos » de Jean Lesage ? Que non ! Il faut savoir distinguer, chez lui, entre ruses politiciennes et convictions profondes. L'exemple des technocrates européens, réalité avec laquelle il s'est familiarisé après 1962, ne l'incline pas à renvoyer les grands commis de l'État, mais plutôt à contrebalancer leur influence par celle des conseillers partisans et des hommes politiques. À son avis, un gouvernement qui se trouve à la merci des technocrates ne peut, à la longue, que se couper du peuple. C'est le piège dans lequel le gouvernement Lesage était tombé en permettant trop souvent aux Arthur Tremblay, Claude Morin, Jacques Parizeau, Michel Bélanger et consorts de concevoir et de dicter les politiques. Néanmoins, Johnson est suffisamment pragmatique pour se rendre compte qu'il a absolument besoin d'eux s'il veut se maintenir au pouvoir. Toutefois, homme de parti, il n'a d'autre choix que celui de flatter les préjugés qu'entretiennent certains de ses collègues envers les technocrates. Plaire aux

uns sans indisposer les autres, voilà le trait dominant de sa personnalité. Mais de là à donner à Maurice Bellemare, qui la lui demande,
la tête lisse comme un œuf du sous-ministre Tremblay, il n'en est
pas question ! Pareil geste ne vaudrait rien, politiquement, parce que
son gouvernement est trop fragile et qu'il sait très bien qu'une
bonne partie de l'électorat guette impatiemment ses faux pas.

Mais, n'en déplaise au directeur du *Devoir,* il ne trébuchera
pas, car il a confiance en lui et il sait fort bien où il va et comment
y aller. Ce qu'il a dit durant la campagne à ceux des siens qui
voulaient voir tomber des têtes est sans équivoque : « Comprenez-moi
bien, il en faut, des technocrates, et nous allons les garder, ceux du
moins qui ne sont pas politisés. Mais, en même temps, il faut des
ministres capables de leur tenir tête. » En d'autres mots, le problème
de Daniel Johnson, futur premier ministre, consiste d'abord à trouver
dans son parti des hommes capables, par leur rigueur intellectuelle,
de déchiffrer et d'assimiler le langage complexe des technocrates de
façon à pouvoir leur dire non le cas échéant.

Plus explicite encore est cette prise de position qui rassure
même Arthur Tremblay : « Il serait stupide pour un gouvernement
de vouloir s'en passer. À l'exception de M. Arthur Tremblay, dont
j'ai demandé la démission en Chambre — et encore là, il faudra
étudier la question —, je crois que mon équipe sera capable de
comprendre les technocrates. » Quelques instants plus tôt — c'était
le lendemain du vote —, le nouveau premier ministre opposait, en
bon politicien, un démenti à ses critiques de naguère en affirmant
catégoriquement que la réforme scolaire se poursuivrait à un rythme
encore plus accéléré[16].

Arthur Tremblay, Dr des universités de la Sorbonne et Harvard,
se sent doublement rassuré. Aux nombreux journalistes qui tentent
de le coincer, il récite inlassablement la même litanie :

— Je suis à mon poste aussi longtemps que l'autorité compétente n'en décidera pas autrement.

L' « autorité compétente », qui a côtoyé Tremblay au sein du
Bloc universitaire durant les années de guerre, ne lui demandera
jamais de partir, pas plus que de rester. Quelques jours plus tard,
Jean-Jacques Bertrand, nouveau ministre de l'Éducation, vient saluer son sous-ministre et rencontrer le personnel.

— Messieurs, rappelez-vous que je n'ai jamais demandé la

démission de qui que ce soit. Maintenant, parlons de ce que nous allons faire !

Tremblay comprend alors quels sont les véritables sentiments du nouveau chef de l'État à son endroit.

Claude Morin, éminence grise de Lesage et fer de lance du mandarinat de la Vieille Capitale, s'inquiète lui aussi de l'avenir de la jeune culture bureaucratique québécoise. Abasourdi par la défaite des libéraux, qu'il n'avait pas envisagée une seule seconde, il se demande s'il doit partir. À Ottawa, les gouvernements changent, les fonctionnaires restent. Pourquoi en irait-il autrement à Québec ? se demande-t-il. Car Morin préférerait rester à son poste, en dépit des clins d'œil presque indécents que lui adresse Ottawa. Au beau milieu de la soirée des élections, en effet, alors que le vent tournait irrémédiablement du côté des unionistes, on lui avait téléphoné d'Ottawa pour lui offrir un poste de sous-ministre au fédéral, et, les jours suivants, il avait reçu d'autres propositions. De toute façon, si l'envie lui prenait de quitter la fonction publique, il pourrait toujours retrouver sa chaire d'enseignement à l'Université Laval.

Morin est d'autant plus perplexe que Johnson a bien dit qu'il ne garderait pas les hauts fonctionnaires politisés. Or, non seulement est-il libéral, mais il a participé, en 1960 et en 1962, à la rédaction du programme électoral des libéraux. Néanmoins, si on veut de lui, il restera. À trente-cinq ans, âge où l'inconnu ne fait pas encore trop peur, la perspective de servir Johnson et l'Union nationale représente pour lui un nouveau défi. En tout cas, sa pipe n'arrêtera pas de « boucaner » parce qu'il conseillera Johnson plutôt que Lesage ! Peu après l'élection, ce dernier lui a d'ailleurs demandé de ne pas résigner ses fonctions. Ce jour-là, Morin discutait de son avenir avec Jacques Parizeau, dont le bureau de conseiller économique et financier du cabinet est voisin du sien, quand un Lesage déprimé était venu les prier d'assurer la continuité de l'appareil étatique.

— J'ai commencé à construire une fonction publique moderne. Si vous partez, d'autres vous suivront et tous mes efforts seront annulés. Faites donc un essai loyal avec le nouveau gouvernement. Si cela ne marche pas, alors vous partirez !

Dix jours plus tard, première rencontre entre Morin et Johnson, qui sera son patron immédiat comme ministre des Affaires fédérales-provinciales.

— On m'a dit que vous avez travaillé aux manifestes électoraux de Lesage, est-ce vrai ? laisse tomber Johnson sans prévenir.

Morin hésite une seconde, tiraillé entre l'envie de nier catégoriquement et celle d'admettre, mais en minimisant son rôle. Son nouveau maître met-il sa loyauté à l'épreuve ? Il retire sa pipe de sa bouche et avoue en fixant Johnson dans les yeux :

— Oui, c'est vrai...

— Mes félicitations ! enchaîne celui-ci avec un fin sourire, c'était un très bon programme.

Le mandarin a passé son examen d'admission : s'il avait menti, jamais le nouveau premier ministre n'aurait pu lui accorder sa confiance. Les deux hommes sympathisent rapidement. Morin s'imaginait Johnson comme un politicien de village conservateur. Il découvre un chef d'État intelligent, vif et moderne dans sa façon d'envisager les problèmes sociaux. Un patron plein d'attention et profondément humain, aussi. Quelque temps après les élections, Mme Morin, qui vient d'accoucher, reçoit, alors qu'elle est encore à l'hôpital, une gerbe de fleurs accompagnée de la carte de visite de Daniel Johnson. Pourtant, celui-ci, qui connaît à peine son mari, ne l'a jamais rencontrée. Le « technocrate sans âme » se sent touché.

Autre éminence technocratique et coinspirateur de la Caisse de dépôt et de placement, Jacques Parizeau n'est pas homme à avoir l'âme en peine bien longtemps. Il a décidé de rester en place si le nouveau gouvernement le lui demande. Parizeau occupe, depuis août 1965, le poste de conseiller économique du cabinet. Trente-six ans, grand, le rire et la rondeur des joviaux, Parizeau est moustachu comme un koulak de la Russie tsariste. Diplômé de la London School of Economics et de l'Institut des sciences politiques de Paris, il incarne l'essence même du technocratisme. Mais il ne faut pas s'y tromper : s'il s'habille comme un banquier, il pense à gauche. À la fin des années 40, il distribuait des tracts pour le Parti communiste de Fred Rose, rappellent ses ennemis pour le discréditer.

Ce sont des hommes comme René Lévesque et Erik Kierans qui l'ont attiré au service de l'État, alors qu'il préférait nettement enseigner en sciences économiques. Il a accueilli la défaite du gouvernement Lesage avec un esprit de repentir : « Mon Dieu ! Faut-il que nous nous soyons trompés, que nous ayons perdu contact avec la population pour que celle-ci veuille revenir en arrière après tous les changements des dernières années ! » Il est disposé à s'amender parce qu'il désire avant tout poursuivre la construction de l'État du Québec, commencée en 1960 avec la venue de Lesage. Mais Johnson voudra-t-il de lui ? Il lui offre sa démission en souhaitant qu'il la refuse.

— Reprenez votre démission, monsieur Parizeau, je ne l'accepte pas, dit effectivement le premier ministre.

Avant de partir, Jean Lesage lui avait demandé de préparer, à l'intention de son successeur, un résumé écrit des grands dossiers pendants. Ce document et une montagne de paperasses encombrent le bureau de Johnson.

— Vous demeurerez en place pour me donner un coup de main, précise ce dernier au technocrate, en désignant la pile de documents d'un geste éloquent.

— D'accord, je reste, décide Parizeau, en concluant ses mots d'un éclat de rire généreux.

À la Délégation générale du Québec à Paris, 22, rue Pergolèse, le changement de gouvernement a secoué les esprits. Jean Chapdelaine, nouveau délégué général, en poste depuis janvier 1965 seulement, doit assister à Québec à une réunion de la Commission permanente franco-québécoise. Doit-on reporter la rencontre ? se demandent les fonctionnaires français et québécois. Chapdelaine saute dans le premier avion et, une fois à Québec, exhorte ses collaborateurs :

— La continuité, rappelle-t-il, c'est dans les fonctionnaires, dans l'administration.

Le diplomate téléphone ensuite à son homologue français, Jean Basdevant, directeur général de la Coopération, qui se range à son avis. La réunion a lieu comme prévu. Avant de regagner Paris, Jean Chapdelaine s'entretient avec Johnson.

— Si vous voulez faire autre chose avec moi, c'est à votre gré, lui dit-il.

— On en reparlera, voulez-vous ? Vous continuez comme avant.

Le premier ministre ne lui en reparlera jamais. Ce sont les nécessités partisanes qui poussent parfois Johnson à brandir la matraque, mais, en vérité, ce n'est pas dans sa manière de pratiquer des purges de personnel. Depuis longtemps, il répète à ses intimes : « Si les hauts fonctionnaires s'appliquent à bien me servir, à être loyaux, je les garderai avec moi[17]. »

* * *

Le 15 juin la passation des pouvoirs a lieu, Jean Lesage s'étant enfin incliné devant le « parti que la distribution des sièges a favorisé ». Il déclare aux journalistes en grinçant légèrement des dents :

— Je verrai, au poste que j'occuperai temporairement à partir de demain, à ce que la Révolution tranquille se poursuive[18].

Le lendemain, c'est un tout autre public que celui des libéraux, snob et mondain, qui envahit l'enceinte du Conseil législatif pour la prestation de serment du cabinet Johnson. Les partisans des bleus sont moins collet monté, moins intellectuels mais plus authentiquement québécois — chaleur, simplicité, aucune prétention. Amis et parents des assermentés ont mis leurs plus beaux atours, mais n'arrivent pas à effacer une origine rurale, ouvrière ou petite bourgeoise. En s'emparant du pouvoir, Bagot a relégué au purgatoire de l'opposition Outremont, Westmount et Québec-Ouest.

Parmi l'assistance au salon Rouge, on remarque un vieillard de plus de quatre-vingts ans, aux cheveux tout blancs, qui dévore des yeux le nouveau premier ministre. C'est Edmour Gagnon, qui n'aurait pas manqué ce grand jour pour tout l'or au monde. Après la cérémonie, il va s'asseoir à une petite table qui fait face au bureau du premier ministre. L'apercevant, Johnson s'approche de lui, rieur :

— Bonjour monsieur, vous voulez sans doute voir le premier ministre ?

— Je suis assez fier ! réplique le vieil Edmour. J'ai atteint mon but dans la vie !

Quinze jours plus tard, le mentor politique de Daniel Johnson rendra l'âme[19].

La composition du nouveau cabinet traduit fidèlement l'origine sociale et géographique de la grande famille unioniste. C'est la tradition qui le veut : les bleus dominent la campagne et les petites villes et défendent les intérêts des ruraux et des classes populaires, tandis que les rouges, présents surtout dans les grandes villes et plus particulièrement à Montréal, protègent ceux des couches urbaines aisées. Du temps de Lesage, le Québec était administré par un cabinet dont les piliers étaient un boursier Rhodes et avocat constitutionnaliste (Paul Gérin-Lajoie), un économiste et ancien président de la Bourse de Montréal (Erik Kierans), deux éminents journalistes (René Lévesque et Pierre Laporte) et un grand criminaliste (Claude Wagner).

Sous Johnson, ce sont des avocats de campagne (Jean-Jacques Bertrand et Gabriel Loubier), des petits entrepreneurs et notables locaux (Jean-Paul Cloutier, Armand Russell ou le Dr Fernand Lizotte), des autodidactes (Maurice Bellemare et Paul Dozois), des professeurs (Marcel Masse et Jean-Noël Tremblay) et des cultivateurs (Clément Vincent et Claude Gosselin) qui définiront les politiques. Des hommes qui ne renient pas facilement leurs racines : 10 membres du cabinet représentent les comtés où ils sont nés.

Locomotive de l'économie québécoise, Montréal ne compte que deux ministres : Paul Dozois et Edgar Charbonneau. La région de Québec en a sept, les Cantons de l'Est, quatre et le Saguenay — Lac-Saint-Jean, deux. Un seul membre du cabinet a fréquenté des universités étrangères. Il s'agit du plus jeune, Marcel Masse, qui a étudié au City of London College et à l'Institut des sciences politiques de Paris. En somme, ce sont des hommes du peuple, d'origine rurale et semi-urbaine qui vont diriger une province urbanisée aux trois quarts. Pareille équipe ne saurait longtemps se passer des grands commis de l'État, malgré la méfiance instinctive qu'ils lui inspirent et, inversement, ceux-ci descendront peut-être de leur tour d'ivoire au contact de politiciens aussi proches de la population.

Les dossiers chauds hérités du régime Lesage

Rendons à César ce qui appartient à César. Les années de Jean Lesage ont été des années fastes, du point de vue économique. Les chiffres sont éloquents. Les salaires ont augmenté de 47 pour 100 pendant que le chômage baissait de 40 pour 100 — atteignant le taux le plus bas depuis 10 ans. Le produit national brut québécois a fait un bond de 43 pour 100 et le budget du gouvernement est passé de 600 millions en 1960 à 2,5 milliards de dollars en 1966. La production manufacturière a atteint plus de 9 milliards, une hausse de 38 pour 100 par rapport à l'ancien régime. Durant les six premiers mois de 1965 seulement, 305 sociétés se sont établies au Québec et 48 d'entre elles ont investi à elles seules un quart de milliard de dollars[20].

Début 1966, toutefois, la croissance économique commence à ralentir. Cette année-là, les investissements en capitaux privés ne dépasseront pas 110 millions de dollars. Quant aux finances publiques, elles sont gravement malades. En 1960, le crédit du Québec était l'un des meilleurs au Canada par suite du conservatisme budgétaire de Duplessis. Des finances saines, certes, mais, en contrepartie, un retard social et économique par rapport à l'ensemble de l'Amérique du Nord. Lesage se sert donc abondamment du crédit disponible pour hisser sa province au rang des autres régions. Puis c'est l'escalade des dépenses publiques : 20 pour 100 en moyenne par année. Sous Duplessis, on ne dépassait guère 10 ou 11 pour 100. On finance le rattrapage en empruntant, en moyenne, 600 millions de dollars annuellement et en augmentant considérablement les taxes. Tout ça explique pourquoi, en 1966, le contribuable du Québec est, avec celui de l'Ontario, le plus imposé du Canada. Quant au pouvoir d'emprunt du gouvernement, il a atteint sa limite[21]. À Johnson de se débrouiller avec cet héritage empoisonné.

Durant la campagne électorale, celui-ci n'a pas caché son inquiétude, tout en rejetant à l'avance sur ses prédécesseurs la responsabilité de la politique d'austérité qu'il devra peut-être adopter. Ramener tout un peuple, poursuivant depuis six ans les projets parfois chimériques de la Révolution tranquille, à la dure réalité quotidienne ne fera pas de lui un politicien populaire. Ce n'est que justice d'en imputer l'odieux à Jean Lesage. Aussi, à peine élu, Johnson repart-il en guerre contre la « maladministration libérale ».

L'état des finances du Québec, dit-il à la presse le 21 juin, est pire qu'il ne l'avait cru. « Pourquoi faut-il absolument que les finances aient mauvaise mine ? » rétorque Lesage, en conseillant à son successeur de faire comme lui et d'emprunter tout bonnement les 600 millions de dollars prévus au discours du budget s'il veut s'éviter des ennuis. Mais c'est justement là que réside le problème : le Québec ne peut plus emprunter à un tel rythme sans se faire mettre en tutelle par ses créanciers. La solution se trouve plutôt dans une réduction des dépenses publiques et une diminution parallèle des emprunts. C'est déjà tout décidé, d'ailleurs, puisque c'est ce que Johnson a promis de faire aux banquiers. Il annonce donc que les emprunts de 1966 seront plafonnés à 500 millions de dollars, 100 de moins que le montant prévu par M. Lesage. Lui qui a défait son adversaire en dénonçant les « taxes, les taxes, les taxes... », il risque moins gros en retardant certaines entreprises qu'en haussant les impôts[22].

La seconde phase de l'opération consiste à faire une enquête maison sur la situation financière du Québec au moment de la passation des pouvoirs. Paul Dozois, ministre des Finances, la confie au comptable Clément Primeau. Le « bénédictin laïc » de Johnson affirme, pour justifier l'enquête :

— M. Lesage n'a pas su planifier ses dépenses et a pris des engagements trop lourds qui grèveront les budgets de la province pour plusieurs années.

Tandis que le premier ministre poursuit son offensive publique contre le régime précédent, le comptable Primeau scrute minutieusement les statistiques. « En novembre, précise Johnson, j'aurai une série de rencontres avec les investisseurs américains et canadiens " pour leur dire toute la vérité sur l'administration Lesage[23] ". »

À trop crier au loup, on se nuit parfois. Johnson et Dozois ne réussiront qu'à inquiéter les investisseurs : si ça va si mal chez vous, pourquoi vous prêterait-on, hein ? L'écoulement des premières émissions du nouveau gouvernement est difficile. Québec doit payer un demi-point de plus que l'Ontario pour obtenir son argent alors qu'avant juin la différence entre les taux d'intérêt payés par les deux provinces n'était que de un cinquième de 1 pour 100. Des poussières.

Claude Ryan trouve là une première occasion de gronder le premier ministre : « Un emprunteur ne se présente jamais chez les prêteurs en criant publiquement qu'il est dans le marasme. » Erik Kierans, qui s'impose comme le critique financier de l'opposition, sort ses épouvantails à moineaux. Pourquoi un tel écart entre les taux d'intérêt ? questionne-t-il en ajoutant : les détenteurs d'obligations du Québec ont perdu 40 millions de dollars depuis juin parce que Johnson a fait de la politique avec l'état des finances. Mais Kierans en fait lui aussi quand il néglige de mentionner trois petits faits : Québec a émis deux fois plus de valeurs que l'Ontario, la conjoncture économique difficile entraîne une rareté de l'argent et le rythme endiablé avec lequel les libéraux ont emprunté entre 1960 et 1966 a sursaturé plusieurs portefeuilles étrangers de valeurs québécoises.

L'accusation fait sortir Johnson de ses gonds. C'est Irlandais contre Irlandais ! À Kierans qui l'accuse en pleine Chambre de s'adonner à une politique crypto-séparatiste (« Avez-vous ou non le mandat de séparer le Québec du Canada ? »), il riposte en tremblant de colère :

— Vous êtes le haut-parleur d'un mouvement de pince pour mettre le Québec à genoux, pour l'écraser à coups de sanctions économiques[24] !

Il faut néanmoins corriger le tir, mettre une sourdine à ces accusations. C'est Roland Giroux qui va aider Johnson à rétablir la situation. L'économie politique n'est pas le fort du premier ministre. Les chiffres l'ennuient autant que l'argent. À la suite de leur randonnée chez les banquiers de la rue Saint-Jacques, Giroux a fini par dire à son ami :

— Je suis prêt à aller à la province.

Après avoir démissionné de la présidence de Lévesque et Beaubien, il se voit consacré conseiller particulier du premier ministre en matière financière, ce qui le place au premier rang en ce domaine, devant Jacques Parizeau. Johnson tient Giroux pour un génie des affaires et, afin de l'avoir tout près de lui, il fait mettre à sa disposition le bureau voisin du sien. Le financier y passe deux jours par semaine, agissant le reste du temps comme commissaire à Hydro-Québec, organisme emprunteur du gouvernement. Grâce à ce second poste, il voit tout, entend tout, contrôle tout. Avec un tel guide, le premier ministre se sent en sécurité et peut dire : les finances de la province sont entre bonnes mains.

Si le chef du gouvernement ne doute plus de la loyauté de Paul Dozois, il faut dire cependant que sa confiance envers sa façon de gérer des fonds publics est bien modérée. Le ministre fait d'ailleurs les frais de sa volte-face au sujet des difficultés financières du gouvernement. Annoncée à grands coups de trompette, l'enquête du comptable Primeau finit en queue de poisson. L'enquêteur passe à côté de la question qu'il était chargé d'étudier : la nature réelle des engagements de l'ancien gouvernement. Remis au ministre en octobre, mais rendu public en janvier 1967 seulement, le rapport Primeau ne dévoile aucune irrégularité, ne révèle rien qu'on ne savait déjà. C'est un document technique qui lave Lesage de toute accusation de mauvaise administration. Fort déçu, Dozois convoque le comptable.

— Ce n'est pas ce qu'on vous a demandé, monsieur ! Ce n'était pas votre mandat. Si vous n'étiez pas d'accord, vous n'aviez qu'à démissionner !

Le ministre maîtrise mal aussi son irritation contre Johnson. Il n'est pas un gamin ! Si le comptable Primeau ne s'en est pas tenu à son mandat, c'est qu'on le lui a ordonné. Qui ? Les conseillers financiers de Johnson, assurément, qui l'ont convaincu de faire marche arrière pour ne pas ajouter aux difficultés présentes. Dozois aurait été d'accord pour atténuer la portée de l'enquête, mais il tolère mal qu'on l'ait court-circuité, lui, le ministre des Finances. Viscissitudes de l'exercice du pouvoir[25]...

Le gouvernement opte finalement pour une solution moins tapageuse qu'une enquête : le refinancement. Roland Giroux, l'architecte principal, refinance tout d'abord les dettes des hôpitaux en les étalant sur un plus grand nombre d'années. Il fait la même chose avec les commissions scolaires qui sont en déficit, les communautés religieuses ne parvenant plus à administrer les grands collèges. Pour effectuer cette double consolidation, il faudra emprunter plus de 600 millions de dollars. C'est à ce moment-là que le gouvernement commence à diversifier ses sources d'emprunt en allant pour la première fois sur les marchés européens, en Allemagne notamment. Il n'a pas le choix, de toute façon, car les marchés traditionnels de New York et du Canada anglais dédaignent les titres québécois, dont ils sont gavés[26].

Pour redonner confiance en l'avenir du Québec aux investisseurs nord-américains que le tam-tam indépendantiste des dernières années a rendu craintifs, Johnson multiplie aussi les déclarations d'amour.

— Les Canadiens français aiment et admirent votre grand pays et votre grand peuple, soupire-t-il devant le barreau américain[27].

Avec son collègue Dozois, remis de ses émotions, il fait la chasse aux capitaux et pratique la politique de la porte ouverte : le capital américain est le bienvenu chez nous, répète-t-il. Mais attention ! les sociétés étrangères devront, à l'avenir, respecter les conditions culturelles particulières au Québec. Aux banquiers de Wall Street ou de Bay Street, il pose toujours la même équation : puisque nous dépensons la moitié du budget de la province pour l'éducation, nos milliers de diplômés ne doivent-ils pas gagner leur vie en français ? Ce thème devient une hantise chez lui. Défenseur de l'entreprise privée et respectueux de ses règles, il est prêt à reconnaître la solidarité économique du Québec avec le reste du continent : « Nous sommes très conscients du fait que nous vivons dans l'Amérique du Nord du XXe siècle[28].»

Mais c'est donnant, donnant. Respectez notre langue, nous respecterons votre capital !

— Voici la réalité, dit-il à 250 financiers torontois. Il y a un million et demi d'étudiants au Québec qui font leurs études en français. On ne doit pas les pénaliser parce qu'ils parlent français, même si, de plus en plus, ils sont bilingues[29].

Johnson voit le Québec comme la Suisse de l'Amérique du Nord, une plaque tournante entre les États-Unis et l'Europe. Les Québécois ont la chance de parler deux langues et d'avoir accès à deux cultures ; c'est un hasard historique, bien sûr, mais pourquoi ne pas le rentabiliser ?

Le Québec deviendrait alors un endroit paisible où l'on ferait des affaires et où l'on investirait en toute quiétude. À long terme, il en résulterait une prospérité accrue pour ces quelques millions de francophones perdus dans un continent où l'anglais a seul droit de cité. Comme on le voit, le réalisme de Daniel Johnson ne lui interdit pas de rêver.

Les difficultés se multiplient. Alors qu'il se maintient au pouvoir de justesse, voilà que la première génération de syndiqués du secteur public, après avoir renvoyé Lesage chez lui, se ligue pour mettre son autorité à l'épreuve. Après les courbettes devant les « hommes d'argent », lui faudra-t-il s'agenouiller maintenant devant les premiers enfants de l'État employeur ? Une série de grèves — pas moins de 15, dont certaines, toutefois, touchent le secteur privé — s'abat sur le Québec.

Jean Lesage n'a pas regardé à la dépense : il a tempêté, déchiré des pancartes de grévistes et donné de nombreux coups de poing sur la table de négociation, mais il a fini par syndiquer tous les employés de l'État, ou presque. Ce droit, il faut maintenant le mettre en pratique. À vous l'honneur, mon cher Johnson ! Le nouveau gouvernement doit d'abord résoudre les conflits qui ont pris naissance avec son prédécesseur : ingénieurs d'Hydro, policiers, « professionnels » du gouvernement, tisserands et débardeurs du port de

Montréal. Mais des affrontements beaucoup plus graves se préparent dans les hôpitaux et les écoles. Il y a aussi les vastes chantiers de la Manicouagan, que les ouvriers menacent de fermer.

Maurice Bellemare, le ministre qui aime la guerre, est servi à souhait. Son chef lui a demandé de régler en priorité la grève des 5000 tisserands de la Dominion Textile — une grève de petites gens — qui pourrit depuis plus de trois mois. Bellemare met ses cartes sur la table : même s'il s'oppose au dirigisme d'État, il n'hésitera pas à intervenir personnellement. Il ira sur le champ de bataille plutôt que d'attendre, comme un général réfugié dans son QG, que les conflits meurent d'eux-mêmes. Mais la journée n'a que 24 heures, même pour le bouillant député de Champlain.

— J'ai 13 grèves à la file, confie-t-il aux journalistes en levant les bras au ciel avec l'air de dire : que voulez-vous que je fasse ?

Bellemare se trouve dans une situation ambiguë. Il est le ministre des travailleurs, mais aussi celui des patrons, à titre de ministre de l'Industrie et du Commerce. Comment demeurer impartial ? Duplessis avait l'habitude de lui dire : « Maurice, en politique, fais-toi craindre, pas aimer. » Et son père passait son temps à lui répéter : « La crainte est le commencement de la sagesse. » Fort de ces enseignements, il s'arrange donc pour se faire craindre. Il tient tête aux syndiqués en lançant da sa voix de baryton « Take it or leave it ! » Aux employeurs, il ordonne : « Je ne veux pas d'alternance entre le chômage et les grèves. »

Comme il se trouve au milieu du champ de tir, il doit donner à chacun des belligérants des preuves de son *fair-play*. Antisyndical, Maurice Bellamare ? Impossible. L'ancien serre-frein a conservé sa carte de syndiqué et l'exhibe à tout propos en rappelant : « Je paie encore mon union... » Prosyndical, alors ? Pas plus. À l'occasion, il s'indigne : « Il ne faudrait pas que les syndicats s'enflent la tête. » C'est un mordu du capitalisme : « Les socialisations et les étatisations à 50 pour 100, c'est fini au Québec ! » proclame-t-il peu après le changement de gouvernement. Propos rassurants pour le patronat, mais qui lui valent, de la part des éditorialistes, le sobriquet de « paladin de l'entreprise privée[30] ».

Pour en finir avec la grève des tisserands, Bellemare convoque à son bureau du Parlement M. Pepin, président de la CSN, et *mister* King, président de la Dominion Textile. Il leur dit, en fermant la porte à clé :

— Vous sortirez d'ici quand ça sera réglé !

Il avertit Marcel Pepin.

— On va régler à 32 cennes, pas à 36 !

Le miracle se produit, durant la nuit, après vingt-deux heures de pourparlers. Épuisés, les deux captifs s'entendent sur une augmentation horaire moyenne de 33 sous. M. Pepin et *mister* King ont tellement aimé le procédé qu'ils font tous deux parvenir au ministre une lettre le félicitant de son « travail merveilleux ». Johnson suit de près la stratégie de Bellemare et l'appelle tous les quarts d'heure, même durant la nuit.

— Où en es-tu rendu ? lui demande-t-il[31].

À la mi-juillet, la grève des 32 000 employés d'hôpitaux plongent le Québec dans une crise d'une extrême gravité. Quelque chose se déchire dans la conscience collective d'une population privée tout à coup de soins médicaux. La santé et la vie font légalement l'objet de marchandages et d'ultimatums, comme à la guerre. En quelques jours, on recule de plusieurs siècles. Pour Daniel Johnson, dont la situation est on ne peut plus précaire, c'est le test ultime. L'opposition prédit : ce gouvernement ne tiendra pas six mois ! C'est prendre des vessies pour des lanternes et, surtout, c'est faire peu de cas de l'habileté du nouveau chef de la province.

Le lendemain même de sa prestation de serment, les syndiqués font savoir qu'ils s'apprêtent à verrouiller les 139 hôpitaux du Québec ; il se rend aussitôt dans la tanière du loup.

— Faites-nous confiance, essayez-nous, ne nous condamnez pas a priori ! demande-t-il aux délégués syndicaux réunis en congrès.

Après la carotte, c'est le bâton :

— Mettez-vous en grève si vous voulez, mais sachez que votre geste ne rendra pas votre cause prioritaire à mes yeux !

Moins d'un mois plus tard, c'est le débrayage général. Que fera donc ce premier ministre en apprentissage, secondé par un cabinet de transition et dont la popularité, ici comme à l'étranger, ne vaut pas un clou ? Amorcées vaille que vaille sous Lesage, les négociations ont vite débouché sur un cul-de-sac. Il faudrait de la dynamite pour faire sauter l'embâcle.

Tout accord semble impossible, tant sur les clauses salariales (demandes syndicales : 12 millions de dollars d'augmentation ; offres patronales : 3 millions) et les promotions que sur la libération des délégués syndicaux durant les heures de travail. La crise soulève aussi une question de fond : accorder le droit de grève au secteur de la santé, n'est-ce pas reconnaître droit de séance à la barbarie ?

Le 10 juillet, la moitié des lits, dans certains hôpitaux, sont vides. L'ordre de grève paraît imminent. Johnson convoque Marcel Pepin et le porte-parole des hôpitaux, Paul-E. Olivier. On parle surtout salaires : 12 millions de dollars, c'est trop pour les coffres de l'État, dit Johnson. Pepin a beau faire valoir ses arguments, le premier ministre reste inébranlable. Après la rencontre, le président de la CSN avoue :

— Je suis aussi pessimiste que je l'étais avant cette réunion[32].

La grève éclate. Johnson désigne un médiateur, Me Yves Pratte, sur qui retombe l'issue des négociations. On repart à zéro dans une salle enfumée du Sheraton Mont-Royal, à Montréal. Un dernier effort avant l'injonction ou la loi d'urgence. On est le 14 juillet et si, à Paris, on joue de l'accordéon dans les rues, ici les organistes des églises se préparent pour des funérailles. Des premiers décès consécutifs à la grève, la presse fait des manchettes. Gaétan Durand, cardiaque, meurt dans les bras de son fils qui le conduit à l'hôpital de Saint-Jérôme après s'être heurté aux portes closes de l'urgence de l'hôpital Notre-Dame[33].

Kimberley Kelbe, âgée de cinq mois, respire avec difficulté. Affolée, sa mère demande son admission à l'hôpital de Saint-Eustache, qui, sans refuser, ne peut cependant promettre d'accueillir l'enfant agonisante. Mme Kelbe appelle la police, qui la conduit à l'hôpital et se fraye un passage en forçant les piquets de grève. Trop tard : Kimberley est déjà morte quand on la descend de la voiture[34].

À Québec, les policiers mettent la main au collet d'un citoyen qui filait avec sa carabine de chasse vers l'hôpital voisin pour flamber la cervelle rebelle de quelques syndiqués. À qui la faute ? Pas à nous, disent les grévistes. L'État ne répond pas : pourtant, Pratte travaille jour et nuit. Mais de tels incidents bouleversent l'opinion. Un sondage du Centre de recherche sur l'opinion publique révèle que 71 pour 100 des gens réprouvent la grève et que 89 pour 100 exigent que le gouvernement y mette fin immédiatement. Les sondeurs personnels du premier ministre lui confirment l'ampleur du mécontentement.

La situation est dramatique dans une quinzaine d'hôpitaux psychiatriques et pour malades chroniques. Johnson n'hésite plus : injonction immédiate pour forcer le retour au travail, au moins dans ces établissements. Dès le 26 juillet, les grévistes défient ouvertement l'ordre de la cour. À la table des négociations, l'impasse est totale. Pas moyen de s'entendre sur la rémunération et les promotions.

Jean Loiselle a suivi la négociation durant toute la journée du jeudi 28 juillet. Il a écouté attentivement, sans dire un mot, les arguties des négociateurs. En fin d'après-midi, il tire ses conclusions : seule la menace d'une loi spéciale pourra ramener les uns et les autres à la raison. Il file au bureau du patron et lui annonce sans détour :

— L'heure de tombée est à six heures, vous avez trois minutes pour vous décider. Y aura-t-il une séance extraordinaire[35] ?

Johnson dit souvent à ses députés tentés par l'antisyndicalisme : « Il faut savoir vivre avec les syndicats. » Casser la grève par une loi d'urgence lui répugne plus que tout, mais a-t-il encore le choix ? D'autant plus que la CSN parle maintenant d'une grève générale de ses 200 000 cotisants, en geste d'appui aux grévistes du secteur hospitalier. Son cabinet et sa députation le poussent à sortir ses griffes, mais, au lieu d'écouter ceux-ci, il consulte le pape Ryan, dont les éditoriaux le guident dans son action. Au cours d'un caucus, Bellemare explose : une loi spéciale, et vite !

— C'est pas la presse ni les syndicats qui vont mener le gouvernement ! hurle-t-il en pointant son chef du doigt. Ce ne sont pas les éditorialistes ni Claude Ryan qui vont dire au gouvernement de la province de Québec ce qu'il faut faire[36] !

Les éclats de Bellemare n'impressionnent plus Johnson, qui le laisse faire son numéro. Il tente encore une ultime démarche auprès des dirigeants syndicaux et patronaux. Les premiers maintiennent leurs exigences salariales et les seconds refusent de céder un pouce au chapitre de la promotion et de la liberté syndicale. C'est un 29 juillet long et fastidieux, où l'on poursuit une discussion maintenant devenue inutile avec, pour tout repas, une tablette de chocolat. Mais Johnson arrête enfin sa décision : il convoque une séance extraordinaire pour le 4 août afin de rétablir la paix sociale !

Déblocage dès le lendemain, le samedi 30 juillet : les chefs syndicaux acceptent les offres pécuniaires et se déclarent prêts à recommander aux grévistes de reprendre le travail. L'adoption d'une loi spéciale n'a plus de raison d'être. Johnson aurait-il déjà gagné ? Non. L'art du compromis fait partie de la négociation, mais c'est un langage dont la subtilité échappe aux communautés religieuses qui administrent encore bon nombre d'hôpitaux. Pas question, dit le porte-parole patronal, d'ouvrir les hôpitaux sans une entente au sujet de la promotion et des clauses relatives à la liberté syndicale ! Grave erreur.

Il n'y a plus à hésiter, disent les conseillers du premier ministre, il faut placer les directions hospitalières sous tutelle et confier à Me Pratte le mandat de signer la convention collective à leur place. Dix jours plus tôt, l'intransigeance des hôpitaux avait amené Marcel Pepin à réclamer cette mise sous tutelle, autorisée d'ailleurs par la loi des hôpitaux. C'est beaucoup demander au premier ministre. Lui qui a toujours défendu le caractère sacré des autonomies locales, on veut le forcer à jouer la carte de l'État centralisateur. D'abord élu dans les campagnes où prédomine un fort sentiment religieux, on attend de lui qu'il retire leurs pouvoirs aux congrégations !

Johnson déclare à Jacques Parizeau, chargé de déterminer les hausses salariales que peut consentir l'État :

— Donnez-moi deux heures pour y réfléchir !

Dimanche soir, trois jours avant la séance extraordinaire, le premier ministre tranche. Ce sera la tutelle. Les grévistes reprennent le travail en chantant victoire, même si les augmentations obtenues pèseront moins lourd que prévu dans l'enveloppe de paie. La preuve est maintenant faite, pour les centrales syndicales, que le seul maître dans le secteur hospitalier, c'est l'État et non les administrateurs. Aux yeux de tous, sauf des dirigeants d'hôpitaux qui crient à la trahison, Johnson sort grandi de sa première épreuve.

Quant aux technocrates, si déçus le soir du 5 juin, ils sont en extase. À partir de ce jour, Daniel Johnson, chef de l'Union nationale, devient le patron incontesté de la technocratie. En ces heures d'affolement général, il a su, en véritable homme politique, privilégier la raison d'État au détriment de ses convictions personnelles. Alors qu'autour de lui certains cédaient à la panique ou à des convictions partisanes, il a conservé toute sa maîtrise, s'interdisant le moindre excès de langage et prouvant qu'il a des nerfs d'acier.

S'il s'est montré intraitable sur les objectifs, il est toujours resté courtois, souple et civilisé, même aux pires heures des négociations.

Johnson a déduit de la crise qu'il faut, de toute urgence, élaborer une politique salariale pour le secteur public, car une autre épreuve de force avec les enseignants se dessine à l'horizon. Le maître d'œuvre en sera Jacques Parizeau. La crise a aussi montré où se trouve la réalité du pouvoir et comment Johnson gouverne. Son style commence à se préciser. Le Conseil des ministres paraît n'avoir qu'une seule voix : celle de son président. Claude Ryan en a été agréablement frappé : sous Lesage, quelques ministres auraient émis des opinions personnelles, celui de la Santé aurait évidemment fait des commentaires, René Lévesque aurait eu du mal à retenir sa langue et M. Lesage ne serait pas resté muet ! Avec Johnson, c'est différent. La responsabilité des déclarations est laissée au premier ministre, qui n'a proféré aucune menace et ne s'est pas conduit en alarmiste[37].

Le chef unioniste a réuni son cabinet plusieurs fois durant la tourmente. L'utilité première de ce « cabinet de transition » (il a glissé le mot à l'oreille de Marcel Pepin[38]), c'est qu'il sert d'exutoire aux ministres et de forum d'information et de consultation pour lui. Grand démocrate, il interroge beaucoup ses collègues, les laisse parler et les écoute patiemment, mais, la plupart du temps, sa décision est déjà prise. Le décideur, le chef, c'est lui.

Son souci presque maniaque d'être parfaitement renseigné l'a poussé à nommer au Conseil des ministres quelques vieux députés de souche populaire, comme ce bijoutier de l'est de Montréal, Edgar Charbonneau. Quel n'a pas été l'embarras de ce dernier quand il a vu arriver chez lui limousine et chauffeur après sa nomination comme ministre d'État à l'Industrie et au Commerce. Devrait-il désormais, lui, modeste commerçant, faire le paon comme un gros bourgeois et rouler carrosse ? Bientôt, il ne pourra plus faire un pas sans son chauffeur. Il continue le plus possible à prendre lui-même le volant dans ses déplacements entre Montréal et Québec, jusqu'au jour où le patron l'apprend :

— Un ministre, ça se fait conduire, grogne ce dernier.

Dans l'esprit du premier ministre, le bijoutier lui permet de garder le contact avec le « petit peuple » et de savoir ce qu'il pense des politiques gouvernementales. Johnson surveille également de très près les activités et les prises de position de ses ministres. Il redoute plus que tout les gaffeurs.

— Avant de faire une déclaration engageant le gouvernement, les prévient-il, assurez-vous qu'il s'agit bien d'une politique gouvernementale.

Il passe au crible le texte de leurs interventions et n'hésite pas à réclamer, au beau milieu d'une séance du cabinet, articles de journaux ou textes de loi si quelque doute naît dans son esprit. Mais un conseil des ministres ressemble toujours à un autre conseil des ministres. Le mercredi matin, à dix heures, tout le monde prend place autour de la grande table carrée. Invariablement, la même personne manque à l'appel : Johnson. On attend. Une heure s'écoule, parfois. Alors, Paul Dozois ou Jean-Jacques Bertrand, qui aiment que les choses se déroulent tambour battant, s'irritent :

— Je retourne à mon bureau, lancent-ils au greffier. Vous m'appellerez quand il sera là !

Quand il arrive enfin, Johnson prend place dans le fauteuil qui lui est réservé, au milieu du côté gauche de la table. Jean-Jacques Bertrand lui fait face en qualité de vice-président de l'exécutif. Trois critères déterminent la place de chacun : l'importance du ministère, l'ancienneté et la date ou l'ordre de prestation de serment des ministres secondaires. Doyen de l'Union nationale et leader parlementaire, Maurice Bellemare s'assied à la gauche de Johnson, tandis que Paul Dozois, titulaire du ministère le plus important, celui des Finances, est à sa droite.

Interrompues seulement par le déjeuner, les séances sont interminables. Il est rare que l'ordre du jour soit épuisé avant la fin de la soirée. Et même là, ce n'est pas fini, du moins pour le premier ministre, qui a l'habitude de poursuivre la discussion, en compagnie de quelques fidèles, jusqu'à une heure ou deux du matin. Il demeure un incorrigible oiseau de nuit, même à la barre de l'État. Il n'a pas tenu longtemps ses promesses de l'automne 1964 de mener un régime de vie monastique ! S'il veille si tard, c'est aussi parce que ce cardiaque craint la nuit.

Quelle lenteur en lui ! Il donne la parole à tout le monde et ne bouscule jamais personne, contrairement à Bertrand, dont la rapidité d'exécution, teintée d'agressivité, suscite l'antipathie chaque fois qu'il préside le cabinet en l'absence du premier ministre. Johnson ne coupe jamais la parole aux gens, et son sourire, où pointe une ironie perpétuelle, s'efface rarement de ses lèvres. Si un ministre aborde un sujet imprévu à l'ordre du jour, il le laisse parler et profite de l'occasion pour glaner quelques bribes d'information supplémentaires. Ce rythme de tortue ne fait pas l'affaire de tous les ministres, dont certains bouillonnent d'impatience : « On a des familles, vous savez[39] ! »

Un jour, Pierre Laporte, que Johnson appelle en badinant le « frère directeur », fait un esclandre en Chambre et l'accuse de retarder indûment les travaux parlementaires. Même si son bureau n'est qu'à quelques pas du salon Vert, le premier ministre réussit, chaque fois, à retarder le début de la séance prévue pour quinze heures. Le scénario est toujours le même. Quand la cloche sonne, il quitte son bureau, s'arrête partout et cause avec chacun, comme si la Chambre ne siégeait pas. Résultat : il ne pénètre dans l'enceinte que quinze ou trente minutes plus tard. C'est la même chose avec les technocrates : quand Giroux, Morin ou Parizeau s'enferment avec lui dans son bureau, le personnel sait que sa porte restera fermée durant les deux ou trois prochaines heures.

À côté du cabinet officiel, il y a l'officieux, qui détient véritablement le pouvoir. D'un naturel secret, Johnson ne veut pas d'une « éminence grise » qui aurait trop d'emprise sur lui. Il utilise les ressources de chacun de ses conseillers, attendant d'eux des faits et des données objectives. Quant à la politique, il leur dit :

— La politique, ça me regarde. Je la fais.

Le « gouvernement parallèle » comprend d'abord le personnel du cabinet du premier ministre. En tout premier lieu, il y a Mario Beaulieu, promu chef de cabinet « pour six mois », mais qui restera en poste durant plus de deux ans, à la demande du patron. Beaulieu, qui a dû oublier temporairement sa charge de notaire, sert de réveil à Johnson. Incapable de dormir seul dans sa nouvelle suite du douzième étage du Château Frontenac (Duplessis l'a occupée jadis, mais il refuse de l'admettre !), ce dernier l'a prié de la partager avec lui. Tous les matins, à sept heures précises, le chef de cabinet s'arrache de son lit, franchit la porte communiquant avec la chambre du premier ministre et souffle à mi-voix : « Monsieur Johnson... il est sept heures. » Mais la principale fonction du notaire ne consiste pas à jouer les valets de chambre. Ses attributions sont triples : chef de cabinet, greffier du Conseil des ministres et sous-ministre de l'exécutif[40].

Seconde figure de proue : le secrétaire particulier Paul Chouinard, toujours aux côtés de Johnson. C'est un personnage discret, mais qui jouit d'une influence comparable, sinon supérieure, à celle des spécialistes de l'image, comme Paul Gros d'Aillon et Jean Loiselle. Moins tapageur qu'eux et n'éprouvant pas le besoin d'imposer ses idées, il se contente de glisser à son patron quelques mots, des phrases courtes mais incisives, souvent ironiques. Responsable de l'agenda du premier ministre, il s'occupe aussi du contenu de ses discours, dont il recueille les principales idées auprès des sous-ministres et des fonctionnaires spécialisés avant d'en discuter avec Johnson et Charles Pelletier, le rédacteur attitré. Johnson a gardé à son service deux anciens collaborateurs de Duplessis : Roger Ouellet, qui dirige le bureau de Québec avec la même efficacité modeste, et Me Émile Tourigny, travailleur infatigable d'une parfaite discrétion, qui étudie l'aspect juridique des législations.

Les johnsonistes, ce sont aussi les conseillers partisans, des fidèles de la première heure, Jean Loiselle mis à part. Il y a Paul Gros d'Aillon, André Lagarde, titulaire de la caisse électorale et trésorier du parti, Régent Desjardins, Marc Faribault et le rondouillard et jovial Jean-Paul Cardinal, dont l'étude ne chôme pas depuis le 5 juin. Sous Lesage, les avocats rouges engraissaient, maintenant c'est au tour des bleus. Aux avocats unionistes ralliés tardivement à son autorité et qui, aujourd'hui, lui reprochent de gâter Me Cardinal, le premier ministre réplique, sarcastique :

— Vous savez, maîtres, Jean-Paul et moi avons été seuls très longtemps...

Enfin, troisième groupe de conseillers : les technocrates et techniciens. Outre les Morin, Parizeau, Tremblay, Roland Giroux, on trouve Marcel Cazavant, président de la Caisse de dépôt et de placement, et Michel Bélanger, l'homme de confiance de René Lévesque, maintenant sous-ministre de l'Industrie et du Commerce. Bellemare ne tarit pas d'éloges à son sujet : « C'est un homme extrêmement pratique, un grand nom, qui me rend extrêmement service. Le climat de collaboration dans mon ministère est indescriptible... » De la part d'un « bouffe-technocrates », c'est tout un hommage !

De nouveaux techniciens sont venus s'ajouter au noyau initial. Il faut désormais compter avec Julien Chouinard (aucun lien de parenté avec Paul), sous-ministre de la Justice et bras droit de Jean-Jacques Bertrand.

Il y a aussi Me Jean Bruneau, le nouveau procureur de la Couronne pour le district judiciaire de Montréal. Un intellectuel racé de l'Université Laval, très versé, de surcroît, dans les affaires de la planète, André Patry, devient en juillet chef du protocole et conseiller particulier de l'exécutif pour les relations internationales. Après sa victoire, Johnson, qui l'a remarqué depuis quelque temps déjà, lui téléphone pour lui offrir le poste de chef de cabinet. Étonné, Patry lui fait observer :

— Voyons, monsieur Johnson, quelle crédibilité aurais-je auprès de votre parti ? Je n'en suis même pas membre.

Comme on est à moins d'une année de l'Exposition universelle de Montréal et que le gouvernement Lesage avait annoncé que tous les chefs d'État étrangers seraient invités au Québec, André Patry s'offre plutôt pour mettre sur pied le mécanisme des réceptions officielles :

— C'est le meilleur service que je puisse rendre au Québec[42].

Les habitudes de travail du nouveau premier ministre étonnent les observateurs et ses collaborateurs. Un anti-Lesage. L'ancien premier ministre était à son bureau dès huit heures et quart, sept jours par semaine : le nouveau ne s'y rend pas avant onze heures et jamais durant les fins de semaine, qu'il passe à Montréal ou à Saint-Pie. Paresseux, Johnson ? Bien au contraire. Il travaille autrement, voilà tout.

À Québec, le quartier général du chef est installé dans sa suite du Château Frontenac ; c'est là que se règlent quantité de problèmes et que se prennent également bon nombre de décisions majeures. Le corps principal de la suite ministérielle comprend quatre pièces meublées dans le style victorien propre à cet hôtel. Johnson y a ajouté quelques objets personnels et un récepteur de radio qui lui permet de se détendre en écoutant de l'opéra et les chansonniers québécois dont il raffole. Il a un faible pour Georges Dor, auteur de *La Manic*, chanson fort populaire qui évoque le vaste chantier hydroélectrique que lui, Daniel Johnson, a mis en route à la fin des années 50. Face aux deux chambres communicantes réservées au patron et à son chef de cabinet se trouvent un salon et une salle à manger. Un agent monte la garde devant une porte donnant sur un corridor qui longe les chambres réservées aux invités du premier ministre et de ses collaborateurs.

Après le lever, à sept heures, Johnson prend son petit déjeuner en pyjama, en compagnie de Beaulieu ou de Jean Loiselle, qui occupe parfois la suite ministérielle. Officiellement, celui-ci est responsable de l'image du patron, mais son influence réelle dépasse son titre. Certains collaborateurs s'irritent de le voir tourner autour de Johnson et le personnel le trouve parfois trop autoritaire, mais il attend tranquillement son heure. Il ambitionne de remplir des fonctions plus politiques que celles qui lui sont dévolues. Ça viendra. Autre habitué des petits déjeuners du roi : Roland Giroux. Jean-Jacques Bertrand et Paul Dozois sont parfois présents et forment alors, ne serait-ce que le temps d'avaler toasts et café, la fameuse troïka dont ils rêvent. Après le petit déjeuner, Johnson passe à la lecture des quotidiens — *Le Devoir* et *Montréal-Matin*, principalement —, dont il dévore les éditoriaux. La presse, miroir de la société ? Il n'y croit pas tellement ; son information, il préfère aller la cueillir lui-même, là où elle se trouve. Il se jette sur le téléphone : c'est l'heure de son sondage quotidien auprès de ses informateurs éparpillés d'un bout à l'autre du territoire québécois. Vers neuf heures, il sait déjà tout ce qui se passe et se dit dans son royaume[43].

À dix heures et demie, il saute dans sa limousine avec Mario Beaulieu et se rend au Parlement, où il a tout juste le temps, avant le déjeuner, d'abattre un peu de besogne avec les membres de son personnel, qui se jetteraient au feu pour lui. C'est un patron idéal. Jamais de colère, du moins pas avant 1968. Jamais de reproches brutaux, non plus. Un doux, capable de beaucoup d'amour et de patience. Ni frustré ni agressif. Bien dans sa peau. « Je ne sais pas... mais ne penses-tu pas que si mon bureau était mieux structuré... » C'est sa façon délicate de dire à son chef de cabinet : il faut des changements parce que ça ne marche plus ! Au lieu de piquer une colère comme Lesage ou même Bertrand, il préfère bouder si on le sert mal. Il se montre sec, alors, mais n'est jamais dur ni rancunier[44].

Quand il est à Québec, Johnson déjeune au Château ou au Club de la garnison, près de la porte Saint-Louis. À Montréal, il mange au Windsor et au Ritz Carleton. Et il ne mange jamais seul.

On ne peut pas dire qu'il soit un fin gourmet. Duplessis adorait le poulet à la King et le steak ; Johnson est, lui aussi, un amateur de viande rouge, mais il ne dédaigne pas le homard et les fruits de mer. Au Windsor, son menu du midi ne varie jamais : soupe à l'oignon gratinée, steak grillé, salade verte et café. L'après-midi se passe avec les technocrates et les visiteurs. Il est rare qu'il quitte le Parlement avant vingt-deux heures ou minuit. La consigne est de ne jamais le laisser seul. Les journées sont donc longues pour Roger Ouellet, à Québec, et pour Yvette Marcoux, à Montréal.

Une fois sa journée terminée, Johnson revient au Château. Là, en compagnie de Mario Beaulieu, il prend tranquillement deux verres de scotch Cutty Sack et grignote des cacahouètes. C'est le rituel. La détente avant la nuit dont il a peur. Quand Beaulieu doit s'absenter, il se fait parfois remplacer par Paul Lever, l'un des chauffeurs. À Montréal, les choses diffèrent légèrement. Juste avant de quitter son bureau, installé au dix-septième étage d'Hydro, Johnson sort une bouteille de cognac d'un tiroir de sa table et téléphone à sa femme :

— Maman ? J'ai terminé. Nous prenons un cognac et je rentre[45] !

Le premier ministre passe invariablement la journée du lundi à Montréal. L'ameublement de son bureau est à son image : calme. Sa table est en bois de rose très foncé, et, si la pièce est méticuleusement rangée, avec les dossiers et les documents toujours à leur place dans les classeurs, c'est à la tyrannie d'Yvette Marcoux qu'il le doit. Connaissant trop bien son désordre, elle va jusqu'à interdire à son patron l'accès aux classeurs. Elle s'occupe aussi de faire vider les cendriers qui débordent toujours de mégots de cigarettes à peine entamées : Johnson a en effet la manie d'allumer ses cigarettes l'une après l'autre et de les écraser presque aussitôt. La journée du lundi se passe ainsi : lecture des journaux, courrier, visiteurs et déjeuner au Windsor ou, parfois, au Mount Stephen, club sélect de l'ouest de la ville. Au Windsor, Johnson ne manque pas non plus de passer chez Jean, son coiffeur attitré.

Depuis qu'il est premier ministre, il tutoie rarement ses collaborateurs. Il exige également d'eux une tenue vestimentaire stricte. Pour Yvette Marcoux, seule femme du clan Johnson, la robe ou la jupe est de rigueur, jamais de pantalon. Même si son assistante fait partie du mobilier — elle le sert depuis tant d'années —, il demeure très prévenant. Quand il était dans l'opposition, Yvette lui disait souvent : « Quand on sera au pouvoir, on fera ceci ou cela... » Quand il l'a revue pour la première fois après la victoire, il l'a taquinée : « On est premier ministre, qu'est-ce qu'on fait ? » Un samedi après-midi postélectoral, la limousine noire du premier ministre s'arrête devant la maison d'Yvette, à Saint-Jean. Johnson en descend avec son frère Maurice. Il prend la mère de sa collaboratrice dans ses bras et lui dit : « Maman Marcoux, je viens vous remercier de m'avoir prêté votre fille si longtemps[46]. »

Quand les enseignants désertent leurs classes

À la fin de l'automne 1966, le climat demeure orageux au Québec. Les enseignants font beaucoup de bruit et recherchent, de toute évidence, un affrontement avec l'État-employeur. Voraces, les libéraux se promettent de mordre à belles dents cette bande de campagnards endimanchés qui s'est hissée accidentellement au pouvoir dès que Johnson se décidera enfin à convoquer les chambres. Yves Michaud, nouveau député libéral de Gouin et rhétoricien aux phrases arrondies à qui il tarde de faire son entrée au « salon de la race », accuse le premier ministre de gouverner par décrets. Patience, messieurs de l'opposition ! car la session débutera le 1er décembre, six mois jour pour jour après votre belle déconfiture.

Chez les bleus, paradoxalement, on a la grogne facile... et montante. Les nouveaux élus n'ont pas été longs à se rendre compte que les libéraux conservent leur mainmise dans les ministères. Les députés ont du mal à obtenir la collaboration de fonctionnaires enclins à ne voir en eux que les revenants de l'époque duplessiste. Certains se font proprement éconduire. La fleur du favoritisme veut refleurir, mais sans succès. Ensevelis sous les milliers de demandes d'emploi émanant de leurs partisans, les députés ont les mains liées, maintenant que le syndicalisme assure aux fonctionnaires la permanence d'emploi. La marée des jérémiades n'ébranle aucunement la volonté du premier ministre de supprimer le favoritisme « même si ça fait mal ».

En octobre, il convoque ses députés à Bromont pour faire le point. Il faut qu'on lui envoie un signal de détresse pour qu'il se décide à tenir un caucus du parti — trop de noirs souvenirs hantent encore son esprit. Quand la députation est aux abois, Antonio Flamand soupire à Paul Chouinard :

— J'aurais besoin d'un bon lavage de cerveau, le patron ne pourrait pas convoquer une assemblée ?

Pour Johnson, cette institution relève de la « séance de berçage » ou de défoulement. Une perte de temps. Si c'est lui qui préside, l'animateur véritable en est Maurice Bellemare, qui amorce les discussions par une provocation. Il se fait l'avocat du diable, attaque, feint la colère. C'est à lui qu'il revient de dégrossir cette bande de néophytes parlementairement incultes. À Bromont, toutefois, le toréro a beau secouer sa cape rouge sous leur nez, les députés, vexés de s'être vu interdire, après le 5 juin, de dispenser la manne traditionnelle, restent sans réaction.

C'est le favoritisme qui obnubile l'esprit de certains d'entre eux, et non la proximité de la session. Les temps ont changé, mais plus d'un refusent l'évidence. D'autres comme Jérôme Proulx, naïf député de Saint-Jean, partagent l'intransigeance du chef contre le favoritisme. Ses élans vertueux lui ont valu une mercuriale de la part de ses organisateurs :

— Le gâteau est à nous maintenant ! lui ont-ils dit avec un sans-gêne incroyable, quelques jours après la victoire. Il nous faut la liste complète de tout ce qui se vend, s'achète et se loue dans le comté[47] !

C'est donc un caucus de mise au point. Qui parlait du paradis du pouvoir ? Si au moins les tendres moitiés avaient été de la partie. Main non, le chef a interdit l'accès de la montagne de Bromont. Un seul accroc à cette règle monastique, la présence d'Yvette Marcoux, que le patron impose à ses 55 moines en disant : « She's on of the boys ! »

Le 1er décembre, le gouvernement Johnson inaugure sa première session. Qu'a fait et qu'a dit l'Union nationale depuis le 5 juin et que va-t-elle faire et dire demain ? Une partie de la réponse se trouve dans le discours du Trône de la première session de la vingt-huitième législature. Jean Lesage est seul à l'étiqueter de « discours réactionnaire ». La presse en arrive à une conclusion d'une tout autre nature, résumée dans la phrase suivante : le gouvernement Johnson poursuit la Révolution tranquille. On a beau fouiller le texte à la loupe, impossible d'y déceler le présage d'un retour au duplessisme. Ouf ! messieurs les journalistes on eu chaud pour rien. Le retour au Moyen Âge n'est pas pour tout de suite.

Claude Ryan tombe de haut : « Le gouvernement Johnson, écrit-il, vient de jouer un tour agréable à ceux qui le soupçonnaient de piétiner[48]. »

Depuis six mois, les libéraux affirmaient que le gouvernement était à court d'idées nouvelles. Le programme législatif contredit cette allégation. Bien plus, Johnson se montre résolu à entreprendre sans délai la réalisation de son programme. De la multitude de lois envisagées — pas moins de 99 auront été adoptées à la fin de cette première session —, une dizaine s'imposent par leur envergure : rapatriement des pensions de vieillesse, transformation du ministère des Affaires fédérales-provinciales en une sorte de ministère des Affaires étrangères, révision de la Constitution canadienne et de la constitution interne du Québec, loi-cadre autorisant la tenue d'un référendum, création d'un ministère de la Fonction publique, d'un office du plan, d'une chambre agricole, d'un protecteur du peuple, d'une société québécoise de l'habitation et, enfin, lancement d'un programme de recyclage de la main-d'œuvre et de formation continue.

Le discours reste muet sur plusieurs questions à propos notamment de l'abolition du Conseil législatif. En éducation, il pèche par son laconisme. Pas un mot sur le caractère confessionnel de l'école publique. Deux mesures seulement son prévues : la révision du financement des institutions privées et le nouveau régime d'aide aux étudiants. Avant le 5 juin, il restait à adopter six décisions capitales pour compléter la réforme scolaire amorcée, dès 1959, par Paul Sauvé. Le discours en prévoit deux, le financement du réseau privé et l'aide aux étudiants. Quant aux autres, la création des cégeps et la restructuration scolaire proposées par le rapport Parent, elles viendront à leur heure, au cours de 1967. L'attentisme du gouvernement s'explique, avant tout, par la rude bataille qu'il doit mener contre les enseignants. Le dénouement apparaît si incertain que Johnson n'exclut pas la possibilité d'un appel au peuple[49].

Autant dire tout de suite qu'il est résolu à dompter les 65 000 enseignants du secteur public disposés, dès la mi-décembre, à mettre les élèves du primaire et du secondaire en congé forcé. Quand 40 pour 100 des enseignants seront dans la rue et que plus de 400 000 élèves seront privés de cours, le gouvernement invoquera des principes élevés, tel le droit des enfants, pour rouvrir les écoles.

Le fond du litige est cependant plus prosaïque : l'État-employeur entend imposer au taux de rémunération uniforme à travers tout le Québec par le biais d'une négociation à l'échelle provinciale, et non plus locale ou régionale. Il s'agit, en somme, de mettre fin à des conditions de travail si disparates que, selon les régions, les salaires des professeurs sont les plus élevés en Amérique du nord, ou parmi les plus bas. La négociation provinciale permettra donc de généraliser le principe qui veut qu'à formation et à compétence égales corresponde une égalité de traitement. La négociation locale entraîne, en outre, des déficits budgétaires. L'État a beau être la vache à lait qui renfloue les commissions scolaires, arrive un jour où ses mamelles sont taries. Une table unique de négociation, c'est la meilleure méthode pour savoir où l'on va et pour freiner l'escalade des salaires. Le gouvernement a fait connaître sa nouvelle politique en émettant, le 14 octobre, une série de directives à l'intention des commissions scolaires locales et régionales, qui devront désormais, faire approuver par Québec les hausses de traitement proposées aux enseignants. Vivement dénoncées par les syndicats d'enseignants comme un premier pas vers une négociation unique qu'ils rejettent, ces directives d'octobre déclenchent l'affrontement.

De l'esprit imaginatif du technocrate Parizeau, père de la négociation provinciale, un second principe a jailli, celui de l'enveloppe globale. L'État va dire à ses 200 000 employés : voici tout l'argent dont nous disposons pour les traitements. Tâchez de vous en accommoder parce que nous ne pouvons pas vous offrir un seul sou de plus. « Si on ne peut pas dépasser l'" enveloppe globale ", pourquoi négocier ? » répondent les syndicats. Les dés sont pipés ! Drôle de patron, l'État-employeur ? Et bientôt, on entendra Daniel Johnson répéter dans ses discours : « Chaque dollar d'augmentation coûte 200 000 dollars au Trésor public. » Facteur multiplicateur, dû au nombre des syndiqués.

Au tournant de l'année surgit le spectre d'une grève générale. Johnson a décidé que les écoles ne fermeraient pas. Trois jours avant Noël, il brandit déjà la menace d'une loi spéciale au premier signe de débrayage. L'épreuve de force commence après la trêve des fêtes. Le 13 janvier, les 9000 enseignants de la commission scolaire de Montréal renvoient leurs 200 000 élèves chez eux. Ce ne sont pas ces derniers qui s'opposeraient ! C'est le signal : le mouvement gagne l'ensemble de la province, à tel point que, le 22 janvier, près de la moitié des enseignants québécois ont déjà déserté leurs salles de cours. À Québec, charivari à l'Assemblée. Le premier ministre affirme sans ambages que le droit de l'enfant à l'éducation prime celui des enseignants à la grève :

— Nous leur enlèverons le droit de grève s'ils en abusent ! menace-t-il.

Johnson se sent en position de force. Les parents l'appuient, comme le démontre un sondage interne : 75 pour 100 de la population réprouvent les grèves d'enseignants. Après l'euphorie des dernières années où le Québec s'est offert le luxe de verser des salaires souvent parmi les plus élevés du continent à certaines catégories de syndiqués du secteur public, un retour au réalisme s'impose, estiment les éditorialistes. Les technocrates sont aussi inflexibles que Johnson. Deux d'entre eux, Jacques Parizeau et Arthur Tremblay, n'hésitent pas à accompagner Jean-Jacques Bertrand à la télévision pour défendre les directives d'octobre. Précédent pour le moins original qui vaudra à l'ancien souffre-douleur de Johnson, Arthur Tremblay, l'accusation d'avoir compromis la fonction publique en se mêlant d'une affaire strictement politique.

Le 10 février, Johnson donne aux enseignants 48 heures pour regagner leurs classes et fixe par décret les salaires et les conditions de travail qui seront en vigueur durant les 18 mois suivants. Ce geste draconien enlève purement et simplement le droit d'association aux enseignants pendant un an et demi. Raymond Laliberté, l'émacié président de la Corporation des enseignants, est estomaqué :

— Je suis stupéfait de voir avec quel plaisir on a enlevé aux enseignants tous les avantages que leur donnait la loi en matière de négociation collective.

« Duplessis », s'écrient des enseignants à l'adresse de Johnson. Aimé Nault, grand capitaine des professeurs de Montréal, prêche la désobéissance civile. « Est-ce le moment de jouer le tout pour le tout ? » note de son côté Claude Ryan. Le radicalisme du projet de loi 25, qui met en quarantaine la liberté syndicale alors qu'il suffisait de la discipliner, incite le directeur du *Devoir* à conclure : « La première victime du projet de loi, ce sera évidemment le droit d'association et, par ricochet, la réputation du gouvernement québécois[50]. »

Marcel Pepin, président de la CSN, tente en vain de fléchir le premier ministre. Il accuse le Conseil d'être sous l'emprise de la « pieuvre technocratique » et de se comporter en marionnette devant les Parizeau et les Tremblay. À l'extérieur du Parlement, quelque 12 000 maîtres manifestent leur colère, au milieu de rumeurs d'élections générales. Le débat que suscite l'adoption de la loi est haut en couleur. Même si Lesage favorise le retour en classe, il exige du gouvernement qu'il scinde le projet de loi en deux, sinon son parti le rejettera. Erik Kierans accuse Johnson de « poignarder les enseignants dans le dos » et René Lévesque, disert comme toujours, fait un long plaidoyer contre le projet de loi 25, véritable crime qui risque de saboter la réforme scolaire, dit-il.

— C'est de la maudite démagogie ! s'écrie le premier ministre qu'exaspère le ton du député de Laurier.

Maurice Bellemare déteste cordialement Lévesque.

— Vous avez été, vous particulièrement, un homme qui a passé son temps à créer des appétits, un homme dont la démagogie est sans égale ! tonne-t-il à son adresse. Et c'est cet homme-là qui va nous dire quoi faire, lui qui, pendant des années, n'a jamais fait autre chose que de créer la rébellion en disant aux grévistes « Ne lâchez pas ! » ? Nous nous en souvenons....

— Et c'est ce que je dirai aussi aux enseignants, interrompt le député.

— Fauteur de désordre ! clame Jean-Noël Tremblay d'un ton pointu.

— Et c'est ce qu'on appelle un ami des ouvriers, enchaîne Bellemare.

Un homme qui prêche la révolte, la désobéissance civile...

— Et l'hypocrisie ! conclut Fernand Lafontaine, soucieux d'être de la mêlée dès que la cible se nomme René Lévesque[51].

Certain d'avoir le peuple avec lui, Johnson attend que les syndiqués défient la loi pour déclencher les élections qui consolideraient sa majorité parlementaire. Le 14 février, le projet de loi 25 est voté en seconde lecture en dépit de l'opposition des libéraux. Riposte instantanée des enseignants : grève demain ! Le premier ministre leur conseille :

— Prenez la journée de demain pour étudier la loi, vous verrez qu'elle est un instrument de promotion de votre profession.

En même temps, le gouvernement déclenche un battage

publicitaire dans les médias pour vendre cette loi à la population. L'information officielle, c'est une nouvelle technique de gouvernement au Québec. Ça fait peur. Propagande, information officielle — la marge est étroite. L'Office d'information et de publicité du gouvernement, organisme nécessairement non partisan, distribue à la presse des communiqués préparés par les collaborateurs de Johnson. C'est au tour des journalistes de signaler le danger : « Information officielle ou propagande partisane ? » demandent-ils au premier ministre. Les grands manitous de l'opération, ceux que, dans le parti, on désigne déjà comme les « Goebbels » de Johnson, sont Jean Loiselle et Paul Gros d'Aillon. C'est d'ailleurs Loiselle qui orchestre savamment les bruits d'élection qui auront finalement raison des enseignants, aussi peu désireux d'en faire les frais que d'accroître l'autorité de Johnson[52].

Son match avec les enseignants a porté Johnson au sommet de sa popularité. Une semaine après la reprises des cours, l'Union nationale tient à Montréal un dîner-bénéfice qui pulvérise tous les records d'assistance. Il faudra 350 garçons de table, 50 maîtres d'hôtel et 60 cuisiniers pour traiter les 6000 convives. Marc Faribault, l'organisateur du dîner, confie à Michel Roy, du *Devoir* :

— Des partisans de Lesage ont acheté des billets durant la crise scolaire pour exprimer leur admiration envers un gouvernement qui a assumé ses responsabilités.

Guerrier implacable, Johnson ne va pas cependant jusqu'à dépouiller ses victimes de leur scalp. Son vieil ami Faribault vient de jeter inopinément de l'huile sur le feu. Comment ne pas le semoncer gentiment ?

— Marc Faribault, pour organiser des dîners et des tournées électorales, tu es un as. Mais pour faire des déclarations aux journalistes, là, c'est un désastre[53] !

Notes — Chapitre 4

1. *Le Devoir*, le 4 mai 1964.
2. *Le Devoir*, les 6 et 7 juin 1966.
3. *La Presse*, le 7 juin 1966.
4. *The Financial Post*, le 11 juin 1966.
5. Extraits des réactions de la presse internationale à la défaite du gouvernement Lesage publiés dans *Le Devoir* du 8 juin 1966.
6. *Cité libre*, nᵒˢ 88-89, juillet-août 1966 et *La Presse*, le 8 juin 1966.
7. *Relations*, n° 307, juillet 1966, p. 198-199 et *L'Action nationale*, vol. 56, n° 1, septembre 1966, p. 1-12.
8. Jacques Guay, *La Presse* du 6 juin 1966, et André Rossinger, *Cité libre*, nᵒˢ 88-89, Montréal, juillet-août 1966, p. 8-10.
9. Jérôme Proulx, *Le Panier de crabes*, Montréal, Parti Pris, 1971, p. 9-13.
10. *Ibid.*
11. *La Presse*, le 6 juin 1966 et *Maclean's*, vol. 6, n° 8, août 1966.
12. Mario Cardinal, Vincent Lemieux et Florian Sauvageau, *Si l'Union nationale m'était contée...*, Montréal, Éditions du Boréal Express, 1978, p. 136-138.
13. Maurice Bellemare.
14. Mario Cardinal, Vincent Lemieux et Florian Sauvageau, *op. cit.*, p. 132-133.
15. *Le Devoir*, le 17 juin 1966.
16. *Le Devoir*, les 4 et 7 juin 1966.
17. Marc Faribault.
18. *Le Devoir*, le 16 juin 1966.
19. Le juge Maurice Johnson.
20. *Monetary Times*, vol. 135, n° 1, p. 39-41.
21. *Ibid.*
22. *Le Devoir*, les 22 et 23 juin 1966 et le 10 novembre 1966.
23. *Le Devoir*, les 29 juin et 10 novembre 1966.
24. *Le Devoir*, les 16, 17 et 18 janvier 1967 et le 9 février 1967.
25. Paul Dozois.
26. Roland Giroux.
27. *Le Devoir*, le 9 août 1966.
28. *Ibid.*
29. *Le Devoir*, le 13 janvier 1967.
30. Maurice Bellemare et *Le Devoir* des 6 septembre, 13 et 14 décembre 1966.
31. Maurice Bellemare et *Le Devoir* des 22 août et 14 décembre 1966.
32. *Le Devoir*, le 13 juillet 1966.
33. *Le Devoir*, le 20 juillet 1966 et *Maclean's*, vol. 6, n° 11, novembre 1966.
34. *Ibid.*

35. Pierre O'Neil et Jacques Benjamin, *Les Mandarins du pouvoir*, Montréal, Québec/Amérique, 1978, p. 67.
36. Jérôme Proulx.
37. *Le Devoir*, le 16 juillet 1966.
38. *Le Devoir*, le 18 juin 1966.
39. Mario Beaulieu et Roger Ouellet.
40. Mario Beaulieu.
41. *Le Devoir*, le 13 décembre 1966.
42. André Patry.
43. Mario Beaulieu, Paul Chouinard et Roger Ouellet.
44. Mario Beaulieu.
45. *Ibid.* et Yvette Marcoux.
46. Yvette Marcoux.
47. Jérôme Proulx, *op. cit.*, p. 13-14.
48. *Le Devoir*, le 2 décembre 1966.
49. *Ibid.*
50. *Le Devoir*, les 11, 13 et 15 janvier 1967.
51. *Le Devoir*, le 15 janvier 1967.
52. *Le Devoir*, les 14 et 20 février 1967.
53. Marc Faribault et *Le Devoir* du 28 janvier 1967.

CHAPITRE 5

Le ménage à trois

Le 24 juillet 1967. Un lundi plein de chaleur humide. À dix-neuf heures, ce soir-là, l'histoire d'un peuple sans histoire hésite un peu et se cherche encore avant de tourner la page. Dans un petit salon du premier étage, au 24 Sussex Drive, à Ottawa, résidence officielle du premier ministre d'un Canada incertain, Lester B. Pearson fixe l'écran de télévision. Son visage rosé de flegmatique bien portant se décompose soudain sous l'acide de la « plus grande des petites phrases » que Charles de Gaulle vient de lancer du balcon de l'hôtel de ville de Montréal. Brûlant du désir de réparer la bévue de Louis XIV et de Voltaire envers les « Français du Canada », le général termine son périple sur le chemin du Roy par un éclat qui lui vaut une ovation des plus bruyantes.

L'Anglo-Saxon « Mike » suffoque d'indignation. Il n'en croit pas ses oreilles, assourdies par le bourdonnement de cette foule emportée dans un délire frénétique. À l'écran, le grand Charles se laisse aduler, puis déploie ses longs bras de chimpanzé géant pour former le V immense de la victoire.

« Vive le Québec libre ! » vient-il de crier en s'appropriant sans vergogne le slogan d'un parti séparatiste qui travaille à la sécession du Québec. Pearson se sent humilié, insulté, souffleté par ce président d'un pays étranger qui, contre tout protocole et aux fins d'une stratégie internationale où le Québec fait figure de pion, incite ouvertement les Canadiens français au soulèvement national. De Gaulle se croit-il donc encore en juin 1940 ?

Pearson se rappelle soudain le toast du président de la France à l'occasion de son voyage à Paris, en janvier 1964. À l'issue d'un splendide dîner officiel, au palais de l'Élysée, de Gaulle avait levé son verre en disant :

— Dans la solidarité particulière et naturelle entre la France et le Canada français, il ne saurait y avoir rien qui doive contrarier les heureuses relations de la République française avec votre État fédéral[1].

Aujourd'hui, trois ans plus tard, de Gaulle cautionne brutalement l'éclatement du Canada. Ah ! cette odyssée du président au Québec, bien sûr qu'elle l'avait inquiété, mais de là à imaginer une telle bombe ! Intoxiqué par ces « odeurs de francité » humées tout au long de sa fascinante remontée du chemin du Roy, le général aurait-il dérapé sans le vouloir ? Un moment d'ivresse ? Selon Pearson, de Gaulle ne prononce jamais un mot qu'il n'ait mûrement réfléchi. Il n'est pas homme à gaffer non plus, s'interdisant toute improvisation. Son coup, il l'a sûrement fomenté de longue main ; ces quatre petits mots subversifs, il les a retenus et insérés à dessein dans l'architecture de ses visées mondialistes. Aucun doute là-dessus.

Mais ce que Pearson trouve encore plus dur à avaler, c'est l'analogie que le général s'est offerte entre son entrée triomphale à Montréal et celle qu'il faisait à Paris en 1944, après l'occupation allemande. L'odieuse phrase résonne encore dans la tête du premier ministre :

— Je vais vous confier un secret que vous ne répéterez à personne, a soufflé le président d'un air complice. Ce soir, ici et tout le long de ma route, je me suis trouvé dans une atmosphère du même genre que celle de la Libération.

Les Canadiens anglais, des nazis ? Outrageant ! (Pearson se fourvoie — problème de traduction sans doute ou de fierté écorchée —, l'atmosphère de la Libération pour le général, c'était tout simplement l'évocation de l'enthousiasme de la foule parisienne en août 1944, rien de plus.) Le premier ministre attrape nerveusement un stylo et commence à griffonner une réponse. Alors, le téléphone se met à sonner, sonner... Au bout du fil, des ministres en transe...

Une autre phrase du général de Gaulle envahit l'esprit de Pearson. Une phrase prononcée en avril 1960 et que le premier ministre a insérée dans le discours qu'il livrera dans deux jours, à Ottawa, en présence du président français. À l'occasion de son troisième séjour au Canada, de Gaulle avait cité le Canada en exemple : un État fort, indépendant et stable, avait-il dit, qui a trouvé les moyens d'unir deux peuples d'origine, de langue et de religion différentes. Que s'est-il donc passé en sept ans pour que l'homme qui portait ainsi le Canada aux nues manigance aujourd'hui sa destruction[2] ?

Il s'est passé beaucoup de choses —la Révolution tranquille, entre autres. Mais surtout, le Québec s'est ouvert au monde et à la francophonie, qui, pendant deux siècles, lui avaient semblé inaccessibles. Coincé entre les banquises du Grand Nord, l'Atlantique et le bloc anglo-saxon du sud-ouest, ce peuple de paysans anonymes en était venu à oublier que des millions d'hommes parlaient français comme lui. Le Québec formait alors, en Amérique du Nord, le glacis oublié de la francophonie.

Dès que le gouvernement de Jean Lesage, moins provincial que celui de Maurice Duplessis, eut pignon sur rue à Paris, en 1961, il était prévisible, sinon nécessaire, que les deux Canada en vinssent à se heurter tôt ou tard. Il était écrit également que le plus faible des deux protagonistes recourût à la médiation d'un tiers. De Gaulle ne se fit pas prier quand on vint le chercher. Ses propres intérêts et ses intuitions historiques le rendaient sensible aux aspirations de plus en plus précises des Québécois.

L'émergence de ce petit peuple oublié sur la scène internationale ne s'opéra pas sans intrigues ni cocasseries. La couronne de fleurs destinée au Monument aux morts, à l'Étoile, mais oubliée par un membre du personnel de la première délégation du Québec à Paris, au 19 de la rue Barbet-de-Jouy, demeure un classique du répertoire franco-québécois. Cela se passe en octobre 1961, au temps des « splendeurs parisiennes » de Jean Lesage, si décriées par le Parti, qui, le premier, avait eu l'idée d'une maison du Québec à Paris. Entouré de sa cour, le chef libéral est venu inaugurer « sa » maison ; le cérémonial comprend l'inévitable tribut aux morts des grandes guerres. Après les musiques vient le moment où le premier ministre québécois doit déposer sa gerbe de fleurs. Lesage se tourne vers Charles Lussier, premier délégué général à Paris. Celui-ci regarde derrière lui. Personne ne bouge. Pas de couronne ! Imperturbable, le général, commandant de la Place de Paris, souffle au Québécois :

— Ce sera un bouquet spirituel, M. le premier ministre.

Jean Lesage est écarlate ! De Gaulle ne l'en accueille pas moins comme un véritable chef d'État : tapis rouge et subtilités protocolaires à l'appui. On dîne à l'Élysée et, pour souligner l'importance que le dossier québécois a pris à ses yeux, le général reçoit son invité en tête à tête à deux reprises durant son séjour. De retour à Québec, au terme d'un voyage qui a coûté quelque 25 000 dollars à la province, Lesage déclare que la technique et les capitaux français collaboreront à la création d'un complexe sidérurgique québécois. À Ottawa, on regarde naître la coopération franco-québécoise d'un œil soupçonneux. André Malraux et Georges-Émile Lapalme on tenu l'ambassadeur canadien à Paris, Pierre Dupuy, à l'écart des pourparlers qui ont abouti à l'établissement de la Délégation du Québec[3]. Un mariage à trois est toujours difficile à vivre.

En mai 1963, Jean Lesage retourne à Paris. Plus qu'une visite de courtoisie, cette seconde rencontre est le signal d'un concours nouveau entre la France et le Québec. De Gaulle déjeune avec le premier ministre et les deux politiciens discutent encore une fois de la sidérurgie québécoise en gestation et de la possibilité d'un accroissement des échanges franco-québécois. La même année, en octobre, André Malraux vient inaugurer à Montréal l'exposition industrielle française. À son dernier passage au Québec, en 1937, durant la guerre d'Espagne, on l'avait mal reçu. La disparition de Duplessis et le déclin de l'influence religieuse ont libéré les Québécois de leur cauchemar anticommuniste. Malraux conserve quand même quelques réserves vis-à-vis du nationalisme québécois et il ne lui répugne aucunement de faire bon ménage avec Ottawa. Au cours de sa visite, il signe un accord de coopération cinématographique avec Paul Martin, ministre des Affaires étrangères[4]. C'est alors à Québec de froncer les sourcils de jalousie.

Un système de relations tripartites est donc en voie de formation. En janvier 1964, Ottawa croit enfin l'heure venue de revigorer l'amitié franco-canadienne. Sur l'Outaouais, faut-il le souligner, on venait tout juste d'éprouver un léger frisson d'épouvante en découvrant que Français et Québécois étaient en train de négocier unilatéralement une entente de coopération, comme si le gouvernement du Canada n'existait pas, comme si le Québec était un État souverain habilité à conclure des traités internationaux. Grâce aux prévenants fonctionnaires des Affaires étrangères, on était néanmoins parvenu à transformer l'entente de coopération en un échange de notes bilatéral entre les deux seuls gouvernements souverains : Ottawa et Paris.

Signal d'alarme. Avant que le ménage à trois devienne invivable, Pearson va rencontrer de Gaulle pour mettre les choses au point et obtenir l'assurance que le rapprochement franco-québécois en cours ne se fera pas au détriment de l'unité canadienne. Il se fait accompagner de son ministre des Affaires étrangères, Paul Martin. Si la traversée avait dû être un présage de la visite, le premier ministre canadien aurait dû s'inquiéter. Le lourd Yukon de l'Aviation royale canadienne met plus de 10 heures à franchir l'Atlantique : panne d'électricité, cabine surchauffée, tangage continu de l'appareil. Bref, impossible de fermer l'œil. Pour comble de malchance, le pilote perd Orly dans le brouillard et le Yukon se pose enfin au Bourget, à dix heures et demie, quelques minutes seulement après que le service protocolaire français eut déployé le tapis rouge transporté d'Orly en catastrophe.

— Mon objectif, déclare Pearson à la presse, est de renforcer les relations entre la France et le Canada. Je souhaite l'établissement de rapports plus fréquents, à l'échelon ministériel, entre Ottawa et Paris.

En d'autres termes, à la nouvelle amitié franco-québécoise doit correspondre une amitié franco-canadienne tout aussi nouvelle. Les amis de mes amis sont mes amis, non ? Contrairement à certains de ses collaborateurs, la concertation franco-québécoise n'empêche pas « Mike » Pearson de dormir. Il se distingue également de ses compatriotes, qui utilisent ces « liaisons dangereuses » comme un épouvantail sécessionniste. Que le gouvernement du Québec entretienne des relations particulières avec la France dans des domaines de compétence provinciale lui paraît dans la nature des choses. Après tout, les provinces anglaises en font autant avec Londres ou certains pays du Commonwealth depuis belle lurette. Pourquoi ce qui est vertu chez les Ontariens deviendrait-il péché chez les Québécois ?

Au demeurant, c'est l'Ontario, non le Québec, qui a soulevé le premier (dès 1936) la question de la compétence internationale des provinces. Toronto contesta alors le droit du fédéral à légiférer aux fins de ses engagements internationaux dans des domaines de compétence provinciale. Sur ce point précis, Toronto eut gain de cause, mais se vit interdire par la Cour suprême toute prétention à une personnalité internationale[5]. Si bien disposé qu'il soit envers les amours franco-québécoises, Pearson ne reconnaîtra donc jamais au Québec le droit de conclure et de signer des traités internationaux, prérogative réservée au gouvernement fédéral, qui, seul, possède la compétence pour ce faire. Le trafic entre Québec et Paris doit être dirigé par des agents d'Ottawa, l'étiquette d'un fédéralisme bien compris l'exigeant.

Les Français ont sorti leur attirail protocolaire des grands jours à l'intention du premier ministre du Canada. « De Gaulle veut-il séduire Pearson ? » se demande un quotidien parisien. Le premier ministre Pompidou tend la main au Canadien, passe en revue avec lui la garde d'honneur puis le conduit à l'hôtel Crillon, où il logera durant ce voyage de trois jours. Dans la limousine, Pompidou se montre gentil mais réservé. Sourires à demi esquissés et modération verbale. Il n'entend rien à l'anglais et Pearson, chef d'État d'un pays bilingue, baragouine à peine le français. C'est Beaudoin, Canadien français de l'ambassade du Canada, qui sert d'interprète. Pearson paraît vivement impressionné par les images qui défilent sous ses yeux durant le trajet. Ce sont les images d'une nation en plein essor — le miracle gaulliste ! Le Canada aussi connaît un boom économique, dit-il à Pompidou, en lui faisant remarquer subtilement que la presse internationale gonfle bien à tort les difficultés entre Québec et Ottawa[6].

Deux face à face de Gaulle-Pearson auront lieu à Paris et il n'y aura pas trop d'une bonne partie de la première rencontre pour briser la glace qui sépare les deux hommes. À l'Élysée, le premier ministre se retrouve devant un homme démesurément grand, tranquillement assis derrière une table tout aussi démesurément grande, et parlant de « sa » France comme s'il en était l'historien attitré. De son fauteuil qui ressemble à un trône, de Gaulle observe ce prix Nobel de la paix que le formalisme de l'accueil français rend visiblement mal à l'aise. Avant d'aborder le dossier franco-canadien, les deux hommes procèdent à un tour d'horizon des grandes questions de l'heure : relations Est-Ouest, OTAN, dissémination de l'armement nucléaire, Viêt-nam.

La conversation se fait progressivement plus aisée. Le général devient même disert. Son français magnifique ensorcelle Pearson, qui en oublie l'interprète. Le général ne manifeste aucune arrogance ou agressivité quand le Canadien exprime des vues divergentes ; il est sûr d'avoir raison — d'où son impassibilité.

Le premier ministre du Canada lui fait part de l'importance que son gouvernement attache à établir un nouveau climat de confiance entre les deux pays. Le Québec, lui dit-il, n'est pas tout le Canada. Les autres provinces existent aussi et sont loin d'être, quoi qu'on en dise, de quelconques appendices des États-Unis. Le visage de la France nouvelle doit rayonner sur tout le Canada. De Gaulle répond :

— La France est disposée à établir les liens franco-canadiens.

Quant aux chances réelles du Canada anglais de préserver son identité et son indépendance vis-à-vis du puissant voisin américain, le général reste sceptique[7].

Le lendemain, Pearson passe une heure avec Charles Lussier, délégué général du Québec à Paris, qu'il redoutait un peu de rencontrer à cause de la réputation de « séparatiste » que lui faisaient les hauts fonctionnaires francophones des Affaires étrangères — toujours le cauchemar sécessionniste. Lussier se plaint au chef canadien de l'intolérance de ses compatriotes de langue anglaise à l'égard du rapprochement Québec-Paris. Pearson réplique :

— Ils apprendront que vous avez autant le droit, vous du Québec, d'être à Paris, que les autres provinces d'être présentes à Londres[8].

Un grand banquet donné à l'Élysée couronne les retrouvailles franco-canadiennes. Atmosphère guindée des soupers du roi qui intimide et ennuie tout à la fois ce Nord-Américain plutôt modeste qu'est « Mike » Pearson. De Gaulle ne ménage rien pour mettre les Canadiens à l'aise. Dans un toast bref, éloquent et touchant même, il forme le souhait que le Canada demeure une « nation forte et unie ». Pearson se sent rassuré et ému au moment de s'exprimer à son tour, en français, devant cet aréopage d'élégants Parisiens.

— Le Canada, par son histoire et par sa langue, est une partie de la France, proclame-t-il en levant son verre bien haut.

La presse canadienne commente la visite officielle du premier ministre à Paris en la qualifiant de réussite exceptionnelle. Jugement qui ne correspond pas entièrement à la réalité puisque, du côté français, on l'a trouvée plutôt quelconque. Si l'amitié franco-canadienne doit revivre, il faudra trouver autre chose. Certes, Pearson s'est révélé être un homme honnête et solide, mais, entre lui et de Gaulle, point d'atomes crochus. Rien de prometteur, aux yeux du général, n'est sorti de leurs échanges au sujet des principaux problèmes mondiaux. Beaucoup trop proaméricain, ce Pearson, pour lui plaire. Quant au dossier canadien, ses conclusions ne l'inclinent aucunement à privilégier le pacte confédéral au détriment des sollicitations québécoises.

Au dîner officiel, le général avait à ses côtés les femmes de Paul Martin et de Pearson — pas un seul mot de français ne fut échangé. De plus, les deux braves dames avaient exigé qu'on leur servît du scotch durant le repas au lieu de ce bon vin français que seuls les barbares dédaignent. De Gaulle trouva le repas interminable...

Le 6 novembre de la même année, c'est au tour de Jean Lesage d'arriver à Paris en quête d'une sanction française au projet d'entente culturelle que négocient depuis le début du printemps Paul Gérin-Lajoie et Raymond Bousquet, ambassadeur de France au Canada. Seconde visée québécoise : l'obtention pour la Maison du Québec à Paris d'un statut diplomatique comparable à celui d'une véritable ambassade — statut qui sera octroyé par étapes pour ne pas effaroucher la délégation canadienne à Paris. Lesage ramène également sur le tapis le dossier déjà empoussiéré d'une éventuelle collaboration française à la sidérurgie québécoise. Geste symbolique, car, côté coopération économique, le premier ministre du Québec a perdu ses illusions de débutant.

Même si sa troisième visite en France n'a aucun caractère officiel, diverses rencontres sont prévues entre Lesage et les autorités françaises. Georges Pompidou règle avec lui la question du statut diplomatique de la Délégation générale du Québec et de Gaulle ne se fait pas tirer l'oreille longtemps avant de lui faire part de son accord de principe quant à l'entente culturelle en voie de négociation. Merde à Ottawa !

Évidemment, le séjour du premier ministre québécois ne saurait se dérouler sans esclandre. Quand Lesage se rend s'entretenir avec Pompidou à l'hôtel Matignon, le nouvel ambassadeur du Canada à Paris, Jules Léger, l'accompagne. Deux jours plus tard, quand de Gaulle invite Jean Lesage à déjeuner à l'Élysée, l'ambassadeur Léger n'est pas du nombre des convives. Pourquoi l'a-t-on ignoré ? se demande la presse en montant l'incident en épingle. En disgrâce, l'ambassadeur Léger ? Cet accroc protocolaire ne serait-il que la partie visible des tiraillements croissants, mais rentrés, qui tiennent lieu de relations entre les trois capitales ?

L'édition internationale du *Herald Tribune* révèle le fin fond de l'affaire. Un éclat calculé, bien sûr ! L'ambassadeur canadien serait rien de moins que *persona non grata* auprès du président de la République française. Les relations triangulaires se corsent ! Mais pour l'ambassade du Canada à Paris, l'incident ne mérite pas l'intérêt que lui prêtent les journalistes, car il est courant qu'un chef d'État en visite non officielle dans la capitale française soit reçu par de Gaulle sans la présence de l'ambassadeur du pays concerné. En théorie, rien n'est plus vrai, mais, dans le contexte passionné des relations Paris-Québec-Ottawa de l'époque, tout geste dérogeant un tant soit peu au protocole prend une dimension politique pour la presse.

Fort bien. Mais pour juger de l'affaire sous tous ses aspects, il faut remonter au voyage de Pearson à Paris, voyage qui lui avait appris au moins une chose : le successeur de Pierre Dupuy, qui allait quitter l'ambassade canadienne de Paris pour devenir quelque temps plus tard commissaire général de l'Exposition internationale de Montréal, devait être un francophone. Il avait d'abord songé à désigner un anglophone, mais le militantisme des gens de la Délégation du Québec l'avait fait changer d'idée. Il tombait en effet sous le sens que les Québécois en viendraient vite à considérer la Maison du Québec comme leur véritable ambassade si un Anglais établissait ses quartiers à l'ambassade canadienne de l'avenue Montaigne. Pearson jeta son dévolu sur Jules Léger, diplomate de carrière aux états de service impressionnants[9]. Âgé de cinquante ans et frère du cardinal Paul-Émile Léger, le successeur de Pierre Dupuy arrivait d'Italie, où il avait été nommé ambassadeur en mai 1962.

Vingt-quatre ans dans la diplomatie n'empêchèrent cependant pas le nouvel ambassadeur d'indisposer de Gaulle dès la remise de ses lettres de créance, en juin 1964. Dans le discours qu'il prononça alors, Jules Léger affirmait au président français, sur un ton qui piqua ce dernier au vif :

— Notre évolution depuis 1960 a pris un rythme très accéléré qui tient parfois de la révolution. Ces développements ne peuvent se faire contre la France. Nos origines et nos traditions s'y opposent. Il s'agit de savoir s'ils auront lieu sans la France ou avec la France. En laissant les choses suivre leur cours normal, cette évolution pourrait se faire sans la France. Le Canada peut trouver ailleurs ce qu'il lui faut pour son épanouissement économique, pour son confort matériel[10].

Les diplomates présents et le général de Gaulle entendirent bien le sens de la remarque qui exprimait la politique du ministère des Affaires étrangères du Canada et non les vues personnelles de Pearson ou de Léger : s'il le fallait, le Canada n'hésiterait aucunement à se passer du concours de la France. Message reçu. L'ambassadeur sollicita ensuite solennellement, au nom de son pays, l'aide de la France tout en priant son président, à mots couverts, de s'interdire tout geste susceptible d'attiser la désunion canadienne. De son trône républicain, de Gaulle écouta la leçon du Canadien avec attention avant de lui répondre sur le même ton[11]. Il griffonna quelques mots faisant suite à la demande concernant une aide française et, la cérémonie terminée, remit le pli à Gilbert Pérol, son attaché de presse, avec mission de le communiquer à la presse. Les Canadiens souhaitaient son entremise ? Eh bien ! ils l'obtiendraient. La note du général précisait :

> Sans la France, un certain équilibre serait à tous égards difficile à maintenir pour le Canada. Il paraît donc nécessaire que les rapports pratiques, notamment économiques, se multiplient dans des conditions très différentes de ce qui est. Quoi qu'il en soit, la France est présente au Canada, non seulement par ses représentants, mais aussi parce que de nombreux Canadiens sont de sang français, de langue française, de culture française, d'esprit français. Bref, ils sont Français, sauf en ce qui concerne le domaine de la souveraineté[12].

Des malins de la Délégation générale du Québec imaginèrent à l'époque cette autre version de l'accrochage de Gaulle-Léger. Canadien français de Saint-Anicet, au Québec, l'ambassadeur avait commis la faute de remettre des lettres de créance en anglais à Charles de Gaulle, premier citoyen du pays de Molière. L'infortuné diplomate n'avait fait qu'obéir à la règle de l'unilinguisme anglais imposée par le ministère des Affaires étrangères d'un pays pourtant officiellement bilingue. C'était cette extravagance qui avait provoqué le coup de sang du général. Faux. Une règle du ministère, vieille déjà de 10 années, voulait que les lettres au chef d'État d'un pays anglophone fussent rédigées en anglais et en français pour le chef d'État d'un pays dont c'était la langue officielle. L'ambassadeur n'avait donc pas eu le choix : ses lettres devaient être en français.

C'est sur cette toile de fond d'un mariage rapidement désuni que Québécois et Français signent, le 27 février 1965, à Paris, leur première entente de coopération. L'accord porte sur l'éducation et marque une étape majeure — un précédent historique — dans le développement de la « politique étrangère » du Québec. Paul Gérin-Lajoie, ministre de l'Éducation et père de la thèse sur le « prolongement extérieur des compétences internes du Québec », la paraphe au nom de son gouvernement.

Comment expliquer cette envie aussi soudaine qu'irrésistible des Québécois d'agir à l'échelle internationale ? Il y a, bien sûr, l'impulsion de la Révolution tranquille, mais les changements de nature intervenus dans les rapports entre les communautés nationales incitent également le Québec à s'engager en son propre nom sur la scène internationale. En vertu de la Constitution de 1867, le Québec dispose de responsabilités exclusives (interdites au fédéral) en matière sociale et économique : éducation, culture, technologie, etc. Autrefois, les relations internationales ignoraient ces domaines, se préoccupant avant tout de défense, de guerre ou de diplomatie. La planète a changé : il n'y a plus un seul secteur de la vie publique qui ne soit touché par ce qui se passe chez le voisin. La conclusion s'impose d'elle-même : État autonome en certains domaines comme l'éducation ou la culture, le Québec est donc tenu de se lier à d'autres gouvernements assumant des responsabilités similaires, ne serait-ce que pour la bonne coopération entre les peuples. Quelle logique, sinon celle d'une conception centralisatrice et impérialiste du fédéralisme, induirait à croire que le Québec devrait être exclu automatiquement du traitement international de matières où il a seul compétence parce qu'il n'est pas un État souverain au sens traditionnel du terme ?

Sa thèse, Paul Gérin-Lajoie la formule ouvertement le 12 avril 1965 devant les consuls de Montréal et il conclut clairement que le

Québec a le droit de signer des ententes internationales dans les domaines de sa compétence sans passer par Ottawa. Québec entend donc, à l'avenir, négocier seul avec d'autres pays afin de prendre la place qui lui revient dans le monde contemporain[13]. Ce raisonnement est d'une belle venue, réplique aussitôt Paul Martin, ministre des Affaires étrangères, sauf qu'il ne tient pas compte d'un petit fait ennuyeux : le Canada n'a qu'une seule personnalité internationale, pas deux.

— La Constitution est claire, dit-il, seul l'État fédéral a le pouvoir ou le droit de conclure des traités avec les autres pays.

— Québec n'a pas de permission à demander pour établir des ententes internationales ! tonne Lesage du haut de sa colline parlementaire.

De passage à Montréal, le diplomate Pearson convoque le premier ministre québécois pour tirer l'affaire au clair. Discussion de six heures au cours de laquelle Pearson propose un compromis : les provinces pourront négocier le contenu des traités avec des puissances étrangères, mais le gouvernement fédéral sera seul à pouvoir les signer[14].

Les choses en sont là, ou presque, lorsque Pierre Laporte, nouveau ministre québécois des Affaires culturelles, révèle, en mai, qu'il part pour Paris négocier à son tour une entente de coopération. Pas si vite ! s'oppose Paul Marin, qui rentre justement de Paris après une série d'entretiens avec son vis-à-vis français, Couve de Murville. Martin élève le ton mais à l'intention de Paris cette fois :

— Il n'est pas besoin de rappeler à la France qu'Ottawa est seul autorisé à conclure des traités avec l'étranger[15].

Si les rapports personnels entre Martin et Couve de Murville sont excellents en dépit des divergences officielles, ceux que le premier a avec de Gaulle sont au pire. Le général n'apprécie guère le manque de flexibilité du porte-parole canadien des Affaires étrangères, à cheval non pas sur, mais entre deux cultures. Parlant la langue de Molière avec difficulté, Martin la revendique comme langue maternelle, prétention qui pousse le général à se montrer un brin méchant avec lui. Il ne l'appelle jamais en effet que « M. Martine » persistant à prononcer son patronyme comme un nom anglais.

À Ottawa, on montre les dents. La normalisation des rapports

France-Québec débute. En février, si Paul Martin a fini par avaliser l'entente Paris-Québec après un échange de lettres avec l'ambassadeur de France à Ottawa, c'était parce que l'accord-cadre pour chapeauter les échanges franco-québécois, qu'il négociait de son côté avec Couve de Murville, n'était pas encore prêt. Pour Ottawa, la portée internationale de l'entente signée à Paris par Gérin-Lajoie paraissait donc éphémère, car ladite entente allait entrer sous le « manteau juridique » de l'accord-cadre franco-canadien, aussitôt celui-ci en vigueur.

Il faut aussi rappeler que le ministre ne s'était pas gêné, en novembre 1964, pour faire connaître sa mauvaise humeur à l'Élysée au moment même où Jean Lesage, qui avait pourtant reçu antérieurement le feu vert, tentait d'obtenir l'accord du général de Gaulle quant à l'entente culturelle projetée. Faisant volte-face, Martin pria alors l'ambassadeur Léger de faire savoir au président français que les « conceptions du gouvernement provincial du Québec » allaient au-delà des conditions de l'autorisation donnée au premier ministre du Québec par son ministère[16].

De plus, aux Affaires étrangères de l'époque, les hauts fonctionnaires francophones toléraient de plus en plus difficilement les prétentions internationales du Québec. Leur intransigeance doctrinale et leur zèle à contrecarrer les initiatives québécoises n'avaient d'égale que la modération du premier ministre Pearson. À la recherche d'un terme pour désigner le premier accord franco-québécois, Claude Morin les avait consultés tout bonnement, mais n'avait rencontré chez eux que hargne et frustration. Que Québec n'aille surtout pas utiliser les termes « traité », « accord » ou « convention », réservés aux seules puissances vraiment souveraines, car il pourrait lui en cuire ! Le mot « entente », de portée plus réduite et plus provinciale, conviendrait mieux pour coiffer les ersatz franco-québécois, avait-on laissé entendre à Morin. Quand Paul Gérin-Lajoie annonça son intention de s'adresser au corps consulaire de Montréal, les « coalisés d'Ottawa » répondirent aussitôt par une campagne visant à faire contrepoids à l'influence québécoise. Bref, les francophones du ministère fédéral se sentent mis de côté, désavoués même, par la montée de la concertation Québec-Paris, que plusieurs d'entre eux tiennent pour du séparatisme plus ou moins larvé. À leurs yeux, chaque fois que le Québec signe une entente avec un pays étranger, il se pose en rival du Canada, seul État souverain[17].

Pierre Laporte n'aura pas son joujou culturel tant que l'accord-cadre Franco-Canada ne sera pas conclu. Les Français s'inclinent, car c'est la condition posée par Ottawa pour reconnaître la seconde entente internationale du Québec. Celle-ci voit enfin le jour à Québec, le 24 novembre 1965, une semaine jour pour jour après la signature à Ottawa de l'accord-cadre franco-canadien par Paul Martin et François Leduc, nouvel ambassadeur de France au Canada. Cette deuxième entente franco-québécoise, qui naît sous le dôme protecteur du parapluie canadien, couvre les champs de la langue et des échanges culturels et artistiques. Aux Affaires étrangères, les mandarins francophones respirent mieux, assurés dès lors d'un rôle à jouer, ne serait-ce que celui de pousser la marchette fédérale qui guidera à l'avenir les premiers pas internationaux du rejeton québécois.

Croit-on vraiment, de l'autre côté de l'Outaouais, avoir tiré le rideau sur les amitiés particulières entre les « cousins » de France et du Canada ?

L'invitation au voyage

Chef de l'opposition, Daniel Johnson a suivi avec passion le développement de ce système insolite et compliqué de relations triangulaires. L'idée de percer des fenêtres sur le monde dans la muraille anglophone encerclant le Québec dort en lui depuis aussi loin que les années 40, alors qu'il avait participé au lancement de la Ligue des Latins d'Amérique, qui visait à nouer des relations entre universitaires québécois et sud-américains. Aussitôt au pouvoir, il reprend le dossier de l'affirmation internationale du Québec là où Lesage l'a laissé bien malgré lui.

Deux idées maîtresses l'animent. D'abord, il lui faut un allié puissant, si tant est qu'il désire promouvoir avec succès ses thèses constitutionnelles sur l'égalité des deux peuples du Canada.

— Cela prend des alliés dans une guerre, répète-t-il à ses proches. Le Québec ne peut se battre seul[18].

Or, depuis qu'Ottawa est tombé sous la coupe de Pierre Trudeau, champion de l'orthodoxie fédéraliste, un affrontement sur le front outaouais devient inévitable. En bon stratège, Johnson se doit donc de consolider les alliances que son prédécesseur avait déjà conclues avant de pouvoir ouvrir une brèche dans la forteresse fédérale.

L'époque interdit l'isolement aux petites nations. Pour se mesurer à la puissance fédérale, forte de l'appui des neuf provinces anglophones, deux généraux vaudront mieux qu'un. Le Français, qui conduit maintenant sa politique étrangère comme si l'hégémonie américaine était le diable incarné, sera l'allié tout naturel du second, le Québécois Johnson, qui éprouve d'ailleurs pour de Gaulle une vive admiration — un « monument historique », dit-il de lui, dans le bon sens de terme.

Mais depuis le jour où le héros mythique de la France libre a retiré son pays du bloc militaire occidental de l'OTAN, en mars 1966, son aura s'est ternie aux yeux des Anglo-Américains. Les temps ont changé. On l'aimait bien, « Charlie », au début des années 60. Il avait octroyé son indépendance à l'Algérie et inculqué enfin le sens de la stabilité politique à des Gaulois ingouvernables.

En 1966, toutefois, il devient la bête noire de l'opinion publique anglo-américaine. Le veto qu'il a opposé à l'entrée de la Grande-Bretagne dans le Marché commun et, surtout, ses folles prétentions à l'indépendance nationale de la France agacent les nations soumises à l'influence américaine. C'est un langage qu'un gouvernement soudé à Washington et à Londres, comme celui d'Ottawa, entend mal.

Aussi pour Johnson n'y aura-t-il pas d'épouvantail plus efficace que de Gaulle pour amener les anglophones à composer. Cependant, le premier ministre québécois n'est pas antiaméricain. Là-dessus, de Gaulle se trompera. Car si Johnson pique au passage la maison mère Washington, c'est pour mieux atteindre Ottawa, la succursale. En Québécois authentique, il est américanophile et s'il se montre plutôt sceptique, contrairement à Lesage, au sujet de l'efficacité d'une coopération économique avec la France, c'est qu'il est convaincu que l'économie du Québec est inéluctablement tributaire de celle des États-Unis.

À l'automne 1966, l'obsession de Johnson se ramène donc à ce dessein : il faut que de Gaulle franchisse l'Atlantique, qu'il vienne lui livrer sa caution formidable, cette force dont sa fragile victoire de juin l'a privé. Ensemble, ils monteront un grand spectacle pour intimider l'Amérique anglo-saxonne. Chacun des compères y trouvera son intérêt. Le message de Johnson, que le puissant Français véhiculera aisément, suggérera tout simplement ceci : « Il y a ici des Canadiens français. Vous allez les respecter. Et ce respect commence avec l'égalité. » Il s'agit donc de secouer les mentalités encore encombrées de trop de préjugés et d'idées reçues sur ce petit peuple à la veille de renaître.

Le premier volet de cette stratégie concerne donc autrui, soit ceux qui entourent les Canadiens français. Mais ces derniers ont également besoin d'un choc assez puissant pour les délivrer du plâtre qui les gêne encore et les empêche de se rendre compte qu'ils ne sont pas seuls sur cette planète à parler français. Tenus depuis tant de décennies à l'ombre de la muraille anglo-saxonne, les Québécois en sont venus à croire que le monde est anglais. Il faut leur révéler qu'il y a, ailleurs qu'en Amérique, des gens évolués, modernes, riches, qui vivent comme eux, en français. Bref, que la modernité n'est pas un apanage anglo-américain. Un choc culturel s'impose donc pour aider le Québec à retrouver une identité perdue dans le contexte où il se trouve.

Ce peuple sortira de son isolement séculaire et imaginaire s'il parvient à s'identifier à la francophonie, concept nouveau dû à l'Africain Léopold Senghor. Voilà le second volet de la stratégie de Johnson. La francophonie, c'est un peu l'oxygène que le premier ministre veut entreprendre d'administrer au noyé. Fin septembre, le poète Senghor, en visite à Québec à titre de président du Sénégal, s'entend dire par Johnson.

— Le Québec est gagné d'avance à l'idée de la création d'une communauté des pays francophones, qui serait une sorte de Commonwealth de la francité.

Début octobre, au cours d'un déjeuner avec Couve de Murville, ministre français des Affaires étrangères, Johnson affirme :

— Derrière la France se profile une réalité naissante où se joue peut-être notre destin, la francophonie[19].

Le chef du gouvernement québécois n'a pas l'habitude du milieu diplomatique et manque d'assurance. L'homme qui guidera son action est André Patry, chef du protocole d'un commerce agréable et conseiller en relations internationales du nouveau gouvernement du Québec. Ses idées sont claires : peu importe le régime politique canadien, le Québec doit exiger un élargissement de son autonomie et la jouissance d'une certaine habilité internationale, car il ne peut échapper plus longtemps à son rôle dans le monde ni s'abstenir davantage.

André Patry s'intéresse depuis toujours aux affaires internationales. À dix-sept ans, il tient une chronique « diplomatique » dans le journal *L'Action catholique,* de Québec. Les censeurs fédéraux — c'est la guerre — ne prisent guère ses articles. Un jour, deux agents de la GRC s'amènent chez son père et lui demandent : qui est ce petit monsieur à la binette d'intellectuel qui se permet d'exprimer dans les journaux des positions hostiles à celles du gouvernement de Sa Majesté ? Patry venait de commettre un texte où il défendait la neutralité espagnole en temps de guerre — la neutralité de l'Espagne, non son régime politique !

Français et latin jusqu'au bout des ongles, Patry n'a pas voulu faire carrière à Ottawa, sa sensibilité lui interdisant de travailler dans un contexte anglais. Selon lui, c'eût été renier une forme de pensée et d'action reflétant sa culture que de passer au ministère canadien des Affaires étrangères, où l'anglais était encore, à l'époque, l'unique langue de communication. Nationaliste, André Patry ? Oui, car c'est une valeur d'époque ; une nécessité, quoique non absolue. Au XVIe siècle, il aurait été humaniste. Aujourd'hui, il est convaincu d'une chose : le nationalisme est l'instrument dont disposent les collectivités comme le Québec pour avoir accès à un monde qui évolue d'ailleurs vers des regroupements culturels. Regarder autour de soi, c'est comprendre[20].

Dès l'été 1966, le conseiller diplomatique de Johnson s'applique à doter le gouvernement du Québec d'un ensemble d'instruments et de symboles propres à tout État désireux de traiter avec d'autres États. La réforme est urgente, car le Québec sera l'hôte d'une soixantaine de chefs d'État à l'occasion de l'Exposition universelle et il ne dispose même pas d'un service protocolaire. Patry se met à l'œuvre. Dorénavant, dans ses rapports avec les autres nations, Johnson aura recours au titre de « président du Conseil exécutif » — un président, ça impressionne toujours plus qu'un simple premier ministre provincial... Le chef du protocole fait ensuite supprimer les mots « province de Québec » de la documentation et des en-têtes de lettres officiels, et leur substitue l'expression « gouvernement du Québec ».

Après avoir élaboré le nouveau protocole qui régira à l'avenir les rapports des diplomates étrangers avec les autorités de Québec, André Patry communique directement son recueil de formules et d'étiquette à tous les diplomates accrédités au Canada. Vive protestation de Marcel Cadieux, sous-ministre des Affaires étrangères, contre les initiatives unilatérales du chef protocolaire québécois. Cadieux prévient gentiment Claude Morin, sous-ministre des Affaires fédérales-provinciales : les notes du service du protocole québécois aux missions diplomatiques étrangères doivent passer par ses bureaux[21] ! L'entrechat Québec-Ottawa se danse sur toutes les pistes, même sur celle des symboles.

Tandis qu'à Québec le chef du protocole efface du visage de son gouvernement tout ce qui lui confère un petit air provincial, deux éclaireurs de Johnson circulent déjà dans les milieux politiques et journalistiques français. La mission première de Jean Loiselle et de Paul Gros d'Aillon consiste à fournir à l'Élysée des assurances sur les intentions du nouveau premier ministre. Début septembre, une fois le terrain bien balisé, Johnson entame une correspondance avec de Gaulle, suivant le conseil de Jean Chapdelaine, délégué général du Québec à Paris.

Une première lettre, déposée à l'Élysée par ce dernier, exprime en des termes qui touchent le président français l'attachement profond du nouveau premier ministre québécois à la coopération entre la France et le Québec, et indique l'impulsion nouvelle que celui-ci entend lui insuffler. Johnson laisse également entendre à de Gaulle qu'il aurait grand plaisir à le rencontrer à Paris dès que les devoirs de sa charge le lui permettront. Le 13 septembre, une seconde missive est remise tout aussi directement aux proches du général, sans détour par Ottawa, grâce aux bons soins de Jean Chapdelaine. Johnson invite de Gaulle au Québec.

Monsieur le président,

Le gouvernement du Québec s'est associé à celui du Canada pour rendre possible la tenue à Montréal, du 28 avril au 31 octobre 1967, d'une exposition universelle à laquelle la France a bien voulu accepter de participer. À l'occasion de cette exposition qui a lieu sur notre territoire, j'ai l'honneur et le plaisir de vous inviter, au nom du gouvernement et du peuple québécois, à venir nous rendre visite au Québec et à être notre hôte dans notre capitale où vous attend l'accueil le plus chaleureux. Nous espérons, mon épouse et moi, qu'il sera possible à Mme de Gaulle de vous accompagner au cours de ce voyage que nous formons le vœu de vous voir accomplir au Québec.

Daniel Johnson[22]

La réponse vient le 24 septembre. Le président hésite à venir au Canada. Il a fait la même réplique au maire de Montréal, Jean Drapeau, qui l'avait invité à sa foire, dès avril 1966. C'est cependant avec le « plus grand plaisir » qu'il recevra Johnson à Paris, dès qu'il pourra s'absenter du Québec.

Monsieur le premier ministre,

La foi que vous exprimez dans l'amitié profonde et l'active coopération entre le Québec et la France m'a beaucoup touché, et je tiens à vous dire que ma conviction répond exactement à la vôtre. L'ouverture d'une délégation générale à Paris et la signature de nos accords culturels sont les premières manifestations de notre volonté de rendre vie et fécondité à tout ce qui nous est propre et que n'ont pu abolir ni le temps ni la séparation. Ce n'est qu'un commencement, car la France sait aujourd'hui quel brillant avenir s'ouvre au Québec et combien tout nous commande d'élargir et d'affermir notre solidarité. Je ne suis pas en mesure de répondre à votre aimable invitation et d'être votre hôte au Québec, à l'occasion de l'Exposition de Montréal, mais je tiens à vous confirmer l'importance exceptionnelle que la France tout entière attache à cette manifestation et la volonté qu'est la sienne de le marquer sur place avec tout l'éclat possible.

Charles de Gaulle[23]

Le premier contact entre de Gaulle et le Québec remonte au 1er août 1940. Le chef du gouvernement français en exil lançait alors sur les ondes de la BBC un appel à la solidarité, à l'intention des Canadiens français réfractaires à une participation du Canada aux guerres européennes. Par la suite, le général s'était rendu au Canada à trois reprises : en 1944, 1945 et 1960. Ces visites ne l'impressionnèrent guère et il trouva terne la personnalité de ce Canada assujetti par les Américains. Pourquoi y retournerait-il encore alors qu'il a tant à faire chez lui et qu'à son âge le temps est mesuré ? Si encore il ne s'agissait que d'une visite au Québec, mais il lui faudra se rendre également à Ottawa célébrer une amitié de plus en plus équivoque. L'invitation du fédéral lui a été transmise le 6 septembre par le général Vanier, gouverneur général du Canada. « Monsieur Martine » s'est même vanté de sa venue. « Nous attendons une réponse affirmative », vient-il de dire en présence de Couve de Murville en visite à Ottawa[24].

Paul Martin a conclu trop vite, car la réponse du général sera négative, comme celle réservée à Johnson. De ses deux premiers contacts avec les Canadiens français, en 1944 et 1945, de Gaulle a gardé des impressions diffuses et quelque peu mélancoliques, comme on peut le voir dans *Mémoires de guerre*. Il a vu un pays « formé de deux peuples coexistant mais non confondus ». Il a ressenti un malaise devant cette « vague de fierté française bientôt recouverte par celle d'une douleur inconsolée, toutes les deux venues du lointain de l'Histoire ». Il dira aussi qu'en 1944 et 1945, la guerre le préoccupant d'abord, il n'avait pu qu'entrevoir les « réalités profondes qui font de la Fédération canadienne un État perpétuellement mal à l'aise, ambigu et artificiel[25] ».

En 1960, toutefois, les Canadiens anglais l'accueillent comme un dieu. (Quel contraste avec la réception qu'on lui réservera en 1967 !) En effet, en avril 1960, de Gaulle passe en coup de vent à Québec et à Montréal — les Québécois ont à peine le temps de l'apercevoir. C'est l'Amérique anglo-saxonne qui le monopolise et lui fait un triomphe. À Québec, où tout sommeille encore, le général ne trouve pas un interlocuteur valable dans la personne d'Antonio Barrette, beaucoup plus intéressé à sa réélection. Un « climat de calme bienvenue » l'attend, mais rien ne laisse prévoir l'explosion populaire de 1967. Ses idées sur le Canada français sont encore floues. Il s'informe, auprès de Barrette, des nuances de la division des pouvoirs et des compétences du Québec en matière d'éducation et de ressources naturelles[26].

Sa visite se résume à un ou deux discours prononcés à Québec et à Montréal, à plusieurs poignées de main, mais rien qui puisse se comparer aux bains de foule délirante qui l'attendent le long du chemin du Roy. Pourtant, certains thèmes, dont il émaillera ses harangues en 1967, occupent déjà son esprit. En arrivant à Québec, il s'exclame :

— C'est la France qui vous rend visite aujourd'hui et elle vous le doit bien ! L'œuvre de Samuel de Champlain dure en dépit des vicissitudes de l'Histoire. Ce qu'il a fait est magnifique[27] !

À Montréal, de Gaulle salue le Canada français et lui offre le concours de son pays pour l'avenir. Déjà, ces paroles augurent des proclamations emportées de l'été 1967 et elles sont dites à une époque où les relations de Gaulle-Amérique du Nord sont au mieux.

— Vous pouvez compter sur la France comme elle compte sur vous. Il était essentiel qu'il y ait sur ce continent une présence française. Vous pouvez compter sur la France, Canadiens, Canadiens français, vous pouvez compter sur elle dans le débat qui va s'engager[28].

Le délire, en 1960, c'est plutôt au Canada anglais et aux États-Unis que le nouveau président de la France le provoque. John Diefenbaker lui rend cet hommage : « Vous êtes l'architecte d'une France vivante. » Le premier ministre canadien lui adresse du même coup un SOS auquel son antiaméricanisme ne peut que faire bon accueil. Le Canada, lui confie « Dief », a besoin de la France pour contenir l'influence des Américains. À cette occasion, le président pénètre dans une foule de plus de 5000 personnes qui se déchaînent : « Vive de Gaulle ! Vive la France ! Vive le Général ! » Celui-ci sourit, serre des mains et répond : « Merci, Merci ! Vive le Canada ! »

À Toronto, c'est plus de 10 000 personnes — la plus forte assistance depuis le début de sa visite en terre canadienne — qui l'acclament. La cote du général auprès des anglophones est à son zénith. Il n'a pas encore mis son bâton dans les roues du fiacre britannique garé à la porte du Marché commun ni parler de retirer la France de l'OTAN, encore moins de reconnaître la Chine rouge. À Washington, 200 000 personnes se sont massées entre l'aéroport et la Maison-Blanche, où l'accueille son illustre ami Eisenhower. À New York, c'est l'apothéose : un million d'Américains entassés sur Broadway et au Times Square s'égosillent à crier « Vive la France ! » ou « Hey, Charlie ! ». Le lendemain, un quotidien américain compare (sans encourir la foudre d'Eisenhower !) l'atmosphère qui régnait la veille à New York à celle de la libération de Paris, en août 1944[29].

Malgré leur réserve, de Gaulle a vu s'allumer une petite flamme dans les yeux des Québécois à la seule audition du mot « France ». Cette étincelle de 1960, elle se propage à la faveur de la reprise des contacts entre la France et le Québec, qui accompagne la Révolution tranquille. Avec l'aide de ses agents officiels et parallèles, de Gaulle termine, durant ces années, le « dossier Québec » ouvert dès son avènement à la présidence de la République française et sur lequel il méditait depuis 1940 déjà[30].

Il s'informe beaucoup sur le Canada français — et il ne se contente pas des rapports de son ambassade d'Ottawa ! Entre autres, il lira *Révolution au Canada,* édité en 1963 à Paris et écrit par deux jeunes Français, Gabrielle Gray et Jean Cathelin, après leur séjour au Québec. Dès lors il s'acharnera à vouloir comprendre de sorte qu'au moment où Daniel Johnson s'installe à Québec le général de Gaulle « se sent déjà québécois ».

Pourquoi, alors, tant d'hésitations à accepter l'invitation de Johnson ? Il y a, bien sûr, la partie canadienne de la visite qui ne l'enchante guère. Il n'a pas du tout envie de cautionner le centenaire de la Confédération, qui coïncide avec l'Exposition. De Gaulle se demande également si la « question du Québec » est mûre. En d'autres termes, les Québécois sont-ils prêts à entendre ce qu'il a à leur dire, à se saisir de leur liberté ? Il en doute puisqu'il dit à deux de ses conseillers, Étienne Burin des Roziers et René de Saint-Léger :

— Si j'y vais, ça risque d'être seulement pour y mettre le feu. Pour le moment, j'ai mieux à faire[31].

Le président français hésite à s'engager dans une affaire dont il n'est pas certain de la réussite. S'il y va, il devra frapper dur pour permettre à ces « Français du Canada » de respirer à leur aise dans une Amérique anglophone. À Québec, les conseillers de Johnson sont convaincus que l'obstacle majeur à la venue du général réside dans l'entente passée avec Ottawa, qui oblige les chefs d'État étrangers venant à l'Exposition à atterrir d'abord dans la capitale fédérale.

Comment passer outre à cette règle sans créer d'éclats, là est toute la question. Faut-il implorer le dieu Éole de souffler des vents propices à forcer l'atterrissage du ballon du général à Québec ou Montréal ? On éviterait ainsi la tempête diplomatique que craint de soulever de Gaulle s'il met pied à terre à Québec. Or, c'est à Poséidon qu'on va plutôt faire appel. Réfléchissant à haute voix en compagnie d'un ami de l'Élysée, Burin des Roziers, le délégué général du Québec à Paris, Jean Chapdelaine, laisse tomber d'un air volontairement distrait :

— Quand on est en bateau, on arrive à Québec avant de poursuivre sa route vers Montréal...

Eurêka ! L'idée de la venue du président par la voie des mers est lancée. Elle fait rapidement son chemin à travers le maquis des services français jusqu'à de Gaulle, qui la reçoit avec sympathie. S'il lui prenait la fantaisie de venir au Canada en bateau, qui pourrait l'en empêcher ? Sûrement pas Ottawa. Mais c'est du côté de Québec que vient la difficulté — d'André Patry précisément. Celui-ci éclate en sanglots diplomatiques quand on vient lui parler de l'idée du *Colbert*. Et le pacte avec Ottawa, alors ? Chapdelaine ne le connaissait pas, ce pacte, et d'ailleurs il s'en fiche éperdument. Il promet au chef du protocole de se rétracter, mais il se gardera bien de le faire. Petit homme rompu aux règles de l'art diplomatique, le délégué général est un malin. Les retards constants de Johnson lui ont inspiré un bon mot qu'il se fait un plaisir de répéter à ceux qui doivent le rencontrer : « Quand il vous donne rendez-vous pour neuf heures, on ne peut jamais savoir si c'est pour le matin ou pour le soir. »

Insatisfait de Charles Lussier, premier délégué à Paris, Jean Lesage a désigné Chapdelaine en janvier 1965 avec le mandat de « professionnaliser » et d'étendre le rôle de la Délégation. Diplomate de carrière comme Jules Léger, le nouveau délégué était ambassadeur du Canada au Caire avant d'être nommé à Paris. Il avait également été envoyé en mission dans plusieurs pays, dont la Suède, au cours de sa longue carrière. En 1955, avant de se présenter au roi de Suède, cousin de la reine Elizabeth, il exigea que ses lettres de créance fussent rédigées en français — précédent qu'autorisait un nouveau règlement du ministère des Affaires étrangères du Canada.

Mais André Patry se faisait du mauvais sang pour rien... Il découvre bientôt qu'Ottawa est le premier à violer la règle obligeant les chefs d'État à passer d'abord chez lui. Venant par la route du Pacifique, l'héritier présomptif du Japon a été autorisé par le fédéral à s'arrêter d'abord à Edmonton avant de se rendre à Ottawa. Trois autres chefs d'État (Éthiopie, Allemagne et Autriche) visiteront d'autres capitales provinciales avant Ottawa[25]. Provocante, non, cette inflexibilité du fédéral vis-à-vis du général ? Et que dire de l'injure faite au Québec ? Être inégal, pour Daniel Johnson, c'est un peu cela : une règle pour le Québec et une autre pour les autres provinces. De Gaulle, l'ami du Québec, doit obligatoirement passer par Ottawa. Quant aux autres chefs d'État, on peut toujours en discuter.

Outré, le chef du protocole à la latinité chatouilleuse écrit au général Robert Moncel, son vis-à-vis fédéral : « Vous avez rompu le pacte, donc je peux déroger à notre entente[33]. »

On est au début de février 1967. La voie est maintenant libre. Il n'y a plus qu'à forcer la main au président français. Celui-ci reçoit Jean Chapdelaine à deux reprises, les 11 et 13 février, et lui communique finalement sa décision de remonter le Saint-Laurent à bord du croiseur *Le Colbert* jusqu'à Québec, où il mettra enfin pied à terre. Il ira naturellement saluer le premier ministre Pearson dans sa capitale, mais seulement au terme de sa visite en terre québécoise. Le sphinx a parlé. Le 4 avril, après les élections françaises, Daniel Johnson écrit de nouveau à de Gaulle pour confirmer la date de son voyage à Paris.

Monsieur le président,

Nos relations ne cessent de se développer, et c'est là pour le gouvernement du Québec un motif de profonde satisfaction. L'attachement de la France à notre égard, l'amitié fidèle et agissante de son président et notre vif désir de resserrer chaque jour davantage ce qui nous unit depuis si longtemps me font envisager avec optimisme l'avenir de nos rapports culturels et économiques. J'ai déjà formulé le vœu de venir vous voir à Paris et vous avez bien voulu alors me témoigner votre intérêt pour une telle rencontre. Nous tentons présentement — avec les difficultés que vous pouvez soupçonner — de dresser la liste des visites officielles à Québec au cours de l'année 1967. En dépit du programme particulièrement chargé dont je devrai respecter les exigences pendant les prochains mois, je me permettrai d'aller vous rendre visite à Paris avant votre propre voyage au Québec, que nous attendons avec impatience. Je vous proposerai, dès que possible, par l'intermédiaire de notre délégué général à Paris, une date définitive pour cette rencontre, qui pourrait vraisemblablement avoir lieu dans les derniers jours de mai ou les premiers jours de juin, si cela vous convient.

Daniel Johnson[34]

De Gaulle répond deux semaines plus tard, le 18 avril :

Monsieur le président du Conseil,

C'est avec grand plaisir que je vous accueillerai à Paris le 18 mai. Votre voyage témoignera des progrès que nous avons accomplis au cours de ces dernières années et nous mettra en mesure d'envisager plus clairement encore nos relations à l'avenir. Je tiens en outre à vous confirmer que je me félicite d'avance de vous rendre visite à Québec, ainsi que vous aviez bien voulu m'y inviter par votre lettre du 13 septembre 1966. Il me serait agréable, si vous n'y voyez pas d'inconvénient, de mettre ce projet à exécution dans la seconde quinzaine de juillet, lorsque je viendrai visiter l'Exposition universelle de Montréal.

Charles de Gaulle[35]

Le même jour, répondant à l'invitation du général Vanier du 6 septembre 1966, le président avise Ottawa (le nouveau gouverneur général Michener) de sa décision de venir au Canada tout en le prévenant qu'il a déjà accepté de se rendre à Québec.

Monsieur le gouverneur général,

Comme vous le savez, votre regretté prédécesseur, le général Vanier, m'avait invité par un message du 6 septembre 1966 à me rendre en visite au Canada en 1967 à l'occasion de l'Exposition universelle. J'avais alors dû réserver ma réponse en raison des circonstances en France. Je suis heureux de pouvoir maintenant vous confirmer que je serai en mesure de me rendre à cette aimable invitation et que je compte le faire, si cela vous convient, dans la seconde quinzaine du mois de juillet. Je tiens aussi à ce que vous sachiez que j'accepte également, sur l'invitation que m'avait adressée M. Daniel Johnson, de me rendre à Québec par la même occasion.

Charles de Gaulle[36]

Le voyage au Québec est donc officiel dès le 18 avril. La perspicacité du renard de Bagot a eu raison des réticences du Jupiter gaullien. Si de Gaulle vient, c'est grâce à lui. On voit aussi que toute l'affaire se traite d'abord entre Paris et Québec — le fédéral n'étant avisé qu'après coup. Le président français sera le seul chef d'État étranger invité directement par le Québec sans l'intermédiaire d'Ottawa. Il faillit y avoir une autre exception quand Québec sonda le Vatican pour savoir si le pape entendait venir à Montréal. Il ne se passa rien, car le coup de sonde s'avéra négatif. Mais si le pape avait dit oui, Québec l'aurait invité directement lui aussi, sans consulter Ottawa. L'absence de relations diplomatiques directes entre Ottawa et le Vatican — un vieux dossier jamais réglé — lui laissait la voie libre.

Le vin est donc tiré et Ottawa doit le boire : de Gaulle débarquera à Québec comme invité du gouvernement Johnson. De toute façon, entre Paris et Ottawa, le différend n'a fait que grandir depuis quelques années, sans même que le Québec y soit pour quelque chose. Il y eu d'abord, en 1963, l'affaire de la *Super-Caravelle,* moyen-courrier à réaction que Paris espérait vendre à Air Canada. Le DC-9, concurrent américain jugé techniquement supérieur à l'avion français par le président McGregor d'Air Canada, l'emporta en dépit de l'appui agissant accordé aux Français par le gouvernement Lesage. Le choix de la caravelle signifiait des retombées économiques de l'ordre de 55 millions de dollars pour le Québec, mais ce fut l'Ontario qui avala le gâteau, car le DC-9 allait y être construit. En profond désaccord avec l'appréciation technique des experts canadiens, Paris digéra mal la perte de l'important contrat[37]. Un grand quotidien parisien titra à l'époque : « Pour vous, McGregor, le seul défaut de la caravelle : elle est française. »

Un second accrochage franco-canadien eut lieu en mars 1966. À la suite de la décision de retirer son pays de l'OTAN, de Gaulle invita les forces canadiennes stationnées en France à quitter son territoire pour une base en Allemagne. Ce fut au tour d'Ottawa de trouver la pilule amère. Pearson demanda ironiquement aux autorités françaises : « Devons-nous emporter avec nous, en Allemagne, les cadavres des milliers de soldats canadiens tués par les Allemands et ensevelis en terre française[38] ? » Un peu plus tard, quand Ottawa refusa de vendre, sans contrôle, de l'uranium à la France engagée dans une politique indépendante de l'atome, de Gaulle le prit très mal. En lui refusant l'uranium, les Canadiens faisaient obstacle à l'édification de la force de frappe française, fondement même de la souveraineté de son pays, et manifestaient une fois de plus leur servilité vis-à-vis de Washington, malheureuse à l'idée de voir la France échapper à son parapluie nucléaire et militaire.

Au moment même où Johnson et de Gaulle échangent leur correspondance, en avril 1967, survient aussi la gaffe canadienne de Vimy, qui irrite le général encore davantage. À l'occasion d'une cérémonie militaire qui doit avoir lieu en France, le 9 avril, pour commémorer la bataille de Vimy (une boucherie pour des milliers de soldats canadiens), Pearson se permet d'inviter directement Elizabeth d'Angleterre sans en aviser au préalable les autorités françaises. Or, quand les chefs d'État de deux puissances étrangères se rencontrent sur le sol d'une tierce puissance, la règle diplomatique la plus élémentaire commande que celle-ci en soit avertie, et même invitée si on peut naturellement s'accommoder de sa présence.

Vexées, les autorités françaises demandent à jeter un coup d'œil sur le programme arrêté entre Canadiens et Britanniques, mais Ottawa refuse sous prétexte qu'il est trop tard pour le modifier. Chatouilleux sur ce point, car, pour lui, le respect du protocole est le reflet de la politesse d'une nation, de Gaulle, qui n'a pas été invité sur son propre sol, interdit toute représentation de son gouvernement aux cérémonies de Vimy. Ignorant, la pauvre, que son gouvernement a manqué de savoir-vivre international, la presse canadienne-anglaise s'émeut vivement de l'absence d'un représentant officiel du gouvernement français à Vimy. Gênés, Pearson et Martin tentent de dégonfler le ballon que John Diefenbaker, au courant du fin fond de l'histoire, s'amuse à souffler méchamment aux Communes[39].

On ne saurait interpréter la décision du président de la France de franchir l'Atlantique, malgré ses hésitations premières, hors de ce contexte particulièrement conflictuel. Si Johnson voit en de

Gaulle un outil de marchandage contre les fédéraux, le Français voit, en retour, dans le Québec un socle stratégique d'où tenir en respect les hégémonistes anglo-américains. Johnson lui offre aussi une base pour régler ses comptes avec Ottawa, qui, solidaire des Américains sur des questions aussi cruciales que les deux Viêt-nam, l'OTAN, le rôle des Nations-Unies et le nucléaire, lui refuse en outre l'uranium. Un autre facteur est également à considérer : le sous-sol québécois renferme l'uranium dont la France a un besoin vital, sans parler de ses importantes richesses naturelles[40]. Si la France a des amis, elle a également des intérêts. Il faut donc considérer l'alliance franco-québécoise dans sa dimension internationale, dimension qui dépasse le seul cadre sentimental des retrouvailles entre Français et Québécois.

Deux autres événements, mettant en cause Québec et Ottawa, viennent encore ajouter à l'ampleur de l'embrouillamini franco-canadien. On ne peut les retirer du dossier relatif aux tentatives des Québécois pour aller chercher, par leurs propres moyens, l'oxygène francophone nécessaire à leur épanouissement. En mars 1967, quand Johnson dépose le projet de loi 33 changeant le nom de ministère des Affaires fédérales-provinciales en celui de ministère des Affaires intergouvernementales, il provoque un tollé à Ottawa. Diefenbaker y voit là du séparatisme, la presse anglophone, l'embryon d'un véritable ministère des Affaires étrangères et Pearson rappelle à Johnson, qui ne l'a pas consulté, que les relations extérieures relèvent de lui.

« On part vite en peur », riposte le chef de l'Union nationale, qui, véritable médecin de l'âme fédérale, rassure Pearson sur la portée véritable de son geste : il n'est pas question pour le Québec de s'octroyer des responsabilités en matière de relations extérieures, mais de créer, tout au plus, les mécanismes administratifs nécessaires à l'accomplissement des fonctions relevant de sa compétence. Aux fédéraux qui lui prêtent des intentions cachées, Johnson conseille aussi la modération :

— Traiter à tout propos les Québécois de séparatistes est un petit jeu dangereux et dommageable pour la survie du Canada[41].

Quant au premier ministre Pearson, il apaise son désespoir naissant.

L'accord culturel que signent le 8 mai, au nez du Québec, le Canada et la Belgique ajoute une pierre de plus au mur qui s'élève entre les deux capitales. Cette fois-ci, les floués, ce sont les Québécois. Instruits par le précédent de l'accord culturel franco-québécois de 1965, Marcel Cadieux, sous-ministre des Affaires étrangères, et Paul Tremblay, ambassadeur du Canada en Belgique (rue Pergolèse, on a codé les deux diplomates sous l'appellation sarcastique de « Castor et Pollux »), prennent le Québec de vitesse en amenant les Belges à signer d'abord avec eux. Touché !

Johnson rage, car c'est le Québec qui, le premier, a amorcé la discussion avec les Belges. De plus, les fédéraux ne l'ont pas consulté. L'unilatéralisme, ça se joue à deux, messieurs les Québécois ! La veille de la signature de l'entente, le premier ministre du Québec télégraphie à Pearson :

> Signature solennelle demain sans consultation autorités canadiennes avec autorités québécoises d'un accord culturel Belgique-Canada couvrant certains domaines de notre compétence — stop — serons conséquemment obligés à regret de nous désolidariser de votre geste[42].

Expédié par le chef du protocole, André Patry, un second télégramme part de Québec le jour même de la signature de l'accord et suscite l'indignation de Pearson. La note décrète ni plus ni moins que l'ambassadeur canadien en Belgique, Paul Tremblay, sera doré-navant *persona non grata* à Québec. En conséquence, « Pollux » n'aura pas le droit de mettre les pieds à Québec au moment même où les princes belges, Albert et Paola, y arrivent pour une visite. Non, mais pour qui se prend-on à Québec ? On n'est pas encore souverain et déjà on dresse les bûchers ? Marc Lalonde, émissaire de Pearson, se présente quelques heures plus tard au bureau du premier ministre Johnson afin de faire lever l'interdit du chef du protocole. L'ambassadeur ne sera finalement pas privé de l'agréable compagnie des princes belges séjournant dans la Vieille Capitale.

Désireux de coopérer avec les Québécois, Bruxelles s'est joué cependant un vilain tour en négociant avec un gouvernement, Ottawa, qui n'a rien à lui offrir. Johnson rend au fédéral la monnaie de sa pièce en refusant de son vivant de collaborer à la mise en vigueur de l'accord-cadre canado-belge, qui restera inopérant jusqu'au milieu des années 70[43].

Quelque temps avant de s'envoler pour Paris, où l'attend de Gaulle, et encore tout imprégné de ses plus récentes chamailles avec les fédéraux, Johnson rencontre discrètement Pearson dans une chambre d'hôtel de Montréal. Le geste est typique : il verse à l'avance du baume sur les blessures qu'il infligera tantôt à sa victime. C'est lui qui a demandé un rendez-vous au premier ministre canadien, de passage dans la métropole. Le prétexte et simple : on fera plus ample connaissance et on discutera de la question franco-québécoise. Pearson découvre un homme onctueux, calme, d'une politesse exquise, qui, contrairement au fulgurant Lesage, maîtrise parfaitement ses émotions. Un politicien difficile à plaquer contre la bande et qui cache son jeu derrière des généralités et des mani-festations de bonne foi plus que pléthoriques. Un renard difficile à prendre au piège, ce Johnson.

L'unité du Canada ? Personne ne la souhaite plus ardemment que lui ! Même pas Pearson, c'est sûr. Si parfois il élève le ton, pince la corde de l'indépendance, c'est pour une seule raison : il doit donner des gages aux extrémistes de son entourage et du gouvernement pour éviter une situation pire encore. Nul n'est plus désireux que lui d'en finir une fois pour toutes avec ces querelles byzantines entre Québec et Ottawa. Mais encore faut-il que les Québécois y trouvent leur compte ! Avant de s'endormir, ce soir-là, Pearson écrira dans son journal que la sincérité de Johnson lui paraît indubitable.

Mais, alors, que va-t-il fricoter à Paris avec ce de Gaulle, qui n'a pas envie de venir le saluer à Ottawa ? Johnson s'efforce de calmer les inquiétudes de Pearson, qui, s'il reconnaît le droit du Québec à entretenir des amitiés particulières avec la France, craint cependant pour l'harmonie canadienne. Johnson lui confie :

— Moi, aussi, je m'en inquiète surtout à cause de certaines personnes à qui le rapprochement franco-québécois monte à la tête.

Une flèche aux faucons du cabinet fédéral... Quoi qu'il en soit, promet le chef du gouvernement québécois, rien de fâcheux ne se produira à Paris. Il fera tout ce qu'il pourra pour associer le plus possible à sa visite l'ambassadeur Léger, brouillé, semble-t-il, avec l'Élysée. Quant à la venue du général de Gaulle au Québec, qui demeure officieuse pour le fédéral, Ottawa n'a pas encore reçu la réponse favorable du général, qui ne lui sera transmise que le 18 avril par le gouverneur Michener. Pearson n'est pas long à comprendre que son interlocuteur en sait plus que lui sur le sujet. Bref, les carottes sont déjà cuites.

— Nous attendons toujours des nouvelles de l'Élysée, ironise le premier ministre canadien[44].

À cette époque, malgré les démarches de Jules Léger auprès de l'Élysée, le gouvernement canadien ne sait toujours pas si de Gaulle viendra ou non, et quand. C'est dire à quel point la ligne Québec-Ottawa-Paris est mal en point, la décision du général étant déjà prise depuis février et connue de Johnson. En dépit de l'incident de 1964, les rapports personnels entre le président et l'ambassadeur sont empreints de cordialité. La réserve du général de Gaulle veut plutôt atteindre le gouvernement canadien, non l'homme qui le représente.

Dans le cadre de ses activités diplomatiques, Léger rencontre périodiquement le général pour s'entretenir avec lui des problèmes mondiaux où la France et le Canada ont des intérêts communs ou divergents. De Gaulle n'a soulevé qu'une seule fois la question du Québec en présence de l'ambassadeur canadien en lui faisant remarquer, un jour, que le temps était peut-être venu de revoir les compétences entre Ottawa et les provinces. Ce à quoi Jules Léger avait répondu :

— C'est là une affaire interne. Mais si vous désirez discuter de la chose avec moi, je demanderai des instructions à Ottawa.

Il n'en fut plus jamais question entre eux[45].

Le rêve parisien

À Paris, Daniel Johnson vit « comme dans un rêve ». Accueil fastueux réservé normalement au chef d'un État souverain, traitement protocolaire identique à celui accordé à Pearson en 1964, chaleur et cordialité en plus. Aux yeux du général de Gaulle, Johnson n'est pas qu'un simple premier ministre provincial mais aussi le représentant des « Français du Canada ». C'est quelque chose — il est leur chef : « Monsieur le président », dit-il quand il s'adresse à lui.

Le mercredi 17 mai, l'avion d'Air France venant de New York touche la piste d'Orly à vingt-deux heures et vient s'immobiliser devant une double haie de gardes républicains portant gants et baudrier blancs. Au bas de la passerelle se tiennent les représentants du gouvernement français, André Bettencourt, secrétaire d'État aux

Affaires étrangères, et Jean Jurgensen, directeur pour l'Amérique au même ministère, ainsi que le délégué général du Québec à Paris, Jean Chapdelaine. Mais d'ambassadeur du Canada, point. Jules Léger n'est pas disponible « en raison d'obligations contractées antérieurement ». La veille, Paul Martin a affirmé, à Fredericton, en guise de rappel à Johnson et comme pour justifier à l'avance l'absence de son ambassadeur à Orly :

— L'autonomie provinciale à l'échelle internationale peut conduire à l'éclatement du Canada[46].

Un premier ministre tout en sourires pour ses débuts dans le monde passe en revue la garde d'honneur en grande tenue, puis déclare aux journalistes qui l'assaillent :

— Je suis venu à Paris pour prendre contact avec le gouvernement français. Je compte élargir notre ouverture vers la France en mettant l'accent sur la collaboration dans les domaines culturels, techniques et économiques. Je souhaite que ma visite contribue à nous débarrasser de ce sentiment de claustrophobie dont nous souffrons au Québec[47].

À l'hôtel Crillon, place de la Concorde, où le gouvernement français loge ses invités, Johnson occupe la grande suite où on séjourné avant lui deux premiers ministres du Canada : Mackenzie King et Pearson. Symbole de l'ouverture du Québec au monde, le fleurdelisé flotte mollement au mât du prestigieux hôtel. Un programme chargé attend Johnson. Jeudi matin, avant sa première entrevue avec de Gaulle, un peloton de motards ouvre la voie à la Citroën noire arborant le fanion bleu et blanc du Québec qui le conduit à bonne vitesse à l'arc de triomphe de l'Étoile, où se trouve le tombeau du Soldat inconnu. Là aussi, un détachement de la Garde républicaine aux épaulettes et shakos dorés l'attend. Après la revue, le premier ministre dépose une magnifique couronne d'œillets blancs et de bleuets, piquée de lys.

Une minute de recueillement, roulements de tambours, sonnerie « aux champs » et voilà Daniel Johnson, renard et député de Bagot, devant le général de Gaulle, qui l'accueille dans son cabinet de travail élyséen aux multiples dorures. Le Français et le Québécois s'observent quelques secondes. Père et fils — avec, dans la tête, une vision de l'autre distordue par deux cents ans d'une Histoire séparée. Paternalisme naturel et englobant chez le premier et timidité solidement ancrée dans les vieux complexes du « petit peuple ignoré et oublié » de la légende chez le second. Savoir se comporter avec assurance sur la scène internationale constitue, à l'époque, une denrée rare chez les hommes politiques du Québec, qui en sont encore à apprendre les bonnes manières et la grammaire diplomatique.

À cet égard, Jean Lesage possédait une plus grande maîtrise que son successeur, ayant été l'adjoint de Pearson alors que ce dernier dirigeait le ministère des Affaires étrangères. Johnson ne se sent pas en terrain sûr, il n'est pas dans « sa salle ». Aussi, ses relations avec de Gaulle seront-elles marquées par la gêne — il n'osera pas, faute d'expérience, accomplir certains gestes capitaux anticipés par le président français. Il est le reflet d'un milieu politique qui a encore du mal à cerner l'étranger, qu'il soit français, finlandais ou brésilien, avec lequel il doit traiter.

Le matin, avant de quitter l'hôtel, la nervosité de Johnson était manifeste.

— Comment engager le dialogue ? demande-t-il à Gros d'Aillon.

Il paraît que le général adore jouer au chat et à la souris quand il reçoit pour la première fois un inconnu. Si la souris se prend au piège, l'entretien qui suit risque d'en être influencé. Une légende ? Sans doute. Les conseillers de l'Élysée ont néanmoins mis ceux de Johnson dans le secret. Le piège, le premier ministre du Québec croit le déceler dans une remarque préliminaire de son hôte au sujet du général Georges Vanier, un grand ami de la France, à ce qu'il lui laisse entendre. Piège ou pas, Johnson s'empresse de préciser son opinion sur ledit général :

— J'ai toujours admiré les vertus militaires du général Vanier, mais non son fédéralisme inconditionnel ni son impérialisme britannique...

— Ah ! je le lui ai toujours reproché, fait de Gaulle[48].

La glace est rompue. Au cours de leurs deux entretiens, le Français et le Québécois procèdent à un tour d'horizon complet de leurs relations bilatérales et de celles à prévoir dans les domaines économiques et scientifiques en particulier, avant de mettre la dernière main au projet de voyage du général au Québec. À la suite de l'incident encore tout chaud de Vimy, de Gaulle a bien failli revenir sur sa décision, arrêtée en février, de traverser l'Atlantique.

L'insistance de Johnson fait taire ses dernières réticences.

— Il nous faut votre aide, mon général. Seul, je ne peux rien contre Ottawa.

— Je suis prêt à vous donner un coup de main qui vous servira pour l'avenir, réplique de Gaulle[49].

En sortant de son premier tête à tête avec le président de la France, l'impression dominante de Johnson est celle-ci :

— Songez, dit-il aux journalistes, à un étudiant qui a dû se battre, il y a 30 ans, pour faire reconnaître les droits des Canadiens français et qui a le bonheur, aujourd'hui, d'être reçu par le président de l'État français. C'est une récompense et surtout un stimulant[50].

Un déjeuner officiel à l'Élysée suit la première conversation de Gaulle-Johnson. Quarante invités autour d'une immense table ovale. Au centre et se faisant face : de Gaulle et le premier ministre Pompidou. Johnson est assis à la droite du premier, dont la gauche est occupée par Chaban-Delmas. Paul Dozois occupe le siège à la gauche de Pompidou tandis que le droit est occupé par l'ambassadeur canadien Jules Léger. Depuis la friction survenue en 1964, c'est la première fois que celui-ci est invité à la table du président de Gaulle. L'incident est maintenant clos, la semonce du général ayant été servie non pas tant à Jules Léger lui-même qu'à son gouvernement. Le premier ministre québécois a d'ailleurs mis son grain de sel dans l'affaire en intercédant en sa faveur auprès des Français qui, d'abord hostiles à l'idée, ont fini par lui faire parvenir un carton d'invitation. Les Léger et les Johnson sont très liés. Reine Johnson est une vieille amie de l'ambassadeur, qu'elle a connu autrefois dans les mouvements d'action catholique comme Pax Romana. De plus, l'une des sœurs du premier ministre, Doris Johnson, est au nombre des proches collaboratrices du cardinal Paul-Émile Léger.

À Paul Dozois, étonné de la présence de l'ambassadeur, Johnson a soufflé à l'oreille :

— Jules Léger est un ami de longue date. J'ai insisté pour qu'on l'invite au déjeuner[51].

Les Québécois sentent beaucoup d'amitié de la part de leurs hôtes. Ils apprécient l'absence de climat artificiel ou empesé. De Gaulle paraît joyeux et porte un toast éloquent à l'intention des « Français canadiens » et de leur chef :

— Un peuple exemplaire et très cher en lequel, sur la terre où il vit et dont, avec courage, il développe toutes les ressources, nous voyons un rameau du nôtre. Notre satisfaction vient aussi du fait que le chef du gouvernement, c'est vous-même, autrement dit une personnalité pour laquelle nous avons la plus haute et la plus amicale estime[52].

Ému par les mots du président à son endroit, Johnson met de côté le texte rédigé par ses services :

— Mon général, je délaisse ces mots préparés pour laisser plutôt parler mon cœur[53]...

Français et Québécois ne se sont pas donné tout ce mal pour en rester aux fleurs mutuelles. Il faut mettre du concret dans ces retrouvailles historiques de deux peuples longtemps séparés par le mur atlantique et une commune ignorance. Johnson a apporté dans ses valises plusieurs projets de coopération que les experts des deux gouvernements vont analyser au cours de deux séances de travail. Il veut discuter d'échanges économiques même s'il sait que, de tous les dossiers franco-québécois, c'est le plus incertain. Outre son ministre des Finances, Dozois, ses principaux conseillers financiers l'accompagnent : Jacques Parizeau, Jean Deschamps, p.-d.g. de la Société générale de financement, Michel Bélanger, sous-ministre de l'Industrie et du Commerce, et Jean-Paul Gignac, attaché à Hydro-Québec et futur p.-d.g. de la sidérurgie québécoise.

Côté coopération économique, Johnson a sur Lesage l'avantage d'avoir en main le bilan de cinq ans de coopération. S'il n'attend rien de spectaculaire en ce domaine, cela ne l'empêche aucunement de pousser les dossiers déjà en discussion, tout en gardant à l'esprit la solidarité économique du Québec avec l'Amérique. Autre pierre d'achoppement : en matière d'investissements à l'étranger, le dernier mot n'appartient pas à de Gaulle mais aux hommes d'affaires français, réticents à s'aventurer sur les marchés québécois et canadien, qu'ils considèrent comme une chasse gardée américaine. C'est un secret de polichinelle : si Renault s'est établie à Saint-Bruno, c'est que son caractère de société d'État la rendait perméable aux exigences du président.

La société Péchiney, qui avait songé à établir une aluminerie au Québec, vient d'y renoncer au moment où Johnson arrive à Paris. Que peut-on y faire ? Les capitaux privés vont là où ils le veulent bien. Malgré l'ardeur que met depuis sa nomination à Paris le délégué général Chapdelaine à intéresser les industriels français au marché québécois, l'implantation de techniques et de capitaux français au Québec semble devoir rester très limitée. Durant son séjour, Johnson s'efforce de convaincre les Français que le Québec leur offre une voie d'accès facile aux marchés de l'Amérique du Nord. Il aimerait faire la preuve aux yeux des Québécois et des Américains « que la France reste mère de l'invention non seulement dans les arts et dans les lettres, mais également dans les domaines du progrès scientifique et technique ». Il dit à Couve de Murville :

— Il ne faudrait pas que, dans l'esprit de la jeunesse québécoise, se crée cette impression que le français a surtout une valeur de culture alors que seul l'anglais serait apte à exprimer les réalités du commerce, de l'industrie et de la technique[54].

Pourtant bien amorcé, le dossier de l'usine de pneus Michelin avortera. De Gaulle a peu d'emprise sur le p.-d.g. de la grande entreprise française, François Michelin, qui ne s'est pas caché pour dire aux Québécois :

— Je fais le contraire de ce vers quoi l'État me pousse et mes affaires vont très bien !

Michelin s'intéresse au marché nord-américain avant tout et optera pour la Nouvelle-Écosse, province à l'abri du syndicalisme doctrinaire et combatif en vogue au Québec, et dont le gouvernement accorde beaucoup d'avantages financiers. Cocasserie : une fois prise la décision d'aller en Nouvelle-Écosse, les services Michelin adressent d'étranges requêtes à la Délégation générale du Québec à Paris. Michelin veut savoir si ses cadres pourront disposer d'un service d'autobus pour leurs enfants, qui auraient à fréquenter les écoles françaises du Québec ! Erreur d'échelle. À la Délégation, on s'est empressé de faire parvenir à François Michelin, qui, de toute évidence, ne savait pas trop où il allait en choisissant la Nouvelle-Écosse, une carte du Canada...

Un projet mixte de prospection pétrolière assorti de la construction d'une raffinerie et de l'organisation d'un réseau de distribution — le projet Elf-Erap — n'ira pas plus loin que le projet Michelin. Si Québec doit devenir, comme le veut Johnson, la seconde grande ville industrielle de la province, elle doit avoir son centre pétrochimique. Mais échaudés par l'expérience décevante de Renault, dont l'usine de montage Soma implantée à Saint-Bruno sous Lesage s'était avérée un échec, les Français concluent à la non-rentabilité du projet pétrolier. Celui-ci verra néanmoins le jour en 1969, mais dans le cadre de la coopération entre le Québec et l'Angleterre. Ce sera en effet la société britannique Golden Eagle, filiale d'Ultramar, société présidée par Lord Tangley, qui s'associera au Québec pour bâtir le complexe pétrochimique à Saint-Romuald, sur la rive sud en face de Québec, à la suite d'un séjour à Londres de Jean-Paul Beaudry, ministre de l'Industrie et du Commerce.

Les dossiers économiques franco-québécois n'avortent cependant pas tous. Grand producteur de pâtes et papier, le Québec désire accroître ses ventes en France. Après négociation, Jean Deschamps obtiendra une participation du groupe français La Cellulose du pin, qui permettra de doubler la production de la Donahue Brothers, entreprise québécoise rachetée par la SGF. La coopération scientifique et technique semble plus prometteuse. Le dossier du nucléaire aboutit à l'échange d'ingénieurs entre les deux pays. Les stagiaires québécois iront se spécialiser au Centre nucléaire de Saclay, que Johnson visite durant son séjour parisien, pendant que les Français viendront s'initier à la transmission de l'électricité à haute puissance et haute tension où le Québec est à l'avant-garde des pays industrialisés.

Il s'en faut de peu pour que le dossier « ultrasecret » du satellite franco-allemand *Harmonie* ne brouille Français et Québécois. Au cours d'une entrevue avec Johnson, le général lui propose d'associer le Québec au satellite qui doit entrer en activité vers 1975. Mais comme une entente lie déjà la France à l'Allemagne, de Gaulle exige de son invité le plus grand secret, le temps de prévenir les Allemands. Au quai d'Orsay, où se déroule le lendemain la concertation franco-québécoise, le sujet est à nouveau soulevé. Le coût total de l'entreprise ? Au moins 40 millions, glisse un collaborateur d'Hervé Alphand, secrétaire général aux Affaires étrangères. Johnson se penche vers Dozois :

— Avons-nous 20 millions pour que le ciel parle français ?

Après la séance de travail, un reporter de Montréal qui a eu vent de la chose demande innocemment à un fonctionnaire de la délégation québécoise :

— Le satellite, ça fonctionne ?

— Comment se fait-il que vous soyez au courant ? lâche le

fonctionnaire si surpris de la question qu'il en oublie de nier, selon le rituel d'usage en pareille circonstance.

Et de Gaulle qui avait demandé le secret ! Assisté de Dozois, le premier ministre du Québec tente d'empêcher le journaliste d'ébruiter la nouvelle.

— C'est confidentiel, implore-t-il. C'est une grosse affaire. Tout peut rater si la nouvelle sort, car l'Allemagne n'est pas prévenue.

— C'est pas mon problème, rétorque le journaliste. J'ai une exclusivité, je la sors[55] !

Si le projet de satellite franco-québécois tourne court lui aussi, c'est pour d'autres raisons. Le coût de l'opération est en effet un empêchement majeur. Un satellite s'épuise en quatre ou cinq ans, de sorte que la participation québécoise se serait élevée, avec les années, à plusieurs millions. Il y aurait eu aussi des questions culturelles et des problèmes de contenu. On ne construit pas un satellite seulement pour bavarder en français. Le fuseau horaire différent entre l'Europe et le Québec ajoutait encore aux complications, sans parler du problème de compétence qui allait se poser, Ottawa et les provinces revendiquant chacune dans leur compétence la télécommunication par satellite. Donc, des escarmouches nombreuses à prévoir de ce côté-là quand viendrait le temps de construire les stations au sol. Ottawa, qui vient à peine d'ouvrir le dossier des communications par satellite, tenterait sûrement de brouiller cette nouvelle piste de l'activité internationale du Québec.

Le résultat le plus tangible de la visite de Johnson à Paris est la multiplication par cinq des crédits consacrés par la France à la coopération avec le Québec. De l'ordre de 1,25 million de dollars en 1967, ces crédits atteindront 6,25 millions en 1968, plus de 8 millions en 1969 et 10 millions en 1970[56].

Johnson termine son séjour aux côtés du président de Gaulle au Parc des Princes, où se dispute la finale de la Coupe de France de football. Au programme officiel, il reste un dernier point, conçu pour placer Johnson et le général ensemble au milieu d'une grande foule, et dont l'objectif est de faire connaître aux Parisiens ce premier ministre francophone, au nom de famille bizarre, venu d'une province lointaine dont la très grande majorité d'entre eux ignorent jusqu'à l'existence. Les services de l'Élysée ont en effet imaginé un botté qui aboutit miraculeusement dans les mains du général de Gaulle. Les flashes des photographes crépitent et le sourire de Daniel Johnson fait le lendemain un tour de presse instantané, efficace et pas cher.

Une surprise d'un autre ordre attend le chef unioniste à son retour à Québec. Jean Marchand, ministre fédéral de la Main-d'œuvre et de l'Immigration, qui suit avec suspicion les amours franco-québécoises, voit dans les derniers accords Paris-Québec la preuve que l' « impérialisme français » n'est pas mort avec Napoléon.

— Nous ne devons pas devenir des coloniaux, clame-t-il en sonnant le tocsin. Nous ne devons pas servir de cobayes ou de piédestal à la France. Il ne faudrait pas que de tels accords puissent servir des visées impérialistes, même françaises[57].

La diatribe de Jean Marchand traduit l'antigaullisme croissant des fédéraux des deux langues, pour qui le but non avoué mais primordial de l'odyssée québécoise du président français est d'agiter la marionnette du séparatisme devant le castor canadien et l'aigle américain. Tout le reste : des mots, rien que des mots. Politicien primesautier, Marchand réagit aux événements politiques comme s'il était encore dans l'arène syndicale, où il a appris, notamment sous Duplessis, à rendre coup pour coup. De ce passé syndical, il a hérité d'une solide méfiance pour la rhétorique. Le politicien réaliste qu'il est accueille avec scepticisme le « folklore » des retrouvailles franco-québécoises. Pour lui, l'apport de la France doit se mesurer en « cennes » et en « piastres », pas seulement en mots.

Plus que tout autre, Daniel Johnson est bien placé pour savoir combien il est ardu de faire passer l'Atlantique au savoir-faire et aux capitaux des « impérialistes français ». Aussi réplique-t-il à l'intention du « grand guignol » fédéral :

— Vous avertirez M. Marchand qu'il va y avoir un coup d'État. La marine, l'aviation, les fusées françaises, tout est prêt... On s'est entendu ensemble pour envahir les États-Unis[58].

Notes — Chapitre 5

1. Cité par Lester B. Pearson, *Mike : The Memoris of the Right Honorable Lester B. Pearson*, vol. 3, Toronto, University of Toronto Press, 1975, p. 266, et André Patry, *Le Québec dans le monde*, Montréal, Leméac, 1980, p. 60.

2. Lester B. Pearson, *op. cit.*, p. 267-269.

3. Georges-Émile Lapalme, *Mémoires. Le Paradis du pouvoir*, vol. 3, Montréal, Leméac, 1973, p. 47.

4. André Patry, *op. cit.*, p. 59.

5. *Ibid.*, p. 155.

6. Lester B. Pearson, *op. cit.*, p. 260.

7. *Ibid.*

8. *Ibid.*, p. 262, et *Le Devoir* des 16 janvier et 12 août 1964.

9. Lester B. Pearson, *op. cit.*, p. 262.

10. Extrait du communiqué remis à la presse par les services de l'ambassade du Canada à Paris, publié dans *Le Devoir* du 2 juin 1964 et confirmé par Jules Léger.

11. Selon les rapports de presse de l'époque (voir notamment l'article de Jean Tainturier dans *Le Devoir* du 13 novembre 1964 inspiré du *Herald Tribune*), Jules Léger aurait déclaré à de Gaulle que « son gouvernement souhaitait collaborer dans toute la mesure du possible avec la France », ajoutant cependant que « le Canada agirait sans la France au besoin, et contre elle s'il le fallait ». De Gaulle ne s'était pas fait faute de relever ce passage, répliquant dans les mêmes termes que « la France était disposée à collaborer avec le Canada, sans le Canada et contre le Canada, s'il le fallait ». Cette version de l'incident n'est toutefois pas corroborée par M. Léger.

12. *Le Devoir*, le 2 juin 1964, et Anne et Pierre Rouanet, *Les Trois Derniers Chagrins du général de Gaulle*, Paris, Grasset, 1980, p. 43.

13. *Le Devoir*, le 13 avril 1965.

14. *Le Devoir*, les 24 avril et 10 mai 1965.

15. *Le Devoir*, le 15 mai 1965.

16. André Patry, *op. cit.*, p. 62.

17. *Ibid.*, p. 77, et Claude Morin, *Le Pouvoir québécois en négociation*, Montréal, Éditions du Boréal Express, 1972, p. 70.

18. Me Jean-Paul Cardinal.

19. *Le Devoir*, les 23 septembre et 1er octobre 1966.

20. André Patry, in *À suivre*, émission diffusée par Radio-Canada, le 8 avril 1979.

21. André Patry, *op. cit.*, p. 86-88.

22. Extrait de la copie de l'original signé par Daniel Johnson et daté du 13 septembre 1966.

23. Extrait de la copie de l'original reçu par Daniel Johnson et daté du 24 septembre 1966.

24. *Le Devoir*, le 30 septembre 1966.

25. Cité par Anne et Pierre Rouanet, *op. cit.*, p. 38.

26. Antonio Barrette, *Mémoires*, Montréal, p. 257.

27. *Le Devoir*, le 21 avril 1960.

28. *Le Devoir*, les 21 et 22 avril 1960.

29. *Le Devoir*, les 19, 20 et 23 avril 1960.

30. Voir à ce sujet : Anne et Pierre Rouanet, *op. cit.*, p. 36-37.

31. *Ibid.*, p. 50.

32. André Patry, *op. cit.*, p. 98 et Lester B. Pearson, *op. cit.*, p. 266.

33. *Ibid.*, p. 98 et mon entrevue.

34. Extrait de la copie de l'original daté du 4 avril 1967.

35. Extrait de la copie de l'original daté du 18 avril 1967.

36. Extrait de la copie de l'original daté du 18 avril 1967.

37. Lester B. Pearson, *op. cit.*, p. 263 et *Le Devoir* du 22 novembre 1963.

38. Lester B. Pearson, *op. cit.*, p. 264.

39. *Ibid.*, p. 263-264 et *Le Devoir* des 10 et 11 avril 1967.

40. C'est la thèse du professeur Alfred Grosser, in *Les Occidentaux*, Paris, Fayard, 1978. En décembre 1967, une dépêche du correspondant parisien de la Associated Press, faisant état de la découverte de riches gisements d'uranium dans le Nord québécois, suscite un vif démenti de Québec. La nouvelle précise aussi que si de Gaulle travaille ouvertement à la sécession du Québec, c'est en vue de mettre la main sur cet uranium qu'Ottawa lui refuse. Québec admet cependant que des travaux d'exploration sont en cours, mais n'ont donné lieu à aucune découverte de valeur commerciale. Le 15 septembre précédent, Paris et Québec se sont mis d'accord sur des « recherches concertées » dans le domaine de l'énergie nucléaire et de la géophysique (article 3 du communiqué franco-québécois publié le 15 septembre 1967).

41. *Le Devoir*, les 2 mars, 15 et 27 avril 1967.

42. André Patry, *op. cit.*, p. 110.

43. *Ibid.*, p. 109-111, et Peter Newman, *The Distemper of Our Times,* Toronto, McClelland and Stewart, 1968, p. 425-426 ; *Le Devoir* les 9 et 11 mai 1967.

44. Lester B. Pearson, *op. cit.*, p. 245, 246 et 266.

45. Jules Léger.

46. *Le Devoir*, les 17 et 18 mai 1967.

47. *Ibid.*

48. Anne et Pierre Rouanet, *op. cit.*, p. 61 et Paul Gros d'Aillon, *Daniel Johnson, l'égalité avant l'indépendance*, Montréal, Stanké, 1979, p. 151.

49. Johnson est demeuré secret au sujet de son appel à de Gaulle. Ce sont les recoupements, l'interprétation de ses silences stratégiques et aussi les événements ultérieurs qui permirent à ses collaborateurs les plus proches et aux conseillers de l'Élysée de reconstituer les modalités de la requête qu'il adressa au général durant leur entretien. Stratège de grand talent, Johnson était un joueur d'échecs qui voyait plusieurs coups d'avance. Ses collaborateurs ne comprenaient souvent que beaucoup plus tard le sens du geste qu'ils le voyaient accomplir sous leurs yeux. Voir à ce sujet : Anne et Pierre Rouanet, *op. cit.*, p. 61-63 ; Paul Gros d'Aillon, *op. cit.*, p. 148-149 ; et Mario Beaulieu, cité par Pierre O'Neil et Jacques Benjamin, *Les Mandarins du pouvoir*, Montréal, Québec/Amérique, 1978, p. 58.

50. *Le Devoir*, le 19 mai 1967.

51. Paul Dozois.

52. *Le Devoir*, le 19 mai 1967.

53. Paul Dozois.

54. *Le Devoir*, le 20 mai 1967.

55. Paul Dozois.

56. Projections contenues dans le budget des Affaires étrangères de France pour 1968 et publiées dans *Le Devoir* du 8 novembre 1967.

57. *Le Devoir*, le 24 mai 1967.

58. *Ibid.*

Chapitre 6

Le chemin du Roy

Le 23 juillet, c'est une guerre psychologique contre l'empire anglo-américain que déclare de Gaulle à sa descente du croiseur *Le Colbert,* amarré dans la rade de Québec depuis les petites heures du matin. La « vision historique » de l'homme du 18 juin 1940 devrait se réaliser bientôt. En effet, de Gaulle s'apprête à jouer la pièce nommée « Québec » sur l'échiquier d'une grandiose stratégie qui consisterait à libérer les nations de leur sujétion au monde américain et, ce faisant, à inscrire le mot « Québec » dans le vocabulaire international.

Huit jours plus tôt, à Brest, avant de monter à bord du *Colbert,* le général a fait la prophétie suivante à Xavier Deniau, député du Loiret et leader du lobby proquébécois de l'Élysée :

— On va m'entendre là-bas, ça va faire des vagues[1]...

Les vagues, elles sont déjà rageuses sur l'Atlantique Nord. Habitué aux eaux moins tourmentées de la Méditerranée, le croiseur français et ses passagers prestigieux se font secouer durement. Le général, qui a le pied marin, ne se laisse pas arrêter par la colère des flots et retouche, polit et mémorise la douzaine de proclamations qu'il adressera bientôt aux « Français canadiens » selon un scénario rigoureux. Les murs de la suite présidentielle, aménagée sur *Le Colbert,* sont devenus cimaise. À côté des grands maîtres — Matisse, Bonnard, Dufy, Braque et Rouault —, le Canadien Riopelle est parvenu à se glisser. Son *Triptyque* figure sur l'un des murs du salon, entre Matisse et Bonnard[2].

C'est sur ce bâtiment de guerre transformé pour une semaine en musée que de Gaulle, comme un comédien répétant son numéro, met au point le long crescendo du chemin du Roy et sa mise à feu finale qui embrasera un moment l'opinion occidentale. Le commandant du *Colbert,* le capitaine de vaisseau Paul Delahousse, trouvera dans la corbeille à papier du général les quatre petits mots explosifs « Vive le Québec libre ! » écrits de sa main, raturés et réécrits encore. De Gaulle n'improvise jamais.

Deux jours avant d'atteindre l'Anse-aux-Foulons, le croiseur fait une première escale aux îles Saint-Pierre et Miquelon, dernière enclave française de ce côté-ci de l'Atlantique.

— La France, claironne le président de la République, se trouve ici au bord de l'Amérique.

Les échos des premières tirades du général parviennent à Québec, où Daniel Johnson met la dernière main aux préparatifs. L'accueil sera exceptionnel — tous le pressentent. Ottawa ne s'en irrite que davantage. Les anglophones du cabinet se font fort de souligner le caractère loufoque et colonial que prend à leurs yeux ce voyage sur le Saint-Laurent, à bord d'un croiseur de la marine française. Les francophones, quand ils n'affichent pas l'indifférence feinte de celui qui n'a pas été invité à la fête, grognent avec mépris[3]. Dans une ultime conférence de presse, Johnson indique le sens qu'il faut accorder à la visite du général : permettre aux Canadiens français de se découvrir et au reste du Canada de se réveiller à la réalité française.

— Ce qui me réjouit, ajoute-t-il, c'est que nos gens vont se rendre compte qu'il est vraiment possible de vivre en français au Canada. Je voudrais que le général fasse sentir aux Québécois le sens de la culture française[4].

Les crocs bien aiguisés, plus de 300 journalistes de la presse internationale attendent les premiers oracles du Jupiter gaullien, qui, vêtu de son uniforme militaire kaki et coiffé de sa casquette de général à deux étoiles, attend, impassible, du haut de la coupée, le moment d'embrasser la terre québécoise. Une semaine plus tôt, l'agence de presse américaine Associated Press avait prédit : la mission du Général de Gaulle a pour seul but d'encourager le séparatisme canadien-français.

Si c'est là la vraie raison de son voyage, le président doit

trouver de bon augure la «huée générale, curieuse, parfaitement opportune et sans impolitesse[5]» qui couvre pendant quelques instants
les premières mesures de *God Save the Queen,* saluant l'arrivée du
gouverneur général Michener, le représentant de la reine. Pas
d'équivoque possible : les quelque 2000 personnes massées sur les
quais — c'est beaucoup moins que prévu — accueillent le président
de la France et non la reine d'Angleterre. Sur le pont, la silhouette
immense du général commence à bouger. Il est neuf heures. Alors,
tandis que de Gaulle descend à grandes enjambées la passerelle du
Colbert, les premiers « Vive de Gaulle ! » et « Vive la France ! » montent
de la foule heureuse et un tantinet agressive. Obéissant à une consigne,
des militants rinistes brandissent des pancartes peintes à la hâte et
proclamant fièrement «Québec français».

Le quai est territoire fédéral ; aussi est-ce au nouveau gouverneur général Roland Michener, fraîchement rentré de Londres,
qu'il appartient d'accueillir l'illustre visiteur. Mettant fin aux
nombreuses escarmouches qui ont émaillé les préparatifs, Johnson
a fini par concéder au premier ministre Pearson trois étapes du
programme où le fédéral aura la priorité : l'arrivée, la visite subséquente à la Citadelle de Québec et le départ d'Ottawa. C'est
l'antigaulliste Jean Marchand qui devait d'abord recevoir le président français, aux côtés de Michener et de Paul Martin ; mais il brille
par son absence, retenu dans la brume de Sept-Îles, expliquent les
fédéraux. Aussitôt, la presse fait des gorges chaudes : on le comprend de se tenir loin, lui qui vient à peine de fustiger l' « impérialisme
français ». N'aurait-il pas l'air de pactiser avec le diable lui-même
s'il venait saluer son incarnation la plus vivante ?

Maître à terre, Ottawa semble impuissant à faire cesser le
tintamarre créé par deux hélicoptères qui n'arrêtent pas de tourner
au-dessus de l'Anse-aux-Foulons au moment où le représentant
d'Elizabeth d'Angleterre (qui avait mis pied elle aussi sur ce quai,
presque seule, un certain jour de l'automne 1964) souhaite la bienvenue au général. Sur la falaise, plus loin et plus haut, des centaines
de têtes se balancent par petites grappes, dans le vert cru des arbres.
Voilà qui ressemble sans doute à ce que Samuel de Champlain avait
dû vivre, épié par les aborigènes cachés dans le fourré, au moment
de mettre pied à terre, en 1608. Roland Michener a beau s'époumoner
dans un français pénible, ses paroles se perdent complètement dans

le bruit infernal des hélicoptères nolisés par la section Presse et information du gouvernement du Québec. Opération brouillage ? On le jurerait. Comme par hasard, les appareils s'éloignent aussitôt que Johnson et de Gaulle s'adressent à la foule.

L'un des « barbouzes » de Johnson, le journaliste Paul Gros d'Aillon, montera par la suite dans l'un de ces appareils afin de suivre, du haut des airs, la remontée du chemin du Roy. Avec Jean Loiselle et Roger Cyr, grand patron de l'Office d'information et de publicité du Québec, Gros d'Aillon mène l' « opération médias ». La stratégie est simple, elle consiste à diffuser l'événement à la nation, tout en faisant au passage quelques jambettes sournoises aux fédéraux, qui persistent, depuis le début, à ne pas comprendre que ce sont les Québécois qui reçoivent et non eux. Durant les préparatifs de la tournée du président, Loiselle et Gros d'Aillon ont fait plusieurs fois la navette Québec-Paris. Aux yeux du personnel diplomatique canadien et québécois, ce sont les « vilains » de Johnson. Mais eux préfèrent l'épithète, plus douce à l'oreille, de « pompiers ». Loiselle et Gros d'Aillon opèrent en liaison étroite avec Philippe Rossillon et Bernard Dorin, deux zélés croisés de la francophonie, reliés à la filière française qui gère le « dossier Québec ».

Ému, Daniel Johnson dit à de Gaulle :

— Excellence, vous avez manifesté le désir de prendre contact avec la population vaillante et fière qui continue l'œuvre des pionniers. Nous aurons infiniment de plaisir à vous accompagner dans ce Québec historique. Mais vous verrez aussi le Québec moderne, un Québec débordant d'énergies nouvelles, un Québec qui s'ouvre sur l'univers. À l'issue de ce séjour, monsieur le président, vous pourrez dire avec fierté : « Voilà comment les fils de la vieille France ont bâti la Nouvelle-France[6]. »

Dès ses premiers mots, de Gaulle dévoile les couleurs qu'il est venu défendre au Canada : celles du Québec français. Il lance, la voix forte :

— Monsieur le premier ministre, c'est avec une immense joie que je suis chez vous, au Québec, au milieu du Canada français !

Il venait à peine de dire, plus modestement, à l'intention du gouverneur général :

— Je me félicite d'aller à Ottawa saluer le gouvernement canadien[7].

Le ton est définitivement donné. Après une brève visite à la Citadelle, fortin fédéral niché dans la vieille ville, où de Gaulle dépose une gerbe de fleurs bleues, blanches et rouges sur la tombe de son ami le général Vanier, c'est la flambée d'émotion à l'hôtel de ville. Là, tous peuvent mesurer avec étonnement quelle grande place le peuple québécois réserve dans son cœur au président de la France. Cinq mille personnes survoltées obligent de Gaulle à sortir tout de suite quelques pièces d'artillerie lourde. Il lui suffit de quelques mots, d'un geste et la foule composée de jeunes, d'ouvriers et de touristes explose en bravos. Alors, comme dans n'importe quelle ville de France et comme si les Québécois les connaissaient depuis toujours éclatent les paroles éternelles de la *Marseillaise,* que le général et son hôte, ravi, entonnent avec la foule.

— Nous sommes liés par notre avenir, crie alors le président, d'une voix capable, malgré sa vieillesse, de dominer le chahut de la foule. Mais on est chez soi, ici, après tout! Ce que nous faisons ici et là-bas, nous le faisons tous les jours un peu plus ensemble... Toute la France, en ce moment, regarde par ici. Elle vous voit. Elle vous entend. Elle vous aime[8].

Les mots constituent la base de la thérapie qu'est venu appliquer le Dr Charles de Gaulle à ce rameau oublié de la France. Le pouvoir des mots, il en abusera comme jamais durant ces trois jours dans le but de susciter chez ces « Français du Canada » la conscience de leur souche et de leur identité françaises. Le général répétera toujours le même message : « Vous et moi, nous sommes pareils, nous sommes du même sang, de même race, nous sommes Français. » La phrase du général pénètre les tréfonds de l'âme québécoise, cherchant à y remuer presque sadiquement les souvenirs tapis d'une Histoire douleureuse. C'est un exorcisme qu'est venu célébrer, à la demande de Daniel Johnson, le démiurge Charles de Gaulle.

Trois ans plus tôt, sur cette place de l'hôtel de ville, le chef de police de Québec ordonnait à ses hommes d'administrer la bastonnade à une jeunesse intransigeante qui conspuait une souveraine étrangère. Aujourd'hui, campé droit, le chef de police sent l'émotion l'envahir; une émotion sans violence, ronde et bienfaisante. Le journaliste Jean-V. Dufresne voit des larmes perler aux yeux du policier, dont les lèvres balbutient gauchement les paroles triomphales de l'hymne français[9]. Depuis deux jours, est-il nécessaire de le dire, la Vieille Capitale baigne dans un climat de douce folie. La veille, des marins français en permission payaient avec des francs dans les boutiques du Vieux-Québec, et il se trouvait parfois des Québécois aussi confondus qu'eux pour les accepter au même titre que l'argent canadien.

Dans sa mairie, aux plafonds hauts, où un vieux ventilateur de type colonial à longues pales brasse paresseusement l'air humide et chaud, le maire Gilles Lamontagne, entouré de la belle société de la Grande-Allée, Jean Lesage en tête, reçoit le tribut du général à « cette élite française, canadienne, plus active, plus efficace et mieux connue » qui s'affirme ici.

— C'est la base de tout. C'est l'essentiel. Tout le reste suivra, assure de Gaulle.

Président catholique d'un pays qui fut naguère la fille aînée de l'Église, le général se rend ensuite recevoir la communion des mains du cardinal Maurice Roy, à Sainte-Anne-de-Beaupré. Quatre mille personnes bondent l'immense nef de la basilique. Même si ce n'est ni le lieu ni l'usage, elles applaudissent spontanément au moment où le général s'avance solennellement vers son siège placé au pied du chœur. Les paroles du cardinal, éloquentes de nostalgie, tintent comme un carillon sous la voûte que le silence emplit soudain :

— Ceux qui sont venus de France ici, il y a trois siècles, étaient convaincus que le salut d'une âme vaut mieux que la conquête d'un empire...

Myope comme une taupe, mais trop fier pour porter ses lunettes en public, de Gaulle ne voit pas la marche qui le sépare de la sainte table. Un miracle (sans doute), il ne trébuche pas. Le chef du protocole André Patry a eu chaud. En sortant de la basilique, il faut descendre une série de marches sous un long auvent ; aussi Patry précède-t-il de Gaulle d'une marche et le met en garde :

— Une marche, mon général, une marche, mon général...

Soudain, le chef du protocole sent sur son bras la main du général qui lui souffle à l'oreille en désignant ses lunettes :

— Quand je porte ceci, il ne faut pas me dire cela...

Un déjeuner champêtre attend de Gaulle sur les hauteurs du Petit Cap, résidence d'été du Séminaire de Québec et emplacement de la première école technique fondée en Nouvelle-France. Au menu : bouchées du Saint-Laurent, poussins du Québec, riz sauvage, délices du Séminaire. Dix tables de 150 couverts ont été dressées sous des auvents tricolores, dans la prairie vert pomme dominant les célèbres marécages où se posent, chaque printemps, plus de 100 000 oies sauvages.

Il faut croire que la chère était bonne, car le ministre d'État Francis Boudreau en sommeille de satisfaction. L'apercevant, de Gaulle se penche vers Johnson en riant sous cape.

— Comment choisissez-vous vos ministres, M. Johnson ?

— Une seule condition, mon général, qu'ils se fassent d'abord élire ! réplique ce dernier en faisant allusion aux déboires électoraux du ministre français André Malraux.

Avant le dîner officiel au Château Frontenac — l'un des plus somptueux jamais tenus à Québec avec ses 400 invités et son coût de 16 668 dollars[10] —, c'est le général qui reçoit sur la plage arrière du *Colbert*. Cette réception a d'ailleurs failli ne pas avoir lieu, Ottawa tenant mordicus à la sienne, prévue à la même heure à la Citadelle. Quelques jours plus tôt, Pearson avait tenté sans succès de la faire décommander par Johnson, mais comme de Gaulle tenait tout aussi mordicus à la sienne... Avalant une couleuvre de plus, le ministre Paul Martin se rend donc en « territoire français » offrir ses hommages à l'illustre visiteur, qui s'incline devant lui, en murmurant, pince-sans-rire :

— Comment avez-vous trouvé cette première journée, monsieur Martine[11] ?

Ce soir-là, après le dîner, quand de Gaulle termine la première allocution majeure de son odyssée québécoise, les fédéraux ne rient plus. Leurs visages n'affichent même plus l'ironie, qui s'y voyait en permanence depuis le matin. Le président de la République française a confirmé leurs craintes : il est ici pour embêter Ottawa puisqu'il vient d'inciter ouvertement les Québécois à « devenir maîtres d'eux-mêmes », à revendiquer leur autodétermination. Des phrases comme celle-ci, dont son discours regorge, ne laissent place à aucun doute dans leur esprit :

— On assiste ici, comme dans maintes régions du monde, à l'avènement d'un peuple qui, dans tous les domaines, veut disposer de lui-même et prendre en main ses destinées. Qui donc pourrait s'étonner ou s'alarmer d'un tel mouvement aussi conforme aux conditions modernes de l'équilibre de notre univers et à l'esprit de notre temps ? En tout cas, cet avènement, c'est de toute son âme que la France le salue[12].

Jean Marchand a revêtu sa tenue de soirée pour venir entendre le général. Il paraît tout simplement en colère, il en mordille même d'irritation son éternelle pipe. Après le consommé en tasse de Frontenac, la queue de homard de Gaspé à la Nouvelle-France, la caille au nid à la vigneronne, le cœur de filet de bœuf Champlain et la salade verte, sans parler du riesling, cuvée des Écaillées, du clos Vougeot et du champagne Ernest Irroy, le message de liberté du général constitue, pour le ministre fédéral de l'Immigration, un dessert indigeste qui ne passe pas. À ses côtés, il y a Jean Lesage et le chef de l'Église anglicane de Québec, dont les mines crispées en disent long sur les sentiments qui les animent.

Quelqu'un porte un toast en l'honneur du président de la France — les verres ne volent pas haut du côté des Marchand et Lesage ! René Lévesque aussi paraît constipé. Pourtant, quand de Gaulle a exalté tantôt le gigantisme du chantier de la Manicouagan, lui et Daniel Johnson, mêlés tous deux à l'entreprise, se sont regardés un moment, puis ont échangé un long et beau sourire complice[13]. Jean Lesage a filé à l'anglaise, une fois avalés son parfait Fleur de lys et son café noir. Étrange volte-face de celui qui fut le premier à proposer à son peuple de devenir « maître chez lui ». Quant à Johnson, il commence à craindre un peu la suite des envolées du président, mais il présente à la galerie le flegme le plus total[14].

Ce sont là les premières retombées d'un discours que de Gaulle détaillera, dépècera et répétera en 100 formulations différentes le lendemain, lundi 24 juillet, à ces milliers de Québécois qui s'agglutineront sur les 270 kilomètres séparant Québec de Montréal, sur la rive nord du fleuve. Le chemin du Roy, c'est le maire de Montréal, Jean Drapeau, qui le premier en avait eu l'idée. L'avant-projet prévoyait que de Gaulle effectuerait de nuit le trajet Québec-Montréal de façon à passer toute la journée de lundi dans la métropole. Mais Jean Drapeau pensait que le président devait voir autre chose que Québec et Montréal même si cela devait écourter le séjour dans sa ville. Son impression du Canada français serait plus juste s'il voyageait de jour afin de voir la campagne. De plus, il fallait fournir au peuple québécois l'occasion de voir de Gaulle.

C'était le moment ou jamais. Il fallait saisir cette occasion de faire se rencontrer cet homme exceptionnel et ce peuple en plein essor[15]. Jean Drapeau pouvait-il soupçonner qu'en faisant valoir son idée il mettait lui-même la main à la fabrication de la bombe qui allait exploser sur son propre balcon, le soir du 24 juillet ? Quant à de Gaulle, il ne demandait pas mieux que de parler directement au peuple et il fit une chaude réception à l'idée que lui transmit François Leduc, son ambassadeur à Ottawa.

En mai, Johnson avait dit à Mario Beaulieu :

— De Gaulle s'en vient. Il faut le recevoir comme du monde. Je te confie l'opération.

Il s'agissait de monter un spectacle à grand déploiement que l'Amérique n'oublierait pas de sitôt. Surchargé de travail, le chef de cabinet avait délégué ses responsabilités à deux hommes : André Patry, pour les courbettes officielles, et Maurice Custeau, député de Jeanne-Mance, pour l'organisation. Custeau comprend les foules et, Christian Viens excepté, personne ne peut rivaliser avec lui pour les rassembler, les diriger et les faire bramer si besoin est. Fort bien, sauf que M. Custeau a un petit côté rustre qui avait laissé Mario Beaulieu songeur. Quand il lui avait parlé de sa mission, Custeau avait rétorqué :

— Ton général, Mario, j'veux pas le voir, ton c... de général !

Comment marier un fin lettré comme Patry à un praticien sympathique mais mal embouché comme Custeau ? Beaulieu organisa un dîner copieux au Château du lac Beauport afin de casser la glace et de faire tomber les préjugés réciproques ; il invita les deux hommes à se joindre aux autres « colonels » du dossier, les Gros d'Aillon, Viens, Loiselle, etc. Le lendemain, chacun passa au boulot. Après quelques jours seulement, Custeau et Patry formaient déjà une paire d'inséparables...

Pour l'occasion, le chemin du Roy mit sa toilette du dimanche. Fernand Lafontaine, dont les ministères de la Voirie et des Travaux publics allaient payer la note, ne lésina pas sur les moyens. Il fit construire les podiums et cet arc de triomphe monumental — 20 mètres de haut sur autant de large — qui indiquait, à la sortie de Québec, le début du chemin du Roy. Sur les 270 kilomètres suivants, on mit des arbres là où il en manquait et on coupa ceux qui nuisaient. Toute herbe folle devait être rasée à vue ! On alla jusqu'à peindre des fleurs de lys bleu roi sur le macadam de la route 2, et on orna les poteaux télégraphiques du parcours de drapeaux français et québécois placés en alternance, jusqu'à Montréal.

L'organisation Custeau fit également distribuer plus de 30 000 petits fanions tricolores et fleurdelisés aux populations des 24 villes et villages qu'allait traverser le cortège présidentiel. Et comme rien ne justifiait que les villageois des bourgs éloignés de la route 2 fussent privés de la vue du président de la France, on mobilisa des autobus scolaires qui, à l'heure convenue, allèrent déverser devant de Gaulle les masses de figurants nécessaires à la réussite de ce cinéma. Quant à la diffusion de l'événement, elle fut assurée par un réseau de radios privées organisé par Loiselle et Gros d'Aillon[16].

Premier arrêt : Donnaconna, ainsi nommé d'après le chef huron que Jacques Cartier ramena en France avec lui. Tout le village — 5000 habitants — entoure le podium dressé sur la place de l'église. La *Marseillaise* éclate aussitôt que le visiteur apparaît debout dans la longue Lincoln découverte, l'uniforme trempé par la pluie chaude qui s'est mise à tomber. À ses côtés, Daniel Johnson a l'air de rire dans sa barbe tandis que les majorettes en minijupes — les Satellites de Donnaconna — pirouettent gauchement devant son invité, qui prophétise déjà :

— Je vois le présent, le présent du Canada français, c'est-à-dire un pays vivant au possible, un pays qui est en train de devenir maître de lui-même, un pays qui prend en main ses destinées. Vous êtes un morceau du peuple français. Votre peuple canadien-français, français canadien, ne doit dépendre que de lui-même. Et c'est ce qui se passe, je le vois et je le sens[17].

S'il commence à irriter les élites liées aux fédéraux et aux libéraux, le discours libérateur du général soulève, en revanche, l'enthousiasme du petit peuple.

— Moi, monsieur, je suis venu de Portneuf pour le voir. C'est tellement un grand chef d'État ! Et puis, pour une fois, il est de notre sang, monsieur !

— De Gaulle, c'est le premier chef politique étranger qui s'occupe de nous comme cela !

De tels aveux spontanés, les journalistes accompagnant le cortège en recueilleront toute la journée. À Donnaconna, le maire avait dit aux reporters, avant l'arrivée du général et au moment où les organisateurs de Christian Viens procédaient à une « répétition générale » avec la population :

— On va leur montrer aux Anglais comment on peut accueillir de Gaulle[18] !

Deux arrêts sont prévus au royaume de Maurice Bellemare, le premier à Sainte-Anne-de-la-Pérade et le second, à Trois-Rivières, où le président déjeunera. Le soleil a fini par chasser les nuages qui le tenaient captif depuis Québec. Les grappes humaines se font plus compactes, bigarrées, trépignantes. Johnson s'efface devant de Gaulle, se contentant de l'imiter quand il se déploie, comme un long ressort à boudin soudainement libéré de son coffre, pour saluer la foule massée en double haie, de chaque côté de la route. La myopie orgueilleuse du chef d'État français lui joue parfois de vilains tours. On a averti Johnson : donnez-lui le bras pour descendre les escaliers, mais, surtout, ne lui faites pas sentir qu'il voit mal ! Dans une courbe, la limousine présidentielle se trouve tout à coup devant des poteaux télégraphiques, des banderoles en quantité mais pas un chat en vue. Un déclic — de Gaulle se lève d'un bond et salue les perches et les cartons... Johnson fait diplomatiquement de même. Les deux « généraux » se rasseyent et poursuivent, comme si de rien n'était, l'analyse du « dossier Québec ».

À Sainte-Anne-de-la-Pérade, c'est Bellemare qui prend les commandes. Après la rituelle *Marseillaise,* il entonne, de sa belle voix d'église, *Ô Canada* — mais on l'avait oublié, cet hymne, depuis l'arrivée du général en terre québécoise ! Aujourd'hui, au beau pays de la Mauricie, on se sent plus français que canadien. Bellemare décide également de détourner le défilé en direction du sanctuaire du Cap-de-la-Madeleine, où de Gaulle visite la basilique. Si d'avoir enfin entendu chanter leur hymne national a fait un petit velours aux fédéraux de la suite présidentielle, en revanche ce second impromptu ne peut que leur déplaire, eux qui reprochent à André Patry d'« être toujours dans les églises ».

— Vous serez ce que vous voulez être, c'est-à-dire maîtres de vous, répète le général, qui, à chacun des arrêts, enfonce son clou un peu plus profondément. Et je suis sûr que votre avenir sera beau, comme il doit l'être pour un avenir français. Moi, je vous apporte le salut de la France, du vieux pays qui vous aime et qui ne vous oublie pas[19].

Vingt minutes plus tard, à Trois-Rivières, il insiste encore :

— Quoi qu'il ait pu arriver, nous sommes maintenant à l'époque où le Québec, le Canada français, devient maître de lui-même. Il le devient pour le bien des communautés voisines du Canada tout entier. Il le devient pour l'honneur et, par conséquent, pour l'avantage de tous les hommes. Je suis tout à fait convaincu que c'est ce qui est en train de se passer ici[20].

Après le repas en plein air au séminaire de Trois-Rivières — encore des soutanes et des cornettes —, la caravane se prépare à filer vers Montréal. Un très vieil abbé observe, avant de s'enfuir à petits pas : « Il est venu avec le soleil... » Au bout du parcours, qu'y aura-t-il ? Les observateurs notent : ça devient sérieux. Le crescendo se précise — d'une fois à l'autre, de Gaulle fait grimper la tension et l'émotion. Lui-même s'enthousiasme, empoigne toutes les mains qui se tendent vers lui, sourit paternellement, montre sa satisfaction de mille façons. On le bouscule amicalement, on le touche comme s'il était un dieu — lui, il accepte tout sans lassitude, sans jamais se raidir. Ce peuple qu'il a demandé à coudoyer lui en met plein la vue. D'une halte à l'autre, d'une harangue à l'autre, d'un forum à l'autre, le vieux messager de l'Histoire se réchauffe avec la foule, en dit chaque fois un peu plus, comme s'il voulait la préparer à des confidences encore plus importantes.

Durant la pause à Trois-Rivières, Daniel Johnson affiche un certain sourire. Il paraît heureux, légèrement gris. Il confie à André Lagarde, qui lui demande si tout va comme il veut :

— Si cela continue comme ça, à Montréal on sera séparé !

Badinage, naturellement, dont André Lagarde rit de bon cœur. Les phrases incendiaires du général ne l'énervent pas, car il sait fort bien pourquoi Johnson s'est rapproché du président : il s'agit de braver Ottawa et de ranimer la fierté française de ce peuple. Et, ma foi, le « père de Gaulle » (comme l'a surnommé Johnson dans l'intimité) s'acquitte admirablement bien de sa mission. Dix sur dix ! De l'autre côté du fleuve, Fernand Lafontaine suit, de sa voiture, le déroulement des opérations. Il se tape sur les cuisses quand la radio transmet les envolées du général et les commentaires parfois incrédules ou confus des journalistes. Tout marche comme sur des roulettes. Les fédéraux et les rouges de Lesage rient jaune.

Les haut-parleurs tombent parfois en panne, comme à

Louiseville ou à Repentigny, aux portes de la métropole, où un demi-million de Montréalais, déjà massés le long de la rue Sherbrooke, attendent le général. Ou bien, ce sont les hélicoptères impolis de la station radiophonique CJMS qui couvrent la bonne parole du président de la République. Mais qui donc aurait pu imaginer pareil triomphe ?

— Ensemble, la main dans la main, en avant ! s'exclame de Gaulle d'une voix forte, face aux milliers de villageois qui ont envahi le charmant petit parc de Louiseville, où, près du podium, un jeune homme grave tient à bout de bras une pancarte affichant un slogan venu du lointain de l'Occident : « Vive Charlemagne II ! »

À Repentigny, la double haie qui emprisonne un instant la voiture du président annonce la marée humaine qui déferlera tantôt, rue Sherbrooke. De Gaulle promet que « la collaboration dans les deux sens va aller se développant », remercie le maire Robert Lussier d'avoir si bien parlé et son « ami, le premier ministre Johnson », de l'avoir conduit à Repentigny[21].

Commence alors, à la limite est de l'île de Montréal, le compte à rebours de l'explosion qui surviendra bientôt. Les rues Sherbrooke et Saint-Denis grouillent de monde. Partout et toujours, un même spectacle : enfants chantant et battant des mains, jeunes filles rieuses en minijupes aux couleurs criardes, adolescents en jeans délavés qui se bousculent tout naturellement en attendant le général et motards de la police qui repoussent sur les trottoirs cette foule indisciplinée qui envahit de nouveau la rue sitôt qu'ils ont disparu. Bref, c'est le délire, le chaos le plus absolu, la plus grande parade qui ait jamais eu lieu.

— C'est drôlement mieux que pour la reine ! observe l'un.

— La reine, je ne la déteste pas, mais elle vient trop souvent ! ajoute l'autre.

— Ah ! que je suis heureux que les Québécois aient réservé une si belle réception à de Gaulle[22] !

Dans l'une des limousines du convoi (un long serpentin qui s'étire sur plus de trois kilomètres), Bernard Durand, chef du protocole de France, fait remarquer à André Patry :

— Nous avons vu des foules plus nombreuses au Chili et en Iran, mais jamais aussi chaleureuses !

Unanimité chez les Français : Charles de Gaulle connaît, au

Québec, l'une des journées les plus émouvantes et les plus mémorables de ses dernières années. Il n'y aura vraiment que la presse canadienne-anglaise, celle de Toronto surtout, pour cacher ou minimiser l'ampleur et l'intensité de l'accueil québécois. Place de l'Hôtel-de-ville, près de 15 000 personnes attendent la grande scène du balcon. Le reporter de la Presse canadienne, affecté à l'événement, en dénombre à peine 3000[23]. La manchette du *Globe and Mail* du 24 juillet soutient : « Québec fait à de Gaulle un accueil réservé et calme. » Le *Toronto Star* du même jour signale que, bien que manifestement plus amicales, les foules n'étaient guère plus nombreuses que celles qui avaient accueilli la reine en 1964. Et le *Toronto Telegram* écrit, contrairement aux évidences et comme si la dépêche de son correspondant provenait de Mars : le général obtient un « accueil moins que chaleureux ». Aucun de ces trois quotidiens ne mentionnera, le lendemain, qu'un demi-million de personnes bordaient les rues Sherbrooke et Saint-Denis (estimations officielles du Service de la police de Montréal[24]).

Ils ne sont pas tous atteints de cécité, les reporters de Toronto. L'explosion populaire saisit d'étonnement au moins l'un d'entre eux. Depuis le matin, celui-ci s'amuse follement au spectacle des *natives* adorant leur roi républicain.

— Cette fois, il va falloir plus qu'un régiment de Highlanders ! ironise-t-il en évoquant la victoire anglaise des plaines d'Abraham, en présence de l'un de ses collègues de Montréal[25].

À dix-neuf heures et demie, les cloches des églises du Vieux-Montréal se mettent à sonner à toute volée quand la Lincoln décapotable, dont les plaques ontariennes ont été prestement remplacées la veille par des plaques du Québec, plonge dans une mer humaine, rue Saint-Denis. Direction : terrasse du Champ-de-Mars où M. le maire et les bons bourgeois de Montréal attendent le général depuis déjà une heure. C'est devant eux qu'il doit rendre son dernier oracle de la journée.

Et quel oracle ! Il le jette en pâture à la grande presse mondiale non pas de la terrasse, mais plutôt du haut du balcon de la place Jacques-Cartier, où, en l'entendant, l'amiral Nelson manque de tomber de sa colonne ! Le programme lui interdit le balcon, mais, obéissant au signal de la foule qui l'appelle en bas dans la rue, il s'y dirige en enjambant presque le corps de Jean Drapeau, qui, respectueux des conventions, cherche plutôt à l'attirer côté jardin, où sont rassemblés les notables de sa ville. Le scandale s'abat donc côté cour, avec le fracas d'un grand coup de tonnerre lézardant un calme ciel bleu de juillet. À Ottawa, dans son boudoir du 24 Sussex Drive, Lester B. Pearson n'en croit pas ses oreilles. Sur la terrasse où il se tient déjà, Daniel Johnson contrarié, rentre un peu les épaules, mais reste solidaire d'un invité qui abuse un tantinet de son hospitalité…

Or, voici que cet invité déchire cavalièrement, d'un seul coup, avec quatre petits mots, le voile de silence qui enveloppait depuis deux siècles ce peuple relégué trop vite aux oubliettes de l'Histoire. Mission accomplie, tant pour de Gaulle que pour Johnson. En mettant en présence une unité de choc et une situation explosive, celui-ci avait en vue la promotion mondiale de la question du Québec. Le travail est maintenant fait, et de façon magistrale ! Quant à de Gaulle, qui, lui, entendait corriger l'Histoire, réparer l'abandon des rois de France, il peut également se féliciter. Quand il mourra, il y aura dans son héritage ces quatre petits mots sacrilèges — « Vive le Québec libre ! » — assurés de passer à l'Histoire, comme tout ce qu'il avait touché durant sa vie.

Spontané, ce cri ? Ce fut, en grande partie, le résultat d'une réflexion ; l'intuition du moment fit le reste. La gaffe géniale et préméditée serait excusée par cette foule électrisée, qui, en bas, réclamait de Charles de Gaulle qu'il écrivît une page de l'Histoire du Québec. Sa phrase était prête. Pas d'hésitation possible : il devait la lancer côté cour, où exultait un peuple qui buvait ses paroles depuis le matin et qui se sentait français jusqu'à chanter la *Marseillaise* plutôt que *Ô Canada,* son propre hymne national.

Six jours plus tard, chez lui à Colombey, de Gaulle rie encore de son bon coup.

— Ah ! si vous aviez vu cet enthousiasme, dit-il à Jean d'Escrienne, son aide de camp qui n'avait pas fait le voyage au Québec. Ils s'attendaient à un appui de la France pour les aider. J'ai donc déclenché le contact. En fait, il se peut que cela ait été un peu prématuré,… mais je suis vieux, c'était l'occasion ou jamais. Qui d'autre, après moi, aurait eu le culot de dire cela si je ne l'avais pas dit[26] ?

Prématuré ? Selon le premier ministre du Québec, ça l'est, en effet. Il ne paraît pas heureux de l'éclat du général. Plutôt secoué, même. André Patry, qui sait interpréter ses réactions, remarque son air agacé, à la terrasse de l'hôtel de ville de Montréal, où, maintenant, de Gaulle rencontre un à un les « notoires » (c'est sa façon dérisoire de désigner les notables) et les diplomates, rendus muets par le malaise ambiant. Paul Chouinard s'approche de Johnson qu'il n'a pas vu de la journée tant il était bien gardé par ses gorilles. Le patron balbutie quelques mots d'étonnement — il semble dépassé par les événements. Ébahi par le chaos environnant, il cherche à comprendre. Il ne maîtrise plus rien : ni l'hystérie qui se poursuit toujours dans la rue ni la méfiance soupçonneuse des notables autour de lui. Plus tard, en soirée, il joint son secrétaire particulier au téléphone pour lui demander :

— Qu'en pensez-vous, Paul ? Qu'est-ce qu'il a voulu dire ?

De Gaulle a deviné la déception de son hôte — après son départ, on ne manquera pas de lui reprocher cet éclat. En se pendant vers Johnson, il lui dit :

— Je crois que je vous ai embêté, M. le premier ministre...

— Vous avez lancé le slogan d'un parti adverse, mon général... Mais quant au reste, ne vous en faites pas, je vais me débrouiller ! répond Johnson avec le sourire un peu mélancolique qu'il affiche parfois[27].

Même au cœur de la tourmente, il reste politicien avant tout. Certes, de Gaulle a fait du zèle. Il ne lui en demandait pas tant. Mais ce qui l'agace, ce n'est pas tant le brasier que celui-ci vient d'allumer que la publicité qu'il vient d'offrir en prime au parti de Pierre Bourgault. Euphorique, celui-ci se tient d'ailleurs dans la rue, au milieu de ses troupes, qui agitent leurs drapeaux et leurs pancartes provocantes sous le nez de policiers plus que tolérants. « Québec libre ! De Gaulle l'a dit ! » scandent-elles avec ivresse. À côté des indépendantistes, un énorme placard brandi par un Haïtien implore : « Général de Gaulle, aidez-moi à délivrer Haïti de Duvalier l'anthropophage ».

Un coup du RIN, le Québec libre ? Durant les préparatifs de la visite, Johnson avait fait demander au rouquin Marc Lavallée, intermédiaire entre lui-même et Bourgault, si ce dernier était disposé à pousser à la roue. Les rinistes n'aimaient pas beaucoup de Gaulle qu'ils tenaient pour un « vieux con » qui viendrait ici réciter ses boniments d'usage. On changea d'idée par la suite et Marc Lavallée fit savoir à Mario Beaulieu que le RIN serait de la fête si ses pancartes n'étaient pas censurées et si, surtout, il n'avait pas la police sur le dos. Parallèlement, Lavallée entra en rapport avec Bernard Tricot, des services de l'Élysée, pour mesurer la pertinence des vues du général sur le Québec.

— Le président connaît à fond la situation du Québec, affirma Tricot[28].

Rassuré, le Dr Lavallée rencontra ensuite Pierre-Louis Mallen, délégué de la radio-rélévision française à Montréal et agent de l'Élysée, qui lui confirma les dires de Tricot. Quand il apprit par ses informateurs les démarches rinistes auprès du service de renseignements français, Johnson soupçonna Bourgault de lui préparer une mauvaise surprise. Aussi, en entendant le général hurler le slogan riniste, il croit fatalement que Bourgault a manigancé le coup avec les Français. D'où sa remarque un peu acidulée à de Gaulle. Malgré les dénégations ultérieures de Marc Lavallée, le premier ministre, en sportif qui sait reconnaître les mérites d'un adversaire, lui dira :

— C'est un bon coup, Dr Lavallée. Vous avez pris de l'expérience avec les années[29] !

Mais, pour l'heure, il faut voir la tête des invités du maire Drapeau — politiciens, diplomates, financiers et anglophones — et la gêne qui enveloppe ceux qui sont groupés sur la terrasse. Le délégué général du Québec, Jean Chapdelaine, se frayait un passage dans la foule pour pénétrer dans la mairie lorsque, au balcon, de Gaulle a commencé à parler. Filant ensuite vers la terrasse, dans une section insonorisée de l'édifice, il n'a pas entendu la profanation. La mine décomposée des notables, leurs figures allongées le frappent. On lui apprend la chose... Couve de Murville, ministre français des Affaires étrangères, qui reste de marbre en toute circonstance, paraît sidéré. Même ses cheveux sont décoiffés ! René de Saint-Légier, conseiller diplomatique de l'Élysée, est abasourdi. Il n'en revient pas et c'est visible. Il confiera un peu plus tard à Chapdelaine :

— On savait que le général préparait un coup. Mais je ne savais pas ce que ça serait.

Tous savent, maintenant : Français, Canadiens et Québécois. Paul Chouinard a suivi le chemin du Roy en compagnie de Gilbert Pérol, attaché de presse du général de Gaulle. Quand ce dernier a lâché son pavé, Pérol a perdu toute contenance. Il a paru désemparé et s'est empressé de dire à Chouinard :

— Le président n'a certainement pas voulu cautionner la séparation... Allons ! Ce n'est pas un vieux fou, le bonhomme.

Toute la journée, les collaborateurs du général ont cherché à atténuer l'impact du message présidentiel auprès de leurs homologues québécois. D'une tirade à l'autre, leur désarroi grandit dans l'exacte mesure où le crescendo s'accentue. À Montréal, Pérol et les autres ne comprennent plus ce qui se passe. Ou bien les Français jouent bien leur numéro, ou bien le patron, visiblement, ne les a pas mis tout à fait dans le secret des dieux.

Le lendemain du cri, l'entourage du président court après les journalistes pour corriger l'impression laissée la veille par celui-ci : il n'est jamais entré dans les vues du général, assure-t-on, d'encourager les mouvements indépendantistes, même s'il a utilisé leur slogan. Pour lui, les mots « Québec libre » ne signifient pas « Québec libéré » mais plus simplement « affranchi ». L'exégèse commence[30].

Sur la terrasse, l'élite autochtone fait peu de cas des subtilités sémantiques. L'interdit a été violé. Il y aura un prix à payer : quel sera-t-il ? De Gaulle vient de diviser le Canada encore plus qu'il ne l'était déjà. Contrairement au peuple qui, depuis deux jours, fait la fête avec le grand homme qui sait si bien flatter ses racines françaises et éveiller l'espoir, l'élite fait la sainte nitouche. Ces bons bourgeois se scandalisent de voir le peuple troquer cavalièrement le solennel *Ô Canada* contre la pimpante *Marseillaise,* aux résonances plus éternelles. Ils ne peuvent pas entendre, sans grimacer de gêne, tous ces « Français du Canada » ou ces « Français canadiens », qui ne sont à leurs yeux que des fleurs de rhétorique, inhérentes à la démagogie du général.

L'éditorialiste du *Devoir,* Jean-Marc Léger, se trouve sur la terrasse et écoute, amusé, les piaillements inquiets de « nos tristes notables ». Un financier de ses connaissances présente bêtement ses excuses à un groupe d'anglophones penauds : « De Gaulle, c'est fini ! leur dit-il. Ah ! comme je comprends aujourd'hui l'antigaullisme des Anglo-Saxons ! » Le timoré paraît horrifié. Deux jours plus tard, dans une réunion intime où se trouve encore Léger, le tartufe jubile : « Sacré de Gaulle ! Il n'y avait que lui pour avoir ce courage. » À l'éditorialiste qui lui rappelle ses propos de l'avant-veille, il bredouille : « Vous comprenez, c'était de gros clients, des associés,... les affaires ! »

La frasque gaullienne provoque dans l'entourage du premier ministre allégresse, incrédulité ou effarement suivant les convictions de chacun. Les « ultras » pavoisent ou plutôt « dépavoisent », comme chez les Gros d'Aillon, où l'épouse brûle ce soir-là l'unifolié[32]. Le député Antonio Flamand roule vers sa maison d'été de l'île d'Orléans quand les quatre mots interdits lui coupent le souffle. Surexcité, il abandonne sa voiture au milieu de la rue et se met à marcher de long en large en scandant :

— Il l'a dit... Il l'a dit...

Jérôme Proulx, député de Saint-Jean, interrompt brusquement le repos qu'il s'accordait chez lui, ce jour-là. Les paroles du général stimulent subitement ses glandes surrénales ; il saute dans sa voiture, file d'abord à Québec, puis à Montréal, où il ne rencontre que fièvre et passion chez les militants du parti. Mario Beaulieu, plus calme et plus fédéraliste aussi, répand, auprès des permanents, une thèse qui aura la vie dure malgré son apparente fragilité :

— Ça lui a échappé de la bouche... Il a répété ce qu'il a lu sur les pancartes du RIN sans savoir qu'il s'agissait d'un slogan séparatiste !

Pierre-Marc Johnson, fils cadet du premier ministre, est sous le balcon, lui aussi. Il a vingt et un ans et ne jure que par la nation comme tous ceux de sa génération. Le cri du général, qu'un voisin doit lui répéter, car il ne l'a pas entendu, le comble de joie. Le maître de l'image, Jean Loiselle, se trouve tout à côté, au pied de l'escalier de pierre qui permet d'accéder à l'intérieur de l'hôtel de ville. S'intéressant plus aux réactions des autres qu'aux siennes, il remarque de l'autre côté de la rue la mine déconfite de deux députés libéraux bien connus : René Lévesque et Yves Michaud. La cause de leur irritation, Loiselle la devine : nationalistes dans un parti revenu à l'orthodoxie fédéraliste depuis la perte du pouvoir, ils risquent, après la gaffe du général, de se sentir encore plus isolés parmi les leurs.

Le départ du président de Gaulle s'effectue dans une ambiance aussi délirante que son arrivée — on l'ovationne bruyamment tandis que retentit la *Marseillaise*. Des « Vive de Gaulle ! » entremêlés de « Vive le Québec libre ! » fusent de tous côtés pendant que la limousine, dans laquelle le général a pris place avec Jean Drapeau, s'éloigne lentement. Avant de s'engouffrer dans une autre voiture officielle, un Marcel Masse radieux salue la foule de grands gestes fraternels.

Quant aux deux lascars qui ont fait sortir la population dans la rue, les sieurs Custeau et Viens, ils sablent le champagne au club Renaissance, peu soucieux des remous qui bouillonnent déjà.

— On n'a plus rien à faire, constate Custeau. Mission accomplie ! Daniel voulait un *show,* il l'a eu !

Le cri du cœur de Lester B. Pearson

Dans les chancelleries, la fébrilité des grands événements règne. Daniel Johnson s'interdit tout commentaire en public. Mutisme officiel — le temps de laisser Français et Canadiens régler leurs comptes. Le premier ministre interroge ses proches et réfléchit. Il a besoin de recul pour adapter sa stratégie au nouvel équilibre politique et pour trouver comment insérer les mots « Québec libre » dans le schéma Ottawa-Paris-Québec. La tempête devra s'apaiser avant qu'il dise quoi que ce soit. Un premier ministre, répète-t-il à ses proches, doit éviter d'agir sous le coup de l'émotion. Comment, en effet, faire entendre raison à quelqu'un qui hurle d'exaspération ?

En dépit du léger sourire qui flotte sur ses lèvres durant ces journées, Daniel Johnson reste perplexe. Pourquoi de Gaulle a-t-il sorti ses grosses cartes tout de suite, le plongeant brutalement, lui « son ami », dans un pareil bain d'eau froide ? La déclaration du général ne vient-elle pas trop tôt, avant même que les Québécois n'aient eu le temps de chausser leurs bottes de sept lieues ? Le Québec est aux prises avec des difficultés économiques énormes. Comment tout cela finira-t-il ? Les financiers craignent pour leurs investissements, les syndicats pour leurs *jobs* et les fédéraux, ombrageux, pour leur pouvoir.

En attirant de Gaulle dans ses filets, Johnson n'entendait pas jouer son va-tout. Il poursuivait deux objectifs : révéler au monde le caractère français du Québec et aux Québécois, leur identité française. Tout en renforçant aussi, naturellement, sa propre image. Fallait-il aller jusqu'au « Québec libre » ? C'est une affaire qui semble avoir trop bien réussi pour ne pas ressembler un peu à un marché de dupes.

Aux Affaires étrangères, Paul Martin et ses conseillers le voyaient venir depuis longtemps, le dénommé de Gaulle. Avec ses richesses naturelles abondantes, son économie prospère et surtout son contrôle de l'accès à la voie maritime du Saint-Laurent, un Québec indépendant ferait obstacle à l'empire anglo-américain, tout en assurant à la France un marchepied commode. Québec était-il dupe ou complice du général ? La volonté québécoise de conclure et de signer des traités avec la France ou d'autres pays francophones afin d'acquérir, *de facto,* une certaine reconnaissance internationale constitue, pour les mandarins des Affaires étrangères, un aveu de culpabilité.

On n'a aucun doute à Ottawa : le renard de Bagot préparait la voie aux ambitions du président. Longtemps avant le débarquement du général à Québec, les Affaires étrangères avaient mis Pearson en garde : de Gaulle n'a pas la moindre intention de se rendre à Ottawa et il fera en sorte de susciter un incident qui l'obligera à annuler son voyage en Outaouais. Un seul point demeurait mystérieux : la forme et le moment de son esclandre[33].

Peu enclin par nature à gober toutes ces histoires au sujet d'un « complot français » qui pousserait le Québec à l'indépendance, le premier ministre canadien a fait peu de cas des signaux de son service de renseignements. Il s'agissait, pour lui, d'affabulations de diplomates frustrés par la concertation franco-québécoise. En ce soir du 24 juillet, le réveil de « Mike » est brutal. Il tourne le bouton du téléviseur et téléphone à son assistante, Mary MacDonald : demain matin, neuf heures, réunion d'urgence du cabinet !

Quel mal élevé, ce de Gaulle ! Non seulement cautionne-t-il de son autorité la cause indéfendable d'une « minorité », non seulement abaisse-t-il les Canadiens anglais au rang de nazis, mais, en outre, il ne se soucie même pas de respecter les conventions maritimes qui obligent les navires étrangers à arborer le pavillon du pays visité. Durant la journée, on a signalé à Pearson que *Le Colbert* avait hissé le tricolore en lieu et place de l'unifolié. À Habitat 67, dans l'une des suites luxueuses mises à la disposition des personnalités, le premier ministre de l'Ontario, John Robarts, surveille avec des jumelles l'accostage du croiseur français.

— *Insulting !* grogne l'Ontarien en se rendant compte de la désinvolture des gaullistes.

L'impolitesse canadienne de Vimy, vue par l'autre bout de la lorgnette ! À Ottawa, les politiciens des deux partis font le gros dos, ce soir-là et le lendemain. John Diefenbaker, le premier, réclame de Pearson qu'il interdise à de Gaulle d'ouvrir la bouche jusqu'à la fin du voyage... T.C. Douglas, chef du Nouveau Parti démocratique, écrase le général de son souverain mépris. Il n'y a pas lieu, dit-il, d'accorder de l'importance aux paroles d'un « vieil homme épuisé par un long voyage ».

Il faudrait en finir une bonne fois avec ce de Gaulle venu ici pour monter la tête des Canadiens français ! Un bon coup de trique, et vite ! Tel est d'ailleurs le châtiment que réclame la presse anglophone.

> *The Toronto Star* : Nous devons tenir pour acquis qu'il a délibérément offensé et insulté le Canada. Si Lester Pearson avait la moitié de la fierté nationale du président français, il lui conseillerait de quitter le Canada immédiatement.

> *The Toronto Telegram* : Les rêves du Général de Gaulle ne peuvent sûrement pas aller jusqu'à offrir au Québec un statut colonial au sein d'un empire français qui s'effrite.

> *Fredericton Gleaner* : De Gaulle a maintenu sa réputation de fauteur de troubles.

> *Lethbridge Herald* : Le mieux à faire, c'est d'oublier sa visite et ses propos.

> *North Bay Nugget* : Quel est cet homme qui profite de l'hospitalité canadienne pour prêcher la liberté du Québec et l'émergence d'un pays indépendant dans cette province ?

Pas plus de pitié chez les journalistes de la presse internationale.

> *The Times* (Londres) : Il faut supporter les provocations en attendant que le général s'en aille.

> *The Guardian* (Londres) : Cela ressort plus du bouffon que de l'homme d'État. Ainsi, le Général de Gaulle a décidé de se battre contre le moulin à vent anglo-saxon pour le reste de sa vie.

> *The Washington Post* : Ce n'est pas le vrai Général de Gaulle, mais une caricature du président français qui vient de visiter le Canada cette semaine.

L'Aurore (Paris) : Force est, cette fois, de poser la question en clair : que se passe-t-il au juste sous le képi du Général de Gaulle ?

Les Échos (France) : La France incitant les Canadiens français à se libérer de la tutelle britannique... On croit rêver[35].

Jean Marchand, le plus intransigeant des faucons du cabinet Pearson, n'attend pas la conclusion du Conseil des ministres pour exprimer son indignation :

— Le président fait de beaux discours, mais, quand il repartira, rien ne sera changé au Québec, comme au Canada d'ailleurs. Dans le domaine de l'indépendance, comme dans les autres domaines, il faut être réaliste et cesser de nous conter des peurs... Que de Gaulle nous dise comment remplacer les 10 milliards d'investissements américains au Québec et nous aurons accompli une grande étape[36].

Les francophones du fédéral voudraient bien, en effet, que rien de fondamental ne change. On les comprend : depuis quelques années déjà, ils vivent la bipolarité comme un cauchemar sécessionniste. Ils se sentent en marge d'une prise de conscience et d'une évolution qui remettent en cause la légitimité de leur mandat de porte-parole des francophones du Québec, dont Johnson revendique d'ailleurs l'exclusivité. Les « vilains » du mariage à trois, ce sont eux, et comment d'ailleurs supporter plus longtemps le sceau infâme de « traîtres » ou de « collabos » que leur accolent sans indulgence les indépendantistes ?

La séance extraordinaire du cabinet Pearson, convoquée pour le mardi 25 juillet, se transforme en un exercice de défoulement et de maîtrise de soi. Les faucons du cabinet, dont une bonne part se recrute chez les ministres francophones, recommandent au premier ministre la manière forte, c'est-à-dire la rupture des relations diplomatiques avec la France[37]. Riposte tout à fait normale puisque ce président étranger n'avait pas à mettre son grand nez dans les affaires intérieures du Canada. D'autres nations ont coupé leurs relations avec des tiers pour beaucoup moins que cela. Pearson le modéré, Pearson le diplomate, dont on dit qu'il étire son mandat de premier ministre afin de mieux faire valoir ses droits à la retraite, refuse de couper tous les ponts. Rompre les rapports avec Paris risquerait de soulever le Québec contre Ottawa et permettrait à

Johnson de progresser dans sa recherche d'une plus grande autonomie pour sa province[38]. Si le Canada frôle le bord de l'abîme, on le doit à la politique à la fois ambivalente et dure du chef unioniste. C'est l'un des aspects cachés de sa personnalité : il ne recherche pas l'indépendance, mais s'arrange discrètement pour la rendre de plus en plus accessible. En fait, Johnson ne craint pas de négocier sur la corde raide.

L'irrémédiable aura-t-il lieu ? Tandis que Pearson ajourne la séance du cabinet pour le déjeuner, Jean Marchand lui envoie un message codé. L'ancien chef syndical laisse en effet entendre à la presse qu'après le premier ministre il émettra peut-être sa propre déclaration, comme leader du caucus libéral québécois, si[39]... Menace inutile, car, quelques heures plus tard, Pearson demande à Radio-Canada de passer à l'antenne. Sa riposte tient en une sévère condamnation du président de Gaulle, mais ne va pas toutefois jusqu'à la rupture des relations.

Jean Marchand est satisfait ; quant à Pearson, il ne se fait aucune illusion : si jamais de Gaulle nourrit toujours le projet de venir à Ottawa, la lecture de la mise au point l'en dissuadera. Aucun membre du cabinet n'éprouve la moindre envie de se montrer poli avec le général. On imagine mal Pearson et Charles de Gaulle se faisant des civilités après l'incident du balcon. Finalement, le Conseil des ministres accouche d'un texte dont il est sûr que de Gaulle ne pourra accepter ni l'esprit ni la lettre[40].

> Certaines déclarations faites par le président ont tendance à encourager la faible minorité de notre population qui cherche à détruire le Canada et, comme telles, elles sont inacceptables, pour le peuple canadien et son gouvernement. Les habitants du Canada sont libres. Toutes les provinces du Canada sont libres. Les Canadiens n'ont pas besoin d'être libérés. Le Canada restera uni et rejettera toutes les tentatives visant à détuire son unité[41].

C'est la première fois dans son histoire que le Canada déclare aussi clairement que les propos d'un chef d'État étranger sont inacceptables. L'ambassadeur Jules Léger transmet la note de Pearson à Couve de Murville, qui accompagne de Gaulle à l'Expo, où doit avoir lieu un grand dîner officiel au pavillon de la France. Depuis le début de la visite, Jules Léger reste en contact avec le ministre français des Affaires étrangères, car, suivant les usages diplomatiques, l'ambassadeur du pays visité fait partie de la suite présidentielle. Son rôle consiste à maintenir la liaison entre son gouvernement et l'entourage du chef d'État français.

La journée du président à Terre des hommes est l'occasion d'un nouveau triomphe. Après le cri de la veille, les services de sécurité sont aux aguets. De Gaulle va-t-il se faire huer ? Et les francs-tireurs ? Le soleil est éblouissant ; le général a troqué son uniforme kaki pour le frac et les pantalons rayés. De pavillon en pavillon, une meute d'activistes indépendantistes le suit en arborant le dernier slogan de l'heure : « Johnson l'a voulu, de Gaulle l'a dit, Vive le Québec libre ! » Après le tour des pavillons, le président de la France reçoit ses hôtes à dîner. Paul Martin s'est décommandé, rappelé d'urgence à Ottawa pour la réunion du cabinet. Absence diplomatiquement valable, mais également lourde de signification puisque le ministre aurait amplement eu le temps de regagner la métropole par avion après le Conseil des ministres.

Comme deux larrons en foire, insouciants de la grogne fédérale, de Gaulle et Johnson s'encensent mutuellement en portant des toasts. L'un et l'autre prononcent, sans en changer un seul mot, des discours écrits bien avant l'incident comme si, la veille, tout s'était déroulé selon les règles. Sauf que, maintenant, certains mots et certaines phrases prennent une tout autre résonance.

— Ni vous ni moi n'aurons perdu nos heures, susurre de Gaulle à son ami Johnson. Peut-être se sera-t-il passé quelque chose ?

Ce à quoi l'hôte répond par une ode à la liberté — après le « Québec libre » de la veille, c'est vraiment mettre de l'huile sur le feu.

— La langue et la culture ne sont pas les seuls dons que nous ait légué la France. Il en est un autre auquel nous attachons le plus grand prix : c'est le culte de la liberté. Nous ne serions plus français si nous n'étions épris de libertés : pas seulement individuelles, mais aussi collectives[42].

À vingt-trois heures et demie, de Gaulle quitte Johnson pour la nuit. Accompagné de Couve de Murville, il file à la résidence de Robert Bordaze, commissaire général du pavillon de la France,

Redpath Crescent, dans l'ouest de la ville. Il parcourt le texte de la semonce fédérale, prend connaissance des réactions de la presse, consulte Couve de Murville, téléphone à Pompidou, resté à Paris, et lui demande son avis. Après avoir écouté les uns et les autres, Charles de Gaulle arrête seul sa décision. Il est une heure et demie du matin. Il est hors de question qu'il s'explique, fasse des excuses, encore moins qu'il ravale ses mots.

— Faites préparer l'avion, nous rentrons chez nous! dit-il tout simplement à son aide de camp, l'amiral Philippon[43].

Si l'envolée du balcon paraît «inacceptable» à Pearson, les propos de ce dernier le sont aussi au général. La réplique canadienne est humiliante : on lui fait un procès d'intention en décidant, avant de l'entendre, que son «Vive le Québec libre!» est une caution des indépendantistes québécois. C'est la moutarde après le dessert. La tendance des fédéraux à déformer, depuis plusieurs mois, ses gestes et ses propos, la hargne de la communauté anglaise du pays, les sarcasmes et la dérision de la presse anglophone, la froideur de l'accueil prévu à Ottawa et le climat manifestement émotif rendent inutile tout entretien avec Pearson. La cause est entendue.

Couve de Murville informe aussitôt l'ambassadeur Léger de la décision présidentielle. Celui-ci en avise sur le champ Marcel Cadieux, sous-ministre des Affaires étrangères, qui prévient Mary MacDonald. L'assistante du premier ministre juge superflu de réveiller celui-ci et ne lui apprend la nouvelle qu'à six heures du matin[44]. Pearson étouffe un bâillement de satisfaction et convoque immédiatement une nouvelle réunion de son cabinet.

Mercredi 26 juillet : c'est le dernier jour de l'épopée du général en Amérique. Au début de la matinée, le chef du protocole Patry se présente à la luxueuse résidence de Robert Bordaze, Il trouve un président las, à l'air sombre et renfrogné : il est au cœur de la crise qu'il a déclenchée — sa nuit en a été écourtée. Aujourd'hui, c'est le maire Drapeau qui lui servira de cicérone. Il le promène d'abord dans son métro tout neuf, construit avec l'apport de la technique française, lui montre sa place des Arts et, après une visite à l'Université de Montréal, le reçoit à un banquet donné en son honneur.

Journée *anticlimax*. Certains signes ne trompent pas : une limousine fermée et blindée remplace la décapotable. Partout où passe le général des barrières métalliques le séparent de la foule. Ça fourmille de policiers et de gorilles. Ce midi-là, tandis qu'à Ottawa les ministres versent des larmes de crocodile en commentant le départ précipité de l'invité des Québécois (« *We were glad* », écrira quelques années plus tard l'une d'entre eux, Judy LaMarsh[45]), Jean Drapeau est consacré héros national du Canada anglais et de l'élite bien-pensante du Canada français.

Son discours, le maire l'a mijoté depuis longtemps. Bien avant l'arrivée du général et son cri du balcon. Les circonstances vont cependant lui conférer une couleur inattendue. Le lendemain de l'éclat du président, le maire en a résumé à André Patry les idées maîtresses. On les retrouve toutes dans le discours qu'il prononce pendant le déjeuner officiel. Seule la présentation, particulièrement ambiguë, a changé. Qu'est-ce qu'il dit, M. le maire ?

— Un homme qui a donné sa vie à la France pour permettre à la France de reprendre la place qui lui revient non seulement en Europe, mais dans le monde comprend que le Canada français puisse souhaiter aussi pouvoir se placer au rang qui lui revient, et ce n'est prendre la place de personne, comme l'a dit si bien l'un de nos grands historiens, que d'occuper la sienne[46].

Rien de francophobe là-dedans ni de procanadien, non plus. L'essentiel de son intervention est à l'avenant. Et pourtant, ce jour-là, Jean Drapeau devient le nouveau saint Georges tenant tête au dragon de Gaulle. Héros du Canada anglais mais traître aux yeux des nationalistes québécois. Pourquoi ? C'est que le maire reproche à la France son abandon historique. Elle n'est pas bien méchante, sa critique, que la France gaulliste accepte d'ailleurs au point de battre sa coulpe publiquement. Mais, dans ce contexte particulièrement tendu, la moindre petite semonce adressée au président de la France devient aux yeux des Canadiens anglais une gifle magistrale (*a firm rebuke*), quelque chose de comparable à la bulle d'air qui permet à celui qui se noie de respirer. Jean Drapeau dit clairement :

— Depuis 200 ans, vous nous avez négligés. Ingratitude de la France ? Nous avons appris à survivre seuls pendant deux siècles. Il n'y a eu aucune relation, aucun rapport avec la France durant cinq générations. Les Français savent-ils bien que l'enseignement du français ici a pris, un jour, la forme du seul exemplaire de grammaire française restée en colonie, après le retour en France des élites cultivées, et dont seule une religieuse était autorisée à tourner les pages[47] ?

Vlan! Dans l'œil! Bravo! écrivent tout de go les éditorialistes de la presse anglo-canadienne, qui avaient besoin d'être vengés par un intermédiaire québécois de la trempe de Jean Drapeau, l'« autorité supérieure » — Daniel Johnson — s'étant murée dans le silence. Si jamais il avait pris l'envie au maire d'entrer dans l'arène fédérale, il aurait été plébiscité par le Canada anglais, tout comme de Gaulle venait de l'être par le Canada français.

Selon au moins un quotidien de Toronto, le maire n'est pas allé assez loin et, croyant mieux résumer sa pensée sans doute, le rédacteur titre à la une : « Les Québécois n'ont que faire de l'aide de la France[48] ! » Éléphantesque et surtout vite dit ; à Toronto, on ne retient que les couplets réprobateurs et on passe sous silence les souhaits du maire pour une aide permanente et accrue :

> Nous ne voudrions pas revivre ce qui a été vécu. (…) L'espoir que votre visite a fait naître de façon grandiose, nous ne voudrions pas qu'il débouchât sur une déception. (…) Je formule le vœu que les autres présidents vous ressemblent et partagent votre foi dans l'existence d'un Canada français[49].

L'essentiel de ce que de Gaulle avait à dire, il l'a déjà dit. Néanmoins, la tournure des événements et sans doute aussi la « mise au point » de M. le maire inspirent au général de Gaulle quelques lignes qui deviendront aussi célèbres que lui :

— Ensemble, nous avons été au fond des choses et nous en recueillons, les uns et les autres, des leçons capitales. Nous les emportons pour agir. Et quant au reste, tout ce qui grouille, grenouille et scribouille n'a pas de conséquence historique dans ces grandes circonstances, pas plus qu'il n'en eut jamais dans d'autres[50].

Profondément remué par l'éloquence de Jean Drapeau, le premier ministre Pearson lui envoie, le soir même, un message personnel :

— Vous nous avez donné, monsieur le maire, une leçon de sagesse, de noblesse et de patriotisme qui aidera à guérir les blessures qui ont été infligées à notre pays au cours des derniers jours[51].

À 16 h 22, le DC-8 présidentiel décolle de Dorval en laissant derrière lui une opinion publique abasourdie. C'est, maintenant, pour Daniel Johnson, l'heure du bilan. Après avoir pris congé du général, il a gagné ses bureaux à Hydro-Québec, où le téléphone ne dérougit pas depuis deux jours. Entouré de ses « colonels », de ses conseillers et du jeune ministre Marcel Masse qui a joué un rôle de premier plan durant la visite, le chef du gouvernement étudie les répercussions de l'incident. Il paraît étonnamment placide et serein — dans les moments de grande tension, il donne toujours sa pleine mesure. À un moment donné, Yvette Marcoux lui passe le téléphone. Il écoute, dit quelques mots, prend note des critiques.

— Ils ne viendront pas nous dire quoi faire! tonne-t-il, en raccrochant, à l'adresse des fédéraux dont il ridiculise l'hystérie.

— Télégramme, monsieur le premier ministre !

Le Général de Gaulle, dont l'avion vient de quitter l'espace aérien du Canada, lui envoie un dernier message d'adieu, suivant l'usage diplomatique :

> Je vous remercie, monsieur le premier ministre, pour la magnifique réception que vous m'avez réservée, et, à travers vous, j'exprime ma gratitude à la population pour son inoubliable accueil. Croyez, monsieur le premier ministre, en ma haute et cordiale considération.
>
> Charles de Gaulle[52].

Au petit restaurant grec de la rue Saint-Laurent où Johnson et ses collaborateurs terminent cette journée mémorable, la conversation porte sur la position que le gouvernement devra bien arrêter tôt ou tard. Le coup asséné par de Gaulle a été important, admet le premier ministre. Il faut prévoir des retombées, économiques ou autres, auxquelles on fera face en temps et lieu. Johnson consulte ses conseillers : quelle réplique peut-il servir à Ottawa ? Comment amadouer la presse française choquée par les paroles de son président ? Ce soir-là, il commence à concevoir avec ses proches le texte sur la position du Québec qu'il publiera le 28 juillet, dans deux jours. Le climat est à la fois calme et euphorique. Après la réception du télégramme du général, quelqu'un a risqué un jeu de mots :

— De Gaulle est dans les airs et nous, on s'est tiré en l'air[53] !

Au milieu de la tempête

Le sursis que Johnson s'est accordé tire à sa fin. Interloquée par l'invraisemblable exclamation du balcon, la presse québécoise s'est d'abord montrée hésitante, mais, maintenant, elle réclame des explications. Sauf quelques exceptions — Jean-Marc Léger, du *Devoir,* «Des paroles de vérité, un message d'espoir», et Guy Cormier, de *La Presse,* «La vie et la liberté étant les deux plus grands biens de ce monde, on pourrait se demander où, exactement, réside le scandale dans une exclamation comme *Vive le Québec libre*[54]!» —, la plupart des commentateurs commencent par nuancer leurs opinions avant de faire chorus avec leurs confrères anglophones.

Roger Champoux, éditorialiste en chef qui traduit l'idéologie des propriétaires de *La Presse,* résume dans un cri — c'est la mode!— leur position: «Fierté, oui! Agitation, non!» Attaquant De Gaulle directement, *Le Soleil,* de Québec, rappelle à ses lecteurs que le slogan «Québec libre» est non seulement le cri de ralliement des séparatistes, mais est aussi à l'origine des «actes de terrorisme qui se sont produits dans la province[55]».

Un moment interdit —«On hésite à croire qu'un homme d'État aussi prestigieux que le Général de Gaulle aurait voulu en quelque manière profiter de l'hospitalité d'un pays étranger pour s'immiscer dans les controverses intérieures.» —, Claude Ryan excommunie bientôt le visiteur et son hôte, Daniel Johnson, à qui il reproche son silence: «L'accolade d'un grand patron ne suffit pas à faire d'un politicien un homme d'État. Jusqu'à plus ample information, M. Johnson appartient plus à la première catégorie qu'à la seconde[56].»

Du côté de la presse nationaliste, l'appui à de Gaulle et à Johnson est inconditionnel. François-Albert Angers, de *L'Action nationale,* pratique l'humour:

> Il paraît que circule à Ottawa une nouvelle note protocolaire à l'usage des futurs chefs d'État en visite au Canada et surtout au Québec. Elle se lit ainsi: «Ne parlez pas de la liberté aux Canadiens français ou aux Français canadiens, car c'est une boisson trop forte pour eux. Ils en oublient leur esprit de soumission et de tolérance. Or, sans ces profondes qualités, comment le Canada pourrait-il continuer à exister?»

Exilé volontaire à Paris depuis plusieurs années, l'écrivain québécois François Hertel éclate: «Quand on pense qu'il y a des

Québécois assez veules pour craindre ce mot (Québec libre) ! Quant aux fédéralistes, qu'ils profitent de leurs dernières années de faux pouvoir[57] ! »

Johnson poursuit ses réflexions pendant que le mécontentement se manifeste dans son parti. À ceux qui, comme Marc Faribault, s'inquiètent des répercussions, il laisse voir son désappointement.

— C'est regrettable que ça soit arrivé, dit-il à son vieil ami au cours d'un dîner. Dès Trois-Rivières, j'ai senti qu'il arriverait quelque chose. Je voyais le général s'enflammer. Je me disais que la journée ne se passerait pas sans éclat.

« Il était temps qu'il prenne l'avion ! » confie-t-il par ailleurs à Me Jean-Paul Cardinal, qu'il avait présenté à de Gaulle en ces termes :

— Vous savez, monsieur le président, il est un peu mon éminence grise…

— Pour un cardinal, c'est rare,... avait répliqué le général sans broncher.

Et la députation ? Dès le premier caucus, Johnson se rend compte qu'elle oscille entre l'indignation et la peur. Les gros ténors — les Bellemare, Dozois, Bertrand et Gosselin — sont aux abois. Paul Dozois se montre particulièrement perplexe durant la visite du général, il était en Espagne avec des amis français qui s'étaient scandalisés en sa présence de la conduite de leur président. Comme il élève la voix au cours du débat, Johnson lui réplique d'un ton exaspéré :

— Paul, ne me laissez pas le choix, car je déclencherai des élections sur le thème de l'indépendance ! Ceux qui voudront se présenter me suivront, les autres iront ailleurs ! Je vous le dis : je ferai élire 80 députés !

Bravade, bien sûr. Malheureux de la réaction de ses collègues mais sûr de la sienne, le chef clôt le caucus par une exhortation :

— Vous allez retourner chacun dans vos comtés. N'allez pas voir les marchands ou les entrepreneurs, mais le petit peuple, vos électeurs. Demandez-leur ce qu'ils pensent de tout ça. Vous m'en donnerez des nouvelles à notre prochaine rencontre[58].

Le 28 juillet, au Conseil des ministres, des explications aussi franches durent au moins deux heures. Johnson apaise les inquiets. Chacun des ministres traduit, en fait, les sentiments de son milieu et de son électorat. Se faisant l'écho du monde de la finance, Paul Dozois, par exemple, a besoin qu'on lui démontre l'opportunité de l'appui à de Gaulle, que le chef s'apprête à communiquer à la presse. Tous deux mandataires d'un électorat à forte composition anglophone, Jean-Jacques Bertrand et Claude Gosselin ne sont pas loin de tenir le président français pour un fauteur de troubles. Le comté constitue la base politique d'un député, il doit la préserver coûte que coûte, si tant est qu'il désire être réélu. Le nationalisme de Bertrand ne peut pas ne pas être influencé par l'attitude de plus de 30 pour 100 de ses électeurs, qui sont anglophones. Peut-il, sans danger, faire fi de leur antigaullisme ?

Mais la solidarité ministérielle prévaudra. Johnson fait connaître à la presse la position unanime de son cabinet : on cautionne tous les propos du général et on blâme sévèrement Ottawa, qui, « pris sous la passion d'éléments extrémistes », a, par son comportement, forcé de Gaulle à écourter sa visite au Canada. L'approbation ne saurait être plus totale :

> Courageux et lucide, le président De Gaulle a été avec nous au fond des choses. Le Québec n'en a pas été choqué. Percevant comme peu l'ont fait avant lui l'esprit qui anime ce renouvellement (du Québec), il a parlé d'affranchissement, de prise en main par le Québec de ses destinées, de Québec libre. Il reprenait ainsi, en des termes qui lui sont propres, les idées maintes fois exprimées par les récents gouvernements du Québec. Il a salué cette conviction, qui est de plus en plus celle du peuple québécois, qu'il est libre de choisir sa destinée et que, comme tous les peuples du monde, il possède le droit incontestable de disposer de lui-même[59].

Pour Johnson, l'actif de l'opération de Gaulle dépasse le passif — d'où son appui inconditionnel. Certes, le président ne l'a pas consulté avant de mettre au point son numéro de l'hôtel de ville[60], mais l'amitié d'un tel homme — l'égal de Roosevelt et des Churchill — a des exigences. Par ailleurs, les bénéfices ont dépassé ses espérances : la question du Québec a fait trois fois le tour du monde. D'une seule phrase, le général a compensé les omissions d'Ottawa et du ministère des Affaires étrangères qui n'avaient jamais, en cent ans, défini le Canada comme un pays possédant deux cultures. Combien de diplomates ne lui ont pas déjà soufflé, et combien de chefs d'État n'allaient pas lui répéter jusqu'à la fin de l'Exposition universelle de Montréal :

— Mais nous ne savions pas... L'ambassadeur du Canada ne nous a jamais dit qu'il y avait six millions de francophones au Canada. Nous nous excusons de n'avoir rien préparé en français[61]...

L'esclandre magnifique de Charles de Gaulle — le scandale qui a fait connaître le Québec au monde — procure également à Johnson des atouts vis-à-vis d'Ottawa dans la négociation constitutionnelle. De se présenter aux conférences en ayant dans sa main le « gourdin gaulliste » ne nuira certainement pas. Il sait bien que le pacificateur Pearson gouverne par sursis et que l'heure de Pierre Trudeau, partisan implacable de la centralisation fédérale, va bientôt sonner. Johnson est un intuitif qui devine longtemps à l'avance les mutations qui se préparent.

Enfin, l'épisode gaullien le consacre comme le véritable chef de file de la nation française d'Amérique. Il diminue la légitimité des politiciens québécois fédéraux, double le RIN de Pierre Bourgault et coupe l'herbe sous les pieds de René Lévesque, qui travaille depuis le début de l'été, lui ont appris ses informateurs, à la rédaction d'un manifeste politique qui pourrait bien devenir la charte d'un nouveau parti.

Fin juillet, les événements se précipitent — le temps de la polarisation politique du Québec débute. Les consensus de façade se défont. Nationalistes et fédéralistes vont dorénavant se regrouper de part et d'autre de la clôture. La dissension fait des ravages parmi les libéraux provinciaux. Le député de Dorion, François Aquin, démissionne bruyamment et désavoue à l'avance la réprimande qu'entend servir son chef, Jean Lesage, au président de Gaulle et à Johnson. Après une rencontre de cinq heures, dominée par les antigaullistes, Aquin annonce à ses deux amis, René Lévesque et Yves Michaud, qu'il part. Si le député de Laurier s'associe ce jour-là au désaveu de Lesage, il comprend néanmoins que les idées souverainistes qui germent en lui n'auront aucun avenir chez les libéraux.

Le 12 août, veille du jour où François Aquin doit expliquer les raisons de sa démission à ses collègues de l'Assemblée législative, Johnson réunit son caucus, comme tous les mercredis.

— Êtes-vous allés dans vos comtés ? demande-t-il aux députés.

Je veux que chacun d'entre vous nous fasse part des résultats de sa petite enquête.

À tour de rôle, chacun reconnaît que ses électeurs sont satisfaits. Contrairement à Jean Lesage, personne n'a détecté de « vif mécontentement » dans la population. Johnson accueille les commentaires de ses députés avec un silence ironique. Il garde pour le dessert Camille Martellani, député de Saint-Henri et entrepreneur de son état, qui avait eu la dent dure à la réunion précédente.

— Oui, j'en ai parlé à mes ouvriers, bredouille le député. Ils sont tous pour ça... Je suis renversé !

— Comment expliquez-vous ça ? enchaîne Johnson, dont le sourire se fait encore plus narquois.

L'entrepreneur Martellani a plusieurs dizaines d'ouvriers à son emploi. Involontairement méprisant — une sorte de réflexe sociologique —, il laisse tomber en dévisageant son chef :

— Ce sont tous des Canadiens français et puis, ils sont pauvres[62].

Le chef de l'Union nationale a un faible pour François Aquin, qu'il considère comme un politicien d'avenir, lucide et cohérent, et en qui il a décelé le nationaliste authentique, incapable de veulerie. Un humoriste aussi qui, lorsqu'il s'ennuie, fait signe à Antonio Flamand de le suivre derrière le fauteuil du président de l'Assemblée :

— Viens, allons régler les problèmes du Viêt-nam...

— Je veux faire de toi un grand homme, lui dit parfois Flamand. Mais il faut que tu changes ton sourire. Tu as l'air méprisant quand tu souris... Ce n'est pas très bon en politique.

Un jour, Johnson alla à la pêche aux renseignements auprès de son député :

— Pensez-vous qu'Aquin ferait un bon ministre, Antonio ?

Avant d'ajourner la rencontre, le chef unioniste recommande à ses députés :

— Écoutez bien François Aquin, ce sera l'un des discours les plus importants depuis des années au Parlement.

Le lendemain, silence de plomb parmi les députés quand François Aquin, inspiré sans doute par l'éloquence du général, déclare solennellement :

— J'ai pensé au passé et au présent, mais surtout à l'avenir, car la vérité est dans l'avenir. Dans vingt-cinq ans, dans cinquante ans, alors que depuis des décennies le Québec sera devenu une patrie libre, des hommes et des femmes viendront dans cette enceinte et ils ne seront pas intéressés par les débats partisans que nous y avons tenus. À notre sujet, ils ne se poseront qu'une seule question : est-ce que c'étaient des hommes libres ? Vive le Québec libre[63] !

La rhétorique d'Aquin réjouit les ministres, mais crispe les libéraux. Au moins un ministre unioniste ne paraît pas impressionné, c'est Maurice Bellemare, qui circule parmi les députés bleus en chuchotant :

— N'applaudissez pas... Restez tranquilles... N'applaudissez pas !

Il y a néanmoins des applaudissements. Le premier ministre lui-même en donne le signal en s'exclamant à la fin du discours : « C'est très bien. » François Aquin, qui va passer à l'Histoire comme le premier député indépendantiste du Québec, se retrouve, ce soir-là, complètement abandonné des siens. C'est dans un restaurant du vieux quartier qu'il célèbre sa rupture avec le Parti libéral en la seule compagnie de deux députés de l'Union nationale, Jérôme Proulx et Antonio Flamand.

À la même époque circule dans les médias une pétition signée par des universitaires, journalistes, syndicalistes et étudiants qui réprouvent « les insultes proférées par le gouvernement fédéral pancanadien d'Ottawa à l'endroit de notre invité, le général de Gaulle, alors qu'il séjournait chez nous, en sol québécois[65] ».

Pour Richard Arès, de la revue *Relations,* la réaction contradictoire des deux communautés linguistiques aux discours du général confirme de façon éclatante la théorie johnsonienne des deux nations. « D'un côté, solidaires de de Gaulle, nous voyons le peuple québécois et son gouvernement ; de l'autre, le Canada anglais et le gouvernement d'Ottawa font front commun contre lui. Depuis la crise de la conscription, en 1942, jamais un tel clivage ne s'est aussi clairement manifesté. »

Arès conclut : « La conscience populaire au Québec n'oubliera jamais l'affront fait par Ottawa à de Gaulle. Elle retiendra de cette affaire ce qu'elle a retenu de l'affaire Riel : Louis Riel a été pendu et le président de Gaulle, virtuellement expulsé, moins pour raisons de justice que par souci d'apaiser la vague de fanatisme anti-français qui déferlait de tout le Canada anglais[66]. »

Véritable source d'angoisse pour les libéraux, car il aggrave encore plus leurs dissensions, le sondage est une chance inouïe pour Johnson. De Gaulle parti, le travail parlementaire a repris ses droits et, au début d'août, le gouvernement s'empêtre dans un débat autour d'un projet de loi impopulaire — le projet de loi 67, qui modifie la charte de la commission scolaire de Montréal. Déposé le 27 juin, ce projet de loi autorise le gouvernement à nommer six des neuf commissaires, dont le président et le vice-président, autrefois élus par les commissaires et qui seront désormais désignés. La levée de boucliers est immédiate dans le monde de l'éducation.

La première journée des débats, le 17 juillet, abonde en interventions hostiles. Les libéraux se font l'écho des critiques du milieu. Loi dictatoriale ! Mesure qui brime l'idéal de la démocratisation des structures scolaires recommandées par le rapport Parent ! Mise sous tutelle déguisée des contribuables de l'île de Montréal ! Pire : c'est un retour au favoritisme, le gouvernement veut nommer ses créatures pour mettre la main sur un budget de plus de 130 millions de dollars[67]. Les accusations de l'opposition se poursuivent durant toute la nuit, mais l'arrivée imminente du président de la France impose une trêve. À la reprise des travaux, le 8 août, Johnson propose un certain nombre d'amendements qui ne désarment ni les libéraux ni les critiques des corps intermédiaires. Décidément, la réforme scolaire est mal engagée, mais comment faire marche arrière sans y laisser trop de plumes ?

Le vendredi soir 11 août, Johnson est convaincu qu'il doit retirer son projet, tandis que les députés des deux côtés de la Chambre discutent à qui mieux mieux des mérites et inconvénients de la loi. On lève la séance à minuit et on s'entend pour la reprendre le samedi matin. Comment tuer le projet de loi 67 ? se demande Johnson. La publication du sondage CROP dans les journaux du samedi lui fournit une planche de salut. Depuis la démission d'Aquin, René Lévesque fait des siennes au sein d'un parti de plus en plus déchiré. Notant que « le Parti libéral risque de se trahir irrémédiablement », le député vient de réclamer une révision de la position constitutionnelle des libéraux[68].

Avant la reprise du débat, le samedi matin, Johnson convoque ses députés pour leur annoncer : « Nous allons retirer le projet de loi 67. Qu'en pensez-vous ? » Un concert de protestations accueille sa question. Plutôt que d'abdiquer, la majorité des députés propose de lutter jusqu'à épuisement, s'il le faut, pour écraser les libéraux. Chacun a ses raisons, qui ne sont pas toutes désintéressées : les « patronneux » du caucus sont ulcérés de voir les rouges s'empiffrer sous leurs yeux — toutes ces polyvalentes dont la construction a été confiée, du temps de Lesage, aux entrepreneurs libéraux ! Il y en a pour des millions !

Maurice Bellemare n'est pas homme à hisser le pavillon de la reddition. Il prend son chef à partie :

— Jamais Duplessis n'aurait reviré de bord ! La population ne nous pardonnera pas ça ! Elle ne pardonne pas aux faibles.

Même Jean-Jacques Bertrand, ministre responsable du dossier, voudrait aller jusqu'au bout. Mais le chef est intraitable :

— Il vaut mieux lâcher plutôt que d'aller à la guerre seul.

Pour lui, tout l'art de gouverner consiste à savoir calculer le moment où la population est prête à accepter une loi. S'il refuse de se laisser influencer par la presse (« Ce n'est pas parce que Ryan est d'accord avec une loi que la population l'est ! » dit-il souvent à son entourage.), il sait aussi que ce n'est pas le vote des 100 députés qui amènerait la population à accepter ou non une loi. Voilà qui explique ses sondages personnels ; sa technique de gouvernement, c'est la consultation.

D'ailleurs, c'est grâce à cette manie de consultation qu'il a découvert l'impopularité de projet de loi 67. Aussitôt les premières protestations entendues, il a mis à l'œuvre une équipe de téléphonistes chargées de tâter le pouls de la population concernée par la mesure.

— Nommez-moi une ligue du Sacré-Cœur ou de Dames de Sainte-Anne qui est avec nous, ironise-t-il, et nous continuerons. Même ceux qui devraient nous appuyer sont contre nous ! Nous n'avons pas le choix : il faut retirer le projet de loi.

— Ça va être effrayant ! se lamentent des députés. On va perdre la face ! Les journaux vont faire du tapage avec notre volte-face...

— Laissez-moi faire, les rassure Johnson. Je réserve une petite surprise à Jean Lesage[69].

À quinze heures, après le lunch, Jean-Jacques Bertrand annonce le retrait du projet de loi qu'il parrainait. Les libéraux exultent. Rare victoire. Jean Lesage affiche son sourire des grands jours. À

ses côtés, Pierre Laporte paraît tout aussi satisfait. Mais les ré-
jouissances tournent court. Habile tacticien, le premier ministre se
lève aussitôt après la déclaration de Bertrand et dit d'un ton miel-
leux :

— J'aimerais faire une proposition — mais il me faut le
consentement unanime de la Chambre — pour remercier le général
de Gaulle d'être venu à Québec sur notre invitation et blâmer le
gouvernement fédéral qui a fait en sorte qu'il ne puisse pas terminer
son voyage au Canada alors qu'il était, à ce moment-là, notre
invité...

Consternation chez les libéraux ! Lesage consulte nerveusement
ses voisins, puis griffonne à la hâte les quelques mots que Pierre
Laporte lui souffle à l'oreille. Le chef de l'opposition se lève alors
et proclame :

— Monsieur le président, je désire joindre ma voix à celle du
premier ministre pour exprimer ma gratitude au général de Gaulle
d'être venu nous visiter. Nous lui en sommes profondément re-
connaissants...

L'étonnement se lit maintenant sur le visage des ministres !

— Est-ce qu'il est rendu séparatiste ? lance Denys Bousquet,
député « ultra » de Saint-Hyacinthe.

— Nous sommes très heureux, enchaîne Lesage imperturbable,
de la façon dont la population a reçu le général. Il était digne de
cette réception et il la méritait en raison de tout ce qu'il a fait et de
tout ce qu'il a dit pour les Québécois[70].

Plusieurs comprirent le lendemain matin, à la lecture des
journaux, pourquoi le sourire de Daniel Johnson exprimait tant
d'ironie tandis que Jean Lesage ne tarissait pas d'éloges sur l'homme
dont il avait, 15 jours plus tôt, censuré les propos et ridiculisé le
voyage au Québec, en parlant de la « fête de Gaulle-Johnson ».
« Volte-face de Jean Lesage », souligne la presse avec force. Quant
au retrait du projet de loi 67, il passe plus inaperçu... L'art de faire
oublier un recul, Daniel Johnson le possède aussi bien que Jean
Lesage connaît celui de se mettre les pieds dans les plats.

Notes — Chapitre 6

1. Anne et Pierre Rouanet, *Les Trois Derniers Chagrins du général de Gaulle*, Paris, Grasset, 1980, p. 82.
2. *Ibid.*, p. 74.
3. Pierre O'Neil, *Le Devoir*, le 22 juillet 1967.
4. *Le Devoir*, le 22 juillet 1967.
5. Jean-V. Dufresne, *Le Devoir*, le 24 juillet 1967.
6. *Le Devoir*, le 24 juillet 1967.
7. *Ibid.*
8. *Le Devoir*, le 24 juillet 1967.
9. *Ibid.*
10. André Patry, *Le Québec dans le monde*, Montréal, Leméac, 1980, p. 100.
11. Peter Newman, *op. cit.*, p. 427.
12. *Le Devoir*, le 24 juillet 1967.
13. Jérôme Proulx.
14. Roland Giroux.
15. Jean Drapeau.
16. Mario Beaulieu, Fernand Lafontaine et *Le Devoir* du 15 juillet 1967.
17. Jean Tainturier, *De Gaulle au Québec, le dossier des quatre journées*, Montréal, Éditions du Jour, 1967, p. 33.
18. Jacques Guay et *Le Devoir* du 25 juillet 1967.
19. Jean Tainturier, *op. cit.*, p. 34.
20. *Ibid.*
21. Aujourd'hui encore, le Dr Robert Lussier reste convaincu que de Gaulle a testé dans sa ville son cri « Vive le Québec libre ! ». Il se souvient que, l'entendant, il regarda Johnson et Marcel Masse, qui se trouvait tout près, pour étudier leur réaction. Les deux hommes ne bronchèrent point. Rêvait-il ? Trop d'émotions ? Pourtant, il fut si surpris d'entendre de Gaulle qu'il se dit : « Il va un peu loin... » Les microphones avaient été coupés avant que le général ne commençât à parler. La foule était agitée et bruyante et le président français dut hausser la voix pour se faire entendre. M. Lussier eut alors l'impression que de Gaulle testait son slogan auprès de l'entourage du premier ministre, mais par la suite de la défaillance du son, les mots ne furent entendus clairement ni de la foule ni des journalistes, pense-t-il.
22. *Le Devoir*, le 25 juillet 1967.
23. *Ibid.*
24. Le 29 juillet, après le départ précipité du général, les journalistes de la presse francophone de Montréal dénonceront, dans une mise au point collective, les inexactitudes et les propos biaisés de leurs collègues de langue anglaise. Le document est publié dans *De Gaulle au Québec, cf.* note 17, p. 106-109.

25. *Le Devoir*, le 25 juillet 1967.

26. Charles Atala, « De Gaulle n'a voulu que produire un choc », *Libre Magazine*, n° 6, Montréal, août 1980. Que le cri du général de Gaulle ait été délibéré, les commentaires qu'il fit à ses collaborateurs immédiats dans l'avion qui le ramenait à Paris, deux jours plus tard, le confirment également. À Jean-Daniel Jurgensen : « Le devoir, vous m'entendez, le devoir du de Gaulle qui va bientôt mourir, c'était de prononcer cette phrase. Je n'aurais pas été de Gaulle si je ne l'avais pas fait. » À René de Saint-Légier : « En tout état de cause, ce que j'ai fait, je devais le faire. » Voir Anne et Pierre Rouanet, *op. cit.*, p. 168.

27. Mario Beaulieu et Paul Gros d'Aillon, *Daniel Johnson, l'égalité avant l'indépendance*, Montréal, Stanké, 1979, p. 168.

28. Le Dr Marc Lavallée.

29. *Ibid.*

30. *Le Devoir*, le 26 juillet 1967.

31. Jean-Marc Léger, « Et de Gaulle vint... », *Maintenant*, n°s 68-69, Montréal, septembre 1967.

32. Anne et Pierre Rouanet, *op. cit.*, p. 133.

33. Peter Newman, *op. cit.*, p. 425-427.

34. Jean Tainturier, *op. cit.*, p. 53-60.

35. *Ibid.*

36. *Ibid.*, p. 60.

37. Pierre O'Neil, *Le Devoir*, le 26 juillet 1967.

38. Selon Gros d'Aillon (Mario Cardinal, Vincent Lemieux et Florian Sauvageau, *Si l'Union nationale m'était contée...*, Montréal, Éditions du Boréal Express, 1978, p. 263), Johnson aurait prévenu à cette occasion le premier ministre Pearson que, s'il rompait les relations diplomatiques avec la France, il se verrait dans l'obligation de rompre à son tour le pacte confédératif. Toutefois, M. Gros d'Aillon ne reprend pas cette version dans son livre.

39. *Le Devoir*, le 26 juillet 1967.

40. Lester B. Pearson, *Mike : The Memoirs of the Right Honorable Lester B. Pearson*, vol. 3, Toronto, University of Toronto Press, 1975, p. 268 ; Judy LaMarsh, *Memoirs of a Bird in a Gilded Cage*, Toronto, McClelland and Steward, 1969, p. 226.

41. *Le Devoir*, le 26 juillet 1967.

42. *De Gaulle vous parle, op. cit.*, p. 75 et 77.

43. Lester B. Pearson, *op. cit.*, p. 268 et André Patry.

44. Pierre O'Neil, *Le Devoir*, le 27 juillet 1967.

45. Judy LaMarsh, *op. cit.*, p. 90.

46. *De Gaulle vous parle, op. cit.*, p. 90.

47. *Ibid.*, p. 86-88.

48. *Le Devoir*, le 28 juillet 1967.

49. *De Gaulle vous parle*, *op. cit.*, p. 86-88 et *Le Devoir* du 27 juillet 1967.

50. *Ibid.*

51. Lester B. Pearson, *op. cit.*, p. 268.

52. *Le Devoir*, le 27 juillet 1967.

53. Marcel Masse.

54. *Le Devoir*, le 27 juillet 1967 et *La Presse*, le 25 juillet 1967.

55. *Le Devoir*, le 27 juillet 1967 et *Le Soleil*, le 25 juillet 1967.

56. *Le Devoir*, les 25 et 28 juillet 1967.

57. *L'Action nationale*, vol. 57, n° 1, septembre 1967.

58. Antonio Flamand.

59. *Le Devoir*, le 29 juillet 1967.

60. Avant de mourir, au cours de sa fameuse conférence de presse du 25 septembre 1968, Daniel Johnson révélera aux journalistes que le général de Gaulle ne lui avait jamais demandé son avis avant de lancer sa fameuse phrase.

61. Aveu de Daniel Johnson au cours de ladite conférence de presse, dont le texte a été publié *in extenso* dans les journaux de l'époque.

62. Antonio Flamand et Jérôme Proulx.

63. Cité par Jérôme Proulx, *op. cit.*, p. 62.

64. Ce sondage a été commandité par trois quotidiens : *Le Devoir*, *The Montreal Star* et *Le Soleil*. Les résultats en ont été publiés le 12 août 1967 dans chacun de ces journaux.

65. *Le Devoir*, le 29 juillet 1967.

66. Richard Arès, *Relations*, n° 319, septembre 1967, p. 233.

67. *Le Devoir*, les 18 et 19 juillet 1967 et Jérôme Proulx, *op. cit.*, p. 64-65.

68. *Le Devoir*, le 12 août 1967.

69. Jérôme Proulx et Antonio Flamand.

70. *Le Devoir*, le 14 août 1967.

CHAPITRE 7

La Muraille de Chine

Le jeudi 7 septembre, les traits fortement tirés et plus ébranlé qu'il n'y paraît par les retombées politiques et économiques de l'été gaullien, Daniel Johnson se sent tout à coup secoué par un malaise. Aussitôt, la panique s'empare de lui : il ne peut absolument pas s'offrir le luxe de tomber malade alors que, dans deux jours, il marie son fils aîné et que le lendemain, un dimanche, il doit s'entretenir longuement avec le ministre français de l'Éducation, Alain Peyrefitte, d'un nouveau protocole d'entente franco-québécois. Il consulte immédiatement son frère Réginald, qui l'a déjà soigné en 1964.

— Tu devrais entrer à l'hôpital, lui conseille le cardiologue.

— Je ne peux pas, Daniel se marie samedi. Mais je te promets de faire attention.

Le samedi matin, pendant la cérémonie où Daniel fils, qui a vingt-trois ans et vient à peine d'être admis au barreau, s'unit à Jocelyne Pelchat, une camarade de la faculté de droit de l'Université de Montréal, Johnson sent que son cœur va flancher. Inquiet au-delà de toute expression, Réginald ne le quitte pas des yeux. Il a même demandé à leur frère Maurice, nommé en mai juge à la cour municipale, de tenir sa trousse de premiers soins à sa disposition. Le dimanche matin, la crise éclate. Mandé d'urgence, Réginald diagnostique un infarctus du myocarde et ordonne l'hospitalisation immédiate. C'est toutefois plus facile à dire qu'à faire : en effet, la grève des radiologistes paralyse les hôpitaux.

— Si j'entre à l'hôpital, souffle Johnson, j'avoue que c'est urgent puisque je demande un régime de faveur.

Où cacher et traiter le plus discrètement possible un premier ministre malade ? À l'hôtel Bonaventure, où il dispose d'une suite pour la durée de l'Exposition universelle, tranchent les conseillers. C'est là, durant les cinq prochains jours, que Johnson sera soigné par son frère Réginald et son beau-frère, le Dr Charest[1]. Cette seconde attaque, plus grave que la précédente, s'accompagne d'une thrombophlébite.

Comme il faut bien expliquer aux journalistes soupçonneux pourquoi Johnson a soudain disparu de la circulation, une « fuite » fait allusion à la thrombophlébite (« inflammation de la membrane interne des veines », mais passe sous silence la crise cardiaque. Néanmoins, ce n'est pas encore cette fois que la maladie clouera le premier ministre sur un lit d'hôpital... ou plutôt sur un lit de l'hôtel Bonaventure. Même avec un cœur chancelant, il continue de vaquer aux affaires de l'État et va même jusqu'à passer la soirée du dimanche en tête à tête avec Alain Peyrefitte, qui arrive de Pologne, porteur d'un message personnel du général de Gaulle.

Misant sur l'éternelle amitié franco-polonaise, le président français tente d'amorcer une détente qui rapprocherait la Pologne communiste de l'Allemagne et de l'Europe du Centre. Tout occupé qu'il soit à défendre auprès de ses hôtes polonais ses idées sur la « nouvelle vocation » de leur pays, de Gaulle n'en oublie pas pour autant son entreprise nord-américaine. D'ailleurs, il estime que le temps est venu de donner du concret à l'offre de coopération qu'il a lancée en juillet au milieu des acclamations[2]. Le vendredi 8, alors qu'il se trouve à Cracovie, deux jours après l'accueil bouleversant de Varsovie, le général rédige personnellement une lettre de quatre pages qu'il confie à Alain Peyrefitte avec mission de la remettre en main propre à Daniel Johnson le dimanche suivant[3].

Depuis l'esclandre de Montréal, la question du Québec obsède de Gaulle. Il veut agir rapidement, car ses services de renseignements, lui ont appris que Johnson est gravement malade. À son retour en France, il n'avait pas tardé à s'expliquer : nul regret, nul recul. Qui plus est, le 1er août, à la suite d'un conseil des ministres, il renouvelle solennellement « aux Canadiens français et à leur gouvernement l'appui de la France afin de les aider à atteindre les buts libérateurs qu'eux-mêmes se sont fixés». Récidive qui incite le premier ministre Pearson à riposter : « Nous avons déjà dit que toute ingérence était inacceptable[4] ! »

Le 23 août, après avoir annoncé que la France accroîtra considérablement l'aide qu'elle accorde au Québec, de Gaulle mobilise son effectif. C'est d'abord le flegmatique Couve de Murville, qui déclare devant l'Assemblée nationale française : « Le problème du Canada français est une question nationale française qui impose certains devoirs à la France.» Le 4 septembre, c'est au tour du premier ministre Pompidou d'affirmer que le voyage du général a été une révélation autant pour les Français, qui ignoraient tout de l'ampleur du problème, que pour les Québécois, jusque-là plus ou moins conscients du désir de changement qui les habitait. Le lendemain, veille de son départ pour Varsovie, de Gaulle préside un conseil des ministres extraordinaire sur la coopération franco-québécoise, au cours duquel il charge Alain Peyrefitte d'aller signer de nouveaux accords à Québec[5].

Le feu sacré qui anime le général commence à dérégler, sinon à perturber, la stratégie johnsonienne, dont l'évolution lente et tortueuse porte la marque de ses ruses de Normand, de sa santé précaire et de son désir de ne pas couper tous les ponts avec Ottawa. Johnson est prêt à aller très loin pour obtenir l'égalité, mais à petits pas et en évitant, autant que faire se peut, l'éclatement de la Confédération. Il répète souvent à son ami Roland Giroux : « On peut compter sur moi pour donner tous les coups de pied au derrière à Ottawa mais non le dernier.» Le ton pressant du message gaullien l'agace. Même le président de la France ne le bousculera pas !

Que dit donc de Gaulle dans sa fameuse missive de Cracovie ? Heureux d'avoir contribué à l' « apparition en pleine lumière du fait français au Canada », il se déclare convaincu « qu'on ne peut plus guère douter que l'évolution va conduire à un Québec disposant de lui-même à tous égards ». C'est, en quelques lignes, le résumé de tous les discours qu'il a tenus au Québec. Il renouvelle ensuite son offre de collaboration accrue, prolongement logique des rapports franco-québécois déjà en cours. Deux points dominent plus particulièrement : le secteur économique et le domaine culturel.

Dans les domaines financier, économique, scientifique et technique, mon gouvernement sera incessamment en mesure de faire au vôtre des propositions précises au sujet de notre effort commun. Pour ce qui est de la culture et de l'enseignement, M. Peyrefitte, à qui je confie cette lettre, vous indiquera ce que le gouvernement de Paris est prêt à faire tout de suite et qui est assez considérable[6].

Après quoi, de Gaulle affirme à son ami Johnson que le temps est venu de passer à l'action étant donné que «la grande opération nationale de l'avènement du Québec, telle que vous la poursuivez, est en bonne voie. (...) Pour notre communauté française, c'est donc — ne le pensez-vous pas — le moment d'accentuer ce qui est déjà entrepris.» Puis il conclut: «Il faut des solutions.» Le général ne le précise pas, mais Johnson devine que ces solutions devront aller dans le sens d'un Québec souverain. Il n'est pas d'accord: c'est beaucoup trop tôt. De Gaulle brûle les étapes et ses exhortations ne peuvent tomber à un pire moment.

Avec un premier ministre malade qui a peine à mener sa barque et une conjoncture économique qui n'a fait qu'empirer depuis le début de l'année, l'heure n'est pas à l'aventure mais aux atermoiements. Johnson bat en retraite une première fois. C'est André Patry, son conseiller en affaires internationales, qui prépare la réponse que transmettra Bernard Dorin. Le premier ministre met de Gaulle en garde contre tout geste prématuré, susceptible de nuire aux causes qu'on l'invite à servir.

«Nous sommes d'accord pour une certaine réintégration du Canada français au sein de l'univers francophone, écrit Patry au nom de Johnson. Mais, M. le président, il faut que je sois réaliste. Nous avons des problèmes économiques très importants et mon premier devoir, c'est celui de la responsabilité[7].»

Ce qui commence à brouiller le dialogue de Gaulle-Johnson, c'est beaucoup plus une question d'échéancier et de méthodes à appliquer qu'un différend profond au sujet du dénouement prévisible de la question québécoise: l'accession à une souveraineté politique, nullement incompatible, aux yeux du général, avec le maintien de la Confédération. Celui-ci souhaite l'établissement d'un régime politique nouveau qui permettrait au Québec d'affirmer sa personnalité propre, mais sans aller jusqu'à détruire l'association économique qui le lie au Canada anglais.

Plus que tout, le général déteste et redoute l'« hégémonie américaine », que l'éclatement du Canada renforcerait automatiquement. Point n'est besoin de s'appeler de Gaulle ni d'être grand clerc pour comprendre cela. De plus, sa vision du Québec est empreinte d'une certaine ambiguïté, déjà perceptible dans son vocabulaire : il parle constamment du Canada français ou de Canadiens français plutôt que de Québec ou de Québécois, mélangeant les deux termes et les deux réalités qu'ils sous-tendent — confusion qui traduit l'importance que revêt pour lui le fait qu'un million de francophones vivent hors Québec.

* * *

Amorcées le dimanche soir, les discussions Johnson-Peyrefitte se poursuivent toute la semaine à Québec entre experts et hauts fonctionnaires. Le mercredi, un second tête à tête réunit les deux hommes, de dix à quinze heures, à l'hôtel Bonaventure où le premier ministre peut déjà circuler dans les différentes pièces de sa suite. La séance de travail est intensive et cordiale — Johnson et Peyrefitte communiquent facilement. Pour tout repas, ils se contentent de café au lait et de sandwiches qu'ils avalent en évoquant avec mélancolie les avatars de la colonisation française en Amérique.

— Ah ! si Richelieu et Louis XIV avaient laissé les protestants français s'installer au Nouveau Monde, déclare Johnson avec un humour encore plus nostalgique que d'habitude, les premiers hommes sur la lune auraient parlé français et non anglais ! Ces émigrés auraient dominé sans mal les Anglais de Nouvelle-Angleterre, alors que ce sont les Anglo-Saxons qui nous dominent[8].

Johnson et Peyrefitte ne se bornent pas à réécrire l'Histoire. Le lendemain, 14 septembre, ils signent un accord de coopération valable pour trois ans. Cette entente prévoit un accroissement substantiel des crédits, la création d'un secrétariat permanent de la coopération qui siégera alternativement à Paris et à Québec, des consultations périodiques entre les ministres de l'Éducation et de l'Économie, et, enfin, la formation d'une sous-commission qui donnera naissance, en février 1968, à l'Office franco-québécois de la jeunesse[9].

À la fin de la semaine, l'état de santé du premier ministre ne s'est pas amélioré. À Québec, les rumeurs contradictoires se multiplient. Où est donc passé Johnson ? Et Jean-Jacques Bertrand, le numéro deux, pourquoi n'assure-t-il pas l'intérim au lieu de Paul Dozois ? N'est-il pas étrange qu'il se soit envolé pour l'Espagne, première étape d'un long voyage en Europe, au moment même où l'État est privé de son chef ? Les journalistes harcèlent de questions le ministre des Finances, déjà énervé par les cancans de l'opposition libérale au sujet d'une fuite, vraie ou fausse, des capitaux à l'étranger.

Médecins et conseillers sont d'accord : le premier ministre doit se reposer. Ils se consultent autour d'un Johnson épuisé, prêt à se plier à leurs directives. Pourquoi pas Miami, suggère quelqu'un ?

— Non, ce n'est pas assez loin du Québec, objecte Réginald. Il faut mettre de la distance, il faut l'éloigner du quotidien, des quémandeurs et des soucis.

— Alors, Los Angeles ? propose un autre.

— Los Angeles, c'est un *smog*, dit André Lagarde. Ce n'est pas très bon pour la respiration. Pourquoi pas Hawaï ?

Marché conclu ! Même Johnson approuve l'idée. Réginald et le Dr Charest prescrivent un repos d'un mois pendant lequel ils se partageront la garde du convalescent. Le refuge du premier ministre devra demeurer secret. Seuls seront mis au courant sa famille, le premier ministre suppléant et la femme d'André Lagarde. Le dimanche suivant, celui-ci s'envole avec le patron pour Honolulu où des arrangements ont été faits avec la direction du Kahala Hotel, près de la plage Waikiki. Une fois le malade bien caché, Paul Dozois peut confirmer qu'il « se repose quelque part sur la côte du Pacifique ».

Tandis que Johnson soigne son cœur en compagnie du fidèle André Lagarde, au Québec la situation politique se détériore rapidement. Un climat de « chantage économique » entretenu par les milieux financiers et le Parti libéral s'établit peu à peu, tandis que Paul Dozois, aux prises avec la grève des radiologistes et des chauffeurs d'autobus de Montréal, de même qu'avec un conseil des ministres divisé par des rumeurs d'exode de capitaux, ne sait plus où donner de la tête.

La fuite des capitaux

La situation financière du Québec est aussi lamentable que la santé de son premier ministre. Le retour au pouvoir de l'UN n'a pas raffermi le crédit de la province — les prêteurs américains et canadiens exigent des taux d'intérêt supérieurs de un demi-point à ceux de l'Ontario. Les difficultés d'emprunt du Québec tiennent autant à la réforme scolaire mal engagée et qui a nécessité de lourds investissements qu'aux appels à la libération du général de Gaulle, personnage honni à Wall Street et à Bay Street.

De toute évidence, Daniel Johnson se heurte à la méfiance des banquiers américains, moins effrayés par l'éventuelle souveraineté du Québec, théorie qui les laisse plutôt sceptiques, que par le rapprochement franco-québécois. Comment leur prouver que Québec ne favorisera pas la France dans ses échanges économiques au détriment de sa solidarité avec les États-Unis ? La perplexité des prêteurs américains ou torontois engendre, rue Saint-Jacques, un climat de panique. Daniel Johnson fait maintenant figure d'agent provocateur. Comment arrêter cet homme ? Comment mettre un terme à son « charriage nationaliste » ?

C'est dans cette ambiance que commencent à se répandre, au début de l'automne, les bruits d'une fuite de capitaux, désastreuse pour l'économie de la province. Le sonneur d'alarme s'appelle Charles Neapole, président de la Bourse de Montréal et ex-vice-président de la Banque de Montréal. Depuis juillet, Neapole siège à la direction de la Caisse de dépôt et de placement, poste on ne peut plus stratégique pour qui veut observer le mouvement des capitaux et des investissements.

Radio-Canada s'affaire autour du président de la Bourse, qui confie son pessimisme et ses vives inquiétudes au journaliste Norman Depoe :

— La fuite des capitaux est commencée, dit-il, l'air contrit, et elle risque de s'aggraver, car les détenteurs de valeurs au Québec ont peur de l'instabilité politique et les industriels hésitent maintenant à s'établir au Québec par suite de l'évolution du débat constitutionnel[10].

Les allégations de Charles Neapole ne sont qu'une goutte d'eau dans l'océan des rumeurs que répand à la même époque la presse anglophone. À l'en croire, c'est d'une hémorragie financière dont il faudrait parler. La réalité est brutale, prétend-elle : l'argent a peur du Québec !

Ce sont d'abord deux puissantes entreprises américaines

(lesquelles ? on ne sait trop) qui ont abandonné leur projet de s'établir au Québec à cause de la romance Johnson-de Gaulle et du flirt entre le premier ministre québécois et le séparatisme. La rumeur circule rue Saint-Jacques, de même qu'une autre voulant que des sociétés comme Du Pont of Canada et Bell Téléphone s'apprêtent à déménager progressivement leur siège social de Montréal à Toronto[11].

Anny Booth, du *Financial Post*, écrit : « Le prix de la séparation est déjà payé, car parlez à n'importe quel courtier ou banquier et il vous dira que les actions des sociétés installées au Québec se vendent de plus en plus mal. » Ainsi, le détenteur d'un portefeuille de un million de dollars a chargé son courtier de vendre toutes ses actions des sociétés québécoises. Évidemment, l'homme a tenu à garder l'anonymat afin de ne pas être accusé de semer la panique, précise la journaliste, qui cite encore cet autre courtier (toujours anonyme) qui, étant allé à Toronto vanter les mérites d'une société établie au Québec, s'est vu demander :

— Est-ce que ça serait compliqué pour cette compagnie de déménager hors du Québec[12] ?

Si l'argent se méfie tant du Québec, conclut Anny Booth, c'est pour six raisons : les attentats à la bombe qui ont marqué le début des années 60 ; la défaite cinglante du Parti libéral en 1966 ; la visite du général de Gaulle, qui a révélé l'ampleur du nationalisme québécois ; l'intention du gouvernement de faire du français la langue officielle, selon la déclaration du ministre Jean-Noël Tremblay, le 11 septembre ; la publication, sept jours plus tard, du manifeste de René Lévesque, *Option Québec* ; et, enfin, un éditorial de Claude Ryan, qui écrit, en substance : quoi qu'on en dise, l'indépendance ne serait peut-être pas une si mauvaise chose et la séparation pourrait se faire d'une manière raisonnable[13].

Depuis le « Vive le Québec libre ! », les 700 000 anglophones du Québec vivent dans la hantise de la séparation, rapporte de son côté *Maclean's,* de Toronto. Personne n'est évidemment prêt à l'admettre, mais ils sont de plus en plus nombreux, ces inquiets, à quitter la province ou à transférer leur argent au Vermont, à Vancouver ou en Alberta. Jamais, auparavant, les banques de Toronto ou d'Ottawa n'avaient accueilli autant de nouveaux clients originaires du Québec ! Dès le lendemain du cri du général de Gaulle, confie le magazine à ses lecteurs, une douairière de quatre-vingt-cinq ans, de Westmount, ordonna à son courtier : « Transférez toutes mes valeurs en Alberta ! » Puis elle appela les déménageurs[14].

À l'intention des lecteurs qui n'ont pas encore cédé à la panique, le magazine propose une fiction intitulée : « Le jour où le Québec se séparera du Canada. » L'article s'accompagne d'une photo montrant un militaire dont le casque bleu s'orne d'une fleur de lys et porte l'inscription « République du Québec ». Le soldat se tient derrière des barbelés qui symbolisent la frontière. Selon Alexander Ross, l'auteur du texte, la république a été proclamée le 3 février 1971 par nul autre que le premier ministre... Jean-Noël Tremblay. Où est donc passé Johnson ? Comme on pouvait le prévoir, des difficultés de tout ordre assaillent la nouvelle république : faillites, exode de l'élite (anglophone, cela va de soi) vers l'Ontario et les États-Unis, guerre civile, etc. L'auteur de l'article fait sien le postulat de l'historien britannique D.W. Brogan pour expliquer à sa façon la séparation du Québec : *Never underestimate the stupidity factor as determinant of history.* » — Il ne faut pas sous-estimer l'incidence de la stupidité sur la marche de l'Histoire[15].

Tandis que mister Neapole accrédite les rumeurs de fuite des capitaux et que la presse anglophone s'en délecte, plusieurs financiers de la Banque Royale, du Trust Royal et de la Banque de Montréal bombardent le ministre des Finances Dozois de coups de téléphone alarmistes : « *Money is leaving the province* ! » répètent-ils à l'homme qui reste seul pour affronter la meute.

Dozois s'énerve, multiplie les déclarations rassurantes sur les intentions constitutionnelles du gouvernement et avertit Johnson, qui, de sa *cabaña* de la plage Waikiki, prend note du message : c'est la panique à Québec et les capitaux lorgnent du côté de l'Ontario[16].

Stimulé par l'appel du général de Gaulle, René Lévesque ouvre son jeu le 18 septembre. Après avoir négocié pendant six ans avec Ottawa, il sait maintenant à quel point les décisions fédérales briment la vie de ses compatriotes et entravent leur développement économique. Sa décision est prise : il militera dorénavant pour l'indépendance.

Quel toupet ! Non content de répudier le fédéralisme, le mouton noir prétend faire cautionner son hérésie par le Parti libéral au cours du congrès prévu pour le 13 octobre. Lui aussi doit être arrêté ! Un homme, Erik Kierans, prédécesseur de Charles Neapole à la Bourse, s'en chargera. Kierans est de ceux qui foncent tête baissée. Il déborde de vitalité malgré cet air continuellement fatigué que lui valent ses poches sous les yeux. En optant pour la souveraineté, son ami René est tombé bien bas dans son estime. Puisqu'il le faut, il deviendra donc son exécuteur politique en même temps qu'il orchestrera une campagne de « terrorisme des sous » contre Daniel Johnson. Il est temps de chasser, une fois pour toutes, le séparatisme du Parti libéral et du Québec !

Pendant qu'à Hawaï le premier ministre s'inquiète de plus en plus de la situation, Kierans joue du bâton contre son gouvernement : « M. Johnson doit prendre position, car les investisseurs attendent qu'il se décide quant à la séparation du Québec. » Il ira jusqu'à provoquer René Lévesque en un duel oratoire.

Le 2 octobre, à Sherbrooke, il développe dans un seul discours les thèmes de ce qu'on appellera bientôt le « chantage économique ». Il laisse d'abord planer la menace d'une catastrophe : « L'indépendance plongerait le Québec dans la pauvreté et le chômage, et coûterait à la population 2,3 milliards de dollars durant les cinq premières années. » Ensuite, il annonce l'exode des usines et des cerveaux, puis, plus menaçant encore, celui des sièges sociaux : « De grandes corporations comme le Canadien Pacifique, la Sun Life, le Trust Royal, la Banque Royale, Dupont, la CIL et Bell Téléphone, qui font le plus gros de leurs affaires au Canada, seront obligées de quitter le Québec. » Après avoir exposé les conséquences de la fuite des capitaux, il s'inquiète des répercussions d'un climat politique incertain : « Combien d'usines neuves sont projetées actuellement ? Certaines compagnies ont annulé plusieurs projets, d'autres renouvellent leur bail à court terme seulement... »

Au congrès libéral, le parti écrase celui que Kierans appelle encore son « ami René ». Il a bien joué. À l'exception de Paul Gérin-Lajoie, qui lui donne l'accolade avant qu'il ne quitte la salle, les anciens collègues de Lévesque affichent une expression gênée ou effrayée. Le jeune député Robert Bourassa, qui ambitionne déjà la succession de Lesage, paraît encore plus mal à l'aise. Et pour cause : c'est chez lui que le groupe Lévesque a révisé le manifeste, peu avant son lancement. Tiraillé et soumis aux pressions de ses proches, Bourassa a, par la suite, annoncé à Lévesque qu'il ne

pouvait plus le suivre, en invoquant des arguments d'ordre pécu-
niaire. Quant à Jean Lesage, il laisse tomber laconiquement :

— C'est un départ qui laisse le Parti libéral plus fort que
jamais[17].

Impensable encore il y a seulement quelques semaines,
l'affrontement Kierans-Lévesque, deux alliés de la Révolution
tranquille, révèle à quel point le Québec se polarise rapidement
depuis la visite du général de Gaulle. René Lévesque a perdu, mais
le Québec anglophone n'a pas applaudi, car, pour la première fois,
l'indépendance devient une éventualité plausible. De son côté,
Kierans sait trop bien que sa victoire douteuse lui coûtera sa carrière
politique au Québec.

Quinze jours avant l'expulsion de Lévesque et comme s'ils
voulaient jeter de l'huile sur le feu, des « ultras » de l'Union nationale mettent au point une stratégie afin de réduire à néant la portée
du manifeste souverainiste. Le 17 septembre, sous la signature de
Lucien Bouchard, le quotidien *L'Action* révèle que « l'Union nationale a un plan secret pour réaliser l'indépendance en cinq ans ».

En fait, ce plan, qui ressemble à s'y méprendre à la souveraineté-association, avait été rejeté par le Conseil national du parti
avant les élections de 1966. Tandis que Paul Dozois insiste sur le
fait que le document n'exprime pas la politique de l'Union nationale, Jean-Noël Tremblay se fait virulent :

— M. Lévesque pratique le vol à l'étalage !

On ne saurait mieux dire. L'article premier du plan d'accession à l'indépendance propose en effet : « Souveraineté politique avec
association et intégration économiques. » En d'autres termes, la
souveraineté-association, telle que vient de la préconiser René
Lévesque[18].

Le coulage a pour but premier de montrer à la population que
le député de Laurier n'a rien inventé. En même temps, il fournit à
Daniel Johnson le « coussin » qui atténuera la retraite stratégique qu'il
prépare depuis Honolulu, où l'ont rejoint les financiers Paul
Desmarais, Marc Carrière et Marcel Faribault. La rue Saint-Jacques
francophone s'est transportée au chevet du premier ministre malade.

Le défilé des visiteurs a commencé fin septembre, après une
paisible convalescence d'une dizaine de jours passés en la seule
compagnie d'André Lagarde, qui occupe la chambre voisine de

celle de Johnson. À Hawaï comme à Québec, il faut un ange gardien pour veiller sur le sommeil du premier ministre, dont le moral reste très bon en dépit de l'épuisement engendré par la crise cardiaque. La journée se déroule au rythme des tropiques : lever à huit heures et petit déjeuner composé d'œufs bénédictine et de café fort. Après, les deux hommes descendent à la plage pour la séance de bronzage. Souffrant d'une allergie, Johnson évite de s'exposer trop longtemps au soleil et porte constamment chapeau de paille et chemise. Ensuite, c'est la sieste jusqu'à l'heure de l'apéritif, dans la *cabaña* dont le téléphone permet au convalescent de rester en contact avec le premier ministre suppléant, Paul Dozois.

C'est dans le chalet rudimentaire, érigé en bordure de l'une des plus belles plages de sable blanc au monde, que les Québécois descendus au Kahala Hotel lui rendent parfois visite. C'est là aussi qu'il analyse la difficile situation économique du Québec en compagnie des financiers Desmarais ou Carrière, et convainc Marcel Faribault, président du Trust général du Canada, de prendre la direction du ministère de l'Éducation, abandonné au sous-ministre Arthur Tremblay par un Jean-Jacques Bertrand débordé et peu motivé, qui préfère se consacrer à la Justice, son second portefeuille. Insatisfait du rendement médiocre de son premier lieutenant à la tête d'un ministère si insatiable qu'il grève le budget public et gêne l'accès du Québec aux marchés d'emprunt, Johnson a jeté son dévolu sur Faribault, administrateur de grande classe. Le financier saura bien, pense-t-il, ramener à des proportions plus raisonnables une réforme scolaire que Paul-Gérin Lajoie a d'abord orientée vers « la brique et le ciment » avec la construction accélérée des écoles-usines baptisées polyvalentes, à l'immense satisfaction des mantes religieuses du favoritisme[19].

Vers dix-sept heures, le groupe revient à l'hôtel pour le « verre de l'amitié », qui précède le dîner pris dans la salle à manger ou à l'extérieur. Les médecins de Johnson, le Dr Charest ou son frère Réginald, grand ami de Marc Carrière, demeurent intraitables sur l'heure du coucher, fixée à vingt-deux heures et demie. Pas question pour le malade de se prendre pour un oiseau de nuit ! Pendant ces longs moments de farniente à la *cabaña,* ou au cours de leurs randonnées en automobile autour de l'île, Paul Desmarais parvient à persuader le premier ministre d'effectuer un recul stratégique pour rétablir la confiance des milieux d'affaires anglo-américains envers le Québec.

Ce n'est pas la première fois que Johnson est amené à consulter le président de la Corporation des valeurs Trans-Canada, société de gestion autrefois présidée par le financier Jean-Louis Lévesque, ami intime de Duplessis. Paul Desmarais a mis la main sur Trans-Canada en 1965 et il a eu besoin du concours du gouvernement Johnson pour s'emparer du quotidien *La Presse,* dont la vente avait été interdite jusqu'en 1965, en vertu d'une clause testamentaire de son fondateur, Trefflé Berthiaume. Baron de la finance, Desmarais détient déjà par la Corporation des valeurs Trans-Canada un droit de veto sur un actif de deux milliards et demi de dollars et la fusion de sa société avec la Power Corporation, au début de 1968, fera grimper son actif à près de quatre milliards de dollars.

Daniel Johnson éprouve une grande admiration pour Paul Desmarais, « p'tit gars » francophone de Sudbury, en Ontario, qui a dû se battre contre les Anglais pour se faire une place au soleil. Les deux hommes sont liés non seulement par un respect réciproque, mais encore par une sorte de complicité du fait de leurs origines modestes. En dépit du mythe créé autour du financier, Johnson n'arrive pas à le voir autrement que comme un « Canayen pur laine » qui bégaie en parlant et jure comme tout bon Canadien français quand il est en colère contre les Anglais[20]...

Desmarais a beaucoup d'influence sur Johnson et, aujourd'hui, ses arguments semblent peser encore plus lourd aux yeux de cet homme rongé par la maladie. Le financier n'a guère apprécié l'histoire du plan secret pour l'indépendance et il ne se gêne pas pour le dire à son interlocuteur, qui écoute critiques et avis. L'idée de peser sur le cours de l'Histoire ne déplaît pas à Paul Desmarais, pourvu qu'il puisse le faire en coulisse. Il se perçoit comme un intermédiaire entre l'État et les milieux financiers, fonction qui n'exclut pas l'amitié qu'il voue à Johnson. Mais bien qu'il se considère comme l'ami de Daniel, c'est pourtant chez lui, dans les bureaux de Power Corporation, que sera élaborée au printemps de 1968 la campagne électorale de Pierre Trudeau, dont il fera avaliser la candidature par un establishment plus que méfiant[21].

Johnson hésite à se soumettre aux exigences des milieux financiers que lui transmet Paul Desmarais. Un tel virage aurait certainement des répercussions négatives auprès de ses militants, députés et ministres nationalistes. Mais a-t-il vraiment le choix ?

Il se sent soudain très seul, comme si, autour de lui, le monde sombrait dans la folie. En 1939, son maître Duplessis s'était lui aussi retrouvé coincé au point de déclencher des élections perdues d'avance quand, à la suite de son alliance avec les nationalistes québécois opposés à la conscription, les banquiers lui avaient supprimé tout crédit.

En sollicitant l'appui du général de Gaulle, Johnson a réussi à liguer les financiers contre lui. Maintenant, ceux-ci ont beau jeu d'agiter l'épouvantail de la fuite des capitaux puisque le Québec connaît, depuis un an, un ralentissement de ses investissements et de son taux de croissance économique. En 1967, en effet, le taux de croissance du Québec ne sera que de 4,5 pour 100, comparativement à 6,2 pour 100, l'année précédente. Quant à la baisse des investissements, on prévoit qu'elle sera de 5,8 pour 100 au Québec par rapport à 1966, alors que le reste du Canada connaîtra, au contraire, une hausse de 4,7 pour 100. En 1967, les entreprises investiront 81 dollars par tête au Québec mais 104 en Ontario et 161 en Alberta. Dans le secteur public et les services, le déclin est similaire : le volume des investissements s'accroîtra de 353 millions en Ontario, mais diminuera de 182 millions au Québec[22].

Tout le monde admet qu'il y a une baisse des investissements ou un glissement de capitaux. Mais de là à en attribuer la responsabilité au seul climat d'incertitude politique, il y a tout de même une marge. Le chantage économique auquel se livrent les libéraux consiste précisément à tout mettre à ce seul compte et à négliger les autres causes pourtant soulignées par les économistes, tels la diminution des activités due à la fin des travaux de l'Expo 67, la réduction des emprunts et des dépenses publiques décrétée par le gouvernement Johnson et le ralentissement général de l'économie nord-américaine aux prises avec la poussée inflationniste provoquée par le coût exorbitant de la guerre du Viêt-nam. En outre, on ne peut passer sous silence la faiblesse de l'économie canadienne elle même, trop étroitement liée à celle des États-Unis. Si l'économie du Québec vacille davantage que celles de l'Ontario ou de l'Alberta, c'est qu'on assiste depuis la fin des années 50 à un glissement des pôles de croissance vers ces deux provinces. Ce phénomène, également observable aux États-Unis, s'accompagne de la migration des sièges sociaux vers l'ouest nord-américain. Mentionnons enfin la fragilité de la structure industrielle du Québec et le départ de particuliers et de sociétés fuyant l'impôt successoral québécois au profit des paradis fiscaux étrangers[23].

Rendu plus perméable aux pressions à cause de sa santé et de ses préoccupations quant à l'avenir économique du Québec, Johnson se rend finalement à la requête de Paul Desmarais. Il doit mettre temporairement un frein à son nationalisme militant. Mais avant de se rallier à la solution de son ami, il veut procéder à une dernière vérification. De sa *cabaña*, il joint Paul Dozois, qui lui confirme, une fois de plus, l'hystérie des milieux d'affaires que reflètent les coups de téléphone alarmistes reçu au ministère des Finances. Cependant, il oublie de se renseigner auprès de la Caisse de dépôt et de placement où Jacques Parizeau (comme Charles Neapole, d'ailleurs) n'a noté aucune transaction anormale sur les titres du gouvernement du Québec. Or, ce sont justement ces titres qui devraient être les plus menacés par le spectre de la fuite des capitaux. Malheureusement pour lui, Johnson ne sait pas tirer parti de la Caisse de dépôt, cet instrument tout neuf qui ne dispose pas encore des milliards qui assureront à ses successeurs plus d'indépendance vis-à-vis des prêteurs[24].

Johnson met deux jours à rédiger le texte que certains tiendront pour une capitulation flagrante et d'autres, pour un recul stratégique. Avec l'aide d'André Lagarde, il cherche une image-choc, capable de ranimer la confiance des banquiers — ce sera la fameuse « Muraille de Chine ». Il ne commet pas l'erreur d'associer Paul Desmarais à la rédaction de son document afin de ne pas compromettre sa crédibilité. Ce dernier héritera néanmoins de l'original de la déclaration d'Hawaï pour ses archives personnelles. Johnson prévient de ses intentions son ami et conseiller financier, Roland Giroux, convaincu, lui aussi, de la nécessité d'une trêve.

Avant de rendre publique sa volte-face, Johnson tente d'en atténuer l'effet sur ses collaborateurs. Au petit matin, il réveille Charles Pelletier, à Québec, pour lui lire la déclaration. La « Muraille de Chine » fait tiquer le rédacteur.

— Télégraphiez-moi le texte tout de suite, monsieur Johnson, répond celui-ci. Je réunis les autres pour en discuter.

La matinée est à peine entamée que, déjà, Paul Chouinard, Mario Beaulieu, Jean Loiselle et Charles Pelletier scrutent l'« œuvre » à la loupe.

— Il faut retirer l'expression « Muraille de Chine », qui est trop négative, conseille Loiselle[25].

Après quelques discussions, le groupe décide, finalement, de la conserver, mais modifie le texte original pour réaffirmer avec force le thème majeur du programme officiel : égalité ou indépendance. Le premier ministre accepte les modifications de ses conseillers et convoque Martin Pronovost, journaliste de *La Presse,* qui se trouve justement à Hawaï. Ce dernier, qui est un ami de Lagarde, a découvert, grâce à une indiscrétion de la femme de celui-ci, le refuge de Johnson. Après trois jours de recherches sur la plage et dans les bars, il est arrivé la veille au Kahala Hotel. Le journaliste connaît Johnson de longue date. Assez, en tout cas, pour le menacer en badinant de se venger s'il ne lui réserve pas la primeur de sa déclaration, que convoite également André Lagarde pour le *Montréal-Matin.*

— Cesse de pleurnicher et viens me voir à ma chambre, lui dit Johnson au téléphone. Je te le donne, ton *scoop*[26] !

Le lendemain, le 4 octobre, *La Presse* titre sur neuf colonnes : « Daniel Johnson à Hawaï : pas de Muraille de Chine autour du Québec. »

En juin 1966, l'Union nationale n'a pas reçu le mandat de construire une Muraille de Chine autour du Québec. Nous avons promis au peuple d'exercer les droits reconnus dans l'*Acte de l'Amérique du Nord britannique* et de tout mettre en œuvre pour obtenir une nouvelle Constitution canadienne faite au Canada, par les Canadiens et pour les Canadiens, en vertu de laquelle tout citoyen, qu'il soit de langue française ou de langue anglaise et quelles que soient ses origines ethniques, se sente chez lui partout au Canada. Voilà le mandat que nous avons reçu et nous n'avons pas changé d'attitude. Dans cette recherche de l'égalité que nous voulons pour la nation canadienne-française, le Québec, comme foyer principal de cette nation, a un rôle prépondérant à jouer, cela va de soi, mais toutes et chacune des provinces, ainsi que le gouvernement fédéral, ont leur part de responsabilités. Il faut que le fédéral se rende compte que le fédéralisme ne peut se faire qu'avec les provinces et non contre elles.

Et c'est rendre un très mauvais service au pays que de taxer de séparatistes tous ceux qui recherchent, par des moyens démocratiques et pacifiques, l'épanouissement de la nation canadienne-française.[27]

Rue Saint-Jacques, on sourit. À Ottawa, le premier ministre Pearson se réjouit d'apprendre que « M. Johnson ne veut pas isoler la province de Québec ». Pierre Trudeau, qui s'apprête à lui succéder, commente : « Le document d'Hawaï rejoint la politique d'Ottawa. » Pour sa part, Marcel Faribault, qui vient de rentrer, déclare au *Devoir* : « Je me suis rendu à Hawaï pour discuter avec M. Johnson de la situation constitutionnelle et de l'état de l'économie. » Et Pierre Laporte de constater : « C'est un coup de patin du côté du fédéralisme[28]. »

Le virage spectaculaire du premier ministre choque l'aile indépendantiste du parti. Ceux qui se demandent constamment « Est-il séparatiste, oui ou non ? » et souhaitent qu'il le soit sont déçus. D'autres se rassurent : « Il est sur la corde raide ; il veut l'indépendance à long terme, mais doit composer avec la situation actuelle. » Une semaine après la publication du document d'Hawaï, le journal *Le Temps,* où dominent les ultranationalistes, écrit cavalièrement :

M. Daniel Johnson déclarait récemment qu'il n'avait pas reçu mandat des électeurs pour séparer la province du reste du Canada. C'est exact. Mais il n'a pas reçu mandat non plus de garder le Québec dans un cadre qui l'étouffe petit à petit jusqu'à l'étranglement final. Il y aura bientôt des réunions entre les représentants des provinces du Canada et M. Johnson devra être ferme. Et si les prochains événements nous prouvent qu'il n'y a pas de place pour les Canadiens français dans ce pays, il faudra préparer sans délai l'indépendance[29].

Revenu au Québec à la mi-octobre, le premier ministre poursuit de plus belle l'opération « mise en confiance ». Le financier Marcel Faribault, fédéraliste orthodoxe, devient son conseiller en matière constitutionnelle et économique. Johnson confie alors le ministère de l'Éducation au notaire Jean-Guy Cardinal, fils spirituel de Faribault, écrit la presse bien à tort. En effet, même s'il a été l'adjoint de Faribault au Trust général du Canada jusqu'en 1965,

Cardinal est passionnément nationaliste et, depuis 1944, gaulliste. En réalité, les deux hommes s'entendent comme chien et chat. Cardinal peut difficilement supporter Faribault, homme foncièrement conservateur, fédéraliste, autoritaire et incapable d'éveiller la sympathie.

Un jour qu'ils étaient tous deux invités à une réception à Outremont, le hasard les fit se rencontrer devant la porte de l'ascenseur.

— Puis-je monter avec vous ? demanda Cardinal.

— Non ! répondit l'autre avec morgue. Le secrétaire ne prend pas le même ascenseur que le président !

Le 1er novembre, la promotion de Marcel Faribault devient publique. Resté coi depuis quelque temps, Charles Neapole refait surface et confie à Michel Roy, du *Devoir,* que l'entrée en politique de Faribault va créer un « nouveau climat au sein de la communauté financière ».

— La fuite des capitaux a atteint un plateau et commence à fléchir depuis quelques jours, ajoute-t-il du même souffle.

— Si un industriel américain voulait implanter une usine au Québec, enchaîne Roy, que lui conseilleriez-vous ?

— Je ne le découragerais certainement pas, car je me sens beaucoup mieux aujourd'hui !

Étonné par la fin subite de l'exode des capitaux et par l'euphorie contagieuse du président de la Bourse, le journaliste insinue :

— N'auriez-vous pas noirci le tableau à dessein dans votre interview à Radio-Canada ?

— Ce que j'ai dit au sujet de la fuite des capitaux et de la crainte des détenteurs d'obligations du Québec n'était pas une illusion ou un cauchemar, proteste vivement Neapole. C'était un mouvement très réel, vous savez[30]...

Maintenant que Daniel Johnson a fourni ses garanties, la rue Saint-Jacques peut mettre un terme à la panique qu'elle attisait hier encore, comme on souffle sur une braise chaude. Pour Claude Ryan, la crise a été délibérément amplifiée par des financiers « plus affamés de profits que soucieux du bien public ». Il se demande s'il ne faudrait pas attribuer, dans une certaine mesure, le « mouvement de nervosité » observé chez les épargnants à l'action machiavélique d'une poignée de spéculateurs qui, rêvant de gains plus élevés, ont

misé sur l'incertitude politique consécutive à l'éclat du général de
Gaulle pour provoquer, momentanément, une détérioration brutale
des titres québécois[31].

Le 9 novembre, le premier ministre se rend en pèlerinage chez
les banquiers de Manhattan pour les rassurer sur sa « politique
française », qui, leur dit-il, ne vise pas à faire du Québec une terre
hostile aux Américains. Le Québec est partie intégrante de
l'Amérique du Nord — évidence qu'aucun premier ministre
québécois ne saurait ignorer, même lorsque, comme lui, il se bat
pour l'égalité de son peuple au sein du Canada. À New York,
Johnson découvre que les financiers des États-Unis lui conservent
leur confiance, contrairement à ce que laissait entendre la presse
torontoise, depuis l'appel du 24 juillet. Il apprend du même coup
qu'ils considèrent avec sympathie les aspirations égalitaires des
Québécois. Tout compte fait, de Gaulle ne les a pas ébranlés aussi
fortement que voulait le faire croire la communauté financière de
Toronto et de Montréal[32].

Si Johnson retire tant d'avantages de ce voyage à New York,
c'est aussi à cause de son intelligence et de sa façon d'aborder les
gens, qui ne laisse personne indifférent, pas même cet aréopage de
banquiers dont il veut atteindre tant le cœur que l'esprit. Tel un
artiste, il joue de son nom et de sa double appartenance culturelle
qui font que ses interlocuteurs anglophones, américains ou canadiens
l'acceptent davantage. Un jour qu'il s'adressait à un groupe
d'hommes d'affaires au Albany Club de Toronto, l'avocat Jean-
Paul Cardinal, qui l'accompagnait, fut frappé de constater à quel
point le patron était irlandais. Les financiers le considéraient comme
un des leurs et lui, de son côté, loin de les craindre, savait s'en faire
des alliés. Pour expliquer son patronyme anglais, il aimait leur dire
en riant : « Je suis un produit du Québec — *amalgamation by night !* »

Notes — Chapitre 7

1. Le juge Maurice Johnson.

2. Alain Peyrefitte, *Le Mal français*, Paris, Plon, 1976, p. 150.

3. *Le Devoir*, le 14 juillet 1967 et André Patry, *Le Québec dans le monde*, Montréal, Leméac, 1980, p. 103.

4. *Le Devoir*, les 1ᵉʳ et 2 août 1967.

5. *Le Devoir*, les 24 août et les 1ᵉʳ, 5 et 6 septembre 1967.

6. Au sujet des diverses interprétations données à la lettre de Pologne, voir André Patry, *op. cit.*, p. 103 ; Anne et Pierre Rouanet, *Les Trois Derniers Chagrins du général de Gaulle*, Paris, Grasset, 1980, p. 182 et l'ouvrage de Renée Lescop (à paraître prochainement) intitulé *France-Québec-Canada, un éternel triangle ? — L'intermède de Gaulle 1940-1970* (titre provisoire).

7. André Patry et *op. cit.*, p. 103.

8. Alain Peyrefitte, *op. cit.*, p. 149-150.

9. André Patry, *op. cit.*, p. 104 et *Le Devoir* du 14 septembre 1967.

10. *Le Devoir*, le 2 novembre 1967 et Jacques Parizeau cité dans « Parizeau en liberté », *Québec-Presse*, le 26 novembre 1972.

11. *Monetary Times*, vol. 135, n° 10, octobre 1967.

12. Anny Booth, *The Financial Post*, le 7 octobre 1967.

13. *Ibid.*

14. *Maclean's*, vol. 80, n° 12, décembre 1967.

15. *Ibid.*

16. Jacques Parizeau et *Le Devoir* des 21 septembre et 5 octobre 1967.

17. Peter Desbarats, *René Lévesque ou le projet inachevé*, Montréal, Fides, 1976, p. 152, 159, 164 et *Le Devoir* du 16 octobre 1967.

18. *L'Action*, le 26 septembre 1967 et Me Guy Bertrand.

19. Jean-Guy Cardinal et André Lagarde.

20. Me Jean-Paul Cardinal et André Lagarde.

21. Peter Newman, *The Canadian Establishment*, vol. 1, Toronto, McClelland and Stewart, 1975, p. 45.

22. Données du Conseil économique du Canada, reprises par *MacLean's*, vol. 80, n° 12, décembre 1967, et du Bureau fédéral de la statistique, citées dans *Le Devoir* du 20 décembre 1967.

23. Roland Giroux, et Judith Maxwell cité dans *L'Actualité*, vol. 3, n° 10, octobre 1978.

24. Jacques Parizeau, *Le Devoir* du 4 novembre 1967 et *Québec-Presse* du 26 novembre 1972.

25. Charles Pelletier et André Lagarde.

26. Martin Pronovost.

27. Extrait de la déclaration d'Hawaï, publiée *in extenso* dans *La Presse* du 4 octobre 1967.

28. *Le Devoir*, les 5 et 6 octobre 1967.

29. *Le Temps*, le 14 octobre 1967.

30. *Le Devoir*, le 2 novembre 1967.

31. *Le Devoir*, le 3 novembre 1967.

32. Roland Giroux et *Le Devoir* des 9 et 10 novembre 1967.

CHAPITRE 8

L'an 2 de la Révolution tranquille

À la fin de 1967, après un an et demi de pouvoir, le temps est venu pour l'UN de faire le point. Durant la pause d'Hawaï, Johnson a décidé de procéder, en priorité, au remaniement ministériel qu'il envisageait depuis un bon moment. Son objectif est double : accroître la compétence de son cabinet en y faisant entrer un gestionnaire de la trempe de Marcel Faribault et libérer de leur vie de galériens ses quatre ministres clés, Jean-Jacques Bertrand, Paul Dozois, Maurice Bellemare et Fernand Lafontaine.

Déjà, avant son départ pour le Sud, son entourage avait commencé à lui suggérer les noms de quelques « gros canons ». Par exemple, son vieil ami Marc Faribault, qui gère la caisse du parti avec André Lagarde, lui avait parlé de son cousin germain, Marcel. Juriste éminent, grand financier et partisan acharné d'une nouvelle Constitution qu'il avait d'ailleurs réclamée en 1965 dans son ouvrage *Dix pour un,* écrit en collaboration avec Robert Fowler, il constituerait sans l'ombre d'un doute une recrue de premier plan.

— Tu devrais lui en toucher un mot, avait conseillé Johnson avant de prendre l'avion pour le Pacifique.

Les deux Faribault déjeunent ensemble au club Saint-Denis. Marc transmet l'offre du premier ministre à Marcel, qui demande à réfléchir. Deux jours plus tard, il rappelle son cousin :

— J'accepte.

— Il accepte ? fait Johnson au fiduciaire de la caisse, qui l'a joint par téléphone à son hôtel. Bon, je le fais venir à Hawaï.

Entre deux scotches, sous les cocotiers, le chef unioniste propose au financier de devenir ministre de l'Éducation. Faribault est d'accord. Il reprend l'avion pour Montréal, où il s'empresse de dire aux journalistes qu'on vient de lui offrir un fauteuil de ministre.

— Mais rien n'est encore réglé, précise-t-il.

Et pour cause. À son retour au pays, quinze jours plus tard, Daniel Johnson confirme la nouvelle, mais ajoute qu'il attend une réponse définitive, laquelle ne saurait tarder. La nomination de Faribault suscite l'opposition farouche de Marcel Masse, ministre d'État à l'Éducation, et du chef de cabinet, Mario Beaulieu. Alors qu'il était encore à Hawaï, Johnson avait annoncé à ce dernier :

— Je vais nommer Marcel Faribault à l'Éducation.

— Vous n'êtes pas sérieux ! avait rétorqué Beaulieu, stupéfait. Il est trop à droite ! Les enseignants vont dire que c'est de la provocation !

— Mais qui, alors ? avait repris le patron.

Quelque temps après, alors que Marcel Masse est sur le point de s'envoler de Dorval pour Paris, le premier ministre le fait demander au téléphone :

— J'ai pensé à M. Faribault pour l'Éducation.

— Si vous nommez Faribault comme ministre, réplique Masse, annoncez en même temps ma démission !

Les objections déroutent Johnson. Quel guêpier ! Voilà que la « star » ultranationaliste de son cabinet veut claquer la porte. Serait-ce par dépit ? Non, car Marcel Masse n'a pas l'intention de succéder à Jean-Jacques Bertrand. L'Éducation, c'est de la dynamite — il ne veut pas se brûler. Il a déclaré à son ami Beaulieu qu'il ne se sentait pas de taille à relever le défi[1].

Bénis soient les dieux ! C'est Marcel Faribault, lui-même, qui tire Johnson de sa fâcheuse position. Il s'est ravisé et ne veut plus d'un ministère qui l'obligerait à se départir de ses nombreux directorats et intérêts financiers. Par contre, il se contenterait d'un poste de conseiller, dit-il à Johnson, qui lui propose alors les Finances.

— Avez-vous songé au notaire Jean-Guy Cardinal, M. le premier ministre ? suggère-t-il pour atténuer les conséquences de son refus.

Johnson doit se décider très vite parce qu'il ne reste plus que quelques jours avant le remaniement, prévu pour la dernière journée d'octobre. Tout ce qu'il sait sur le notaire Jean-Guy Cardinal, doyen de la faculté de droit de l'Université de Montréal et ex-secrétaire du Trust général du Canada, c'est que celui-ci lui a déjà opposé trois refus consécutifs.

En juin, comme Mario Beaulieu parlait une fois de plus de retourner au notariat, il avait d'abord proposé, pour lui succéder, le sous-ministre de l'Éducation, Arthur Tremblay.

— Jamais! avait riposté Johnson. J'ai mené la campagne électorale contre lui, comment puis-je en faire mon chef de cabinet?

— Pourquoi pas Michel Bélanger, l'efficace et souriant sous-ministre de l'industrie et du Commerce, si dévoué à Bellemare?

— Non plus, c'est un gars à Lévesque!

— J'ai votre homme, avait enchaîné Beaulieu. C'est un bleu, un homme fort, un intellectuel qui fait de la peinture, du ballet et qui sait administrer! Jean-Guy Cardinal, doyen de la faculté de droit et protégé de Faribault.

Ce fut le premier refus de Cardinal, qui voulait davantage qu'un simple poste de chef de cabinet et de secrétaire général du gouvernement — appellation nouvelle, suggérée par Mario Beaulieu.

Quelque temps après, Johnson revint à la charge et offrit à Cardinal la succession du délégué général à Paris, Jean Chapdelaine, qu'il entendait muter à un autre poste. « Non », répondit encore le notaire, dont l'ambition dévorante exigeait d'être assouvie au Québec. Au début d'octobre, enfin, celui-ci se vit proposer par Marcel Masse, cette fois, le futur poste de sous-ministre de l'Éducation pour la région métropolitaine, grâce auquel Bertrand espérait réduire l'autorité abusive d'Arthur Tremblay. Troisième refus[2].

Serait-ce donc que le vaniteux et séduisant notaire à la moustache aussi bien taillée, que celle de Johnson, quoique plus fournie, souhaiterait devenir ministre?

Tous les lundis, Cardinal assiste à Québec aux conseils d'administration des compagnies d'assurances dont il fait partie. Le 23, en pleine réunion, on lui remet un mot du premier ministre, qui le prie d'entrer en communication avec lui sur-le-champ.

— Encore un autre qui va devenir sous-ministre! blague le p.-d.g. de La Laurentienne.

Johnson veut rencontrer le notaire au cours de l'après-midi à son bureau du Parlement. C'est presque un ordre ! À peine Roger Ouellet, le discret secrétaire du chef du gouvernement, a-t-il introduit Cardinal que le premier ministre met cartes sur table :

— J'ai offert à Marcel Faribault un poste de conseiller législatif et de conseiller particulier. Je vous propose le ministère de l'Éducation, lui dit-il.

— Je ne sais pas si je devrais accepter, répond Cardinal d'un ton hésitant.

Quelques jours plus tôt, on lui a offert le vice-rectorat de l'Université de Montréal et il est aussi question qu'il accède à la présidence du Trust général du Canada. Tout ça demande réflexion.

— Voulez-vous au moins y penser ? insiste Johnson en décrochant le téléphone pour joindre Marcel Faribault, qui assiste à une réunion du conseil de direction de Bell Canada à Montréal. Après une brève conversation, il se tourne vers Cardinal.

— Pouvez-vous rencontrer M. Faribault ce soir même pour discuter de tout cela ?

Cardinal reprend la route de Montréal et entre, à vingt heures, au réputé club Saint-Denis de la rue Sherbrooke, où les garçons stylés évoluent à pas feutrés parmi ces messieurs importants que sont financiers et politiciens. Entre deux bouchées, le grassouillet président du Trust général du Canada demande à celui qui passe pour son fils spirituel :

— Accepteriez-vous le poste de ministre ?

La discussion entre le « père » et le « fils » traîne jusqu'à vingt-deux heures et demie.

— Je prends ma décision : j'accepte ! dit brusquement Cardinal d'une voix ferme.

Marcel Faribault communique avec Johnson au Château et lui apprend la nouvelle.

— Jean-Guy Cardinal est prêt à accepter le poste de ministre... Le premier ministre veut vous parler, dit-il au bout de quelques secondes en passant le combiné au notaire, qui se tient à ses côtés.

— Mes félicitations, M. le ministre de l'Éducation, dit la voix au bout du fil. Venez à Québec le plus vite possible[3] !

Et voilà comment Jean-Guy Cardinal, brillant notaire de quarante-deux ans, doué pour la peinture et le ballet, et grand administrateur, entra par la grande porte dans le monde si particulier de la politique. Grâce à son intelligence, à son entregent et à sa prestance, l'entourage du premier ministre l'accepte rapidement et on ne tarde pas à voir en lui le dauphin.

Malgré les apparences — Cardinal n'a jamais eu une seule carte de parti en poche —, son intérêt pour la politique est grand. Il avait douze ans quand le premier ministre Alexandre Taschereau a été battu par Duplessis et il avait suivi la campagne avec une passion précoce aux côtés de son père, pharmacien à Montréal. Il est professeur agrégé à la Faculté de droit quand, en septembre 1961, Johnson lance, à la fin du congrès : « Pas nécessairement la séparation, mais la séparation si nécessaire ! » Il est tout de suite conquis par l'homme, car il est déjà profondément nationaliste. En 1965, il dévore, en l'annotant, le manifeste *Égalité ou indépendance*. Au milieu des années 60, la réforme scolaire le rapproche des milieux politiques. Paul Gérin-Lajoie l'invite à siéger à la Commission de l'enseignement supérieur et au Conseil supérieur de l'éducation. En 1967, on le retrouve au comité mixte sur les cégeps. Non seulement Cardinal admire-t-il Gérin-Lajoie, mais il rêve secrètement de lui succéder un jour, conscient qu'il devra, pour cela, faire le saut en politique active. Ses dernières hésitations tombent au cours de sa rencontre avec Daniel Johnson. Après quelques minutes de conversation, sa décision est définitive[4].

Le nouveau ministre de l'Éducation, qui, n'étant pas élu, accède en même temps à la Chambre haute, prête serment le 31 octobre, à midi. Pour faire une place à sa précieuse recrue et à Marcel Faribault, Johnson a dû « mettre à la retraite » deux conseillers législatifs qui, de toute façon, n'auraient plus siégé bien longtemps.

— C'est un terrible accroc à la démocratie ! tonne Lesage en apprenant l'entrée d'un non-élu au Conseil des ministres.

Si Johnson hésite à abolir le Conseil législatif en dépit de sa promesse électorale, c'est qu'il en a besoin. Contraint, en juin 1966, de choisir ses ministres au sein d'une députation de qualité très moyenne, il sait qu'il devra, un jour ou l'autre, en faire passer quelques-uns par la Chambre rouge. De plus, il considère que celle-ci joue un rôle de soupape de sûreté. « Il faut transformer et non abolir le Conseil législatif », répète-t-il à ceux qui lui rappellent son engagement électoral. Il songe d'ailleurs à l'instauration d'un régime présidentiel qui serait bicaméral.

Le second objectif du remaniement est la suppression des ministères jumelés afin de permettre aux ministres « aînés » de souffler un peu. Johnson retire les Travaux publics à Fernand Lafontaine pour les remettre à celui qui en était le ministre délégué, Armand Russell. En un an et demi, le maire de Saint-Joachin de Shefford a pris goût à l'administration publique. Issu de l'entreprise privée, il est scandalisé par la multiplicité et l'inefficacité des fonctionnaires. Aussi se fixe-t-il comme but d'en réduire le nombre : des 3000 fonctionnaires que comptait son ministère en juin 1966, il n'en restera plus que 1800 en 1970[5].

À l'impatient maire de Repentigny, le Dr Robert Lussier, las de perdre son temps comme député d'arrière-ban, Johnson confie l'un des deux portefeuilles de Paul Dozois, celui des Affaires municipales. Quarante-huit heures avant la prestation de serment, le premier ministre joint Lussier chez lui et lui annonce, mystérieux :

— Soyez à Québec mardi matin avec votre femme et un costume foncé.

En pénétrant dans l'antichambre où attendent déjà Cardinal et Russell, le nouveau titulaire des Affaires municipales constate que ses prévisions de la fin de semaine étaient justes :

— Accepteriez-vous d'être ministre des Affaires municipales, Dr Lussier ? lui demande Mario Beaulieu[6].

Johnson complète son remaniement en se départissant des Richesses naturelles au profit de Paul Allard, député de Beauce et ci-devant ministre d'État à la Voirie. Il offre enfin à l'épicier en gros de Montréal-est, Jean-Paul Beaudry, le ministère de l'Industrie et du Commerce, dont Maurice Bellemare, trop pris par ses bagarres avec les syndicats, n'a guère eu le temps de s'occuper. C'est d'ailleurs à titre d'adjoint parlementaire dans ce ministère que Beaudry a fait ses premières armes. Son travail discret mais soutenu durant la période bouillonnante de l'Exposition universelle l'a révélé au premier ministre, qui lui téléphone chez lui, à sept heures du matin, quelques jours avant le remaniement, tout comme il l'a fait avec Lussier.

— Jean-Paul, pourriez-vous être à Québec mardi matin ?

— Certainement, M. Johnson, répond-il, étonné de la requête.

Quelque chose de grave doit se passer pour que le premier ministre en personne lui téléphone de si bonne heure, un dimanche matin, pense le candide député de Lafontaine.

— Faites-vous accompagner de votre épouse et portez, si c'est possible, un costume foncé, conclut Johnson avant de raccrocher.

À dix heures et demie, le mardi matin, Mario Beaulieu introduit Beaudry dans le bureau du chef du gouvernement, qui se dirige aussitôt vers lui, la main tendue :

— Mes félicitations, M. le ministre de l'Industrie et du Commerce ! lance-t-il en accompagnant ses paroles de son éternel sourire ironique.

Le premier ministre s'amuse de la surprise du député, qui se confond en remerciements et l'assure de sa fidélité et de son honnêteté. À l'instar de Duplessis, Johnson convoque ses futurs ministres et collaborateurs à une séance d'une trentaine de minutes pour leur faire la morale.

— Attention aux flatteurs et surtout aux nombreux amis que vous aurez dorénavant ! Jean-Paul, n'oubliez jamais que la vie politique est éphémère[7].

Alors que depuis la prise du pouvoir par l'UN le gouvernement avait été la chasse gardée de quatre ou cinq ministres, Johnson pourra désormais compter sur une équipe plus forte et mieux équilibrée. Contrairement aux prévisions des observateurs, la redoutable « équipe du tonnerre », une fois reléguée sur les banquettes de l'opposition, n'a pas fait d'éclats. Aux prises avec les luttes internes entourant la clarification de leur option constitutionnelle, dont l'intervention du général de Gaulle a fait ressortir l'ambiguïté, les libéraux de Lesage se tiennent cois. Formé d'un solide noyau d'hommes compétents mais peu tapageurs, comme Paul Dozois, Jean-Jacques Bertrand, Clément Vincent, Maurice Bellemare et Jean-Paul Cloutier, le « cabinet de transition » de juin 1966 a fini par former un gouvernement durable, à l'actif plus impressionnant que le passif.

L'autorité du premier ministre s'est révélée supérieure aux prévisions. Il a su, avec une habileté consommée, garder ensemble des hommes comme Jean-Noël Tremblay et Maurice Bellemare, politiquement et constitutionnellement aux antipodes l'un de l'autre. Jean-Jacques Bertrand s'est définitivement assagi et se consacre entièrement à la Justice. Ses relations avec le chef se sont améliorées. Il confie même à des intimes comme Jean Bruneau, l'un de ses conseillers :

— Ça va bien avec Daniel. Tout est oublié. Je fais un bon second, mais peut-être n'aurais-je pas fait un bon premier comme lui.

Quant aux jeunes loups, Masse, Tremblay, Loubier et les autres, s'ils n'ont pas fait fureur du moins n'ont-ils pas trop déçu. La brillante recrue de Marcel Masse, l'enfant gâté des médias, suscite des interrogations chez ceux qui s'attendaient à le voir prendre la relève de Jean-Jacques Bertrand à l'Éducation, dont il était déjà le ministre délégué. Il faut dire que son ascension rapide a fait des jaloux.

Certains l'accusent de s'attribuer un peu trop souvent le bien-fondé de réformes et de réalisations dont la paternité revient à d'autres, notamment la rédaction du manifeste *Égalité ou Indépendance*. On lui reproche également de ne pas savoir masquer son ambition et d'alimenter les rumeurs en laissant croire qu'il serait le dauphin du premier ministre. Trop combinard et toujours en train de manigancer pour surclasser un rival qui, inévitablement, se retrouve vainqueur, disent ses plus méchants détracteurs. Johnson le sait talentueux, mais lui reproche sa hâte d'arriver. Avant le remaniement, Jean Loiselle lui a demandé :

— Pourquoi ne nommez-vous pas ministre un jeune homme aussi dynamique et nationaliste ?

— C'est un ambitieux.

La nomination de Cardinal à l'Éducation résulte en partie de la méfiance qu'éprouve Johnson envers Masse. Quand ce dernier a proposé un poste de sous-ministre à Jean-Guy Cardinal, c'est parce qu'il se voyait, lui, détenteur du portefeuille. Mais, sachant par expérience qu'il ne faut pas faire mûrir trop tôt les fruits nouveaux, le premier ministre a déjoué ses plans. En réalité, il entend lui confier le futur ministère de la Fonction publique, qu'il songe à instituer en prévision des négociations collectives avec les employés du secteur public. En décembre, un mois et demi après le remaniement, Johnson en glisse un mot à Masse, mais sans rendre sa nomination officielle parce que la réforme n'est pas prête. Pour lui forcer la main, le jeune ambitieux s'arrange avec un journaliste du

Devoir, qui pose carrément la question dans le quotidien. Le lendemain, Johnson ne peut que confirmer la nouvelle[8].

Par ses sorties virulentes contre la Confédération, Jean-Noël
Tremblay n'est pas, lui non plus, le dernier venu quand il s'agit de
donner des maux de tête au chef du gouvernement. Tremblay trouve
que son jeune collègue Masse fait beaucoup de bruit pour bien peu
de résultats et l'a surnommé le « ministre absent » ou encore « notre
courant d'air national ». Quand le Conseil des ministres cherche à
joindre ce dernier, Tremblay remarque à la cantonade :

— La seule façon de le trouver, c'est d'appeler la tour de
contrôle pour localiser le « jet » du gouvernement !

Tout en traçant les grandes lignes d'un programme qui permettrait de démocratiser l'accès à la culture, le ministre des Affaires
culturelles continue de provoquer des commotions parmi les libéraux provinciaux et fédéraux. Au printemps, il a déclaré que la seule
façon d'intégrer les immigrants à la majorité francophone, c'est de
faire du français la langue d'usage au Québec ; dès septembre, il
annonce les premières mesures en ce sens : épuration de la langue
administrative, résurrection de l'Office de la langue française,
animation régionale et mesures pour améliorer l'affichage. Du même
souffle, le virulent ministre tire un coup en direction de l'Outaouais :

— Ottawa n'a pas à nous dicter de quelle façon édifier notre
État national[9] !

En avril, à la suite d'un houleux débat en Chambre où Jean-
Noël Tremblay et Gabriel Loubier, ministre du Tourisme, ont
soulevé la colère des libéraux, Johnson s'est vu forcé de déclarer
solennellement que son parti n'est pas antisémite. Claude Wagner
était en train de lire le titre d'un article du quotidien *The Gazette*
quand les deux ministres lui ont cavalièrement coupé la parole :

— En juif, comment cela se dit-il ? demande Loubier.

— En allemand ? renchérit Tremblay[10].

On imagine le tollé ! Jean-Noël Tremblay a dû jurer de sa
sympathie pour la minorité juive, tout en soulignant qu'il verrait
assez mal qui que ce soit « poser au martyr dans une province qui se
soucie de respecter ses minorités comme nulle autre au Canada ».
Quant à Gabriel Loubier, il a trouvé plus simple de dire qu'il voulait
faire de l'esprit[11].

Même ministre, celui-ci reste égal à lui-même — toujours bon vivant et boute-en-train. Mais sa faconde le trahit parfois... Âgé de trente-cinq ans, le jeune titulaire du Tourisme ne manque pas d'énergie, même si Johnson, qui l'a adopté malgré sa légèreté, lui reproche de travailler par saccades et de manquer de sérieux.

Pourtant, sous sa direction, le nombre de campings gouvernementaux est passé de quelques centaines à 8000 en un an. Sa grande ambition est l'établissement pour tout le Québec d'un plan directeur dans le domaine du tourisme afin de sortir de l'improvisation l'une des plus importantes industries de la province. Loubier se définit comme un nationaliste réaliste. « Il faut du français pour la piastre ! » lance-t-il d'un ton faussement bourru. Conscient de ses limites, il n'hésite pas à s'entourer d'experts — ses « petits génies » — qu'il consulte constamment.

Son indiscipline légendaire irrite parfois le premier ministre qui, lorsqu'il n'assiste pas au Conseil des ministres, dit alors à son ami Paul Allard, député de la Beauce et ministre d'État : « Trouvez-le ! » Autant chercher une aiguille dans une botte de foin ! Loubier se déplace toujours en coup de vent, surtout quand il roule à folle allure sur sa moto. Un jour, il s'amène au Parlement sur son bolide, provoquant ainsi la colère de Johnson.

— Gaby, il y a toujours une limite !

— Pas grave ! répond celui-ci. Avec mes grosses lunettes noires, personne ne peut me reconnaître[12].

Ses collègues du cabinet lui reprochent son caractère impulsif et son attitude cavalière à l'égard des instances gouvernementales. Johnson a déjà dû le rabrouer sévèrement durant un conseil des ministres pour avoir annoncé prématurément un projet de loi. Mais ce genre d'anicroche ne porte pas ombrage à leur amitié et n'empêche aucunement Loubier de donner son avis avec une franchise brutale quand le premier ministre, convaincu qu'il est à l'écoute de la population, l'interroge ostensiblement devant ses collègues :

— Ça n'a pas d'allure ! Vous êtes mauditement fou de faire ça ! lâche alors l'avocat[13].

Pour obtenir les crédits dont il a besoin mais que le ministre des Finances Dozois s'obstine à lui refuser, Loubier n'hésite pas à recourir aux grands moyens. Il peut, par exemple, jeter sa démission sur la table. Durant la convalescence de Johnson à Hawaï, il vient trouver le premier ministre suppléant et lui met le marché en main :

— Si vous n'autorisez pas l'émission de nouveaux crédits, je remets ma démission aux journalistes après la réunion du cabinet!

Est-il sérieux? Comment savoir, avec lui? Dozois jette un rapide coup d'œil sur la lettre de démission, puis éclate:

— Gaby, vous profitez de l'absence de Daniel pour m'obliger à accomplir un geste que je ne peux faire sans son autorisation!

Avant sa séance de l'après-midi, il communique avec le premier ministre et lui résume la situation. Réaction violente de celui-ci:

— Vous ne devez céder au chantage sous aucun prétexte, Paul! S'il ne revient pas sur sa décision, que le cabinet accepte sa démission!

Johnson fait demander l'insoumis à l'appareil et, comme un père à son fils, le sermonne durant une bonne dizaine de minutes. Il n'en faut pas plus pour que que le jeune ministre se repente et déchire sa lettre devant Paul Dozois enfin apaisé. Le cabinet ressemble à une grande famille: pour maintenir l'harmonie, le père doit parfois donner la fessée aux turbulents.

La consolidation de la Révolution tranquille

En juin 1966, ils avaient été nombreux, les oiseaux de malheur, à saluer par des chants funèbres la victoire surprise de Daniel Johnson, signe avant-coureur, selon eux, d'une descente assurée aux enfers du duplessisme. Réaction excessive d'une bourgeoisie libérale trop tôt frustrée du pouvoir. Pourtant, les unionistes n'ont pas mis la hache dans l'œuvre considérable de Jean Lesage, ni brûlé le rapport Parent, ni privatisé les sociétés d'État, ni stoppé la modernisation du Québec, ni permis un retour au favoritisme systématique de l'époque duplessiste. Bref, le ciel n'est tombé sur la tête de personne.

Certes, le souffle rédempteur du début des années 60 s'est attiédi. Mais, en 1966, le moment est venu de compléter les réformes amorcées par Lesage et que celui-ci a laissées en plan, faute de temps et privé d'une crédibilité politique qui avait commencé à s'étioler. Avec Johnson, le changement fait moins peur parce qu'on le perçoit comme un conservateur. On sait qu'il n'ira pas trop loin et qu'il n'utilisera pas l'État pour brimer les citoyens. La confiance dont il jouit lui permet de voir acceptées par la population des mesures que son prédécesseur n'arrivait pas à faire passer. Comment, d'ailleurs pourrait-il ramener le Québec à l'époque médiévale, lui qui s'appuie, pour gouverner, sur une technocratie en adoration devant le progrès et sur des députés issus de la jeune génération à la fois avant-gardiste et nationaliste ?

Johnson sait comment briser la résistance des traditionalistes, tout en gardant intacte sa députation. Alors qu'avant son élection il avait mis en pièces le rapport Parent, il fait adopter en 1967, après six mois d'un patient travail de persuasion auprès d'un caucus initialement mal disposé, le projet de loi 21, qui institue les collèges d'enseignement général et professionnel — les cégeps —, qui font le lien entre les ordres secondaire et universitaire. Durant le débat, ce ne sont pas les libéraux qui s'opposent au projet, dont ils approuvent l'esprit, mais bien des députés unionistes d'arrière-ban — les Gaston Tremblay, Marc Bergeron, Denys Bousquet et Fernand Grenier —, qui réclament, en outre, la tête du « grand prêtre », Arthur Tremblay.

Johnson complète la réforme de l'éducation par la création du Conseil des universités et la fondation de l'Université du Québec. Comment cet homme qui voulait que « le peuple du Québec soit le plus scolarisé d'Amérique » aurait-il pu se permettre de retarder la réforme scolaire commencée sous Lesage ?

En entrant en fonction, Johnson a également hérité d'un dossier épineux et coûteux : l'assurance-maladie. Durant la campagne électorale, il avait préconisé un régime de protection médicale conforme aux besoins et aux moyens du Québec, mais en se gardant bien d'en préciser les détails, ce qui avait fait dire à René Lévesque que sa politique en matière de soins avait l'allure d'une « couleuvre sur les patins ». Johnson avait vu les failles du principe de l'universalité des mesures sociales : pourquoi, en effet, l'État aiderait-il ceux qui ont les moyens de se faire soigner ? Il avait donc reproché à Lesage de promettre l'assurance médicale aux millionnaires. Tout électoralisme mis à part, il savait combien il serait difficile d'appliquer, sans avoir à recourir à l'odieuse « preuve d'indigence », un régime qui ne serait pas universel.

Jean-Paul Cloutier, le ministre de la Santé, a minutieusement fait le tour de la question et a conclu que, compte tenu du coût énorme envisagé (250 millions de dollars au départ), il vaudra mieux appliquer le nouveau régime par étapes et ce, à partir de janvier 1968 au lieu du 1er juillet 1967 comme le voulaient les libéraux. C'est là une vraie douche froide pour ceux que la rhétorique parfois ronflante des « révolutionnaires tranquilles » avait induit à penser que tout était dorénavant possible au nouveau pays du Québec. Un autre obstacle s'ajoute aux précédents : Québec doit s'entendre avec Ottawa, qui, soucieux de tenir sa promesse d'offrir à tous les Canadiens les mêmes avantages, veut établir un régime pancanadien.

En août 1966, les premiers ministres des provinces, réunis à Toronto, constatent qu'il faudra reprendre à zéro, et pour la Nième fois, les discussions avec le fédéral, étant donné la complexité du dossier et l'ampleur du coût prévu. Le piétinement général et la prudence du ministre Cloutier donnent une « sainte frousse » aux syndicats, favorables à la réforme depuis belle lurette. Fin septembre, Johnson les rassure. Il s'engage à instaurer l'assurance-maladie « le plus tôt possible et même s'il faut devancer Ottawa[14] ».

Quand l'État doit retarder l'application d'une mesure pourtant promise, il peut toujours instituer une commission d'enquête pour se tirer d'embarras. Le ministre Cloutier confie donc à l'actuaire Claude Castonguay le soin de trouver comment contenter tout le monde et son père, sans trop casser d'œufs. Le 25 août 1967, celui-ci opte pour un régime universel, public, obligatoire et qui serait appliqué progressivement. Le coût envisagé pour la première année est de 230 millions de dollars. Fort bien. Mais où trouver pareille somme ?

En novembre, Mitchell Sharp met de l'huile sur le feu en invoquant l'incapacité de payer du fédéral. Johnson déclare : « Si Ottawa ne nous accorde pas un transfert des ressources équivalant à 250 millions de dollars, il faudra oublier l'assurance médicale pour 1968. » Finalement, après les traditionnelles discussions avec le fédéral, le nouveau régime entre en vigueur mais en juillet 1970 seulement.

Daniel Johnson mène aussi à terme le projet de sidérurgie québécoise, lancé officiellement par le régime Lesage en octobre 1964, puis enterré à la suite d'un conflit à propos de son statut et de sa rentabilité. Durant la campagne électorale de juin 1966, le p.-d.g. de Sidbec, Gérard Filion, avait démissionné avec fracas en s'exclamant : « Québec a le choix entre le beurre et les canons ! » Johnson avait alors demandé ouvertement : « Sidbec est-elle rentable ? Quel en sera le coût ? Sera-t-elle publique ou mixte ? » Il s'était ensuite engagé à créer une véritable sidérurgie publique à Bécancour, s'il était porté au pouvoir.

En août, le nouveau premier ministre demande un rapport complet sur la rentabilité du projet à Jean-Paul Gignac, le successeur de Gérard Filion, alors occupé à régler ses comptes avec le chef libéral. Trois causes expliquent l'échec du projet initial, soutient Filion : l'absence d'une politique gouvernementale claire au sujet du statut et du financement, l'irréalisme du projet de 1964 (le coût initial de 250 dollars millions avait rapidement grimpé à 400 millions de dollars après études) et la saturation du marché mondial de l'acier[15].

Comment s'en sortir ? En s'associant à la France, peut-être, réfléchit Johnson. Mais son voyage de mai 1967 à Paris lui prouve la vanité d'un tel espoir. Un an plus tard, la solution finit pas s'imposer d'elle-même : Sidbec se portera acquéreur des installations de la société privée Dosco, à Contrecœur, et le gouvernement y investira 60 millions de dollars. Le projet est plus modeste mais réalisable. Tout respectueux qu'il soit du régime capitaliste, le pragmatique Johnson n'en opte pas moins pour l'entreprise publique.

En octobre 1966, le premier ministre doit aussi entériner, « le couteau sur la gorge », l'accord intervenu sous Lesage entre Hydro-Québec et la société terre-neuvienne Brinco au sujet de l'aménagement hydro-électrique des chutes Churchill, au Labrador. L'entente favorise nettement le Québec, qui sera certain d'obtenir de l'électricité à bon marché pendant un demi-siècle. Mais cette entente soulève aussi la question du différend frontalier entre les deux provinces. Se souciant fort peu du problème politique et convaincus qu'il fallait forcer la chance, les dirigeants d'Hydro ont placé Johnson dans une situation intenable : s'il ne conclut pas l'accord immédiatement, le Québec sera financièrement pénalisé pour toute la durée du contrat.

Johnson s'emporte : Hydro ne doit pas devenir un « État dans l'État », clame-t-il en semonçant le président Jean-Claude Lessard. Il demande publiquement à la direction d'Hydro : « Pourquoi n'avez-vus pas étudié les possibilités d'aménager la baie James, où le problème des frontières ne se pose pas ? » Son conseiller Roland Giroux, qui siège depuis peu à Hydro, le convainc finalement d'entériner l'entente. L'électricité des chutes Churchill coûtera 4 mills/kW, en comparaison de 5,6 mills/kW pour celle qui pourrait être produite à la baie James. Pour apaiser les cris de son aile indépendantiste, Johnson confie cependant à la commission Dorion le soin de tirer au clair la question des frontières du Labrador[16].

Le gouvernement Johnson ne se borne pas à achever les grandes réalisations de la Révolution tranquille, il en amorce d'autres qui s'inscrivent dans le même courant. Il innove dans le domaine de la télévision éducative en créant Radio-Québec à partir d'une loi adoptée en 1945 par Duplessis pour « autoriser la création d'un service provincial de la radiodiffusion ». À Toronto, où l'indépendance de Radio-Canada à l'égard du gouvernement fédéral est tenue pour parole d'évangile, la presse s'inquiète des risques de propagande que comporte une intervention du gouvernement québécois dans la radiodiffusion. Pourtant, c'est bien du côté d'Ottawa et de Radio-Canada que la méfiance torontoise devrait se porter, depuis l'adoption, à l'automne 1967, d'une loi du Parlement fédéral obligeant la société d'État à promouvoir l'unité nationale.

— C'est là un objectif qui est pas mal proche du fascisme ! s'exclame Johnson, en revendiquant pour la nation canadienne-française une compétence complète sur le réseau français de Radio-Canada[17].

Avec le concours de ses deux propagandistes attitrés, Jean Loiselle et Paul Gros d'Aillon, le chef unioniste réanime l'Office d'information et de publicité. En septembre 1966, il leur avait confié la tâche d'établir, après une enquête discrète, les grandes lignes d'une politique d'information officielle, digne d'un État moderne. Réfractaire, par définition, à ce genre d'intervention gouvernementale, la presse réagit mal et crie bientôt au « contrôle de l'information ». À Toronto, on dresse l'oreille... L'affaire se corse lorsque le député libéral Yves Michaud révèle devant l'Assemblée l'identité des actionnaires principaux de l'agence Intermédia, responsable de l'étude. Ce sont nul autre que Loiselle et Gros d'Aillon, aussitôt accusés de conflit d'intérêts. La tempête n'empêchera toutefois pas les deux spécialistes de déposer leur rapport, qui débouchera sur l'intégration de tous les services d'information gouvernementale au sein de l'Office d'information et de publicité[18].

Grâce au dynamisme de Clément Vincent, ministre de l'Agriculture, les oubliés de la Révolution tranquille, les ruraux, vont enfin accéder à un meilleur sort : crédit agricole amélioré sous toute ses formes, subventions pour l'établissement des jeunes agriculteurs, loi de l'assurance-récolte, remboursement de 35 pour 100 de la taxe scolaire et de 50 pour 100 de la contribution des agriculteurs à la Régie des rentes (36 000 cultivateurs bénéficieront de cette dernière mesure en 1967). Comme, au Québec, l'industrie laitière est reine, Vincent fait adopter une loi qui garantit au cultivateur le paiement de ses produits laitiers dans le cas d'une faillite des usines de transformation.

En février 1967, un rapport confidentiel révèle que 50 pour 100 du lait produit au Québec ne répond pas aux normes fédérales de salubrité. Johnson déclare à Vincent :

— Faites attention que ce document ne sorte pas, car Ottawa peut faire fermer 50 pour 100 des fermes laitières du Québec en une seule journée !

L'Assemblée vote un programme de 16 millions de dollars pour moderniser l'équipement des fermes et améliorer la qualité des produits laitiers. Les entrepôts québécois regorgent de lait en poudre de deuxième et de troisième qualité, ce qui n'aide pas les exportations ! Grâce à une discrète campagne de persuasion auprès des cultivateurs, Vincent renverse la situation du tout au tout en deux ans. En 1969, le lait du Québec se classera au premier rang pour l'ensemble du Canada tandis que ses fromages rafleront tous les prix à Londres[19].

Un autre objectif prioritaire est la commercialisation des produits de la ferme, que Vincent réalise par la création d'offices provinciaux de mise en marché, la désignation, le classement et l'étiquetage bilingue obligatoire des produits et, enfin, par un système d'inspection garanti par le sceau « Approuvé Québec ». L'aménagement régional constitue une autre préoccupation majeure du gouvernement Johnson. En septembre 1967, Québec s'entend avec Ottawa pour appliquer un plan quinquennal de développement du Bas-Saint-Laurent et de la Gaspésie dans le cadre du programme fédéral ARDA. L'entente, qui sera signée par les premiers ministres Johnson et Trudeau, en mai 1968, prévoit des déboursés de 250 millions de dollars[20].

Aux Terres et Forêts, secteur voisin de l'agriculture, le frondeur Claude Gosselin se révèle un ministre sage et compétent dont les relations avec le chef unioniste se maintiennent au beau fixe. En une seule année, Johnson triple le budget de son ministère, qui passe ainsi de 13 à 40 millions — en 1970, il atteindra 70 millions de dollars. Le royaume de Gosselin, ce sont les 350 000 milles carrés de forêt productive, dont à peine 90 000 sont exploités. Il s'est fixé pour but de modeler l'industrie forestière québécoise sur celle de la Scandinavie. En 1967, Johnson l'envoie en Finlande, en Norvège et en Suède pour étudier sur place leurs techniques d'exploitation[21].

De l'opération « dignité » qui mobilise les travailleurs du Bas-Saint-Laurent naîtra, en 1967, la société Rexfor. Son rôle consiste à récupérer à des fins industrielles tout le bois en voie d'être perdu. Le capital de départ est fixé à 5 millions de dollars et le nombre d'employés, à 300. Dix ans plus tard, l'actif de Rexfor atteindra 115 millions et la société emploiera plus de 4000 personnes. Claude Gosselin procède aussi à l'inventaire des ressources forestières, applique une politique de reboisement (18 millions d'arbres plantés en 1966 et 80 millions en 1970), établit une scierie-école et crée des forêts domaniales. Enfin, dernière réalisation et non la moindre, la négociation avec la multinationale ITT du gigantesque projet de développement forestier à Port-Cartier, qui nécessitera des investissements de 350 millions pour l'implantation d'une papeterie[22].

Dès sa nomination à titre de ministre des Affaires municipales en octobre 1967, Robert Lussier se jette à corps perdu dans la besogne. Il doit d'abord mettre en application la loi qui a créé, un mois plus tôt, la Société d'habitation du Québec afin de permettre à la province de prendre pied dans le champ de la rénovation urbaine et de l'aménagement des villes. Johnson a dû agir rapidement pour bloquer Ottawa, qui s'apprêtait à envahir le domaine. En décembre de la même année, le fédéral convoque les provinces à une conférence sur le logement et Québec s'oppose fermement à tout empiétement dans un secteur relevant de la compétence provinciale. Johnson a gain de cause : c'est la Société d'habitation du Québec qui aura l'entière responsabilité de la mise en œuvre des programmes de rénovation urbaine et d'habitation[23].

L'entente que signe le ministre Lussier, le 17 mai 1968, réduit la Société centrale d'hypothèques et de logements, organisme fédéral, au rôle de pourvoyeuse de fonds, lesquels seront administrés par le Québec. Si Johnson espère maintenir le lien fédéral par la conclusion d'accords qui consacrent les droits du Québec, sa stratégie n'écarte pas pour autant l'indépendance. Les dernières-nées que sont Radio-Québec et la Société d'habitation constituent, à ses yeux, des instruments qui demeureront si jamais le Québec décide de prendre son destin en main. Encourageant le ministre Lussier à pousser la formule des gouvernements régionaux, il lui confie :

— Ce seront les petites provinces du nouveau pays si jamais on doit en arriver à l'indépendance[24].

Les problèmes de la fusion des municipalités, de l'épuration des eaux usées, de la fiscalité municipale et de l'application du rapport La Haye, qui propose, en juin 1968, l'adoption d'une loi-cadre sur l'urbanisme, retiennent également l'attention du ministre Lussier. Celui-ci s'engage, à son tour, dans une bataille homérique avec Ottawa au sujet de l'aéroport de Mirabel. Johnson mourra avant le dénouement du conflit, qui se terminera à l'avantage des thèses fédérales privilégiant l'emplacement de Sainte-Scholastique, orienté vers l'Ontario. Désireux de conserver les retombées économiques de l'aéroport géant pour le Québec et d'opposer un second pôle de croissance à Montréal, le gouvernement unioniste propose en vain un autre choix qui lui paraît plus conforme aux intérêts de la province, l'axe Saint-Hyacinthe — Saint-Jean — Montréal, sur la rive sud[25].

Autre legs de la Révolution tranquille, la technocratie se porte aussi bien, sinon mieux, sous Johnson que sous Lesage. Des accusations de « technocrates socialistes » fusent bien, de temps à autre, chez les députés de l'arrière-ban, mais le premier ministre fait bon ménage avec eux. Il a compris, bien avant son caucus, que la compétence pèse maintenant plus lourd que les opinions politiques dans les relations entre le gouvernement et les hauts fonctionnaires.

Il en va de même pour l'émission de contrats. Le système des soumissions publiques instauré par Lesage a modifié les règles du jeu. Le premier à s'en rendre compte est Christian Viens, à qui Johnson a confié la tâche ingrate de consoler les « patronneux » du parti, obligés de soumissionner leurs services comme tout le monde. Inutile de préciser qu'il se fait de nombreux ennemis ! Johnson aussi, qui a refusé d'imiter Lesage qui remplaça en 1960 tous les bleus par des rouges, depuis le cantonnier jusqu'au bureaucrate.

« Eux, ils nous ont mis dehors, ragent des militants, et vous, vous les gardez ! » En 1961, le nouveau chef avait promis réparation aux milliers de petits fonctionnaires unionistes congédiés par Lesage. Aujourd'hui voudrait-il, à son tour, procéder à une purge que la syndicalisation des fonctionnaires le lui interdirait. Une autre pensée le hante : on ne répare pas une injustice en en commettant une autre. Le seul favoritisme possible, c'est celui qui concerne les professionnels du parti (avocats, ingénieurs, architectes) et que pratiquaient ouvertement les libéraux. À cet échelon, il n'y a pas de présentation de soumissions. Le pouvoir choisit ses amis[26].

Daniel Johnson a intégré la crème des technocrates — les Morin, Tremblay, Parizeau, Casavant, Bélanger et Bolduc — dans son « cabinet noir », qui, sans être officiel, n'en définit pas moins les grandes mesures et prépare les conseils des ministres. Il s'en trouve plusieurs, dans le parti, pour décrier l'influence des conseillers technocratiques, mais, par un savant mélange d'autorité et d'habileté, Johnson apaise les ministres ou députés qui aimeraient bien s'offrir la tête d'un Arthur Tremblay ou d'un Jacques Parizeau.

Fernand Lafontaine tolère mal la suffisance des « grands commis de l'État ». Il répète à Johnson qu'au fond Morin et Parizeau ne sont que deux autocrates socialistes qui utilisent l'État pour promouvoir la séparation du Québec. Un jour, devant le patron, Lafontaine rabroue durement Parizeau, qu'il a surnommé, par dérision, « l'homme à la petite valise noire qui a réponse à tout ». Johnson le freine quelque peu, mais, dès le départ de Parizeau, il l'approuve en lui tapotant l'épaule :

— Tu as bien fait, Fernand. Donne-moi le temps et tu vas voir qu'on va s'en débarrasser !

Le succès politique de Johnson tient pour beaucoup à ses finasseries avec les uns et les autres. Aux députés de l'arrière-ban qui s'irritent de l'obstruction de certains hauts fonctionnaires, il assure, pour les désarmer :

— Je n'ai pas la force politique pour changer les sous-ministres. Quand j'en serai capable, soyez sûrs que je le ferai.

Arthur Tremblay a conservé contre vents et marées son poste à l'Éducation et se félicite de l'esprit de collaboration rencontré chez le premier ministre. Pour contrebalancer son influence, ce dernier lui a cependant collé deux sous-ministres adjoints, Jean-Marie Beauchemin, un traditionaliste, et Yves Martin, l'un des artisans de la réforme scolaire. Johnson se soucie avant tout de l'équilibre des choses. Il gouverne en s'appuyant sur une assise où s'exerce un subtil jeu d'influences contraires. Il en vient presque à dresser ses collaborateurs les uns contre les autres pour arriver à ses fins. Ainsi, la nomination de Marcel Faribault doit faire contrepoids à l'influence d'un Claude Morin en matière constitutionnelle ou d'un Jacques Parizeau en matière économique. C'est à cette époque, d'ailleurs, que ce dernier devient un simple consultant gouvernemental touchant des honoraires et qu'il retourne à l'enseignement[27].

De tous les mandarins, c'est sans contredit Claude Morin, sous-ministre des Affaires intergouvernementales, qui s'accommode le mieux du nouveau régime. Comme Talleyrand, qui passa tout bonnement de l'Empire à la Restauration sans avoir l'impression de se renier, Morin s'est rallié rapidement à la politique johnsonienne. Il tient Johnson pour un chef politique de grande classe. Admiration qui n'est pas à sens unique, car le premier ministre le préfère à tous les autres technocrates.

« Brillant et génial », dit-il de lui quand il le voit manœuvrer les stratèges fédéraux, dont il devine les moindres tactiques. Claude Morin a découvert avec surprise que Johnson, encore plus que Lesage, aime s'appuyer sur la technocratie pour gouverner. Son seul défaut, c'est l'immobilisme. Il veut tellement bien faire qu'il ne fait rien ! Il accorde trop d'importance aux perspectives d'avenir et pas assez au quotidien. Résultat : les décisions tardent à venir. Mais, là-dessus, personne n'y peut rien, pas même Ottawa, qui, d'ordinaire, peut tout.

Notes — Chapitre 8

1. Mario Beaulieu, Marcel Masse et Jérôme Proulx.
2. Jean-Guy Cardinal.
3. *Ibid.*
4. *Ibid.*
5. Armand Russell.
6. Le Dr Robert Lussier.
7. Jean-Paul Beaudry.
8. *Le Devoir*, les 20 et 21 décembre 1967.
9. *Le Devoir*, les 13 mars et 12 septembre 1967.
10. *Journal des débats*, le 16 avril 1967.
11. *Le Devoir*, les 20 et 26 avril 1967.
12. Mario Cardinal, Vincent Lemieux et Florian Sauvageau : *Si l'Union nationale m'était contée...*, Montréal, Éditions du Boréal Express, 1972, p. 130-133.
13. *Ibid.*
14. *Le Devoir*, les 3 août et 29 septembre 1966.
15. *Le Devoir*, les 20 et 24 août 1966.
16. *Le Devoir*, les 6, 7 et 20 octobre 1966, et Roland Giroux, dans *The Montreal Star*, le 9 juillet 1979.
17. *Le Devoir*, le 20 novembre 1967 et les 23 et 29 février 1968.
18. *Le Devoir*, le 9 septembre 1966 et les 22 février, 29 juin et 19 décembre 1967.
19. Clément Vincent.
20. *Le Devoir*, les 27 septembre 1967 et 27 mai 1968.
21. Claude Gosselin.
22. *Ibid.*
23. Claude Morin, *Le Pouvoir québécois en négociation,* Montréal, Éditions du Boréal Express, 1972, p. 105 et *Le Devoir* du 12 décembre 1967.
24. Le Dr Robert Lussier.
25. Pour le ministre Lussier, les dés étaient pipés dès le début. Quand Paul Hellyer, ministre fédéral des Transports, le convoque, c'est pour lui annoncer que les experts fédéraux ont choisi la région de Dorion, à proximité de la frontière ontarienne. Québec, lui dit-il, dispose d'un mois pour exprimer son opinion. Si bref soit-il, le délai est tout de même suffisamment long pour permettre aux spécialistes québécois de constater que le projet favorise l'Ontario autant, sinon plus, que le Québec et qu'en outre il comporte des risques pour la sécurité aérienne. En effet, une douzaine de milles seulement sépareront les corridors aériens de Dorval et de Dorion. L'argument de la sécurité touche Ottawa, mais non celui des intérêts du Québec. L'aéroport sera donc

déplacé vers le nord-ouest, à Sainte-Scholastique, mais demeurera dans l'axe ontarien. Si Ottawa ne veut pas entendre parler de la rive sud de Montréal, bien que l'expertise québécoise en ait démontré les avantages économiques, c'est pour deux raisons : elle est trop éloignée de l'Ontario et se trouve trop près de la base militaire américaine de Plattsburg. L'espace au-dessus du territoire de Saint-Jean est sous le contrôle des Américains, qui n'acceptent pas de modifier le traité relatif au contrôle aérien, soutient Ottawa. La vérité, on la connaîtra 10 ans plus tard de la bouche même de l'économiste Benjamin Higgins, chargé à l'époque par le fédéral d'étudier les caractéristiques des deux emplacements. Washington refusa en effet de modifier le traité mais sous la pression du gouvernement canadien (voir *La Presse* du 22 septembre 1979). Tandis qu'à Québec on conclut à la mauvaise foi du fédéral, le ministre Jean Marchand, qui est partie au dossier, exerce des pressions, lui aussi, mais sur le Dr Lussier par l'intermédiaire de Lucien Saulnier, bras droit de Jean Drapeau. Au cours d'une conversation téléphonique, Saulnier déclare à Lussier : « Marchand m'a dit que si vous continuez à faire du train, l'aéroport sera construit à Toronto. Arrêtez donc de poussez là-dessus, vous allez nuire au développement de Montréal. » Aux yeux du Québec, l'objectif des fédéraux consiste à se servir du bassin démo-graphique montréalais pour établir un aéroport dont profitera la capi-tale outaouaise. Cet objectif devient encore plus évident le jour où l'urbaniste-conseil engagé par Ottawa propose une liaison Mirabel-Ottawa de 22 minutes par train ultrarapide, mais néglige de s'intéresser au trajet Mirabel-Montréal.

26. Mario Cardinal, Vincent Lemieux et Florian Sauvageau, *op. cit.*, p. 199 et 203-206.

27. *Le Devoir*, le 14 septembre 1967.

Chapitre 9

Entre les griffes de Pierre Trudeau

Durant l'été de 1966, Daniel Johnson fourbit ses armes. Le 14 septembre, il doit livrer son premier grand duel contre Ottawa, à l'occasion de la conférence fédérale-provinciale sur le partage fiscal et les programmes à frais partagés. Mais, de l'autre côté de l'Outaouais, on réserve une petite surprise au « séparatiste » Johnson. Stimulés par l'arrivée, en 1965, des faucons Marchand et Trudeau, et par la défaite subséquente de Jean Lesage (il est toujours plus facile de dire non à un ennemi qu'à un ami), les libéraux fédéraux ont perdu leurs complexes devant le Québec. La nouvelle consigne fait le tour des ministères : il faut mettre fin à l'érosion constante des pouvoirs du gouvernement central. Sous l'influence des orthodoxes venus du Québec, le fédéralisme coopératif du ministre Lamontagne agonise, la ligne dure devient la règle et le pendule remonte vers le pôle adamantin de la centralisation. À Ottawa aussi, on affûte agressivement ses couteaux.

Johnson confie l'élaboration de la stratégie québécoise à un groupe de travail formé des technocrates Claude Morin, Jacques Parizeau, Marcel Bélanger et Louis Bernard, de deux ministres aux vues constitutionnelles divergentes, Paul Dozois et Jean-Noël Tremblay, et de ses collaborateurs immédiats, Mario Beaulieu, Jean Loiselle, Paul Chouinard et Charles Pelletier. Le défi de l'équipe consiste à réorienter, sans bavure, la position du nouveau gouvernement en fonction de celle de Lesage de façon à maintenir une certaine continuité dans la revendication.

Pour les technocrates, la tâche est ardue. Il leur faut apprendre le langage constitutionnel de Johnson, que résument son slogan « égalité ou indépendance » et sa formule fiscale 100-100-100 sur le rapatriement total des trois impôts directs. Comment revendiquer cette position ? Comment démontrer sa compatibilité avec le fédéralisme[1] ?

À Claude Morin qui lui demande d'éclairer sa lanterne, Johnson répond :

— Lisez mon livre *Égalité ou Indépendance* et vous comprendrez où je m'en vais, monsieur Morin.

Celui-ci suit le conseil, mais reste perplexe. La lecture attentive et répétée de l' « évangile selon saint Daniel » ne lui permet pas d'en arriver à une compréhension claire de la position constitutionnelle de son patron. Veut-il, oui ou non, l'indépendance ? Durant les travaux du groupe, Johnson fait au moins comprendre une chose à ses technocrates : il n'est pas prêt à déchirer le Canada pour obtenir la totalité des impôts directs. Sa formule en est une de négociation[2].

Le mémoire du Québec affirme deux objectifs essentiels. Point d'appui de l'une des deux nations qui forment le Canada, le Québec doit être maître de ses décisions en matière d'éducation, de sécurité sociale, d'économie, de culture et en ce qui concerne ses relations avec certains pays et organismes internationaux. De plus, l'existence politique et juridique de la « nation canadienne-française » doit être formellement reconnue dans une nouvelle Constitution basée sur l'égalité et la concession des compétences nécessaires à la sauvegarde de l'identité québécoise. On ne saurait atteindre ce double objectif sans mettre un terme aux programmes à frais partagés et sans élaborer un nouveau régime fiscal[3].

Québec se retirera donc, moyennant une compensation fiscale appropriée, des programmes à frais partagés actuels qui bousculent ses priorités, gèlent ses fonds et empêchent la poursuite de ses objectifs propres. En second lieu, il faudra réaménager les ressources et les pouvoirs de façon à accorder au Québec un droit de regard exclusif sur toutes les dépenses inhérentes aux domaines qui relèvent de sa compétence. Et, de toute évidence, cela entraîne un transfert net des ressources vers le Québec selon le barème de 100 pour 100 de l'impôt sur le revenu des particuliers, sur celui des sociétés et sur les successions[4].

Johnson négocie comme un chef syndical. Il commence par menacer et par demander la lune. Il a compris depuis longtemps que l'idée de la séparation effraie les anglophones et il ne se fait pas faute de la brandir comme une arme. Le 24 juin, à l'occasion de la Saint-Jean-Baptiste :

— Ma position constitutionnelle est claire : c'est l'égalité ou l'acheminement vers l'indépendance[5] !

À la même époque, il rappelle à l'animateur Norman Depoe, de Radio-Canada, que le Québec exige le rapatriement de la totalité des impôts directs.

— Je n'ai pas l'intention d'assister aux conférences fédérales-provinciales avec un fusil, mais je vous le dis : le Québec ne quémandera pas ses droits, il les exercera.

— Pensez-vous qu'Ottawa vous permettra de vous en tirer aussi facilement ? coupe brutalement Depoe.

— Croyez-vous qu'Ottawa puisse me l'interdire ? rétorque Johnson sur le même ton[6].

À Ottawa, une fois les hostilités déclenchées, il annonce à ses vis-à-vis qu'il tient en réserve une loi-cadre sur les référendums. S'il n'obtient pas plus d'argent et plus de pouvoirs, avertit-il, il n'hésitera pas à consulter le peuple et à convoquer une assemblée constituante.

— Je suis certain que 80 pour 100 des Québécois appuieront la thèse des deux nations[7] !

Du côté fédéral, les demandes de Johnson sont perçues comme une stratégie dont le but caché est de faire financer par Ottawa l'accession du Québec à l'indépendance. Mais le chef unioniste arrive trop tard. Ottawa affirme avoir déjà trop cédé à Jean Lesage. Le nouveau secrétaire parlementaire de Lester B. Pearson, le député de Mont-Royal Pierre Elliott Trudeau, a rapidement convaincu son chef qu'il était grandement temps de cesser de plier devant le Québec. Dès janvier, avant le renversement des « révolutionnaires tranquilles », Pearson affirmait son intention d'en finir avec la spirale des concessions unilatérales aux provinces et exigeait simultanément du Québec qu'il indiquât d'une façon claire son intention de rester ou non dans la Confédération[8].

Une semaine avant le début de la conférence, Mitchell Sharp, ministre fédéral des Finances, donne le ton : les provinces ne doivent pas s'attendre à une part accrue de l'assiette fiscale. Johnson commente, le lendemain :

— Les fédéraux me font penser à ces joueurs de hockey qui, pour épater les spectateurs, lancent des rondelles dans des filets déserts avant le début de la partie[9].

La position fédérale tient en quelques points. Ottawa se retirera des programmes à frais partagés en retour d'un abattement fiscal de 17 points. Mais, avertit Sharp, c'est le dernier transfert de ressources aux provinces. Désormais, chacune percevra ses taxes et ses impôts selon ses besoins. Ottawa institutionnalise d'autorité la double taxation. Fini donc le statut particulier du Québec. Tout le monde sera sur un même pied. Le gouvernement canadien propose aussi aux provinces une nouvelle formule de péréquation qui accorde 85 millions de dollars de plus au Québec[10]. Mais ses largesses s'arrêtent là. Pour le reste (reconnaissance des deux nations, nouvelle constitution, réaménagement des pouvoirs et des ressources, acceptation du rôle international du Québec), le premier ministre du Québec peut toujours courir et gesticuler !

Que fait Johnson ? Il explose devant les caméras :

— Si ça ne va pas à Ottawa, on revient ici, on taxe, on marche ! C'est le fédéral qui devra porter l'odieux de la taxation.

La riposte du ministre Jean Marchand est immédiate :

— C'est fini le temps où les provinces disaient : « Taxez, vous autres ! Nous, nous allons dépenser ! » La double taxation n'existe pas. Il n'y a que des gouvernements fédéral et provinciaux qui taxent selon leurs besoins.

Reprenant à son compte une menace lancée jadis par Duplessis au cours d'une conférence fédérale-provinciale, le chef de l'Union nationale laisse encore tomber :

— Si Ottawa veut nous expulser de la Confédération, c'est son affaire ! Le jour où on nous dira franchement que nous sommes de trop, vous verrez, nous en sortirons très vite[11] !

Mais une fois à la table de négociation, loin de son public nationaliste, le tigre devient un gentil petit minet. Une main de fer dans un gant de velours, voilà la tactique. A-t-il le choix ? premier ministre par accident, il ne possède pas un poids politique suffisant pour ébranler Ottawa. Il lui faut d'abord élargir sa base électorale à même le bloc indépendantiste, ce qui explique son radicalisme constitutionnel. Il doit se chercher des alliés non seulement à l'intérieur, mais aussi au Canada anglais, comme ces premiers ministres provinciaux avec qui il peut faire un bon bout de chemin. D'où la cour qu'il leur fait derrière les portes closes.

Habitués aux tempêtes de Lesage, les chefs provinciaux découvrent avec ravissement que les dents du tigre Johnson sont de papier. Lesage parlait fort et frappait sur la table — le genre à vous raccrocher au nez —, mais roucoulait en public.

— Chaque fois que j'écoute Lesage, disait l'un des premiers ministres, je m'émerveille de l'humilité du général de Gaulle[12] !

Johnson, c'est l'inverse. Depuis deux ans, il ne peut aborder publiquement le thème de la Constitution sans aussitôt parler de sécession. À huis clos, entre quatre yeux, il n'y a pas d'homme plus courtois et plus décontracté. Jamais d'éclats de voix et toujours prêt à consentir à un compromis. Même les fédéraux sont renversés.

— L'attitude de M. Johnson est beaucoup plus conciliante que son mémoire, ironise Maurice Sauvé, ministre des Forêts. Il est si raisonnable que je ne saurais plus dire s'il faut prendre ses revendications au sérieux ou non[13] !

Au cours de la seconde phase des discussions sur le régime fiscal, tenue du 24 au 28 octobre, l'acharnement du Québec, de l'Ontario et du Manitoba à s'arracher une plus grande part de l'assiette fiscale se heurte à l'inflexibilité du ministre Sharp.

— Que voulez-vous faire quand le ministre des Finances ne comprend rien ? s'indigne Johnson devant les journalistes. M. Sharp se prend pour la vivante incarnation de la Constitution !

Et Jean-Noël Tremblay de commenter après son chef :

— Ottawa est le tombeau des Canadiens français. Je suis très déçu de l'attitude des représentants du Québec en pays étranger, c'est-à-dire à Ottawa[14].

Daniel Johnson a perdu. Moment historique pour les fédéraux, habitués depuis Lesage à se laisser dépouiller par les provinces. Après la séance, l'expert en droit constitutionnel Eugène Forsey, ardent partisan de la centralisation, se précipite vers Mitchell Sharp, qu'il étreint :

— Enfin, quelqu'un qui défend les intérêts du Canada[15] !

Son irritation tout ostentatoire n'interdit pas à Daniel Johnson d'accepter le nouveau régime fiscal, qui accorde aux provinces un transfert de 350 millions de dollars, soit 3 pour 100 de l'ensemble du produit des taxes que se partagent Ottawa et les gouvernements provinciaux. « Tout à fait insuffisant ! » s'exclame Claude Ryan dans un éditorial intitulé « Le fédéralisme coopératif à 3 pour 100 » Le Québec obtient 152 millions. C'est 23 millions de moins que prévu.

De retour à Québec, Johnson maquille sa retraite.

— Somme toute, déclare-t-il, la part québécoise de l'impôt s'est encore accrue. Je reviens avec plus d'argent et moins de liens[16].

De toute façon, ce n'est que partie remise, car les chefs des autres provinces, l'Ontarien John Robarts et le Manitobain Duff Roblin plus particulièrement, ont quitté Ottawa aussi frustrés que Johnson. Du coup, sa stratégie des prochains mois semble toute tracée ; il consolidera le front interprovincial. Mais avant, il doit désamorcer la bombe de l'indépendance afin de rassurer le Canada anglais.

— Des journalistes ont conclu un peu trop vite à l'indépendance, soutient Johnson en présence de Jean-Jacques Bertrand, venu l'accueillir à sa descente d'avion. Je recherche l'égalité ou l'indépendance de la nation canadienne-française, non du Québec. Ce n'est pas la même chose...

— On m'a rapporté que votre tenue à Ottawa avait été digne et brillante, dit Bertrand. Je vous félicite d'avoir ainsi représenté non seulement le Québec, mais tous les Canadiens français...

Comme l'heure est aux éclaircissements, Johnson renchérit en plongeant son regard dans celui de son lieutenant, devant un essaim de reporters amusés :

— Cent pour cent des impôts directs, c'est une chose. L'égalité, c'est autre chose. L'indépendance, c'est également une autre chose. Certaines personnes ont fait l'équation suivante : 100 pour 100 égale égalité et s'il n'y a pas 100 pour 100, c'est l'indépendance ! Il s'agit en réalité de trois choses distinctes.

Le fédéraliste Jean-Jacques Bertrand semble radieux :

— On a parlé de l'énigme Johnson, lance-t-il, mais je crois que l'on parlera désormais de l'énigme du Québec[17].

Quoi qu'en dise le ministre de la Justice, l'« énigme Johnson » va s'obscurcir encore plus en 1967. Les méandres de la démarche johnsonienne ne se simplifient pas. L'idéal de l'égalité exige ces finasseries de Normand — un pas en avant, deux pas en arrière — qui déroutent tant ses partisans. Johnson dégage une grande leçon de son premier match contre les fédéraux. Il ne remportera jamais sa bataille pour l'égalité dans le cadre du présent régime fédéral. Si le Québec doit, un jour, rapatrier les pouvoirs qui façonneront son existence, il lui faut s'attaquer en priorité à la révision de la Constitution. Par conséquent, il doit oublier les gains pécuniaires momentanés et mettre l'accent sur la rédaction d'une nouvelle constitution. De toute évidence, de nouvelles règles du jeu s'imposent pour libérer le Québec de son carcan. Il faut repartir à zéro.

Comment imposer la révision constitutionnelle ? Dès le tournant de l'année, Johnson met au point une stratégie en deux temps. Il misera d'abord sur les forces qui, dans son parti et au Québec, poussent vers un radicalisme constitutionnel, tout en cherchant à isoler Ottawa par une alliance avec les provinces anglaises. Ensuite, il réanimera le front potentiellement explosif de la francophonie avec la complicité plus qu'agissante de Charles de Gaulle. Bref, Johnson jouera en même temps la carte du « Canada de demain » et celle du Québec en quête d'une plus grande souveraineté. Il faut être grand stratège pour souffler le chaud et le froid et arriver à ses fins. Téméraire, le renard de Bagot ?

En matière de diplomatie intérieure et extérieure, Toronto a autant d'importance que Paris pour le Québec. Le jour où les deux capitales approuveront les thèses de Johnson sur l'égalité, la partie sera jouée et Ottawa devra accepter d'ouvrir le dossier constitutionnel. Du côté du général de Gaulle, aucun problème : face au bloc anglo-américain, son soutien est acquis. Reste la riche et puissante province de l'Ontario, qui, à l'instar du Québec mais pour des raisons différentes, n'est pas une province comme les autres. Le tiers de la population canadienne y habite et jouit d'un revenu par tête évalué à 40 pour 100 du revenu national. En outre, la moitié de tous les produits manufacturés canadiens y sont fabriqués. En somme, ce qui est bon pour l'Ontario l'est pour le reste du Canada ! Si Québec et Toronto s'unissent, les autres provinces suivront et Ottawa se mettra à genoux. Telle est la thèse de Daniel Johnson.

Jeune avocat, il prévoyait déjà l'alliance Toronto-Québec. En 1943, il disait à son ami Jean-Louis Laporte :

— Nos plus farouches adversaires, actuellement, ce sont les Torontois ; mais, dans vingt ou trente ans, ils deviendront nos alliés. À cette époque, Ottawa voudra s'approprier les lois sociales sur la santé, la famille ou l'éducation, domaines qui relèvent des provinces. L'Ouest ne réagira pas. Seuls l'Ontario et le Québec s'opposeront aux empiétements du fédéral, car ils auront trop à perdre. Nous devrons dialoguer avec l'Ontario, d'égal à égal. Serons-nous prêts[18] ?

L'alliance Ontario-Québec sera facilitée par la chaude amitié qui existe depuis 1950 entre leurs premiers ministres. Ceux-ci se rencontrent régulièrement à l'insu de tous, le plus souvent à l'hôtel Windsor, à Montréal, pour tenter d'unifier leur stratégie face à Ottawa. La formule johnsonienne sur l'égalité ou l'indépendance intrigue John Robarts et effraie ses électeurs. Il demande à son ami :

— *Why are you so tough ? What do you want ?*

D'un ton monocorde et sans passion, l'Irlandais Daniel Johnson explique patiemment à l'Anglais John Robarts les problèmes des Canadiens français. Il déballe ses thèses sur les deux nations, le Canada à 2 et non plus à 10, le partage des pouvoirs et la nécessité d'une nouvelle constitution pour éviter l'éclatement du pays. L'Ontarien écoute, s'oppose parfois, mais approuve aussi de temps en temps. Un point essentiel le sépare pourtant de Johnson : il n'est pas du tout convaincu qu'il faille accorder la priorité à la révision constitutionnelle. C'est l'intransigeance fédérale à propos des ressources fiscales et non la Constitution qui menace la survie du Canada. Ottawa veut garder tout le gâteau pour lui en dépit des besoins pressants des provinces. Voilà le nœud du problème. Il répond à Johnson :

— Réglons d'abord les problèmes de fiscalité ; après, nous aborderons la révision de la Constitution.

La conférence fiscale d'octobre 1966 donne raison à Johnson. Il devient très clair qu'Ottawa ne bougera pas. Qu'à cela ne tienne ! Avant de regagner Queen's Park, John Robarts confie à Johnson son intention de convoquer tous les chefs des provinces à Toronto pour discuter de la Constitution. Tant pis pour les fédéraux ! En janvier, avant l'inauguration de la session du Parlement ontarien, Robarts donne rendez-vous à Johnson au Windsor. Il est déjà prêt à passer à l'action. La conférence interprovinciale aura lieu le 27 novembre à Toronto, peu importe les risques et les jérémiades d'Ottawa.

— Viendrez-vous ? interroge-t-il. Sans le Québec, le jeu n'en vaut pas la chandelle. Si vous n'êtes pas d'accord, alors j'y renonce !

Pas d'accord ? Naïf Ontarien ! Mais voyons, Johnson en rêve, d'une telle rencontre ! Il imagine déjà Ottawa prenant place dans la galerie.

— Si vous venez, insiste encore Robarts, je vous promets la meilleure tribune au Canada pour exposer vos idées.

En invitant le chef de l'Union nationale à Toronto, Robarts entretient également le secret espoir d'assouplir ses positions et de l'aider à neutraliser les séparatistes en montrant aux Québécois que le Canada anglais est prêt à discuter de leur griefs[19].

Que les provinces prennent l'initiative de lancer la révision constitutionnelle paraît à Johnson dans l'ordre des choses. Elles ne sont pas les filles d'Ottawa ; au contraire, ce sont elles qui l'ont enfanté en 1867. Étant donc leur créature, Ottawa ne peut rien leur interdire. Pourtant, la mauvaise humeur du premier ministre Pearson éclate aussitôt que la nouvelle est connue, soit à la fin de janvier. Il écrit à Robarts pour lui nier carrément le droit de convoquer une conférence fédérale-provinciale, prérogative réservée à Ottawa[20]. Mais son argument tombe à plat, car tous les premiers ministres provinciaux ont déjà donné leur accord. Pierre Trudeau, nouveau ministre de la Justice, aura beau jurer qu'Ottawa « est prêt à engager le débat constitutionnel », il est trop tard[21]. La locomotive interprovinciale est sur ses rails et le premier ministre québécois prépare déjà, avec ses collaborateurs habituels, la réponse au sempiternel *What does Quebec want ?* du Canada anglais.

Le 16 novembre, à la veille de son départ pour Toronto, Johnson réunit son caucus à la maison des Jésuites, rue Richelieu, à Saint-Jean. En cet automne 1967, la pression est forte dans la marmite politique québécoise.

Après le chemin du Roy, les règlements de comptes entre libéraux et le recul d'Hawaï, voilà que les 2000 délégués des états généraux du Canada français répudient le fédéralisme canadien. Tandis que, chez les Jésuites de la rue Richelieu, Johnson consulte ses députés visiblement plus intéressés par le favoritisme et la « garnotte » que par la conférence de Toronto, René Lévesque, chez les Dominicains du chemin de la Côte-Sainte-Catherine, à Outremont, lance avec une poignée de braves le mouvement Souveraineté-Association, embryon du futur Parti québécois.

La vague qui déferle sur le Québec va dans le sens de la séparation et non du « fédéralisme renouvelé », que le chef unioniste s'en va défendre à Toronto en compagnie de son nouveau conseiller en matière constitutionnelle, Marcel Faribault. Au caucus unioniste, les députés sont fascinés par l'enfantement qui se prépare chez les Dominicains. Certains s'en inquiètent. L'intuitif Maurice Bellemare tente de les rassurer :

— Ne vous en faites pas, ça n'ira pas plus loin que le Bloc populaire.

Le chef n'est pas de cet avis.

— Il faut faire attention à Lévesque, recommande-t-il. Son mouvement va prendre de la force rapidement[22].

À quelque chose malheur est bon. La fondation d'un parti indépendantiste aidera la stratégie johnsonienne en effrayant davantage le Canada anglais, tout en conférant à l'Union nationale une image de modération. Après avoir présenté son nouveau ministre de l'Éducation à ses députés non sans créer un froid, car le notaire Cardinal est « glacial », Johnson s'envole vers Toronto, où il tend la main à son ami Robarts en disant :

— Nous sommes tous canadiens...

S'il revendique toujours l'égalité, il ne mentionne plus l'indépendance. Il parle plutôt de nouvelle constitution, du Canada de demain et de fédéralisme renouvelé, idée lancée par Faribault et qui sous-tend maintenant la position québécoise. Son ton devient on ne peut plus conciliant. Les autres premiers ministres sont incrédules. Est-ce bien là l'homme qui s'était écrié, un an plus tôt « Cent pour cent des impôts ou l'indépendance » ? Est-ce bien le même Johnson, qui, trois mois plus tôt, avait souscrit à l'hérésie gaullienne ?

Que veut Daniel Johnson ? Son mémoire reprend, en les élaborant, les idées qu'il avait exposées à la conférence fiscale d'octobre 1966. Québec demande un nouveau partage des pouvoirs, la reconnaissance de l'existence au Canada de deux nations jouissant de droits collectifs égaux et la rédaction d'une nouvelle constitution qui devra inclure une définition des droits de l'homme, la reconnaissance du principe de la collaboration entre les États provinciaux, des garanties des droits des minorités, la souveraineté absolue du Canada, l'octroi des pouvoirs résiduels aux provinces et la fin du pouvoir fédéral déclaratoire de désaveu et de réserve[23].

Mais les leaders provinciaux se sont donné rendez-vous au cinquante-quatrième étage de la prestigieuse tour du Toronto Dominion Center non pour arrêter des décisions, mais pour palabrer dans un climat euphorique par moments, devant les caméras de la télévision pancanadienne. La bonne volonté des représentants du Canada anglais est manifeste. Ils voudraient bien déchiffrer enfin les aspirations de ces bruyants Québécois grâce à l'interprétation qu'en donne leur premier ministre.

What does Quebec want? Quand Johnson leur répond sans détour qu'il réclame de nouveaux pouvoirs et une nouvelle constitution, il se retrouve vite isolé. Parlant, quelques années plus tard, de cette réunion qu'il avait préparée avec Johnson, Robarts dira :

— Nous étions un peu naïfs...

De tous les chefs provinciaux, le Terre-Neuvien Joey Smallwood semble le plus hostile aux thèses de Johnson.

— Je suis contre tout changement de la constitution actuelle et contre tout projet de nouvelle constitution. Voulez-vous me dire pourquoi le Québec devrait obtenir des droits que les autres provinces n'auraient pas ?

La Saskatchewan, l'Alberta et la Colombie-Britannique se retrouvent dans le même camp que Smallwood. Elles s'opposent à toute nouvelle constitution. Le premier ministre albertain, Ernest Manning, se montre particulièrement intransigeant sur la question linguistique. Il refuse au français le statut de langue officielle au Canada. Quant aux cinq autres provinces anglaises, elles avouent sans ambages qu'elles n'ont pas très envie de s'attaquer à la révision constitutionnelle. L'Ontarien Robarts soutient d'ailleurs qu'il s'agit d'une entreprise irréaliste, entraînant des problèmes pratiques considérables. Le mal canadien se situe ailleurs. À Ottawa, plus précisément. Toutefois, entre l'éclatement du Canada et une nouvelle constitution, on choisira cette dernière. Bref, une nouvelle constitution si nécessaire, mais pas nécessairement une nouvelle constitution.

Le chef unioniste découvre les limites de l'interprovincialisme. Mais il ne tempête pas pour autant. Sa stratégie lui impose, à l'égard du Canada anglais, patience et modération. Le chantage d'Hawaï l'a éclairé. Il sait que s'il va trop vite on lui coupera les vivres, comme à Duplessis en 1939. La négociation constitutionnelle sera plus longue. Il menacera moins, mais ne renoncera jamais à l'égalité. Son nationalisme, chevillé à l'âme par trente années d'action politique, lui interdit tout recul. À la télévision, devant ses collègues des autres provinces, il joue de l'unité canadienne en virtuose. Toutefois, en privé, entre deux scotches, il prévient sans ménagement les chefs des provinces anglaises qu'il leur reste à peine deux ou trois ans pour aboutir. En somme, il prend au sérieux l'expression « conférence de la dernière chance », dont Robarts a coiffé sa réunion[25].

Mais, au beau milieu de la rencontre, toute cette subtile diplomatie passe à deux doigts d'échouer. À Paris, devant 1000 journalistes, le Jupiter gaullien propose sa solution personnelle au problème canadien. Celle-ci n'a rien à voir, on le devine, avec le couplet sur le « nouveau fédéralisme », que son ami Johnson serine au même moment à ses collègues des autres provinces. De Gaulle préconise « l'avènement du Québec au rang d'un État souverain et maître de son existence nationale qui aura, librement et en égal, à régler avec le reste du Canada les modalités de leur coopération[26] ».

— Intervention intolérable ! clame aussitôt Pearson, qui, d'Ottawa, suit attentivement le déroulement des travaux de Toronto. À ceux qui veulent nous libérer, je réponds que nous sommes déjà libres[27] !

Louis Robichaud, premier ministre du Nouveau-Brunswick, adjure ses collègues de venir au secours de Johnson, prisonnier à la fois des indépendantistes et du général de Gaulle, qui n'est plus sain d'esprit ! À la suite d'un discret échange de notes avec Claude Morin pendant les délibérations, le chef du gouvernement québécois s'enferme dans un mutisme complet. Mais un membre de la Délégation du Québec ne peut s'empêcher de donner libre cours à son irritation devant la presse :

— C'est le pavé de l'ours !

Après la séance, Johnson réunit ses collaborateurs dans sa suite de l'hôtel Royal York. Marcel Faribault explose. Il exige que le chef du gouvernement québécois remette de Gaulle à sa place. Les nationalistes Masse et Tremblay s'emportent à leur tour :

— Nous démissionnerons si vous faites cela, monsieur Johnson !

Habituellement si discret, le secrétaire particulier Paul Chouinard supplie presque son patron de ne pas obéir à Faribault, qui se retrouve fin seul. Le premier ministre écoute les uns et les autres, ne dit mot et sourit. Il ne commentera pas publiquement la prise de position de son embarrassant allié, même si elle risque d'ajouter aux difficultés économiques du Québec. En coulisse, il calme ses homologues provinciaux et charge Jean Chapdelaine de faire part de ses réserves auprès de l'Élysée en empruntant les canaux diplomatiques habituels.

Au sein de la délégation, le torchon brûle entre fédéralistes et indépendantistes. Un article faisant état de l'influence modératrice du financier Faribault sur les positions du Québec suscite, le lendemain, des propos aigres-doux entre celui-ci et le ministre Jean-Noël Tremblay.

— Je ne commenterai pas ces affirmations durant la conférence, précise Faribault aux journalistes, mais je me réserve le droit de le faire à Québec.

— Nous aussi, vous le pensez bien, ajoute Jean-Noël Tremblay, en s'approchant des reporters.

— J'y compte bien, en effet ! réplique Faribault, piqué au vif.

— Car après tout, nous, nous sommes élus..., conclut d'un ton cinglant le ministre à la langue bien pendue, dont la repartie fait fuir Faribault[28].

À la fin de la conférence, chacun tire ses conclusions. À Queen's Park, la satisfaction est grande. Les Canadiens connaissent maintenant un peu mieux la nature des problèmes qui divisent le pays, leur complexité et la difficulté de les résoudre. Au moins, le dialogue est engagé. Pearson, lui, a eu sa leçon. L'interprovincialisme porte ses fruits. Il doit agir rapidement s'il veut reprendre l'initiative dans le grand exercice — qui ne peut plus être différé — de la révision de la Constitution de 1867. Rentré chez lui à demi-satisfait, Daniel Johnson manie, une fois de plus, le bâton et la carotte.

— J'ai fais une sorte de pari sur un Canada nouveau. Vais-je gagner ou perdre ce pari ? Le Québec est disposé à procéder par étapes pour accéder à l'égalité. Mais la patience a des limites. Nous n'attendrons pas dix ans[29].

La guerre du Gabon

Si Johnson s'est montré si souple à Toronto, c'est qu'il prépare, avec la complicité de Paris, un affrontement majeur avec le fédéral au sujet du rôle international du Québec. Comme Bismarck, qui, pour mieux réaliser ses ambitions extérieures, n'hésitait pas à s'allier à l'intérieur avec le diable lui-même, Johnson va attaquer sans ménagement sur le front d'outre-mer afin de consolider sa politique intérieure. Depuis son accession au pouvoir, il a repris la thèse du gouvernement Lesage sur le prolongement externe des compétences québécoises. Sous Lesage, on s'était occupé surtout de conclure des accords de coopération avec la France. En décembre 1967, la nouveauté consiste à savoir si le Québec peut participer directement, comme s'il était un État souverain, aux conférences internationales portant sur des domaines de son ressort.

Comment trancher la question, sinon par une épreuve de force ? Celle-ci ne saurait tarder, car, justement, une conférence internationale se déroulera le 5 février 1968 à Libreville, au Gabon. On peut prévoir que Johnson se montrera intraitable puisqu'il appartient au Québec, soutient-il, de se procurer lui-même l'oxygène dont il a besoin pour s'épanouir. Déjà au printemps précédent, il avait catégoriquement refusé de voir les députés fédéraux représenter le Québec à une réunion des parlementaires de langue française, à Luxembourg, déclarant solennellement à l'Assemblée :

— Tant que le Québec aura un mot à dire dans la conduite de ses affaires, il ne prendra pas place à la deuxième rangée pour jouer un rôle mineur[30].

Pour Johnson, la Confédération canadienne ne peut se comparer aux fédérations américaine, allemande ou australienne, qui interdisent à leurs États toute action internationale propre. Ici, les minorités ethniques sont bien distinctes. En face des provinces anglaises, on retrouve six millions de Québécois, dont au moins cinq millions sont de langue française. Il y a un gouvernement, une tradition, un territoire, une histoire, une prise de conscience de plus en plus aiguë d'une identité commune. Tout cela doit se refléter à l'extérieur. En avril 1967, le premier ministre tente en vain de s'entendre avec Pearson, qui exige la participation d'une délégation unique aux conférences internationales sur l'éducation. Johnson pose à son homologue fédéral une question qui demeurera sans réponse, car il n'y en a pas :

— Comment le Canada, qui est composé de 10 unités souveraines au point de vue éducatif, peut-il parler d'une seule voix sur la scène internationale[31] ?

En septembre, Alain Peyrefitte a abordé avec Johnson la question de la participation de gouvernement à la conférence de Libreville. Deux mois plus tard, la rumeur circule que le Québec sera invité au Gabon. Johnson fait savoir à l'ambassadeur de France, François Leduc, que le Québec ira à Libreville si on l'invite directement sans passer par Ottawa.

C'est la ligne dure. Toute l'ambivalence du personnage se retrouve dans ces feintes successives. Quand il recule, on peut être sûr que c'est pour mieux avancer. C'est Québec qui ira à Libreville et non Ottawa. En effet, où est donc le ministre fédéral de l'Éducation ? Johnson ne cherche pas à doter le Québec d'une politique étrangère qui revient, selon lui, au gouvernement central. Mais, à côté de la politique extérieure qui trace l'orientation fondamentale d'un pays dans ses rapports avec les autres nations, il y a tout le champ des relations internationales tantôt culturelles, tantôt techniques, tantôt économiques. Et c'est depuis Lesage que Québec exige la latitude de nouer des liens culturels ou techniques avec un bloc de pays regroupant 200 millions de francophones.

Quand Ottawa apprend que le Québec sera traité en véritable pays souverain, c'est le branle-bas de combat. Alimenté par le nouveau ministre de la Justice, Pierre Trudeau, dont l'influence sur Pearson s'est accrue depuis son accession au cabinet en avril, le cauchemar sécessionniste reprend ses droits. Bientôt, c'est Trudeau qui sera aux commandes, car Pearson doit démissionner le 15 décembre. Auparavant, toutefois, la colombe qui dort en celui-ci veut tenter de « raisonner » Johnson. Ferme sur le fond, sa lettre du 1er décembre est conciliante par son ton. Pearson propose au chef unioniste d'inclure les représentants du Québec au sein d'une délégation canadienne[32]. Le premier ministre québécois ne prend même pas la peine de lui répondre.

Le 6 janvier suivant, de Gaulle convoque à l'Élysée son nouveau consul à Québec, Pierre de Menthon, qui aura désormais toutes les prérogatives d'un ambassadeur, mais sans le titre. Le consulat de Québec va donc perdre son allure de cabinet de dentiste et son effectif passera de 10 à 60 personnes. Les télex seront expédiés directement à Paris au lieu de passer par la chancellerie d'Ottawa. Dorénavant, de Menthon sera en liaison directe avec Couve de Murville, ministre des Affaires étrangères, et non avec l'ambassadeur de France à Ottawa, François Leduc[33].

Avant de donner congé à son nouvel émissaire, qu'il va bientôt élever au rang de ministre plénipotentiaire, de Gaulle lui brosse en trente minutes sa vision du Québec passé, présent et futur. Le mouvement est bien en route, assure-t-il. Son voyage de juillet 1967 lui a prouvé que les petites gens souhaitent l'indépendance de leur patrie sous une forme ou une autre, ce qui n'exclut pas la possibilité d'une confédération. Ce sont les élites et les cadres, compromis avec le régime fédéral, qui résistent. Jean Lesage et Jean Drapeau appartiennent déjà au passé. Et Daniel Johnson, qui ne cesse de louvoyer, inquiète le général autant qu'il le déçoit par son manque de détermination. Celui-ci laisse transparaître une certaine impatience devant son consul. Les choses ne vont pas assez vite ! De Gaulle glisse soudain, sans geste inutile, l'air un peu désabusé :

— C'est un politicien et non un homme d'État. Il manque du culot qu'il faudrait[34].

Quatre événements ont intrigué le président français : la réaction mitigée qu'a provoquée chez Johnson sa lettre de Varsovie, le virage spectaculaire d'Hawaï, l'entrée en scène subséquente de Jean-Guy Cardinal et de Marcel Faribault, que la presse décrit comme des durs du fédéralisme, et, enfin, les réserves québécoises à propos de sa prise de position souverainiste pendant la conférence de Toronto. Jusqu'où Johnson est-il prêt à aller ? se demande-t-il. La décision du Québec de participer à la conférence de Libreville le rassure. Ce sera un test. De Gaulle se met aussitôt à l'œuvre. En janvier, le président Bongo lui rend visite à Paris. L'indépendance du Gabon à l'égard de la France n'est qu'une fiction : l'armée gabonaise est infestée de « conseillers » français qui s'intéressent avant tout aux importantes ressources du pays : uranium, pétrole, manganèse. De Gaulle et Bongo se mettent d'accord sur la participation du Québec à la conférence de Libreville[35].

La tension monte encore d'un cran... Ottawa délègue à Paris son ministre de l'Énergie, Jean-Luc Pépin, avec mission de se faire inviter à Libreville. Le sourire aussi légendaire que débonnaire du ministre Johnson annonce triomphalement que Jean-Guy Cardinal a reçu une invitation du Gabon. Ottawa proteste auprès de Paris et de Libreville, où l'ambassadeur canadien est éconduit par le président Bongo[36]. La guerre froide Paris-Ottawa se déplace vers un nouveau théâtre : l'Afrique. Au même moment, à Montréal, Pierre Trudeau rencontre Johnson. Sa visite a pour but d'annoncer la conférence fédérale-provinciale sur la Constitution qu'Ottawa s'est résolu à convoquer pour le 5 février — date qui coïncide avec la rencontre africaine. Leur tête à tête est empreint d'une sourde animosité qui fera dire à Johnson :

— Que cet homme est desséché, *dry* !

Le sort en est jeté. Quarante-huit heures avant son départ pour le Gabon, Jean-Guy Cardinal dîne en compagnie de son chef et d'André Lagarde. Ses instructions ne prêtent aucunement à équivoque :

— Allez-y fort. Je vous envoie au Gabon pour faire l'agent provocateur ! dit Johnson à son « ambassadeur ».

Le ton ferme du premier ministre masque l'inquiétude qui le tenaille par moments. Il risque gros. La cassure du Canada, peut-être ? Paul Martin, ministre des Affaires étrangères, vient de le prévenir au téléphone :

— Vous êtes en train de détruire le Canada !

André Patry, son conseiller en relations internationales, a dû le rassurer :

— Voyons donc, monsieur Johnson, pourquoi le Canada sauterait-il à l'occasion d'un incident comme celui-là[37] ?

Les rapports Québec-Ottawa n'ont jamais été si empoisonnés. Jean-Guy Cardinal s'envole pour l'Afrique muni d'un sauf-conduit français de peur d'être arrêté à son retour pour « haute trahison » par les policiers fédéraux s'il présente son passeport canadien[38]. Dans l'avion qui le conduit à Libreville avec le sous-ministre Arthur Tremblay et Julien Aubert, directeur de la Coopération avec l'extérieur, Cardinal, tout étonné de sa mission, s'interroge : « Jusqu'où dois-je aller ? » Ministre depuis trois mois à peine, le patron lui laisse déjà la bride sur le cou. Eh bien ! il essaiera de se montrer à la hauteur de sa confiance. Il devra jouer serré, car ses échanges avec Johnson lui ont appris que, si sa préférence va au fédéralisme, son amour du Québec est tel qu'il n'hésitera pas à tout briser pour assurer les droits du peuple québécois[39].

Les choses iront mieux pour lui que pour le chef. Le scénario de Libreville, monté par une France encore influente en Afrique, se déroule comme prévu. Le fleurdelisé flotte dans le vent moite de l'équateur. Le ministre québécois a droit aux mêmes égards que les autres délégués qui représentent tous, sans exception, des pays souverains. À l'ouverture des travaux, consacrés aux échanges d'enseignants, Alain Peyrefitte tourne le fer dans la plaie en soulignant la présence du Québec :

— Je tiens à féliciter le gouvernement gabonais d'avoir pris une heureuse initiative qui doit se révéler fructueuse pour tous : celle d'inviter M. Cardinal, ministre de l'Éducation du Québec[40].

De Gaulle s'inquiète. L'ami Johnson a tenu bon à Libreville, mais, face aux pressions prévisibles d'Ottawa, ne flanchera-t-il pas d'ici la reprise de la conférence, prévue pour le 22 avril, à Paris ? En revenant du Gabon, Cardinal fait escale dans la capitale française et descend à l'Hôtel de la Pérouse, ancien quartier général de de Gaulle lors de la libération de Paris. Par l'entremise d'Alain Peyrefitte encore, le général l'invite à l'Élysée. Ce Cardinal, qu'a-t-il dans le ventre au juste ? L'audience durera vingt-deux minutes. Contrairement à son habitude, le général parle peu. Il interroge.

— Jusqu'où le Québec est-il prêt à aller ?

Le président craint que Johnson ne se retire du dossier et ne cède devant l'offensive outaouaise. Cardinal lui rappelle l'engagement de son chef après Hawaï : « Nous continuerons nos relations privilégiées avec la France. » De Gaulle sonde les intentions du premier ministre du Québec en interrogeant son représentant, qui le rassure et réitère la détermination québécoise de participer à la conférence de Paris. Il confirme l'intention de Johnson de venir lui rendre visite en avril.

Il y a un autre domaine où le général a du mal à comprendre la position des Québécois : leur affection pour les Américains, que lui-même ne porte pas dans son cœur.

— Mon général, plaide Cardinal, nous vivons à côté d'un géant. Les États-Unis sont importants pour le Québec. Nous sommes français certes, mais nous vivons en Amérique.

— Les Américains vont continuer d'investir au Québec s'ils y trouvent leur intérêt, répond de Gaulle, impatienté par cette manie qu'a Johnson d'invoquer sans cesse l'argument économique pour ralentir le mouvement de libération[41].

Le duel Trudeau-Johnson

Tandis que son ministre remonte le moral du président de la France, Johnson se bat sur le front constitutionnel. Il a frappé un grand coup à l'étranger ? Il va temporiser sur l'Outaouais. En réalité, il n'aura pas le choix, car Pierre Trudeau, qui a pris de l'ascendant sur ses deux collègues Marchand et Pelletier, l'attend, l'arme à la main, derrière la table en fer à cheval de la Confederation Room. L'ancien intellectuel de *Cité libre* a brûlé les étapes. Nommé secrétaire parlementaire de Pearson en janvier 1966, puis ministre de la Justice en avril 1967, il exerce une très forte influence sur le premier ministre. S'il n'a pas encore indiqué son intention de lui succéder, tous le soupçonnent pourtant d'attendre son heure.

Le duplessisme a profondément marqué la démarche politique des « trois colombes », devenues « faucons » par réaction au nationalisme québécois. Jean Marchand déclare en janvier 1967 : « Au temps de la grande noirceur, le fédéral nous a protégés. Si Duplessis avait dirigé l'armée, quelle sacrée volée n'aurions-nous pas essuyée à Asbestos ! La Confédération ? Une bonne mère pour les Canadiens français, à qui elle a donné le chemin de fer — nous serions restés plus longtemps fermiers sans la voie ferrée —, toute la sécurité sociale à laquelle notre conservatisme nous rendait allergiques et le respect de notre religion, sinon de notre langue[42]. »

L'articulation de la pensée de Pierre Trudeau est plus impressionnante. Celui-ci pose à l'anticonformiste. Tout jeune, il a pris le parti de « ramer à contre-courant ». Il a pour règle d'aller à l'encontre des idées reçues. Il a combattu Duplessis au faîte de son despotisme, Ottawa quand il triomphait et, maintenant, il défend le fédéralisme menacé par la montée du séparatisme[43]. Sa pensée est tributaire de la théorie des contrepoids, perçue avant lui par Montesquieu et de Tocqueville, le premier observant le parlementarisme britannique et le second, la démocratie américaine. Trudeau voit au Canada deux pôles opposés, dont l'un, le nationalisme, est négatif et l'autre, le fédéralisme, est positif.

Un gouvernement vraiment démocratique, soutient-il sans hésitation, ne peut être nationaliste. Vouloir unir la nation à l'État lui semble une « idée absurde et rétrograde ». Les Canadiens français doivent donc rejeter d'emblée le concept de l'État national et, bien sûr, celui des deux nations, car on ne peut, sans risque, fonder l'État sur l'ethnie. À ce chapitre, les Canadiens français ne sont pas les seuls pécheurs. Les Anglo-Canadiens ont eux aussi cherché à faire du Canada leur État-nation. La crise canadienne n'est rien d'autre que le choc de deux nationalismes. Le remède ? Dissocier les concepts d'État et de nation, et faire du Canada une société pluraliste et polyethnique en s'attachant à rendre viable le fédéralisme, un « outil génial pour façonner la civilisation de demain[44] ».

Pierre Trudeau réduit le statut particulier revendiqué par le Québec à une fraude intellectuelle, à une concoction d'un français douteux et d'un illogisme certain. Une seule voie est possible pour les Canadiens français : jouer à fond la carte du fédéralisme, le mettre à l'épreuve et renoncer à vouloir faire du Québec un État national ou indépendant. Le dauphin de Pearson dénonce en des termes méprisants la thèse voulant que l'indépendance soit libératrice : « On croit à une énergie créatrice qui donnerait du génie à des gens qui n'en ont pas et qui apporterait le courage et l'instruction à une nation indolente et ignorante[45]. »

La vision trudeauiste du Canada fait fi des singularités nationales et aboutit à une conclusion iconoclaste qui prend le contrepied de la philosophie de Johnson : le Québec est une province comme les autres. Qu'il cesse donc de quémander des privilèges ! Il n'y a, au Canada, qu'un seul pays, qu'une seule nation. *One Canada, one nation*, martelait déjà, avant Trudeau, le tory John Diefenbaker. Ce retour à l'orthodoxie arrive à son heure et vaut à son implacable apologiste l'honneur de définir la nouvelle politique constitutionnelle du fédéral.

Le 1er février, à la veille de la conférence d'Ottawa, Pierre Trudeau dépose son livre blanc aux Communes. Son principal élément est le suivant : comme première étape à la révision du texte de 1867, Ottawa propose d'insérer dans la Constitution une déclaration des droits de l'homme consacrant l'égalité juridique, politique et linguistique de tous les Canadiens[46]. Curieuse diversion, note-t-on aussitôt à Québec. Les droits fondamentaux, c'est comme la vertu : qui peut s'y opposer ? Mais on avait pourtant cru comprendre, après la conférence de Toronto, que les fédéraux avaient enfin mis de côté leurs réticences et accepteraient d'ouvrir le dossier constitutionnel à la bonne page, celle de la définition de nouveaux rapports entre Ottawa et les provinces.

Le 5 février, le chef unioniste expose tranquillement ses thèses devant un Lester B. Pearson qui affiche un large sourire diplomatique, mais tient Pierre Trudeau sur son poing comme un faucon. *What does Johnson want ?* Ce n'est pas sorcier. Simplement un nouveau partage des pouvoirs, une nouvelle constitution, un Canada à 2 et non plus à 10. D'égal à égal. Bref, un statut particulier pour le Québec mais sans le mot. Il ne veut pas briser le Canada, il veut le refaire. Le premier ministre québécois soulève trois questions de fond : la place du Québec dans le Canada de demain, le rôle du gouvernement fédéral au Québec et la nature du fédéralisme canadien. Il laisse voir clairement que, selon lui, le dénouement de la crise canadienne réside dans un nouveau partage des pouvoirs entre les deux paliers de gouvernement. C'est par là que doit commencer la révision[47].

L'analyse du ministre fédéral de la Justice, qui est assis à droite de Pearson, s'avère diamétralement opposée. Ce n'est pas vrai que les Canadiens français (Pierre Trudeau répugne à employer l'expression « Québécois ») doivent privilégier leur État provincial au détriment du fédéral pour affirmer leur identité retrouvée. Ottawa représente tous les Canadiens français, y compris ceux du Québec. Trudeau nie à Daniel Johnson la prétention d'être le seul porte-parole des intérêts des francophones.

Après cette déclaration, le ministre dissèque froidement et méthodiquement ce qu'il croit être les composantes de la crise canadienne. Si les francophones du Québec subissent la tentation de se replier sur leurs frontières, c'est qu'ils ne se sentent pas chez eux au Canada. Et pourquoi ? Tout simplement parce qu'on leur nie le droit de parler leur langue. Toute révision constitutionnelle doit donc commencer en bonne logique par la question du bilinguisme. Il faut rendre le Canada attrayant aux Canadiens français au lieu de s'entêter à vouloir d'abord réaménager les pouvoirs ou à réécrire la Constitution de 1867. Pour atténuer le malaise canadien, il suffit d'insérer dans celle-ci une déclaration des droits fondamentaux qui assurera aux francophones du Canada la plénitude de leurs droits linguistiques. Voilà la priorité d'Ottawa. Le reste viendra plus tard.

Le premier ministre québécois devine l'objectif qui sous-tend la stratégie fédérale : gagner du temps en orientant le débat vers le bilinguisme de façon à bloquer la volonté du Québec de légiférer tôt ou tard en matière linguistique. Une fois la charte des droits de la langue enchâssée dans la Constitution, plus aucune province ne pourra, en effet, modifier la situation en ce domaine[48].

La volonté fédérale d'insérer une déclaration des droits dans la Constitution se heurte au front des provinces, qui y décèlent une menace pour leur souveraineté. Là-dessus, le texte de 1867 est sans équivoque. Le domaine des libertés est de leur ressort. Certes, l'Ouest reconnaît en principe que les francophones hors Québec doivent jouir de droits linguistiques comparables à ceux des anglophones du Québec. Mais de là à insérer le principe de l'égalité des langues dans la Constitution, c'est trop leur demander. Deux provinces font exception. L'Ontario et le Nouveau-Brunswick, qui comptent une importante minorité francophone, sont disposés à adopter progressivement le bilinguisme[49].

Inévitable, le duel Johnson-Trudeau éclate dès le deuxième jour de la conférence à propos du rôle et du statut du Québec dans la Confédération. Le premier ministre québécois avait tout prévu, sauf l'ambition effrénée du dauphin officieux de Pearson. Il a deviné ses aspirations, mais n'imagine pas qu'il osera croiser le fer avec l'un de ses compatriotes devant les Anglais. Pour Johnson, cela ne se fait pas. Il est tellement estomaqué par l'attaque de Trudeau qu'il a le dessous, malgré son expérience de ce genre de débat.

Dans un climat tendu où tous retiennent leur souffle, Trudeau porte le premier coup. Il dit ni plus ni moins à tous les Canadiens qu'il faut distinguer entre le respect des droits des Canadiens français et le désir d'un gouvernement de se bâtir un petit empire.

— Demander des pouvoirs spéciaux constitue un affront pour les Canadiens français, commence Trudeau d'une voix métallique. Ce qu'ils veulent, c'est l'égalité linguistique. Une fois celle-ci réalisée, ils n'auront pas besoin de pouvoirs spéciaux. Un « Canada à deux » aboutira forcément au statut particulier, puis aux États associés et enfin à la séparation. Comment en serait-il autrement puisque les députés du Québec au fédéral n'auront plus qu'un rôle restreint?

— Je découvre, ironise Johnson, que ce n'est pas avec le gouvernement fédéral que j'ai des difficultés mais avec le ministre de la Justice…

— Vos difficultés, ce n'est pas avec le gouvernement que vous les avez, monsieur, mais avec le fédéralisme ! rétorque Trudeau, incapable de maîtriser plus longtemps son agressivité[50].

Entre les deux duellistes, qui se désignent et maintenant comme « député de Mont-Royal » et « député de Bagot », un Lester B. Pearson volontairement détendu et souriant essaie d'alléger la tension et la fièvre que tous sentent monter. Le fils cadet du premier ministre québécois, Pierre-Marc, assiste au match parmi la délégation du Québec. Il ne comprend pas la vive réaction de Pierre Trudeau. Pourquoi grimpe-t-il ainsi dans les rideaux ? Pourquoi, soudain, ce regard dur et impénétrable, cette réaction de paranoïaque ? Du mélo pour la galerie ? Trouverait-il donc offensant de se voir appeler « député de Mont-Royal » ?

— On se fait des illusions, clame Johnson d'un ton plus élevé, si on s'imagine que le Québec sera satisfait simplement parce que l'on pourra parler français ailleurs ! Le problème est plus profond et ne peut être guéri avec de l'aspirine. Les deux langues seront sur un pied d'égalité quand les deux nations le seront. C'est tout le régime fédéral qu'il faut renégocier.

Le chef unioniste réfute aussi l'équation trudeauiste selon laquelle pouvoir accru au Québec égale réduction du rôle des députés québécois au fédéral.

— Ils pourront continuer de s'occuper des questions qui relèveront de compétence fédérale. Je m'excuse d'avoir à le dire, mais ils pourraient, par exemple, s'occuper du Viêt-nam un peu mieux qu'ils ne s'en sont occupés jusqu'ici[51] !

Johnson clôt le débat sur cette repartie cinglante qui veut stigmatiser la vassalité canadienne à l'égard des États-Unis. Il hésite à continuer cette passe d'armes devant un Canada anglais qui, en la personne de ses neuf premiers ministres, se tait, un peu gêné. Diplomate chevronné, Pearson annonce la pause café. Il ne sourit plus. Johnson n'est pas dupe. Poursuivre le duel ferait le jeu de Trudeau, qui, pour se faire accepter du Canada anglais, n'hésitera pas à pourfendre encore plus le gros méchant séparatiste qu'il est ! Il n'aura pas le dessus. Il ne s'est jamais remis complètement de sa crise cardiaque de l'automne précédent et n'a pas la force de relever le gant. De plus, il ne se sent pas encore à l'aise dans l'arène fédérale, où il n'a pas eu le temps d'appliquer sa méthode de négociation personnelle, qui repose sur une connaissance approfondie des gens qui lui font face. Johnson peut obtenir énormément quand il sait à qui il a affaire. Mais il doit bien admettre qu'il a sous-estimé Pierre Trudeau, dont l'heure vient de sonner à ses dépens.

Pearson a su s'effacer et laisser son héritier présomptif utiliser la conférence comme rampe de lancement. L'entourage du « député de Mont-Royal » a tout orchestré. La télévision vient de révéler au pays un nouveau héros qui ose remettre le Québec à sa place. Depuis Jean Lesage, c'était le Québec qui attaquait. Le temps d'une prise de bec spectaculaire et Trudeau vient de rendre à Ottawa le leadership constitutionnel. En réalité, il n'a même pas eu besoin de remporter le match. Son intuition historique lui a permis de comprendre qu'il suffisait de renverser les rôles. Mais en disant non à Johnson, il bloque du même coup la révision constitutionnelle, qui, de toute façon, ne présente, à son avis, aucune urgence. C'est la fin d'une époque.

La conférence marque un tournant pour le ministre fédéral de la Justice et pour Daniel Johnson. Celui-ci se trouve maintenant devant un mur. L'avènement d'un irréductible à Ottawa l'enferme dans un dilemme épouvantable : doit-il reculer honteusement ou opter carrément pour l'indépendance ? Il va rentrer d'Ottawa les mains quasiment vides, avec, comme seul gain, la création d'une conférence constitutionnelle permanente des premiers ministres, dotée d'un secrétariat. Mais avec un faucon à la tête du pays, que vaudra cette simili-victoire ?

L'ascension de Trudeau s'avère dramatique pour le chef du gouvernement québécois. Pearson avait une bonne connaissance du dossier constitutionnel et pratiquait une politique « des petits pas » grâce à laquelle le champ des compétences du Québec s'agrandissait peu à peu. Johnson se croyait à deux doigts d'une entente, mais il vient de comprendre que sa bataille pour l'égalité sera plus rude. En proclamant que les députés fédéraux parlent, eux aussi, au nom des francophones du Québec, Trudeau a également porté un dur coup à son titre jusqu'alors incontesté de leader du peuple québécois.

La montée fulgurante de la trudeaumanie dans les semaines suivantes va traumatiser Johnson au point de lui faire perdre ses moyens et de hâter sa mort. Après l'affront de Pierre Trudeau, les unionistes resserrent les rangs autour du chef humilié. Mario Beaulieu et Christian Viens appellent députés et organisateurs :

— Télégraphiez-lui ! Envoyez-lui des messages d'appui. Ça va l'aider.

Raymond Lynch, secrétaire du bureau de Montréal, expédie quelque 200 télégrammes de militants au Château Laurier, où loge la délégation québécoise. Jérôme Proulx, l'indépendantiste de Saint-Jean, prend le téléphone. Pour lui, Trudeau a jeté le masque : il n'est rien d'autre qu'un roi nègre, créé de toutes pièces par l'establishment outaouais pour diviser et briser le Québec. Sur l'écran de la télévision, il a lu le désespoir d'un chef qui voit se refermer brutalement la porte du « ghetto qu'il voulait ouvrir ».

— Ne perdez donc plus de temps, monsieur Johnson. Faites donc l'indépendance, l'exhorte Proulx.

Au bout du fil, la voix tremble. Johnson semble déprimé. Pourtant, ce n'est pas dans ses habitudes.

— Monsieur Proulx, la mentalité n'est pas prête... Le peuple n'est pas mûr pour l'indépendance.

La femme du député est séparatiste à deux cents pour cent. Elle prend le combiné :

— Monsieur Johnson, il n'y a pas de meilleur homme que vous pour faire l'indépendance...

D'une voix émue, celui-ci répond :

— Vous portez le flambeau, madame Proulx, je ne suis pas loin derrière vous. Tout ce que j'ai fait, c'est pour vous, les jeunes[52].

L'attitude surprenante de Trudeau a scandalisé Claude Ryan. Il écrit : « Le ministre fédéral de la Justice a fait montre d'un jugement politique douteux en intervenant dans le débat à un stade où il aurait été préférable qu'il se tût. Cette querelle de Canadiens français a semblé faire les délices de M. Bennett[53]. » André Laurendeau, président de la commission Laurendeau-Dunton qui a publié deux mois plus tôt un rapport fondé sur l'égalité linguistique, réconforte Johnson au téléphone :

— Vous êtes sur la bonne voie. Ne lâchez pas !

Ce faisant, Laurendeau rend la politesse au premier ministre, qui avait commenté son rapport en ces termes : « C'est un déblocage. Les propositions de la commission s'inscrivent dans la ligne de mes revendications pour l'égalité[54]. »

À la conférence d'Ottawa, on a assisté à la mise à feu de la fusée Pierre Trudeau, qui attendait sur sa rampe de lancement. Le 28 janvier, à Montréal, 1000 délégués réunis en congrès avaient bondi de leur siège pour l'ovationner et chanter « Il a gagné ses épaulettes... » Il était déjà le chef. Les choses avaient d'ailleurs marché rondement à ce congrès, où les trudeauistes avaient limogé, la « vieille garde » en faisant élire à la présidence de l'aile québécoise libérale Claude Frenette, collaborateur de Paul Desmarais à la Power Corporation. Après le vote, Trudeau serra Frenette contre lui et lança :

— On les a eus, les bâtards ! Maintenant, nous allons pouvoir faire quelque chose de ce parti.

Le lendemain, le *Toronto Telegram* écrivit avec emballement : « *Cheers for stand against " special status ". Trudeau wins Quebec round*[55]. » La trudeaumanie bourgeonneait déjà. Quelques jours plus tard, ce sera au tour des libéraux ontariens de lui réserver un accueil qui, avant même qu'il n'annonce sa candidature à la direction, le démarquera des autres prétendants au trône, les Paul Martin, Robert Winters, Paul Hellyer ou Mitchell Sharp. Aucun de ces messieurs ne pardonnera à Pearson d'avoir mis leur rival en vedette. Au sein du cabinet, d'ailleurs, la majorité envisage avec effroi la perspective d'avoir Trudeau comme chef. Judy LaMarsh le déteste cordialement. Maurice Sauvé aussi, qui cabale ouvertement en faveur de Paul Martin[56].

Après l'ajournement de la conférence constitutionnelle, Trudeau discute de sa candidature avec ses principaux conseillers : Jim Davey, Pierre Levasseur, Gordon Gibson et Eddie Rubin. Une semaine plus tard, seconde réunion à laquelle assistent Jean Marchand et Marc Lalonde.

— Quelle est votre décision ? demande Eddie Rubin à Trudeau.

— Je pense que nous la connaissons tous, répond celui-ci laconiquement[57].

Le 16 février, devant 100 journalistes en extase, 7 équipes de caméramen de la télévision et 17 photographes, Pierre Trudeau saute dans l'arène comme porte-étendard de la gauche antinationaliste du Parti libéral. La veille, le nouveau héraut a commis sa première gaffe quand il a confié à un auditoire anglophone de Hamilton, en Ontario, que ses compatriotes parlent hélas ! *a lousy french*. Traduit en français, cela devient du « français pouilleux ». On mesure d'ici le tollé. Daniel Johnson, le premier, fonce sur le félon national :

— Trudeau perpétue le mythe du patois québécois, qui sert d'excuse aux anglophones pour refuser d'apprendre le français !

— Trudeau continue de mépriser un peuple qu'il n'a jamais représenté ! accuse de son côté René Lévesque, chef du mouvement Souveraineté-Association.

— Aucun Canadien français fier de son passé et de sa culture, bouillonne Jean-Noël Tremblay, ne peut laisser sans réponse une attaque aussi basse et aussi mesquine[58].

Pareille tempête incitera-t-elle le futur chef libéral au repentir ? Du tout. Fidèle à sa philosophie qui le porte à ramer à contre-courant, il ne peut s'empêcher, en ces années où la mode du « joual » gagne du terrain, de prendre ses distances à l'égard du parler québécois. Lui qui s'exprime dans un français châtié que même Jean-Noël Tremblay lui envie, il se doit de le défendre contre la menace du « joual », tout comme il défend le fédéralisme contre la menace séparatiste. Nullement décontenancé par les cris qui s'élèvent autour de lui, Trudeau commente avec morgue :

— Quand le roi est nu, je dis que le roi est nu[59].

Son inflexibilité plaît au Canada anglais, qui a enfin trouvé son messie. La conversion de la presse anglophone à sa cause est aussi totale que rapide. Avant son duel avec Johnson, *Maclean's*, de Toronto, admettait que le Québec n'est pas une province comme les autres. Après tout, laisser tomber la monarchie ne serait pas si catastrophique, soutenait le magazine, qui reconnaissait aussi aux provinces le droit de signer des ententes internationales dans les domaines de leur compétence. Mais dans son numéro de mars-avril, le rédacteur change son fusil d'épaule et épouse la ligne dure défendue par Trudeau à la conférence de février. Accorder à Johnson ce qu'il demande, par exemple le droit de conclure des ententes internationales, écrit un Blair Fraser indifférent à ses contradictions, consacrerait le principe de la séparation. Ce serait la fin du Canada. Le journaliste implore le futur premier ministre de ne pas plier devant le Québec[60].

Durant la campagne de désignation du chef du Parti libéral, Daniel Johnson file un mauvais coton. Qui gagnera ? Un jour, au cours d'un caucus, il demande à ses députés de lire dans les astres. Tous sont unanimes : Trudeau arrivera bon dernier ! Ils prennent leurs désirs pour des réalités. Le premier ministre québécois n'en reste pas là.

Il multiplie les démarches officieuses auprès des libéraux fédéraux, leur laissant savoir qu'il pourra faire bon ménage avec tous les candidats, sauf un ! Johnson n'a pas assez de tribunes pour apostropher celui qu'il considère, depuis février, comme son ennemi mortel. Tantôt il l'identifie à « Lord Durham », personnage qui parlait lui aussi des Canadiens français comme d'un peuple ignorant et retardataire, tantôt à « Lord Elliott », dont la mentalité autoritaire et simplificatrice conduira le pays à l'éclatement[61].

L'escalade de la guerre froide Paris-Ottawa

Au début de mars, tandis que la campagne de désignation du chef du parti bat son plein, le cabinet fédéral établit sa stratégie. Dans un mois, la seconde manche de la « guerre du Gabon » se jouera à la conférence de Paris. Ottawa veut éviter à tout prix que le Québec y soit traité encore une fois comme un véritable État souverain. Les « colombes » du cabinet veulent éviter la rupture avec Paris, mais Pierre Trudeau, porté par une vague irrésistible, est prêt à tout. On en vient à un compromis : on va donner une leçon à ce nain africain, qui a osé considérer le Québec comme un pays. Le 4 mars, Ottawa accuse le Gabon d'avoir agi à l'encontre du droit international et suspend ses relations diplomatiques.

— C'est un geste prématuré et inopportun, commente Daniel Johnson[62].

Pour Trudeau, qui parle déjà comme s'il était premier ministre, l'incident gabonais ne se réduit pas à une querelle protocolaire ou à une chinoiserie. C'est une question de fond. Le 6, il menace Paris du même châtiment.

— Si la France invite le Québec directement à Paris, ce sera la rupture ! tonne-t-il en accusant de Gaulle de manipuler le Gabon.

Le lendemain, Pearson sert un double avertissement à la France et au Québec. Aussitôt, le chef unioniste, qui pratique lui aussi, mais à sa manière, la technique des contrepoids, se fait conciliant.

— Je ne cherche pas à envenimer la crise, susurre-t-il. Au contraire, mon seul désir est de m'entendre avec Ottawa[63].

Comme si c'était possible ! Entre sa conception du rôle international du Québec et celle de Trudeau, il y a un véritable Himalaya. Aux yeux de ce dernier, le Canada ne peut avoir qu'une seule voix à l'extérieur sans cela ; où serait la souveraineté canadienne ? Johnson répond : « Il nous faut aller chercher notre oxygène ailleurs. Il nous faut discuter de nos problèmes avec les francophones de la France, de la Belgique ou de l'Afrique parce qu'ils les partagent. » Pour lui, Pierre Trudeau réagit comme le propriétaire d'un sac de billes qui dirait : « Si je donne une bille à l'Ouest, une autre au Québec, une autre à l'Ontario il n'y aura plus de Canada. » Il s'agit d'une conception totalitaire du fédéralisme qui cherche à concentrer entre les mains du seul gouvernement central des prérogatives sur lesquelles la Constitution de 1867 demeure muette[64].

Contrairement à son successeur, Pearson n'aime pas jouer les spartiates. Médiateur par tempérament, il écrit, le 8 mars, une deuxième lettre à Johnson : « Vous vous souviendrez que je vous ai écrit, le 1er décembre 1967, au sujet du Canada et de la francophonie... Bien que vous n'ayez pas encore répondu à ma lettre, je voudrais saisir l'occasion pour exposer d'une façon plus détaillée certaines façons de faire qui, je l'espère, pourraient satisfaire tous les intéressés et éviter les malentendus et les désaccords[65]... »

Sans vouloir le moindrement se montrer ironique, Pearson propose à son homologue québécois d'accepter l'idée d'une délégation canadienne formée de représentants francophones du Québec, de l'Ontario et du Nouveau-Brunswick. Tant de naïveté ou d'incompréhension dépasse Johnson, qui garde une seconde fois le silence. Ottawa se rend à l'évidence : Québec ne reculera pas et Paris non plus. On regarde alors du côté de l'Afrique. Lionel Chevrier, ancien ministre fédéral, s'envole vers l'équateur. Sa mission consiste à faire miroiter aux Africains un accroissement très substantiel de l'aide canadienne en échange d'une sympathie plus évidente pour les thèses d'Ottawa. Chevrier ne manque pas de chuchoter aux dirigeants africains que leur appui à un État potentiellement sécessionniste comme le Québec pourrait faire courir des risques à leur propre unité.

— Ottawa joue au père Noël, raille Johnson en qualifiant Lionel Chevrier de « petit homme qui distribue des billets verts[66] ».

Le 5 avril, quinze jours avant le début de la conférence de Paris, Pearson comprend que ce sera l'affrontement. Le lendemain, c'est Pierre Trudeau qui prendra le gouvernail du Parti libéral. Pearson a eu le temps d'étudier le personnage. Il ne l'aime pas, mais sait que, désormais, c'est lui qui a toutes les cartes en main. Il expédie à Johnson une troisième missive, presque implorante :

> C'est probablement la dernière fois que je vous écris à titre de premier ministre du Canada. Je le fais au sujet d'une question fort importante, l'un des rares sujets sur lesquels nous n'ayons pas encore réussi à nous entendre. Je souhaite ardemment qu'avant la conférence de Paris nous en arrivions à un accord et que nous évitions un nouvel affrontement plus grave que le premier[67]...

Pearson joue la carte de l'offensé : une seule délégation canadienne doit se rendre à Paris, sinon le Canada, pays souverain, aura l'air ridicule sur la scène internationale. Johnson lui oppose une fin de non-recevoir et s'en explique par écrit cette fois :

> Il n'y a dans toute la Constitution canadienne aucune disposition plus fondamentale et sur laquelle la compétence exclusive des provinces soit mieux établie que celle de l'éducation. Le gouvernement fédéral paraît vouloir y opposer un domaine à lui exclusif, celui des affaires étrangères. Cela n'a pas été sans nous surprendre. Vous comprendrez que seules des négociations constitutionnelles étendues et globales peuvent éclairer et résoudre ces divergences[68].

La médiation Pearson échoue. Johnson peut lui aussi se montrer aussi rude jouteur que Trudeau. Le 6 avril, celui-ci est élu chef du Parti libéral au quatrième tour, par 1203 voix contre 954 pour Robert Winters. Il a quarante-neuf ans et fait de la politique depuis trente mois. Tandis que Jean Lesage croit le nouveau chef « capable de souplesse », Johnson, bon joueur, lui adresse le télégramme suivant : « Vous avez accepté de très lourdes responsabilités à une période particulièrement importante de l'histoire canadienne[69]. » Après le 9, les communications sont coupées. C'est la guerre de tranchées. Le nouvel homme fort tient maintenant les lignes et Johnson ne peut rater l'occasion que lui offre la réunion de Paris de les défoncer.

Le 12, il convoque Jean-Guy Cardinal à son bureau :

— Malgré tous les cris de Trudeau, vous allez à Paris[70].

Le même jour, le ministre de l'Éducation annonce à la presse qu'il se rend en France à la tête d'une délégation québécoise, non canadienne. De son côté, Paris confirme l'envoi à Québec d'une simple note de rappel. La riposte de Pierre Trudeau est immédiate : il rappelle « pour consultation » son ambassadeur en France, Jules Léger. Premier pas vers la rupture des relations diplomatiques avec Paris ?

La controverse fait rage au pays. La presse de Toronto se déchaîne contre le gouvernement québécois[71]. Le *Globe and Mail* accuse Johnson de « conspirer contre le Canada avec un État étranger ». L'éditorialiste n'ose pas employer le mot « trahison », mais il le pense. Il encourage Trudeau à mettre à exécution sa menace du 6 mars de rompre les relations avec Paris. Le *Toronto Telegram* demande à Ottawa d' « informer le Québec que la seule voix vers l'autonomie en politique étrangère, c'est la sécession[72] ». Le 20, prestation de serment de Pierre Trudeau comme premier ministre du Canada. La conférence de Paris va s'ouvrir dans deux jours. Que fait Ottawa ? Il baisse pavillon. À Paris, Cardinal jette du sel sur la plaie fédérale :

— Je suis traité exactement comme les autres ministres, dit-il à la presse au cours d'une grande réception à l'Élysée, où il est arrivé à bord d'une limousine officielle, aux couleurs bleue et blanche du Québec[73].

L'agitation est à son paroxysme au Canada anglais. Ottawa doit agir ! Pierre Trudeau est pris au piège. Il subit une importante défaite diplomatique : s'il rompt ses relations avec la France, il laisse le champ libre à la très remuante délégation du Québec. De Gaulle serait d'ailleurs le premier à applaudir s'il rappelait définitivement l'ambassadeur Léger. Ottawa lui fournirait ainsi le prétexte rêvé pour donner à « l'ami Johnson » la petite poussée dont il a visiblement besoin pour progresser sur la route de la souveraineté. N'ayant plus de relations avec le Canada, rien ne l'empêcherait, dès lors, de reconnaître le Québec comme État souverain, entraînant avec lui la vingtaine de pays alignés derrière Paris. Certes, la reconnaissance diplomatique de tiers ne crée pas juridiquement un État, mais c'est souvent par celle-ci qu'un territoire commence à acquérir une personnalité internationale distincte aux yeux de la communauté mondiale[74]. Ottawa ne peut se permettre un tel risque. En rusé politicien qu'il est, Daniel Johnson était convaincu que Trudeau bluffait et qu'il n'irait jamais jusqu'à rompre avec Paris. Il a parié et gagné.

Ottawa temporise. Jules Léger retourne à Paris, porteur d'une simple note de protestation qu'il transmet à Louis Joxe, ministre intérimaire des Affaires étrangères. Là s'arrêtent les représailles. Johnson enfonce le clou en annonçant que le Québec apportera une aide technique au Gabon, nation avec laquelle le Canada n'entretient plus de relations diplomatiques. À son retour de Paris, Cardinal brave lui aussi le fédéral. Québec, révèle-t-il, compte bien aller au Congo-Kinshasa, où se déroulera une autre conférence internationale en janvier 1969. Quant à Pierre Trudeau, il fait oublier son premier Waterloo en entraînant la population canadienne dans une élection générale qui aura lieu le 25 juin, lendemain de la fête nationale des « Canadiens français[75] ».

Notes — Chapitre 9

1. Louis Bertrand.
2. *Ibid.*
3. « Le fédéralisme et la fiscalité », déclaration de M. Daniel Johnson à la conférence des premiers ministres tenue à Ottawa les 14 et 15 septembre 1966.
4. *Ibid.*
5. *Le Devoir,* le 27 juin 1966.
6. *Le Devoir,* le 9 juin 1966.
7. *The Globe and Mail,* le 16 septembre 1966 et Dominique Clift dans *Sept Jours,* n° 13, le 10 décembre 1966. Le discours du Trône du 1er décembre 1966 annoncera d'ailleurs ladite loi, relative à la tenue d'un référendum sur la Constitution.
8. *Le Devoir,* le 21 janvier 1966.
9. *Le Devoir,* le 10 septembre 1966.
10. Mécanisme vital du régime confédératif, la péréquation vise à combler les énormes écarts de revenus entre les provinces par une redistribution des richesses nationales sous l'égide du gouvernement fédéral. Pour les propositions du fédéral, voir *Le Devoir* du 14 septembre 1966.
11. *The Globe and Mail,* le 21 octobre 1966, *Le Devoir,* le 31 octobre 1966 et Antonio Barrette, *Mémoires,* Montréal, Beauchemin, 1966, p. 370.
12. Richard Simeon, *Federal-Provincial Diplomacy,* Toronto, University of Toronto Press, 1972, p. 241.
13. *Le Devoir,* le 16 septembre 1966.
14. *Le Devoir,* les 29 octobre, 1er et 9 novembre 1966.
15. Peter Newman, *The Distemper of Our Times,* Toronto, McClelland and Stewart, 1968, p. 41-45.
16. *Le Devoir,* les 28 et 29 octobre 1966.
17. *Le Devoir,* les 17 et 21 septembre 1966.
18. Jean-Louis Laporte, *Daniel Johnson, cet inconnu,* Montréal, Beauchemin, 1968, p. 41-45.
19. Lester B. Pearson, *Mike : The Memoirs of the Right Honorable Lester B. Pearson,* vol. 3, Toronto, University of Toronto Press, 1975, p. 255. (Robarts n'était pas le seul à penser qu'il devait aider Johnson contre les indépendantistes ; Pearson était du même avis.)
20. Richard Simeon, *op. cit.,* p. 91 et *Le Devoir* du 1er février 1967.
21. *Le Devoir,* le 5 septembre 1967.
22. Jérôme Proulx.
23. Voir à ce sujet les deux documents présentés par Daniel Johnson à la conférence interprovinciale de Toronto, du 27 au 30 novembre 1967, et intitulés « La Confédération de demain » et « Pour une constitution nouvelle ».

24. Richard Simeon, *op. cit.*, p. 93 et *Le Devoir* des 29 et 30 novembre 1967.

25. *Ibid.*

26. *Le Devoir*, le 28 novembre 1967.

27. *Le Devoir*, le 29 novembre 1967.

28. *Le Devoir*, les 28 et 30 novembre 1967, Paul Gros d'Aillon, *Daniel Johnson, l'égalité avant l'indépendance*, Montréal, Stanké, 1979, p. 194 et André Patry, *Le Québec dans le monde*, Montréal, Leméac, 1980, p. 105.

29. *Le Devoir*, les 1ᵉʳ et 2 décembre 1967.

30. *Le Devoir*, le 3 mai 1967.

31. André Patry.

32. Lettre du 1ᵉʳ décembre publiée en annexe du document, *Fédéralisme et Conférences internationales sur l'éducation*, Ottawa, Imprimerie de la reine, 1968, p. 63.

33. Pierre de Menthon, *Je témoigne, Québec 1967, Chili 1973*, Paris, Éditions du Cerf, 1979, p. 24-26.

34. *Ibid.*, p. 17.

35. Mark Malone, Le Double Visage de la francophonie », in *L'Univers politique*, Paris, Éditions Richelieu, 1968, p. 373.

36. *Ibid.* et *Le Devoir* du 9 mai 1968.

37. André Patry.

38. Pierre O'Neil et Jacques Benjamin, *Les Mandarins du pouvoir*, Montréal, Québec/Amérique, 1978, p. 58.

39. Jean-Guy Cardinal.

40. Mark Malone, *op. cit.*, p. 374.

41. Jean-Guy Cardinal.

42. « Jean Marchand et la crise canadienne », *Maintenant*, n° 61, janvier 1967.

43. Pierre Elliott Trudeau, *Le Fédéralisme et la Société canadienne-française*, Montréal, Éditions HMH, 1967, p. V-IX de l'avant-propos.

44. *Ibid.*, p. 178, 212, 187 et 188, et *Le Devoir*, le 6 septembre 1967.

45. *Ibid.*, p. x de l'avant-propos, pp. 182 et 183, Richard Simeon, *op. cit.*, p. 90 et *Le Devoir* du 24 février 1966.

46. *Le Devoir*, le 2 février 1968.

47. Claude Morin, *op. cit.*, p. 138 et Daniel Johnson « Le Québec dans le Canada de demain », allocution prononcée au cours de la conférence fédérale-provinciale tenue à Ottawa du 5 au 7 février 1968.

48. Louis Bernard, Richard Simeon, *op. cit.*, p. 96 et Peter Newman *op. cit.*, p. 329.

49. Richard Simeon, *op. cit.*, p. 96-97 et *Le Devoir* du 6 février 1968.

50. *Le Devoir*, le 7 février 1968.

51. *Ibid.*
52. Jérôme Proulx, *Le Panier de crabes,* Montréal, Parti pris, 1971, p. 87 à 106.
53. *Le Devoir,* le 7 février 1968. Note : M. Bennett était premier ministre de la Colombie-Britannique, province peu sympathique alors aux vues du Québec.
54. *Le Devoir,* le 8 décembre 1967 et Paul Gros d'Aillon, *op. cit.,* p. 203.
55. *The Toronto Telegram,* le 29 janvier 1968 et Peter Newman, *op. cit.,* p. 449.
56. Judy LaMarsh, *Memoirs of a Bird in a Gilded Cage,* Toronto, McClelland and Stewart, 1969, p. 341.
57. Peter Newman, *op. cit.,* p. 449.
58. *Le Devoir,* les 16 et 17 février 1968.
59. *Ibid.*
60. Blair Fraser, *Maclean's,* février et mars-avril 1968.
61. Jérôme Proulx et *La Presse* du 26 février 1968.
62. *Le Devoir,* le 5 mars 1968.
63. *Le Devoir,* les 7, 8 et 9 mars 1968.
64. Marcel Masse.
65. Lettre du 8 mars 1968 publiée en annexe du document *Fédéralisme et Conférences internationales sur l'éducation, cf.* note 32, p. 67.
66. Claude Morin, *op. cit.,* p. 90 et *Le Devoir* du 26 avril 1968.
67. Lettre du 5 avril 1968 publiée en annexe du document *Fédéralisme et Conférences internationales sur l'éducation, cf.* note 32, p. 71
68. Le premier ministre Johnson a déposé le 10 mai 1968 sa lettre datée du 9 avril.
69. *Le Devoir,* le 9 avril 1968.
70. Jean-Guy Cardinal et *Le Devoir* du 13 avril 1978.
71. *Le Devoir,* les 17 et 18 avril 1968.
72. *The Globe and Mail,* le 13 avril 1968 et *The Toronto Telegram,* le 15 avril 1968.
73. *Le Devoir,* le 23 avril 1968.
74. Jean-Guy Cardinal, André Patry et Mark Malone, *op. cit.,* p. 378.
75. *Le Devoir,* les 24 avril, 3 et 4 mai 1968.

CHAPITRE **10**

Requiem pour un
premier ministre traqué

— Désormais, pour les relations avec l'étranger, il n'y aura plus qu'une seule adresse : Ottawa, au Canada !

Pierre Trudeau possède le talent inné de simplifier les questions abstraites, de les transformer en formules-chocs à l'esprit souvent belliqueux. La reddition n'est pas dans sa nature. S'il a capitulé devant Paris en avril, c'est pour mieux mener son offensive contre Daniel Johnson. Le nouveau premier ministre canadien n'a pas perdu la « guerre du Gabon » mais une bataille. En faisant de la vocation internationale du Québec l'un des thèmes de prédilection de sa campagne électorale, il poursuit bel et bien les hostilités !

Plein de verve, Trudeau lance, à l'intention des centaines de convives rassemblés à la chambre de commerce de Montréal — et parmi lesquels figure de façon inaccoutumée un fort contingent de jolies bourgeoises aux chapeaux fleuris, visiblement émues par le charme du beau célibataire aux yeux d'Asiatique :

— La politique étrangère du Canada ne peut être fragmentée. Il existe de grands et de petits pays ; il n'existe pas de demi-pays[1] !

Comme un prestidigitateur, Trudeau brandit soudain devant son auditoire un petit livre blanc intitulé *Fédéralisme et Conférences internationales sur l'éducation*. C'est le catéchisme que devra désormais respecter tout chef d'État étranger désireux de nouer des rapports avec les provinces. Du même coup, celles-ci se voient imposer les règles qui prévaudront à l'avenir en matière de relations internationales. L'auteur, Mitchell Sharp, nouveau ministre des Affaires étrangères, l'a rendu public le 8 mai.

— C'est la fin du Canada, reprend l'orateur, si le gouvernement fédéral ne peut pas parler au nom du pays tout entier ! Dans une conférence internationale où le fleurdelisé est déployé, le Canada n'a pas de place[2].

Le document de Mitchell Sharp constitue le second livre blanc des fédéraux sur le sujet. Le 8 février, au lendemain de la conférence de Libreville, son prédécesseur, Paul Martin, avait publié l'abécédaire de la « participation des provinces à la politique internationale du Canada », dont l'idée de base était simple et lumineuse. Le Canada se devait d'affirmer une personnalité internationale unique[3]. Le nouveau livre blanc explicite ce principe en maintenant que la politique étrangère et les relations extérieures sont, de par leur nature même, indivisibles, aucun État ne pouvant accepter de partager sa souveraineté extérieure. Ce postulat implique clairement que le Canada ne doit avoir qu'un seul porte-parole à l'étranger. Agir autrement, ajoute brutalement Sharp, c'est s'attaquer au pays même[4].

Devant pareille déclaration de guerre, que peuvent faire les provinces, sinon accepter leur rôle subalterne et reconnaître la puissance supérieure ? Le Québec pourra participer aux conférences internationales traitant d'un domaine de sa seule compétence, mais comme membre et partie d'une « délégation canadienne ». Le fleurdelisé bleu ne flottera plus jamais à l'équateur. Il n'y aura dorénavant que des Canadiens et qu'un seul drapeau : l'unifolié rouge. À l'avenir, Québec devra donc parler, agir et voter au nom du Canada. Bon prince, Ottawa consent cependant à abandonner à un ministre du Québec la direction de la « délégation canadienne » dans les cas de réunions des pays francophones portant sur l'éducation[5].

Le lobbying du fédéral en Afrique s'est finalement avéré d'une efficacité redoutable. Passant par Ottawa, le 10 mai, Habib Bourguiba, président de la Tunisie, déclare, après avoir vu Trudeau :

— Jusqu'à preuve du contraire, Québec est canadien[6].

Dans sa capitale, le premier ministre du Québec sent les eaux se refermer sur lui. Du haut de la trudeaumanie, son protagoniste de février le nargue et le bafoue. Un grand brouillard semble désormais envelopper ses objectifs fondamentaux. Le coup que lui a porté Trudeau l'a désarçonné. Au début d'avril, il a perdu un de ses atouts majeurs : il aurait voulu aller aux urnes avant Trudeau et lui couper l'herbe sous les pieds. Or, il s'est laissé prendre de vitesse, alors que l'échec de la conférence constitutionnelle s'avérait un prétexte rêvé pour mener une campagne au détriment d'Ottawa. Il aurait dit aux Québécois : « Donnez-moi un mandat pour aller négocier une nouvelle constitution. » Sa victoire aurait été assurée. Il avait en main les résultats d'un sondage qui accordait à son parti 42 pour 100 des voix. Selon ces prévisions, le Parti libéral, alors en plein désarroi, n'aurait récolté que 18 pour 100 des voix contre 20 pour 100 pour le nouveau mouvement Souveraineté-Association de René Lévesque et 8 pour 100 pour le RIN. Ensemble, les partis nationalistes auraient rallié 70 pour 100 des voix[7] ! Non seulement Johnson était certain d'augmenter considérablement sa majorité parlementaire, mais il croyait également freiner la montée de Lévesque, dont le mouvement allait se transformer à l'automne en parti politique. Pourtant, Pierre Trudeau avait déjoué ses plans. Dorénavant, Johnson n'aura plus qu'une hantise : battre cet homme à l'image obsédante.

Tout oppose ces deux chefs : leur vision antinomique du Canada, leur personnalité et leur conception de la politique. Trudeau incarne l'intransigeance intellectuelle, c'est le cérébral au ton cassant, un ambitieux irrespectueux de l'opinion d'autrui, un doctrinaire endurci qui préfère les idées aux hommes. Au contraire, Johnson a l'âme sensible, c'est un humaniste pragmatique, sans prétentions idéologiques et pour qui l'individu prime sur les théories et, surtout, sur l'État, qu'il perçoit comme une force potentiellement oppressive et dont il connaît par expérience la puissance des rouages. Il admire l'intelligence de Trudeau, mais redoute sa perfidie. Il affirme à ses collaborateurs :

— Si Trudeau, Marchand et Pelletier mettent la main sur le gouvernement fédéral, ça va être le bulldozer. Dix ans de Trudeau et c'est fini. Ce sera la canadianisation du Québec, le *One Canada*[8].

Le chef de l'Union nationale considère l'émergence d'un centralisateur à Ottawa comme une catastrophe nationale qui empêchera l'évolution constitutionnelle du pays. Il craint plus que tout l'esprit simplificateur de Trudeau. En s'attaquant aux indépendantistes, ne mettra-t-il pas aussi dans le même sac autonomistes et nationalistes modérés[9] ?

Johnson se sent pris dans la gueule du loup. Il en est maintenant réduit à une politique de sauve-qui-peut, car non seulement Trudeau veut se défaire de lui, mais il nourrit également certaines obsessions, dont la principale est la destruction du front des provinces édifié par le chef unioniste avec la complicité de John Robarts. Il veut rayer de la carte politique toute trace du Toronto de 1967 ! Johnson est sa cible favorite puisque c'est lui, bien avant l'Ontarien captif de son électorat, qui mène la bataille. Une autre lubie des fédéraux veut que l'objectif de Johnson soit de faire l'indépendance sous le couvert de la révision constitutionnelle. Par ailleurs, le premier ministre canadien est persuadé que le chef unioniste, tout bruyant qu'il puisse être, demeure sans assises véritables. L'opinion publique québécoise ne l'appuie pas, prétend-il. Avec un autre chef à Québec, tout le fatras sur la question constitutionnelle serait réduit à moins que rien. Bref, Pierre Trudeau mise sur la disparition de Johnson pour régler la crise canadienne comme il croit que le départ du général de Gaulle normaliserait la concertation franco-québécoise[10].

* * *

Au début de mai, la sonnerie du téléphone retentit dans le bureau du nouveau procureur en chef du district de Montréal, Jean Bruneau, bras droit de Jean-Jacques Bertrand.

— Viens à Québec, je veux te voir ! commande Daniel Johnson au bout du fil.

Au Château, Mario Beaulieu et Jean Loiselle sont réunis avec le chef et planifient la campagne électorale des conservateurs fédéraux au Québec.

— Tu vas prendre en main l'organisation de la province, annonce Johnson à Jean Bruneau.

L'intéressé en reste interdit. Il a beau aimer la bagarre, l'idée lui paraît tout de même saugrenue.

— On n'a pas d'affaire à se mêler de ça, on n'a rien en commun avec les conservateurs fédéraux, objecte-t-il.

— Si nous aidons Stanfield à se faire élire, il nous sera plus facile d'obtenir des concessions du fédéral, soutient Johnson.

Bruneau demeure intraitable. L'Union nationale n'a pas à

s'embarquer dans une pareille galère ! Johnson se fâche. Il renvoie Beaulieu et Loiselle, écrase nerveusement sa cigarette et ponctue d'une voix impatiente :

— Tu ne connais pas Trudeau comme moi. S'il prend le pouvoir, ce sera terrible pour le Québec.

Aussitôt, il glisse une autre cigarette entre ses lèvres et insiste, ses yeux bleus soudain étincelants :

— Même si ça doit me coûter le pouvoir aux prochaines élections, j'embarque quand même derrière Stanfield[11] !

L'avocat se laisse finalement fléchir. Johnson tient à engager toutes ses troupes dans cette campagne. Les trois grands responsables seront Jean Bruneau, aux rênes de la machine unioniste, Brian Mulroney, porte-parole des conservateurs anglophones du Québec, et Jean Dupras, représentant des bleus fédéraux de langue française. Pour la publicité et l'information, Jean Loiselle recrute le journaliste Guy Lamarche, ancien collaborateur de Gérard Pelletier à *La Presse* et ex-admirateur de Pierre Trudeau, au temps du Rassemblement des forces démocratiques des années 50. Les temps ont bien changé. Lamarche est maintenant prêt à conclure une alliance avec Johnson, le temps d'une bataille électorale, car il partage son opinion quant au danger que représente le faucon de la centralisation fédérale.

Johnson lance dans l'arène son conseiller personnel Marcel Faribault, consacré, pour l'occasion, lieutenant québécois de Robert Stanfield. Bon débarras ! chuchotent les « ultras » du parti. Pourtant, l'objectif du chef n'est certes pas d'envoyer le financier à l'abattoir. D'allégeance conservatrice, ce fils de notaire âgé de soixante ans, et notaire lui-même, est l'un des rares Québécois francophones à avoir du poids au sein du Parti conservateur fédéral. Il est même l'un des conseillers « officieux » du leader tory, Robert Stanfield. Au cours d'un récent colloque de ce parti à Montmorency, il a réussi, grâce à un tour de force, à faire accepter l'idée des deux nations développée par Johnson et à faire inscrire une proposition en ce sens au programme électoral des conservateurs. Cependant, plus habitué à l'ambiance tranquille des réunions de direction, Faribault hésite avant de plonger dans une campagne électorale qui s'annonce agitée.

Pour lui comme pour Johnson, l'heure est grave. Il n'aime pas Trudeau — son animosité remonte à l'époque où celui-ci avait tenté de forcer les portes de l'Université de Montréal, en dépit de l'hostilité de la direction, dont il faisait partie. Néanmoins, avant la conférence constitutionnelle de février, Faribault croyait à une entente avec Ottawa. Il exaspérait les « ultras » de l'UN en soutenant que les positions respectives de Trudeau et de Johnson semblaient similaires à 85 pour 100, négociables à 10 pour 100 et incompatibles à 5 pour 100 seulement. Depuis la joute de février entre les deux hommes, il a changé son fusil d'épaule. Le 14 mai, il annonce sa candidature dans le comté de Gamelin :

— L'avenir du Canada est en jeu, non seulement à cause de la question constitutionnelle, mais aussi à cause du socialisme déguisé et doctrinaire de M. Trudeau, que je combattrai[12] !

Désormais, le mot d'ordre de Johnson est le suivant : il faut empêcher Trudeau de pouvoir se déclarer le seul porte-parole des Québécois. Il s'agit d'envoyer à Ottawa d'autres hommes que « les siens ». Pour cela, il suffira de faire élire une douzaine de députés conservateurs, ce qui concourra à renverser les libéraux si Stanfield parvient à faire bonne figure dans les provinces anglaises.

La machine se met bientôt en marche. Les noms de « gros canons » circulent dans les cercles politiques. Certains se compromettent ; d'autres résistent. Comme toujours, Claude Ryan ajoute son grain de sel et suggère quelques noms, sans doute tirés de son légendaire calepin noir. Les bourses se délient, l'argent ne manquera pas. Dans la vingtaine de comtés où l'on espère une victoire, la manne tombera, providentielle et généreuse. Cependant, dans les régions où les chances sont nulles, une maigre somme de 8000 dollars sera parcimonieusement distribuée. L'UN dépensera plus de 100 000 dollars dans Langelier, le comté de Jean Marchand. Au début des hostilités, Johnson avait prévenu l'organisateur Christian Viens :

— Marchand, je le veux mort. Pas blessé, mort !

Le chef a également donné l'ordre de faire passer Faribault dans Gamelin à tout prix. Les vieux réflexes de l'organisation unioniste jouent immédiatement : des spécialistes envisagent de monter une machine à « télégraphes », mais le projet est rapidement abandonné. Face aux trudeauistes, tout est permis, voire des alliances avec les « socialistes ». Ainsi, Johnson travaille à faire élire Robert Cliche, leader québécois du NPD. Cliche est un « phénomène » qui donnera du fil à retordre à Trudeau s'il est élu, pense Johnson. Trois de ses émissaires, Jean Loiselle, Paul Gros d'Aillon et Guy Lamarche, persuaderont Cliche de concentrer son tir sur le chef libéral. En retour, les conservateurs ne lui feront pas la lutte dans son comté. Entente conclue, et que Trudeau se débrouille...

Durant les premiers milles de la course, toutes les illusions sont permises. Faribault prédit 35 sièges conservateurs au Québec et provoque Trudeau en duel. Il n'exige rien de moins qu'un débat contradictoire télévisé. Trudeau ne daigne même pas répondre...

De sa suite du Château ou de son bureau du Parlement, Johnson orchestre le déroulement quotidien de la campagne, comme déjà Duplessis s'était plu à le faire en 1958. Le bagarreur a pris le dessus sur le chef d'État. Il est tellement obnubilé par toute l'affaire qu'au cours des réunions qu'il convoque il ne peut s'empêcher de sonder constamment ses députés sur le dénouement de la bataille. Il déborde d'optimisme. Son animosité à l'égard de Trudeau l'aveugle tout à fait.

— Pourquoi en voulez-vous tant à Trudeau ? lui demande Jérôme Proulx au cours d'une réunion.

— Si Stanfield est élu, répond Johnson, ça va nous donner 200 millions de dollars de plus !

— On va manger une volée ! remarque, une autre fois, Jean Bruneau, qui, sur le terrain, voit se gonfler de jour en jour la vague de la trudeaumanie.

— Tu te trompes ! riposte le patron, qui n'admet plus la contradiction.

Le vent tourne en plein milieu de la course avec l'assassinat de Robert Kennedy. Durant trois jours, la campagne tory est paralysée. L'Amérique entière est rivée au petit écran. Pierre Trudeau, lui, poursuit sa course en tirant habilement les marrons du feu. L'assassinat décuple soudainement son emprise sur la foule — il devient le dernier représentant du « charisme kennedien ». Le Canada tient enfin son Kennedy ! Le moindre de ses gestes prend une nouvelle dimension. Partie de Toronto, la trudeaumanie déferle sur le Québec, déclenchant un puissant courant libéral qui emporte les conservateurs.

Les tories de Toronto s'énervent. Le slogan des deux nations, que Marcel Faribault trompette d'un bout à l'autre du pays, s'avère une véritable épée de Damoclès. Après une émission télévisée dans la ville reine, le candidat « binational » Faribault se fait traiter de séparatiste par la presse torontoise. Eddie Goodman, organisateur national, se précipite au club Renaissance de Montréal, où se réunit en fin de soirée l'état-major conservateur. Il exige qui Faribault mette une sourdine à son refrain sur les deux nations, qui, partout au Canada anglais, crée un tort considérable au parti.

— Trudeau, un francophone, parle le langage des anglophones et nous, on fait le jeu des séparatistes ! tempête Goodman[13].

Une ou deux nations, de toute manière, rien désormais ne peut plus arrêter l'élan de Pierre Trudeau. Quelques pas de rock, un sourire cabotin, une flèche adroitement décochée et c'est aussitôt l'hystérie ! Marcel Faribault se fatigue vite de ces entrechats ; pas plus que son chef, le pâle Robert Stanfield, il n'a malheureusement rien du foudre d'éloquence ni du tombeur de femmes. Sa corpulence et sa calvitie rendent presque indécente toute comparaison entre le beau Pierre et lui. Dépités, ses organisateurs grommellent :

— On perd des voix chaque fois qu'il ouvre la bouche ou serre des mains.

La veille du vote, Johnson revient sur terre ; au Québec, les conservateurs courent au massacre. L'apothéose de Trudeau et le réveil amer de Johnson se produisent simultanément le 24 juin, rue Sherbrooke, à l'occasion du défilé de la Saint-Jean-Baptiste. Une violente émeute éclate devant la tribune officielle, dressée contre la bibliothèque municipale. Trois invités de marque, Pierre Trudeau, Daniel Johnson et Jean Drapeau, assistent derrière une armée de policiers à l'un des affrontements les plus sanglants des années 60. Le défilé n'a pas encore commencé que déjà les manifestants se déchaînent.

Lancées par les émeutiers, des bouteilles volent vers Trudeau, qui se tient, frondeur, au centre de l'estrade. Aussitôt, des policiers à cheval chargent la foule. Aux hurlements des sirènes répondent les cris hystériques des spectateurs sans défense. Les images tragiques qui déferlent sous les yeux de Johnson le laissent ahuri. Pour la première fois, il mesure concrètement la véhémence du sentiment nationaliste. Des policiers traînent, tels des sacs trop lourds, des jeunes gens et jeunes filles au visage ensanglanté par des coups de matraque. Des policiers blessés sont allongés par leurs camarades dans les ambulances qui se succèdent. Affolés par les pétards des manifestants, les chevaux piétinent la foule. Des femmes hurlent, cherchent désespérément leurs enfants ou s'évanouissent[14].

Au-dessus de la mêlée, Pierre Trudeau observe froidement la scène sans broncher. Johnson, lui, est bouleversé, il n'avait jamais vu d'aussi près la violence populaire : la cavalerie qui fonce dans la foule, les bouteilles qui volent en éclats, les badauds paniqués et pris en serre entre policiers et émeutiers. Il voit soudain quatre hommes empoigner Pierre Bourgault et le traîner dans les éclats de verre qui jonchent toute la rue. Sidéré par la scène, le premier ministre québécois en frémira encore, quelques heures plus tard, en la décrivant à Paul Gros d'Aillon :

— J'ai vu des policiers fédéraux en civil charger Bourgault, qui regardait passer le défilé, et venir le jeter devant les policiers municipaux, qui l'ont embarqué[15].

Un an plus tôt, le leader indépendantiste avait connu un sort plus doux. Johnson l'avait fait inviter à un dîner officiel au Ritz Carlton pour consacrer, en quelque sorte, sa légitimité politique. Mêmes égards en décembre 1966, à l'occasion du discours du Trône. Refoulé par les gardes à la porte de la Chambre rouge, Bourgault était allé trouver Jean Loiselle, qui, après avoir consulté Johnson, l'avait fait admettre dans l'enceinte sacrée. Aujourd'hui, les choses tournent au vinaigre. Sa fête nationale, Bourgault la termine en cellule.

Grandeur et misère de la vie politique ! ironisera celui-ci, en notant plus tard qu'à une année d'intervalle il avait connu le caviar du Ritz et le café minable du cachot[16].

Mais le soir de ce 24 juin, la rue Sherbrooke est transformée en un sanglant champ de bataille. Or, à la télévision, le commentateur officiel paraît frappé de cécité — il ne voit que les marchands de ballons, les petits fanions bleus et blancs, les chars allégoriques et la foule charmante[17]. Un reporter de Radio-Canada, Claude-Jean Devirieux, est pris au milieu de l'échauffourée et s'émeut de la provocation des policiers. De décrire la scène sans farder la réalité lui vaudra de sérieux ennuis avec la direction de la société d'État, qui veille scrupuleusement, depuis la loi de l'automne 1967, à promouvoir l'unité nationale... Chaque fois que les manifestants s'avancent vers l'estrade en criant « Trudeau au poteau ! », Johnson a l'impression qu'on va finir par le lyncher et que tous les dignitaires y passeront.

Tout à coup, c'est la débandade générale parmi les notables que l'effroi vient de gagner. Des projectiles s'écrasent à deux pas de Pierre Trudeau, qui disparaît aussitôt sous les corps de ses gorilles. Posture humiliante pour un chevalier... Il se relève brusquement, brosse sa veste d'un geste nerveux, se tient debout quelques secondes, affronte du regard les manifestants, puis se rassied enfin. Autour de lui, les chaises sont vides[18]. Johnson commentera l'incident en des termes railleurs :

— Tout le monde s'est précipité sur Trudeau. Moi, je n'étais que le premier ministre de la province de Québec, laissé sans protection policière, qui s'enfuyait parmi les chaises renversées[19]...

Pour avoir tenu tête aux émeutiers, Pierre Trudeau a assuré son élection. Après le défilé, enfin remis de leurs émotions, les deux chefs politiques sablent le champagne tandis que Bourgault croupit dans sa cellule. Ironie de la politique !

Bilan de l'émeute : 290 arrestations, 83 spectateurs blessés, dont quelques-uns gravement, et 43 policiers également mal en point. Bilan de l'élection : 150 députés libéraux élus contre 68 conservateurs. Au Québec, c'est l'échec total de la puissante machine bleue. Il n'y aura, aux Communes, que quatre députés « binationaux ». Même Faribault est battu. Cuisant revers de fortune qui ne prive pas Daniel Johnson de son sens irlandais de l'humour. Il télégraphie au vainqueur du 25 juin : « Je vous offre la collaboration du gouvernement du Québec pour assurer la prospérité de notre pays et l'épanouissement des deux nations qui le composent[20]. »

Reculer ou aller à l'indépendance ?

La géographie politique a changé ; sur l'Outaouais, il y a désormais un dénommé Trudeau et, sur le Saint-Laurent, un dénommé Lévesque, qui file tout droit vers l'indépendance. Johnson devine déjà qui seront les deux principaux lieutenants de ce dernier : Claude Morin et Jacques Parizeau. Les thèses de Lévesque ne lui déplaisent pourtant pas. Il les connaît bien, ayant flirté avec elles avant les élections de 1966. Cependant, il n'aurait jamais cru qu'elles se répandraient aussi rapidement. La fondation du MSA symbolise l'échec de son ouverture sur le nationalisme. L'arrivée de

René Lévesque sur le front de l'indépendance constitue un tournant historique. Si les fédéralistes trouvent en Trudeau leur messie, les nationalistes trouvent le leur en Lévesque. Et lui, Daniel Johnson, sent se resserrer le formidable étau. Mais tel est cet homme que, même traqué politiquement, il demeure bon joueur.

— Je ne sais pas si ça va marcher, ce que vous faites, mais en tout cas, ne lâchez pas ! a-t-il dit à René Lévesque après avoir appris la fondation du Parti québécois[21].

Pourtant, avant l'expulsion de Lévesque du Parti libéral, alors que l'aile indépendantiste de l'UN le pressait d'accélérer le mouvement, Johnson avait objecté :

— Il est inutile d'être plus indépendantiste que la population. Si je le deviens, je serai peut-être un témoin intéressant de l'indépendance, mais je ne serai pas élu.

Maintenant, tout s'embrouille. Mauvais printemps que celui de 1968. Ses déboires minent encore davantage la santé de Johnson. Il dort mal et la nuit l'effraie de plus en plus. Certains soirs, dans la tiède brunante du printemps, le premier ministre du Québec est saisi d'angoisse. On ne le laisse plus jamais seul, ni au bureau ni dans ses appartements du Château. La maladie le traque. L'homme devient chaque jour un peu plus ambivalent, contradictoire, insaisissable. *What does Johnson want ?* Il ne le sait plus trop lui-même. À la fin de l'hiver, pendant ses passes d'armes avec Ottawa, il réfléchissait souvent à l'idée de l'indépendance. Trudeau fermait les portes une à une pour mieux l'affaiblir. Un soir, Paul Dozois était revenu d'Ottawa, furieux. Dans son budget, le fédéral s'était engagé à effectuer un important transfert en faveur du Québec, mais refusait maintenant de s'exécuter en prétextant une soudaine incapacité de payer. Le fédéraliste Dozois s'était écrié :

— Si ce n'était pas de causer des difficultés financières aux Québécois, je la ferais, l'indépendance[22] !

Un soir, la voiture du premier ministre stoppe, rue de la Grande-Allée, à la hauteur de Jean-Paul Beaudry, ministre de l'Industrie et du Commerce, qui rentre chez lui à pied. Johnson est seul. Il actionne le bouton de la glace automatique et demande :

— Qu'est-ce que vous faites, ce soir, Jean-Paul ? Venez donc prendre un café avec moi.

Dans sa suite, le chef prie Beaudry d'occuper la chambre de

Mario Beaulieu, qui a dû rentrer à Montréal. Le ministre accepte avec tact. Il n'est pas au courant de la gravité de l'état de santé de son patron, mais il a entendu dire qu'on ne doit jamais le laisser seul la nuit. Depuis sa nomination, six mois plus tôt, c'est la première fois que Beaudry a l'occasion de s'entretenir longuement en tête à tête avec le premier ministre, qui, ce soir, s'informe de la marche de son ministère, tandis qu'ils avalent ensemble le repas qu'il a fait monter[23].

Johnson cherche une présence mais aussi un confident. Désormais, il redoute d'arriver à la fin de son mandat sans avoir pu réaliser cette égalité pour laquelle il se bat depuis si longtemps. Élu en 1966 sur la foi d'un programme situé quelque part entre l'égalité et l'indépendance, devra-t-il, devant la contre-attaque fédérale, aller jusqu'à l'indépendance... ?

— Ce n'est pas irréalisable, dit-il, l'air évasif. Mais les Québécois devront se serrer la ceinture pendant dix ans.

Il y a de l'angoisse dans sa voix. Beaudry le rassure :

— Nous avons encore deux ans avant d'aller au peuple. On peut encore en arriver à une entente avec les Anglais.

— Je sais, je sais... Mais avec Trudeau, qui veut tout donner au fédéral, qu'est-ce qu'on va faire, Jean-Paul ? Comment allons-nous résoudre ça[24] ?

Par la négociation ? Johnson ne fait que cela depuis qu'il est en politique. Ce qu'il cherche, ce n'est pas l'indépendance, mais une nouvelle union entre les deux peuples fondateurs du Canada. Il négociera jusqu'à la fin des temps s'il n'en tient qu'à lui, mais encore faut-il que l'autre partie démontre sa bonne foi. Le chef unioniste se sent pris au piège de son propre slogan. Il a promis l'égalité ou l'indépendance. Il faudra bien « livrer la marchandise ». L'idée d'avoir à « livrer » autre chose que l'égalité semble le frapper de panique. En se rapprochant du général de Gaulle, il a enclenché un processus de polarisation politique dont lui-même et son parti risquent d'être les premières victimes. La visite du général aurait-elle été une injection un peu trop massive de nationalisme ?

Comme bien d'autres, Beaudry se pose la question : le chef est-il séparatiste ou non ? Et comme chacun, il est incapable de trancher, car Johnson ne révèle jamais complètement ses pensées. Des pans entiers du personnage demeurent cachés, même à ses intimes.

Il est trois heures du matin. Le patron sirote le scotch tiède qu'il s'est versé au début de la soirée. Il semble désespéré de ne pas trouver la clé qui lui permettrait de s'évader de son imprudent diptyque. Préparer l'indépendance serait travailler contre sa thèse fondamentale de l'égalité au sein même de la Confédération. Ce serait avouer son échec. Il n'arrive tout simplement pas à s'imaginer en train de déclarer l'indépendance du Québec. D'ailleurs, la veulent-ils seulement, ces Québécois ? Il est loin d'en être convaincu. Au contraire, il a la certitude que ses compatriotes souhaitent l'égalité, mais qu'ils ont peur de s'en donner les moyens et qu'ils ne le suivraient pas sur la voie de la séparation. Johnson parle souvent à son entourage de la schizophrénie des Québécois, très autonomistes, bien sûr, mais tout aussi fédéralistes et en train de devenir fiévreusement trudeauistes. Ce peuple veut tout avoir et ne rien risquer[25]...

Un jour, Jean Loiselle avait déniché cette citation de Napoléon : « Je suis leur chef, il faut bien que je les suive. » Johnson se l'était appropriée aussitôt en y ajoutant sa griffe : « Il n'y a pas de grand chef qui ne suive son peuple. » Ceci dit, le premier ministre sait néanmoins qu'un jour il faudra choisir. Et quand ce moment arrivera, il opposera (s'il est encore là) un non catégorique à la thèse de l'« intégration lucide », défendue par certains fédéralistes, comme l'ancien journaliste Jean-Louis Gagnon. Cela, jamais ! En attendant, que peut-il faire, sinon finasser en bon Normand ? L'égalité, après tout, n'est-ce pas déjà aller un peu plus loin que l'autonomisme duplessiste ? Le Québec en est encore à l'étape de la négociation et non à celle, plus définitive, de la séparation. S'il pressent qu'il ne pourra pas toujours en rester là, sa sagesse lui enseigne aussi que rien n'est jamais acquis. Une maladresse, un coup de force du gouvernement peuvent signifier le recul du nationalisme québécois. Il suffit qu'Ottawa ou les milieux financiers coupent un tant soit peu les fonds pour que la population, prise de panique, accueille à bras ouverts le premier messie venu, partisan du fédéralisme même le plus centralisateur[26].

En juin, la santé du chef du gouvernement du Québec se détériore brusquement. Roger Ouellet, son chef de bureau, remarque qu'il paraît chaque jour plus irritable ; lui dont la patience et la gentillesse étaient proverbiales, le voilà qui fait maintenant des colères à la Jean Lesage ! Lui qui avait manifesté des dispositions géniales pour l'organisation électorale, voici qu'il s'en désintéresse complètement !

— Nomme qui tu veux, dit-il à Fernand Lafontaine, qui lui parle d'une candidature dans Papineau.

Toujours en juin, le chef invite Lafontaine, à déjeuner en compagnie de Jean-Paul Cardinal, mais l'ingénieur est légèrement retardé.

— Le « Grand », quand je t'invite pour midi, n'arrive pas à une heure ! remarque Johnson d'un ton impatient.

— Tu as bien changé, fait, ahuri, le ministre de la Voirie.

Jacques Pineault, ce vieil allié de la première heure que Johnson ne voit presque plus depuis la prise du pouvoir, est estomaqué par l'homme qu'il trouve devant lui. Le chef l'a fait venir au Château. Blanc comme un drap, la barbe longue et vêtu uniquement d'un caleçon, le premier ministre tourne en rond dans la pièce comme un fauve en cage. Contrairement à son habitude, il ne se montre pas taquin. Il a l'air si morne que Pineault se dit qu'il a « perdu un pain de sa fournée ».

Le 8 juin, Johnson assiste à une réception à l'Université de Sherbrooke en compagnie de sa fille Marie, de sa sœur Doris et de sa secrétaire, Yvette Marcoux. Devant le Dr Marc Lavallée, directeur de la recherche au Centre hospitalier de l'Université et passé depuis peu dans le mouvement de René Lévesque, il se montre particulièrement mordant à l'égard du chef souverainiste :

— J'ai entendu dire que vous étiez organisateur pour Lévesque, raille-t-il. Ça ne doit pas vous laisser bien du temps pour vos activités scientifiques !

Silence glacé des témoins. Lavallée répond du tac au tac :

— Si vous aviez des conseillers scientifiques de la valeur de vos conseillers politiques, vous auriez su, monsieur le premier ministre, que je viens de publier un livre qui a eu, ma foi, assez de succès dans les milieux scientifiques !

Lavallée vient en effet de faire paraître aux éditions Wileys and Sons, de New York, un ouvrage très spécialisé intitulé *Glass Microelectrode*. Cette journée consacre la rupture politique définitive entre les deux hommes[27].

Au retour, dans la voiture officielle, Johnson a du mal à

respirer. Il déboutonne son col de chemise. Yvette Marcoux s'inquiète : elle sait tout de la maladie de Johnson depuis qu'en 1964 elle a découvert dans les affaires de son patron un petit flacon de pilules comme celles que son propre frère, cardiaque, gardait sur lui. Elle s'était alors exclamée :

— Comment ? Des pilules comme celles de mon frère !

— Laissez ça là, laissez ça là... avait répondu Johnson en évitant le sujet.

Il ne lui en avait jamais reparlé. D'ailleurs, il n'abordait jamais ses problèmes personnels avec les autres.

Ce soir-là, avant d'arriver à Saint-Jean, où habite la famille d'Yvette, celle-ci lui demande :

— Allez-vous arrêter voir maman un instant ?

— Non, pas aujourd'hui, je suis trop fatigué.

Normalement, il aurait demandé au chauffeur de l'amener saluer « maman Marcoux[28] ».

Décidément, rien ne va plus. À la fin de juin, le premier ministre quitte subitement le Conseil des ministres. Comme il tarde à revenir, Jean-Guy Cardinal s'inquiète. Il fait partie de la poignée d'intimes au courant de la maladie du patron. Après l'avoir cherché, il le surprend dans la petite bibliothèque, au fond de la salle du Conseil.

— J'ai un malaise, souffle Johnson[29].

Le 3 juillet, à sept heures et demie du matin, dans la suite du Château jadis occupée par Duplessis, le cœur de Daniel Johnson flanche à nouveau pendant qu'il déjeune avec son ami et conseiller Roland Giroux. Celui-ci avait déjà eu une attaque en présence de Daniel, qui avait aussitôt fait venir « Redge », son frère cardiologue. Ce matin-là, Giroux le paie de retour. Dans la chambre voisine, Mario Beaulieu dort et n'a connaissance de rien. Heureusement pour Roland Giroux, un peu affolé, Jean Loiselle est déjà levé et prend les opérations en main. Mandé d'urgence, le Dr Yves Morin, directeur et de l'Institut de cardiologie de Sainte-Foy, diagnostique une insuffisance coronarienne sérieuse. Il conseille l'hospitalisation immédiate. Pour n'alerter personne, Loiselle accompagne le premier ministre dans la voiture plus sobre de l'ami Giroux, qui file vers Sainte-Foy[30]. Daniel Johnson devra passer dix jours à l'hôpital, où il est arrivé debout, trouvant même le courage de badiner avec les infirmières. Le premier électrocardiogramme révèle une attaque majeure, bientôt réduite à du simple « surmenage », selon le communiqué émis le jour même par Jean Loiselle. Ce dernier établit ses quartiers à l'hôpital, dans la chambre voisine de celle de Johnson. Son rôle : jouer au chien de garde et soutenir le moral du patient. On dira de lui qu'il était le malade le plus en santé de la clinique !

Le défilé des amis et collaborateurs débute bientôt. À André Lagarde, Johnson souffle d'une voix affaiblie :

— J'ai passé proche. Je n'ai jamais passé aussi proche...

À son fidèle ami Marc Faribault, le cousin de Marcel, il confie :

— J'en ai pour trois mois à vivre. Au mieux, une couple d'années...

Faribault quitte l'hôpital complètement démoralisé. Daniel Johnson lui paraît un homme fini. Le Québec est dirigé par un premier ministre hospitalisé aux soins intensifs, branché par des fils sur un écran cathodique. Ce n'est guère rassurant pour la population. Ni pour la stabilité politique. La presse se perd en conjectures sur la gravité de la maladie du chef du gouvernement. Jean Loiselle prend son patron en pitié :

— Monsieur Johnson, lui conseille-t-il, lâchez donc tout cela !

— Toute ma vie, répond celui-ci, fataliste, j'ai voulu être ce que je suis. Je peux enfin réaliser mes ambitions, mes idées, mes politiques. Et je m'en irais me bercer ? Pour quelques jours de plus ? Autant mourir debout[31] !

Même à l'article de la mort, le chef unioniste continue de travailler. Ses échanges avec le président français le préoccupent encore. Le grand voyage à Paris, d'abord prévu pour le printemps, avait été reporté au 14 juillet à la suite des troubles de mai en France. Pour l'occasion, un défilé aux côtés du général de Gaulle sur les Champs-Élysées avait été planifié et Johnson devait séjourner au Trianon, château des rois de France, récemment remis en état et où, depuis, seule la reine d'Angleterre avait dormi. Un autre rendez-vous qui promettait des ivresses aux uns et des coliques aux autres, les fédéraux ayant menacé de couper les ponts avec Paris si, de nouveau, le général ridiculisait le Canada en réservant un accueil impérial à un premier ministre provincial.

Johnson convoque Jean-Guy Cardinal à l'hôpital :

— Nous allons le faire, ce voyage à Paris, lui promet-il. Je ne sais trop quel est mon état de santé. S'il devait m'arriver quelque chose, je veux que vous le fassiez[32].

La veille, la tête inclinée sur sa table roulante, il avait tristement murmuré à l'intention d'Yvette Marcoux, venue le veiller avec Loiselle durant quelques jours :

— C'est dommage... Je n'irai pas à Paris.

Son médecin est formel : repos complet durant trois mois. On le cache d'abord à La Malbaie pendant trois semaines, dans un chalet voisin du Manoir Richelieu. Le premier ministre se trouve à deux pas du pied-à-terre estival de Paul Desmarais, boulevard des Falaises. La luxueuse résidence achetée de la richissime famille Timmins, propriétaire des mines Hollinger, domine l'embouchure du Saguenay. Le plus fortuné des Canadiens français y garde en permanence deux Rolls-Royce et une Cadillac 1906[33]. Exception faite des parties de poker ou de « cœur » avec le financier ou avec ses collaborateurs — les Lagarde, Beaulieu et Gros d'Aillon, qui lui tiennent compagnie à tour de rôle —, Johnson mène une vie de reclus. Mais il peut toujours compter sur ses deux compagnons de voyage, son frère Réginald, le cardiologue, et Jean Loiselle, l'haltérophile. Chaque matin, le premier ministre s'entraîne aux poids et haltères sous surveillance médicale.

— C'est bon pour lui, confirme Réginald, qui ordonne parfois à Loiselle de chasser un visiteur importun : « Demandez-lui de s'en aller, il lui parle depuis trop longtemps. Ça fatigue Daniel. C'est dangereux pour lui. »

Le malade est trop près de la capitale. Les visiteurs n'arrêtent pas de frapper à sa porte et sa convalescence en souffre. Mais certains dossiers, comme celui du régime présidentiel, ne peuvent pas attendre. Johnson doit déposer au « secrétariat des provinces », créé à la suite de la conférence constitutionnelle de février, un document proposant le libre choix, pour chacune, entre le maintien de la monarchie et l'adoption du régime républicain. Il passe une journée complète à travailler à ce dossier en compagnie de Jean-Jacques Bertrand, premier ministre intérimaire, de Claude Morin et de Charles Pelletier[34]. Johnson a décidé d'en faire le thème des prochaines élections générales. Il s'agit d'une réforme capitale de la constitution interne du Québec, liée à l'abolition du Conseil législatif, comme on pouvait s'y attendre depuis le discours du Trône du 20 février dernier. Ce discours avait médusé les observateurs par son caractère concis et parfois même sibyllin. Trois lignes directrices se dégageaient du programme gouvernemental : le développement économique, l'éducation et la réforme du régime parlementaire[35]. Johnson s'était toutefois bien gardé de préciser le contenu de son projet de régime républicain.

Plusieurs raisons le poussent à aller de l'avant : pallier d'abord la faiblesse de son équipe ministérielle puisqu'un tel régime lui permettra de choisir librement ses ministres tant à l'intérieur qu'à l'extérieur de la députation, comme aux États-Unis. Des institutions politiques distinctes, croit aussi Johnson, accéléreraient la prise de conscience du peuple québécois, en plus de mettre en place une structure valable si jamais le Québec devait choisir la souveraineté.

— Il faut que le Québec soit le mieux équipé possible, répète-t-il à Jean Loiselle. Si on se sépare un jour, on va en avoir besoin. Si on ne se sépare pas, ce que j'espère, ça nous sera toujours utile quand même !

Enfin, n'écoutant que son instinct de batailleur irlandais, il voit là une occasion en or d'affronter les fédéraux ! Il s'entend déjà, tonnant du haut de l'estrade :

— Nous allons faire un président du lieutenant-gouverneur ! Et ce n'est pas Ottawa qui va venir nous dire comment on doit élire notre monde au Québec !

Au début d'août, le premier ministre n'est toujours pas en meilleure santé et « Redge » décide qu'il faut l'éloigner de Québec. Il opte pour le Château Montebello, où le « filtrage » sera plus aisé. Ce n'est pas Johnson qui s'opposera à cette décision, car il veut fuir La Malbaie au plus vite : invité par Paul Desmarais, Pierre Trudeau s'en vient et sa compagnie ne lui dit rien qui vaille ! Jean Loiselle ne reste qu'une journée ou deux à Montebello, le temps d'obtenir une promotion.

— Veux-tu être mon chef de cabinet ? lui propose Johnson.

L'intéressé ne se fait pas prier ; quant à Mario Beaulieu, il accède tout aussi vite au nouveau poste de directeur général du parti.

Le séjour à Montebello durera deux semaines. Un jour où sa

condition le désespère, Johnson songe un moment à tout laisser tomber. Il demande à Réginald d'établir, sans le ménager, son bulletin de santé. Minutieusement, le médecin lui décrit la situation pendant près d'une heure.

— Bon! Pour résumer tout ceci, si je laisse la politique, ça me donne combien de temps de survie?

Réginald hésite quelques secondes. Le pronostic est difficile à établir et une telle évaluation demeure toujours délicate. Tous les médecins le savent.

— Ça peut varier de cinq à dix ans de survie..., fait-il néanmoins d'une voix neutre.

— Tu n'es pas très généreux..., conclut son frère après un moment de silence[36].

La sévérité du verdict n'incite pourtant pas Johnson à tout abandonner. Quelques jours plus tôt, à La Malbaie, il avait mené le même genre d'enquête auprès de son ami Roland Giroux.

— Viens souper avec moi, j'ai pris une décision très importante, lui avait-il dit au téléphone.

L'appel du premier ministre avait intrigué son conseiller. Avait-il enfin décider d'accrocher ses patins? À son arrivée au refuge, tout le monde s'était éclipsé, le laissant seul avec le chef. «L'heure est grave», avait alors pensé Giroux, frappé par les traits tirés de son ami.

— Je fais de l'insuffisance cardiaque, avait commencé Johnson. Je peux partir comme ça! Si je ne me retire pas, j'en crèverai. Si je me retire, j'en crèverai également, mais d'ennui. J'ai donc décidé de continuer. Qu'en penses-tu?

— Si c'est là ta situation, reste en politique, lui conseilla alors Giroux[37].

Le 14 août, Daniel Johnson s'envole pour les Bermudes, bien décidé à en finir avec cette convalescence. Il enlève le fidèle André Lagarde, ce boute-en-train qui réussira sûrement à lui faire oublier ses préoccupations politiques. Réginald a choisi Hamilton parce qu'il s'y trouve une clinique de cardiologie de réputation internationale, dont les spécialistes pourront surveiller les progrès du malade.

Le scénario d'Hawaï se répète; cette fois, pourtant, les visiteurs sont plus rares. Paul Desmarais, Mario Beaulieu et Jacques Parizeau, appelés en consultation, n'ont droit chacun qu'à un séjour d'une seule journée. Mais Jean-Paul Cardinal, aussi bon vivant que Lagarde, et le fils cadet du premier ministre, Pierre-Marc, dont le menton s'orne d'une barbiche toute neuve, passeront quelques jours à Hamilton. Le fils aîné, Daniel, poursuit ses études de droit à l'Université de Londres. Tout en signant l'un des chèques qu'il lui fait parvenir régulièrement, Johnson se tourne vers Lagarde et remarque lugubrement :

— Il ne pourra peut-être pas l'encaisser, celui-là, je serai mort.

Les deux hommes séjournent au Elbow Beach Surf Club, qui donne sur une plage de sable blanc. Tous les matins, après la baignade, le premier ministre fait un mille. Ayant meilleur souffle et plus fière allure, son chaperon le devance presque toujours. Un matin, Johnson le rattrape et lui fait remarquer :

— Ne marche pas trop vite... Le plus triste, c'est que je vais mourir avant de retrouver ma forme...

Les chambres des deux hommes sont communicantes, mais, comme le téléviseur se trouve dans celle de Lagarde, Johnson vient s'étendre chaque soir sur l'un de ses deux lits jumeaux. Vers vingt-trois heures, immanquablement, il simule le sommeil. Lagarde voit le manège, mais ne s'en formalise pas, sachant fort bien que Johnson a peur de rester seul la nuit. Le chef n'arrive plus à prendre le dessus. Quand il ressent un malaise, il s'enferme dans les toilettes où il tousse longuement. Un soir, Lagarde doit enfoncer la porte pour lui venir en aide.

Le premier ministre s'est rapidement lié d'amitié avec Lord Martonmere, gouverneur britannique de l'île, dont les réceptions qu'il donne sur son yacht agrémentent le séjour au soleil du malade. Quand Paul VI a fait escale à l'aéroport d'Hamilton, après sa visite à Bogota, Johnson s'est joint aux invités d'honneur.

Le chef occupe toutefois la majeure partie de son temps à la réflexion politique. En compagnie de Pierre-Marc, il fait le point sur sa vie et sur le nationalisme québécois. À ses yeux, son fils représente la génération qui aura à choisir ou à refuser l'indépendance. De leurs échanges sous le ciel des tropiques, Pierre-Marc tirera une conclusion majeure au sujet de la pensée politique de son père : Daniel Johnson s'était donné le mandat de préparer la voie à l'indépendance, de façon à permettre à une autre génération — probablement la sienne — de la réaliser, de se créer une patrie, si tel devait être son vœu.

— Comme premier ministre, lui confie-t-il, je ne peux pas mettre en péril la situation de ceux qui me suivront. L'indépendance, ça n'existe pas en soi. Il faut d'abord se donner des moyens, un cadre, des outils. Après, vous hisserez un drapeau là-dessus si vous le désirez[38].

Pierre-Marc a vingt-deux ans et étudie le droit à l'Université de Montréal. L'entourage du premier ministre est unanime à voir en lui le futur politicien. Constamment aux côtés de son père, il le questionne, le critique et lui demande des comptes. Il joue un peu le rôle de « chef de l'opposition » de la famille. Fernand Lafontaine a parfois le goût de lui dire : « Va-t'en donc à la maison ! C'est pas ta place, ici ! » Mais le chef du gouvernement ne se lasse jamais de ses questions.

Le fils aîné, Daniel, garde davantage ses distances à l'égard de la politique. Les collaborateurs de Johnson conservent de lui l'image d'un grand garçon plutôt timide, contrairement au cadet, beaucoup trop envahissant au gré de certains. Pour le moment, ce sont les grandes études dans les universités étrangères qui l'attirent et non la politique. Son nationalisme paraît aussi plus orthodoxe que celui de son jeune frère. Un jour, Pierre Bourgault, ayant demandé à Johnson comment se portaient ses deux fils, se vit répondre :

— J'en ai perdu un, je crois qu'il est de votre côté. Mais je pense que je vais sauver l'autre[39] !

Durant sa retraite aux Bermudes, le premier ministre semble obsédé par sa succession et par l'avenir de son parti après sa mort.

— Si je m'en vais, s'interroge-t-il devant Pierre-Marc, que fera Masse ? Qui vois-tu comme successeur ?

De tous les aspirants, Jean-Guy Cardinal paraissait, hier encore, le mieux placé pour assurer la succession. Les Jean Loiselle, Paul Gros d'Aillon, Jean-Paul Cardinal et André Lagarde le considéraient comme le dauphin du premier ministre, qui, à quelques reprises, avait également indiqué ses préférences. Ainsi, au retour d'une fête du parti, à Sherbrooke, Paul Chouinard demanda au pilote de l'avion de se diriger d'abord vers Montréal pour déposer Cardinal.

— C'est ça, vous voulez d'abord reconduire mon successeur ! lança Johnson, blagueur.

Malheureusement, le notaire a perdu quelques plumes depuis son entrée en politique. Il s'est mal défendu contre les pièges du pouvoir de sorte qu'aujourd'hui plusieurs le considèrent comme un trop grand risque. Malgré ses dérèglements et sa mégalomanie, le ministre de l'Éducation n'a rien perdu, selon Johnson, de ses aptitudes à devenir chef un jour. Mais auparavant, il devra connaître plus à fond l'arène si particulière de la politique et acquérir plus d'expérience.

Après sa crise cardiaque, Johnson a laissé entendre à quelques intimes, notamment à André Lagarde et à Roland Giroux :

— Bertrand pour la transition, puis Cardinal.

Avant de rentrer au Québec, il fait venir Mario Beaulieu à Hamilton. Au cours du dîner pris en commun, le chef demande à brûle-pourpoint :

— Si je mourrais, qui me remplacerait ?

Beaulieu avale sa bouchée de travers, réfléchit quelques instants, puis répond :

— Masse est trop jeune. Cardinal manque d'expérience. Les vieux du parti comme Maurice Bellemare ne les accepteront jamais. Le seul qui peut vous remplacer, c'est encore Jean-Jacques Bertrand.

— Bertrand va parler à un dîner-causerie au club Renaissance. Peux-tu prendre l'avion tout de suite et aller le présenter en mon nom aux militants ?

L'ancien chef de cabinet attrape le premier avion et arrive au club Renaissance juste à temps pour s'exclamer :

— Je viens de rencontrer le premier ministre, il y a trois heures. Il m'a demandé de saluer l'un de ses grands amis, un homme qui comprend et connaît les problèmes du Québec, M. Jean-Jacques Bertrand[40] !

Applaudissements. Daniel Johnson vient de désigner son dauphin. En cas de disparition prématurée et selon le vœu même du chef, Bertrand assurera l'intérim. C'est on ne peut plus clair !

Quelques heures à vivre

Le 19 septembre, souriant et bronzé comme un vacancier, le chef du gouvernement s'écrie, en touchant le sol québécois :

— Vive mon pays !

Les larmes aux yeux, il étreint ses deux filles, Marie et Diane, venues l'accueillir en compagnie de Pierre-Marc. Il cherche sa femme des yeux. Mais souffrant d'une vilaine grippe et alitée, Reine n'a pu se rendre à l'aéroport. Le Conseil des ministres a délégué Jean-Jacques Bertrand et Jean-Paul Beaudry, qui croient déceler des traces de fatigue sous le teint bruni du premier ministre.

— Ai-je l'air d'un cancéreux ? s'exclame celui-ci quand un journaliste l'invite à commenter des rumeurs en ce sens[41].

Suivi de son escorte, Johnson disparaît dans un salon réservé aux personnalités, où Bertrand et Beaudry l'informent du climat politique difficile. Le lendemain, un vendredi, le premier ministre vaque déjà à ses affaires à son bureau de Montréal.

— Je me sens dangereusement bien ! crâne-t-il à l'intention d'Yvette Marcoux en lui donnant à classer des documents rapportés des Bermudes.

Yvette n'a pas l'âme en paix. Elle connaît son patron comme si elle l'avait tricoté ! Elle éprouve un vague pressentiment que ni ces déclarations de bonne santé ni le teint hâlé de Johnson ne parviennent à chasser de son esprit. Dans trois jours, elle doit s'envoler vers Paris en compagnie de Rita Johnson, la femme de Maurice.

— Voulez-vous que je reste à Montréal ? propose-t-elle.

— Pas question ! répond tranquillement le chef avant de replonger dans ses dossiers.

Le dimanche après-midi, Johnson invite, rue Oxford, Paul Gros d'Aillon, avec qui il fait un tour d'horizon des principales questions de l'heure. À Marc Faribault, qui tient à le saluer à tout prix avant de partir pour l'Europe, il assure, l'œil pétillant :

— En 1966, nous sommes entrés par la porte de derrière. Regarde-moi aller d'ici les prochaines élections. Les libéraux, on les aura !

Faribault est ébahi. Il a devant lui un autre homme. En juillet, son ami parlait de mourir. Aujourd'hui, il échafaude des projets d'avenir et déborde d'enthousiasme.

— Pars en paix pour l'Europe. On se réunira à ton retour, ajoute Johnson en lui tapotant familièrement le bras.

À Québec, l'agitation politique règne. En l'absence de son capitaine, le navire de l'État a fait eau, obligeant Johnson à écourter de quinze jours le repos prescrit par les médecins. La presse fait des gorges chaudes des dérobades du chef unioniste, qu'elle décrit comme un Hamlet angoissé qui émerge diminué de la « grande fête trudeauesque ». L'éditorialiste du *Magazine Maclean*, André Langevin, écrit : « Le premier ministre s'enrhume quand la brise souffle d'Ottawa[42]. »

Les libéraux sont forts de l'appui des journaux, l'un avançant que, « à Québec, tout s'enlise dans les marais de la médiocrité » et l'autre demandant brutalement : « Assistons-nous à un dépérissement de la politique québécoise ? » Depuis le printemps, les libéraux exploitent le thème de la fuite des capitaux. L'État aurait-il cessé d'être un instrument de libération économique ? demande Jean Lesage. « Derrière le slogan "Égalité ou indépendance", avertit-il, se cache une réalité sombre faite de chômage accru, d'inflation et de baisse des investissements[43]. » Agitant comme autant d'épouvantails les dernières statistiques sur le chômage (7,8 pour 100 au Québec contre 6,1 au Canada et 4,3 en Ontario), le chef libéral affirme tout de go :

— La province s'en va à la faillite et le premier ministre se chauffe le ventre au soleil !

Quant à Pierre Trudeau, il tient son public en haleine avec une histoire d'espionnage. Le 9 septembre, de Gaulle pique la susceptibilité du premier ministre canadien en décrivant le Canada comme une « fédération artificielle », semblable à celles du Nigeria ou de la Rhodésie. Deux jours plus tard, Trudeau riposte. Au cours d'une conférence de presse, il dénonce l'agitation et les activités clandestines d'un agent « plus ou moins secret de la France », Philippe Rossillon, fonctionnaire français qui a visité les francophones du Manitoba vers la fin d'août. Il révèle qu'Ottawa a adressé une plainte verbale à l'Élysée[44]. La guerre froide Paris-Ottawa continue, au grand plaisir de l'imagination populaire, toujours friande d'affaires d'espionnage.

Mais qui est donc ce mystérieux Philippe Rossillon ? Officiellement, il est le secrétaire général du Haut Comité pour la défense de la langue française, organisme subventionné par l'État français. Indépendant de fortune et traqué par une maladie incurable, Rossillon s'est consacré à la promotion mondiale de la francophonie. Même s'il est sorti, comme tous les hauts fonctionnaires du gouvernement français, de l'École nationale d'administration (ENA),

Rossillon n'a cure des finasseries diplomatiques ou des lenteurs administratives. C'est un passionné, un zélé de la francophonie, qui opère parfois en marge des filières autorisées, presque clandestinement. Autant dire qu'il est constamment en butte aux tracasseries des services diplomatiques officiels, français, canadiens ou québécois. Son champ d'action couvre le Canada français, la Belgique et l'Afrique francophone (on dit qu'il appartient aux fameux « barbouzes » du groupe Foccard). Partout où le français est menacé, on le voit accourir[45].

En 1956, l' « apôtre » se trouve à Trois-Rivières, lors de la clôture de la campagne électorale de Duplessis. Sous Lesage, il prend contact avec certains membres du cabinet et participe à la signature du premier accord franco-québécois, en 1965.

En 1964, Rossillon se trouve à Québec au cours du « samedi de la matraque ». Il a noué des rapports avec le milieu indépendantiste, particulièrement avec Michèle Duclos, séparatiste québécoise arrêtée à New York, en 1965, dans le cadre d'un complot qui avait pour but de faire sauter la statue de la Liberté. La feuille de route de l'activiste français indique encore qu'il a participé aux préparatifs de la visite du général de Gaulle au Québec, mais qu'il a été écarté de la délégation française officielle. Un peu frustré, Rossillon prit alors la route de l'Acadie pour y former une délégation qu'il présenta lui-même à de Gaulle quelque temps plus tard. Bref, Philippe Rossillon ne chôme pas. Depuis quinze ans, il constitue en quelque sorte, pour les services de renseignements français, « leur homme au Canada[46] ». Mérite-t-il pour autant le titre inquiétant d'agent secret ? Il semble bien que non, car Trudeau bat rapidement en retraite malgré l'appui enthousiaste qu'il reçoit de la presse anglophone et de Jean Lesage. Il ne tarde pas à restreindre la portée de ses accusations :

— Moi, je n'ai pas parlé de subversion ni d'agent secret..., dit-il, en reprochant à la presse d'avoir mal rapporté ses propos.

De son côté, Jean Lesage ne se souvient pas d'avoir rencontré Rossillon. « Peut-être l'ai-je déjà croisé au consulat de Québec[47]... »

Le *Toronto Star* n'hésite pas à soutenir qu'un réseau d'espionnage français, bien financé, opère au Québec en collusion avec des agents soviétiques en mission à Ottawa. Le « plan français », écrit sérieusement le journal, qui tient ses sources de la non moins sérieuse « police montée », vise à saper l'unité canadienne et à rétablir au Canada — et dans le monde — l'influence du président français, Charles de Gaulle[48]...

À Paris et à Québec, on se tient les côtes. Michel Debré, nouveau ministre français des Affaires étrangères, rétablit les faits méthodiquement : 1) l'Association canadienne-française d'éducation du Manitoba a informé Ottawa de la visite de Philippe Rossillon; 2) un fonctionnaire du Secrétariat d'État, René Préfontaine, s'est rendu au Manitoba et s'est entretenu avec l' « espion »; 3) Rossillon voyageait à titre privé, comme invité de la Société culturelle de la Rivière-Rouge; et 4) son « agitation » tient au simple fait qu'il a « osé » distribuer aux francophones manitobains des disques de Jacques Brel et des albums d'*Astérix !* Et Debré de conclure : « La bonne foi d'Ottawa paraît avoir été surprise. » De son côté, l'influent quotidien parisien *Le Monde* décrète : « M. Trudeau a commis une gaffe majeure en soulevant l'affaire Rossillon. » Et Claude Ryan, qui traduit le scepticisme général de la presse québécoise, écrit : « L'affaire Rossillon n'aura été qu'un prétexte utilisé par Ottawa pour ressusciter la vieille querelle au sujet des rapports entre la France et le Québec[49]. »

Rentré en début de semaine à Québec, Daniel Johnson classe toute l'affaire au rang des fantasmes antigaullistes du premier ministre Trudeau. Un programme chargé et plus sérieux l'attend : examen de contrôle à l'Institut de cardiologie, réunion du cabinet et rencontre avec les députés suivis d'une conférence de presse télévisée dans tout le Canada et, enfin, un saut sur la Côte-Nord, où il inaugurera le barrage de la Manicouagan.

À l'Institut de cardiologie, le médecin est catégorique : l'état de son cœur ne permet plus à Johnson de poursuivre ses activités. Celui-ci écoute le verdict sans broncher. En sortant de clinique, il téléphone à son ami Lagarde au *Montréal-Matin* :

— André, je m'en vais mourir debout, cette semaine...

C'est la voix du condamné.

— Voyons, Daniel, ne dis pas ça, fait Lagarde[50].

Le premier ministre retrouve tout de même son courage et se rend ensuite au Parlement, où il n'a pas mis les pieds depuis près de trois mois. Du poste de contrôle, à l'entrée de l'édifice B, il téléphone à son bureau. Roger Ouellet décroche le récepteur et entend une voix familière lui dire :

— Bonjour, c'est moi. Je suis de retour !

Accompagné du secrétaire de presse Dominique Lapointe, Roger Ouellet court à la rencontre du patron.

— Bonjour, les p'tits gars ! lance Johnson en les serrant contre lui.

Il monte avec eux jusqu'à son bureau en devisant de choses et d'autres. Il paraît en pleine forme quand il entre dans la pièce, qu'il parcourt d'un regard un peu attendri.

— Il fait bon de revenir, confie-t-il à ses collaborateurs, en se laissant finalement choir dans son fauteuil de premier ministre[51].

La conférence de presse a été convoquée pour le mercredi matin, juste avant le départ pour la Manic. D'ici là, Johnson doit réunir un cabinet et une députation déchirés, comme lui, par la crise de Saint-Léonard, qui relance, de façon spectaculaire, la question des droits linguistiques. En juin, suppléant en quelque sorte à l'absence d'une politique linguistique réclamée à grands cris par les nationalistes, la commission scolaire de cette municipalité, située à la périphérie nord-est de Montréal, a adopté une résolution faisant du français l'unique langue d'enseignement sur tout son territoire. Mais, en septembre, on apprend que l'école Aimé-Renaud doit devenir un établissement anglophone qui recevra les enfants de la communauté italienne, dont l'importance numérique ne cesse de croître à Saint-Léonard. Aussitôt, les élèves francophones se barricadent dans leur école et reçoivent l'appui, entre autres, de la Ligue pour l'intégration scolaire. Ils n'en sortiront, affirment-ils, que lorsque les enfants d'immigrants s'intégreront à la majorité et que le gouvernement se sera enfin décidé à légiférer pour que les élèves de langue française ne se voient plus privés de leurs écoles au profit de leurs camarades anglophones. L'heure est grave. C'est une véritable commotion pour les anglophones du Québec, habitués depuis toujours à voir les immigrants adopter tout naturellement leurs écoles et leur langue.

Pour Daniel Johnson, il existe deux sortes de dossiers : ceux qui se règlent d'eux-mêmes, avec le temps — inutile d'intervenir —, et ceux qui ne sont pas mûrs et à propos desquels l'attentisme s'impose. La question linguistique appartient, selon lui, à la seconde catégorie. La crise de Saint-Léonard l'irrite parce qu'il juge qu'il est trop tôt pour provoquer un débat national sur cette question.

— Ce ne sont pas les commissaires de Saint-Léonard qui vont me dire quoi faire ! rugit-il au cours d'un caucus rassemblé à ce sujet[52].

Le chef de l'UN hésite à élaborer une législation sur la langue, domaine où les passions ont toujours primé la raison. L'intégration par la force, répète-t-il à ses nationalistes, serait une politique stupide. Mais il sait que pour devenir aussi français que l'Ontario est anglais, le Québec doit enrayer le plus rapidement possible l'assimilation des immigrants par la minorité anglophone, sans toutefois modifier les droits acquis d'un iota.

Avant son départ pour les Bermudes, Johnson a confié un mandat au comité de la législation. Il songeait alors à une série de mesures administratives — plutôt qu'à une loi intégrée — susceptibles de modifier progressivement l'équilibre linguistique en faveur du groupe francophone. L'un des éléments de solution réside, selon lui, dans l'adoption d'une politique québécoise d'immigration favorisant la venue, au Québec, d'immigrants d'origine latine ou, du moins, non exclusivement anglo-saxonne.

Dès son retour, le premier ministre a confié ses tourments à ses proches :

— Il faut que je fasse quelque chose.... Je ne peux pas laisser la situation se détériorer comme cela[53] !

Le caucus se tient mardi, en début de soirée, à la salle 85 du Parlement. Impossible d'éviter un sujet d'actualité aussi brûlant. Fédéralistes et indépendantistes sont à couteaux tirés : faut-il, oui ou non, adopter une loi qui fera du français la langue d'usage ?

La veille du retour du chef, le ministre Jean-Noël Tremblay s'est fait le porte-parole de l'aile nationaliste en proclamant :

— Québec doit renoncer au bilinguisme officiel et adopter le plus tôt possible une loi qui accordera la primauté au français.

— On ne joue pas avec les droits acquis comme avec des jouets, avait alors riposté Jean-Jacques Bertrand[54].

Daniel Johnson fait donc face à un parti divisé. Comme il ne se fait plus d'illusions sur le temps qu'il lui reste à vivre, il crânera jusqu'à son dernier souffle.

— Je suis en pleine forme, s'exclame-t-il en jetant à ses députés un regard si persuasif qu'il ne viendrait à personne l'idée de mettre sa parole en doute. Ses conseillers lui ont si bien appris à se maîtriser qu'il pourrait confondre même le plus perspicace de ses interlocuteurs.

Il prend place à la grande table, entouré comme toujours de la poignée d'indépendantistes du parti, les Flamand, Proulx et Denys Bousquet. Il tient à s'afficher en leur compagnie pour mieux les avoir à sa main. À peine assis, il lance le débat :

— J'ai dû me reposer, vous le savez. J'ai beaucoup réfléchi. Dans le passé, j'ai donné le meilleur de moi-même pour devenir chef d'État. J'ai négligé l'organisation politique. Mais il y a tellement de talents parmi vous que nous gagnerons la prochaine élection, à la condition de s'y préparer. Ce sera la prochaine étape[55].

Après avoir ainsi rassuré les uns et les autres, le chef expose ses vues sur la question linguistique et conclut :

— On ne peut pas dépenser en pure perte des millions pour éduquer nos enfants en français. Nous devons prendre les moyens pour qu'ils puissent aussi gagner leur vie en français.

Jean-Guy Cardinal, ministre de l'Éducation, explique ce qui se passe à Saint-Léonard, mais termine fort maladroitement :

— Au fond, la situation n'est pas si grave puisqu'il n'y a qu'une centaine d'élèves italiens qui devront passer de l'anglais au français...

— C'est une question de principe et non de nombre, coupe Johnson d'un ton sec.

De tous les députés qui siègent autour de la table, seuls ceux de la région de Montréal s'intéressent à la discussion. La question de la langue demeure abstraite pour les élus du reste de la province.

— Moi, monsieur Johnson, insiste Rock Gardner, député d'Artabaska, ça ne m'intéresse pas, la langue. Ce que je veux savoir, c'est si j'aurai un budget supplémentaire pour mon comté.

Le premier ministre paraît découragé par tant d'indifférence. Il retire ses lunettes et se masse le visage en lançant à Antonio Flamand un regard éloquent. Il ne répondra pas au député Gardner.

Paul-Yvon Hamel, député du comté agricole de Rouville, confondu par le geste de Johnson, s'emporte contre Flamand même si celui-ci, pour une fois, n'a pas prononcé un seul mot.

— Vous n'avez pas fini d'écœurer le premier ministre avec vos histoires ! Vous êtes en train de le faire mourir !

Bref, pour l'ensemble du caucus, les arbres cachent la forêt.

Daniel Johnson sait très bien qu'il serait fin seul dans le combat. Sa minorité d'« ultras » mise à part, son armée ne le suivra pas s'il s'aventure trop loin. Par ailleurs, il est parfaitement conscient du fragile rapport de forces qui, aujourd'hui, joue en sa faveur, mais qui, demain, pourrait bien lui faire regretter tout geste précipité. Avant de lever la séance, il laisse tomber avec une note de fatalisme :

— Même si nous perdions le pouvoir, ce ne serait pas tellement grave, car on ne l'a jamais eu[56]...

Dernier message d'un chef mourant à sa députation. Après le caucus, Flamand s'approche de lui alors qu'il discute avec Paul Chouinard.

— Antonio, avez-vous une idée des questions que l'on va me poser demain ? Et des réponses que je devrais donner ?

— Dites ce que vous voulez, monsieur Johnson. Je serai d'accord.

Le député de Rouyn-Noranda a compris que c'est d'un appui dont le chef a le plus besoin. Il lui laisse entendre à sa façon que, même s'il ne se montre pas assez radical, il n'a rien à craindre : « Je ne vous tirerai pas dans les jambes. » Flamand est persuadé que son chef saura prendre ses responsabilités à l'égard du peuple du Québec. Après le recul d'Hawaï, il doit maintenant faire preuve de fermeté, ne serait-ce que par souci d'équilibre. De toute manière, Johnson connaît pertinemment les questions que la presse brûle de lui poser. Il a « répété » le scénario avec ses principaux conseillers, Loiselle, Chouinard et Gros d'Aillon. Un premier ministre doit avoir réponse à tout. Télévisée dans tout le pays, cette conférence de presse constitue l'indice de croissance de sa stature politique. Aux yeux mêmes des Canadiens, et quoi qu'en dise Pierre Trudeau, il représente davantage qu'un simple premier ministre provincial : M. Johnson, c'est d'abord le porte-parole des francophones.

Seule la question de Saint-Léonard confond le chef. Il n'arrive pas à trancher. François-Albert Angers, président de la Ligue d'action nationale, vient de lui adresser un télégramme : « Attendons de vous à conférence de presse position ferme sur statut de la langue française dans le plein respect des droits, des privilèges minoritaires légitimes — stop — tout compromis vers bilinguisme officiel pour Québec est danger de mort[57]... »

Le mardi 24 septembre, Daniel Johnson se couche à minuit,

fourbu et le visage légèrement œdémateux. Ce sera sa dernière nuit au Château. Le lendemain matin, à dix heures et demie, il se présente devant l'immeuble de Radio-Canada, boulevard Laurier, à Québec. Quatre cents syndiqués de la Régie des alcools, en grève depuis trois mois, lui bloquent le passage. Protégé par les policiers, le premier ministre franchit les quelques mètres qui le séparent de l'entrée, mais ne peut éviter d'être durement bousculé.

Témoin de la scène retransmise par la télévision, Maurice Bellemare s'exclame :

— C'est le baiser de Judas des unions !

Le ministre de la Voirie, Fernand Lafontaine, explose lui aussi :

— Comment peut-il accepter cela ! Il y a longtemps que j'aurais mis la clé sous la porte !

Mais ce sera là la seule note discordante du dernier rendez-vous de Daniel Johnson avec la presse. D'excellente humeur et en pleine possession de lui-même, il répond avec brio aux multiples questions des reporters. Le point saillant de la conférence de presse est le fameux voyage à Paris, fixé au 11 octobre. En juillet, l'Élysée avait accueilli avec un certain scepticisme la nouvelle de la maladie du premier ministre québécois, qui l'obligeait à reporter son voyage une seconde fois. Maladie diplomatique ? Québec dut rassurer les Français d'abord par l'intermédiaire d'André Patry, qui se trouvait déjà à Paris au moment de la crise cardiaque, puis, comme ses plaidoyers s'avérèrent insuffisants, par Jean-Guy Cardinal, qui se rendit alors discrètement à l'Élysée pour convaincre l'entourage du président que le petit renard de Bagot ne cherchait nullement à s'esquiver[58].

Cette seconde visite officielle de Johnson en France, en moins de deux ans, laisse prévoir une polémique acrimonieuse entre Paris et Ottawa. De Gaulle ne ménagera rien : pompes et apparat attendent son « ami Johnson ». Pour celui-ci, cependant, le voyage aura valeur de « test canadien ». En effet, il veut savoir une fois pour toutes si le Québec a vraiment sa place dans le Canada de Pierre Trudeau. Le 20 septembre, les journaux révèlent la date du voyage. Aussitôt, Ottawa alimente les rumeurs qui répandent déjà le bruit d'une rupture des relations diplomatiques avec la France. Politique d'intimidation qui n'impressionne pas Johnson, prêt à jouer le tout pour le tout, à mener une fois de plus le Québec au bord de la crise pour affirmer ses positions. Mais en aura-t-il seulement le temps?

Au cours de l'été, il avait discuté avec son frère Maurice des risques politiques de son voyage à Paris. Celui-ci avait alors acquis la conviction que le premier ministre, fort du soutien de la France, pourrait prendre l'initiative, sinon d'une indépendance totale, du moins d'une forme de souveraineté beaucoup plus large mais conciliable, selon lui, avec la Confédération.

— En somme, tu vois le Québec comme un pays indépendant mais dans une confédération véritable, lui avait fait remarquer Maurice.

Images bibliques à l'appui, le juge avait mis son frère en garde contre les risques de son association avec un de Gaulle disposé, de toute évidence, à lui faire franchir le Rubicon.

— Ne te mets pas la tête sur le billot comme saint Jean-Baptiste. Souviens-toi que Moïse a conduit son peuple à la Terre promise, mais que lui n'y est jamais entré[59]...

Claude Beauchamp, reporter à *La Presse,* aborde la question du voyage à Paris en des termes on ne peut moins équivoques:

— Est-ce que le gouvernement du Québec est prêt à accepter comme conséquence de votre voyage à Paris la rupture diplomatique entre la France et le Canada?

La riposte est immédiate. C'est un avertissement à peine voilé décoché à Pierre Trudeau:

— Monsieur, si nous en étions rendus là, c'est-à-dire si Ottawa ne voulait pas admettre les relations du Québec avec la France dans le domaine de la culture et de l'éducation, eh bien! ne serait-ce pas la meilleure démonstration qu'il n'y pas de place pour les francophones dans une structure canadienne[60]?

Le destin ne permettra pas à Johnson de mettre à l'épreuve, une nouvelle fois, la détermination de Trudeau à ramener à tout prix la déviante « province » de Québec en son giron. Le premier ministre n'a plus que quelques heures à vivre. Dans l'après-midi, il s'envole vers la Manic, à bord d'un DC-3 du gouvernement bondé de ministres et de députés. Johnson ne voulait absolument pas passer la nuit à la Manic. Prémonition?

Il se trouvait encore aux Bermudes quand Paul Chouinard lui transmit par téléphone les grandes lignes de sa visite au chantier: départ durant l'après-midi, dîner officiel rassemblant quelque 400 invités et inauguration du barrage le lendemain matin.

— Essaie donc de t'arranger pour que nous revenions coucher à Québec, insista Johnson.

— C'est extrêmement difficile, répondit son secrétaire particulier. J'ai besoin de latitude. Le brouillard et le mauvais temps sont toujours possibles.

— C'est correct, d'abord, conclut le patron, résigné.

Le premier ministre était cependant revenu à la charge auprès de Chouinard mais sans succès.

À le voir circuler ce jour-là, heureux et joyeux, à bord de l'appareil, le secrétaire est loin de se douter que son patron s'en va mourir dans le décor à la fois grandiose et désertique de Manic-5, le plus grand barrage à voûtes multiples au monde, qu'il a lui-même mis en chantier sous Duplessis.

Tandis que l'avion approche de sa destination, le brouillard commence à s'étendre sur toute la région. Quand la délégation met enfin pied à terre, il fait un froid de canard. Le premier ministre cache mal l'émotion qui s'est emparée de lui. Sur la piste, un comité composé de Roland Giroux, du président d'Hydro-Québec, Camille Lessard, du vice-président, Robert Boyle, et de Paul Dozois, ministre des Finances, l'accueille chaudement.

Pendant ce temps, le brouillard continue de s'épaissir, forçant plusieurs appareils — dont celui des banquiers de New York invités par Hydro — à atterrir à Baie-Comeau, à 135 milles plus au sud, et à poursuivre leur route en autocar. Du même coup, le dîner est retardé de deux bonnes heures. Pour tuer le temps, Johnson se rend à la taverne du chantier, où il paie la tournée aux ouvriers. Puis, tous les invités, enfin réunis, s'attablent dans la grande baraque pour le dîner. Il est vingt et une heures et il ne manque plus que le groupe de René Lévesque. Quand celui-ci fait finalement son entrée, vers vingt-deux heures et demie, la plupart des convives se sont déjà retirés pour la nuit. Lévesque se dirige aussitôt vers la table d'honneur, où Lesage et Johnson causent familièrement. Le chef souverainiste tend la main au premier ministre, qui s'en saisit, puis se tourne vers Lesage et lance, le sourire aux lèvres :

— Donnons-nous tous la main.

Les frères d'hier, aujourd'hui adversaires politiques, s'exécutent de bonne grâce au grand plaisir des photographes.

— Je vous unis, proclame le premier ministre jovial, au milieu des applaudissements[61].

Après quelques minutes d'entretien, Jean Lesage, un couche-tôt, disparaît. Quant à Johnson, il s'attarde en compagnie des derniers convives, dont quelques-uns s'inquiètent de le voir veiller si tard. Vers minuit moins le quart, son ami Jean-Paul Cardinal s'approche de sa table pour le saluer avant lui : Johnson est blanc comme un drap, déjà la mort a soufflé sur son visage, il n'en a plus que pour quelques heures. L'apercevant à ses côtés, Johnson lui glisse, évasif :

— Bonsoir, Jean-Paul...

— Repose-toi bien, Daniel, demain tu as beaucoup de choses à faire.

À minuit, il ne reste plus autour du premier ministre qu'une dizaine d'invités, dont René Lévesque, qui, lui aussi, s'inquiète de ce qu'il voit. La fragilité du chef unioniste le frappe soudain quand, en parlant, Johnson lève le bras nonchalamment. Il a l'impression que ce bras est translucide..., comme si la lumière passait directement à travers. Le député de Laurier soupire bientôt de soulagement ; Roland Giroux vient d'ordonner :

— Daniel, il faut que tu sois raisonnable, viens te coucher.

Les deux compères se dirigent en compagnie de Jean Loiselle vers le chalet des visiteurs de marque, aménagé sur le chantier. Outre Giroux, le président d'Hydro partage les quartiers du premier ministre.

Avant de se mettre au lit, Johnson s'entretient avec son chef de cabinet ; il paraît satisfait de sa journée :

— Je suis heureux. Ma conférence de presse a bien marché...

Jean Loiselle se sent mal à l'aise. Pendant que le premier ministre lui chuchote ses impressions, les deux personnalités d'Hydro, Jean-Claude Lessard et Roland Giroux, somnolent sur le divan.

— Monsieur Johnson, il faut vous coucher, insiste Loiselle.

— Je suis donc content de la photo avec Lesage et Lévesque, poursuit le premier ministre en faisant mine de ne pas entendre.

Quelle douce revanche pour le « Danny Boy » du début des années 60, le politicien décrié aujourd'hui chef d'État respecté ! Johnson continue à décrire à haute voix le Québec de demain. Un Québec hautement industrialisé qui aura su faire la synthèse entre la précision de la technique française et l'efficacité du savoir-faire américain.

Il est une heure du matin quand, enfin, le premier ministre consent à se retirer dans la chambre qu'on lui a réservée. Il se met au lit, tendu. Comme tous les cardiaques, il a peur de la nuit. Et ses deux compagnons, ignorant tout du rituel des couchers au Château, n'ont pas réussi, malgré leur bonne volonté, à faire passer le stress d'une journée particulièrement mouvementée.

Le lendemain, un petit déjeuner d'apparat doit avoir lieu dans le chalet du premier ministre. À sept heures et quart, Paul Chouinard, à qui revient la tâche de réveiller le chef, entre dans sa chambre et appelle doucement, comme d'habitude :

— Monsieur Johnson, réveillez-vous...

Aucune réaction. Le patron repose sur le dos, la jambe gauche relevée, comme s'il dormait profondément.

— Monsieur Johnson..., répète le secrétaire particulier.

Inquiet, il se dirige vers la pièce où dort Roland Giroux.

— Il y a quelque chose qui ne va pas, lui souffle-t-il. Venez.

En entrant dans la chambre de son ami, Giroux laisse tomber :

— Ah ! ben, t...

Il a compris. Effondré, le conseiller du premier ministre passe au salon, où l'attend le président Lessard, qui se souvient clairement d'avoir entendu un gémissement vers six heures et demie. Pendant ce temps, Paul Chouinard court au chalet voisin, où dorment Loiselle et Gros d'Aillon, qu'il réveille brutalement :

— Venez, le patron est mort...

Jean Loiselle demeure incrédule malgré les larmes de Chouinard.

— Voyons donc, tu es fou ! Réveille-le donc comme du monde !

Le chef du cabinet a l'air si sûr de lui que Chouinard en vient à douter de ce qu'il a vu.

— Ça se peut que tu aies raison... Viens le voir.

Hélas ! le premier ministre est bien mort, terrassé dans son sommeil par une attaque fatale. Même le flegmatique Jean Loiselle paraît atterré. Paul Chouinard refuse de s'incliner devant le destin et exige du Dr Leclerc, médecin attaché au chantier, qu'il lui prouve que Johnson est vraiment mort. Le praticien approche sa montre des lèvres du premier ministre — aucune buée ne se forme. L'iris ne se dilate pas non plus sous la lampe de poche qu'il braque dans ses yeux[62].

Il est environ huit heures en ce jeudi 26 septembre 1968. Déjà, la rumeur s'est répandue comme une traînée de poudre dans le chantier, bientôt gagné par un climat de deuil. Quelques instants plus tôt, un employé vêtu de blanc était passé près du chalet, où on l'avait apostrophé pour lui demander s'il était médecin.

— Non, je suis cuisinier, avait-il répondu en comprenant à l'air affolé de son interlocuteur que quelque chose d'anormal était en train de se produire.

Les trois collaborateurs de Daniel Johnson se partagent la pénible tâche d'avertir la famille et les ministres demeurés à Québec avant que la presse, déjà alertée, ne diffuse la tragique nouvelle aux quatre coins de la province.

Prévenu par Roland Giroux, Jean Lesage interrompt son petit déjeuner et se précipite, livide, dans le chalet du premier ministre défunt. Le secrétaire particulier, Paul Chouinard, dont les yeux d'habitude si ironiques n'expriment plus maintenant que la tragédie de ce matin-là, se charge de prévenir les ministres qui ont accompagné le chef à la Manic : Clément Vincent, Armand Russell, Yves Gabias, Paul Allard et Roch Boivin. En se rendant à la baraque qu'ils occupent, il en croise quelques-uns :

— Comment ça va ? lui demande l'un des ministres, frappé par sa mine funèbre.

— Très mal, répond Chouinard.

— Qu'est-ce qui se passe ? fait Clément Vincent.

— M. Johnson est mort aux petites heures du matin[63]...

De son côté, Gros d'Aillon a prévenu Paul Dozois et René Lévesque. À son réveil, ce dernier est frappé par le curieux silence qui règne autour de lui. Pourtant, le soleil est déjà haut. Il regarde sa montre et s'étonne :

— Bon Dieu ! Qu'est-ce qui se passe ? Est-ce que j'aurais manqué la cérémonie ?

Il se dirige aussitôt vers la porte, qu'il ouvre en marmonnant, juste à temps pour voir Gros d'Aillon faire irruption dans le couloir. L'air décomposé, celui-ci lui lance :

— Vous pouvez rester au lit, Daniel est mort !

L'avocat Jean-Paul Cardinal est brutalement réveillé par un « Johnson est mort ». Bouleversé par la perte subite de son grand ami, il vide un 40 onces de gin avec deux collègues, puis saute dans le premier avion en partance pour Montréal. À neuf heures et quart, devant une centaine de journalistes consternés, Jean Loiselle rend officielle la nouvelle du décès de Daniel Johnson, qui frappera de stupeur le Canada tout entier. À Québec, c'est le ministre Jean-Guy Cardinal qui, le premier, apprend la tragédie.

— Le patron est mort, lui dit d'une voix morne Paul Chouinard, au bout du fil. Pouvez-vous joindre Jean-Jacques Bertrand ? Je n'y arrive pas.

— Ce n'est pas vrai ! lâche Cardinal en raccrochant, puis il s'habille en vitesse.

La veille, après la conférence de presse, Johnson lui avait demandé de demeurer à Québec.

— Je ne t'ai pas trahi, avait-il ajouté[65].

Le premier ministre faisait allusion à la controverse sur le Gabon. Les fédéralistes du cabinet avaient reproché son zèle à Cardinal, l'accusant en outre d'avoir dépassé son mandat. Ce furent là les derniers mots de Daniel Johnson à l'homme en qui il voyait son héritier présomptif.

À huit heures moins le quart, Jean-Paul Beaudry, ministre de l'Industrie et du Commerce, déjeune tranquillement comme tous les matins à la Pharmacie de la Grande-Allée, rendez-vous des parlementaires et des fonctionnaires. Soudain, un balayeur entre en coup de vent et crie :

— Le premier ministre est mort !

— Toi, viens pas faire de trouble ici ! rétorque l'une des serveuses.

— Si vous m'croyez pas, ouvrez la radio !

Le ministre Fernand Lafontaine se trouve chez lui quand l'horrible nouvelle lui parvient. Il saute dans sa voiture et fait cinq fois, en pleurant, le tour du lac Nominingue. Un autre intime de Johnson a également du mal à absorber le choc : il s'agit d'André Lagarde, que Paul Chouinard a joint chez lui. La veille, il arpentait les pièces de sa maison de Laval, envahi par un horrible pressentiment. Il n'arrivait pas à oublier la petite phrase désespérée — « André, je vais mourir debout... » — que son ami lui avait marmonnée au téléphone en revenant de chez son médecin[66].

Maurice Bellemare ne s'est pas rendu à la Manic. Il se repose à son chalet d'été du lac des Chiennes quand son voisin vient vers lui :

— Maurice, as-tu entendu la nouvelle ?

— Quelle nouvelle ?

— Johnson est mort.

Immédiatement, le bouillant ministre quitte son chalet et file à toute vitesse vers la capitale.

Aux secrétariats du parti, à Montréal et à Québec, le personnel de feu le premier ministre prépare sa nécrologie à l'intention des journaux, au milieu d'un silence lugubre entrecoupé de sanglots vite étouffés. Daniel Johnson était un chef aimé. Jérôme Proulx dévorait *Le Devoir* quand un bulletin spécial de la radio lui a appris la nouvelle. Écrasé par la catastrophe, le sensible député de Saint-Jean va bientôt apprendre, trop vite peut-être, que le monde continue toujours de tourner, quand bien même les hommes passent. Deux heures plus tard, une voix familière lui susurre au téléphone :

— Jérôme, Johnson est mort. Il faut préparer la succession[67].

* * *

À Paris, Yvette Marcoux et Rita Johnson cassent la croûte au Café de la paix. En téléphonant à la Résidence du bois, petit hôtel particulier où elles sont descendues, elles apprennent par le préposé à la réception qu'elles viennent de recevoir un appel urgent du Québec. Sans doute, se disent-elles en regagnant leur hôtel, s'agit-il de Paul Gros d'Aillon et de Jean Loiselle, qui vont arriver plus tôt que prévu afin de préparer la visite du premier ministre.

Dans le hall, un fonctionnaire de la Délégation générale du Québec, Gilles Loiselle, les attend. Il a une mauvaise nouvelle à leur annoncer, son expression est trop éloquente.

— C'est le premier ministre, répond Gilles Loiselle.

Le téléphone sonne. C'est Pierre-Marc.

— Yvette, je vous offre mes condoléances, dit-il simplement.

À son tour, Reine Johnson prend le combiné pour consoler Yvette et Rita Johnson, toutes deux effondrées.

— C'est mieux ainsi, leur dit-elle, parce que, s'il avait vécu, il aurait dû passer le reste de sa vie en chaise roulante.

— J'aurais dû rester, répète obstinément la secrétaire, inconsolable. Je le savais[68]...

Reste encore à prévenir le fils aîné, Daniel, qui voyage quelque part en Italie. Le jeune homme et sa femme traversent la presqu'île de Sorrente, en route pour Paris, où Johnson leur avait donné rendez-vous pour le début d'octobre, au moment de sa visite officielle. Le poste de la voiture est allumé et c'est par Radio-Monte-Carlo que Daniel apprend le décès de son père. La « Volks » du jeune couple dévore alors les kilomètres de l'*autostrada del Sol*, qui relie Naples à Rome, d'où un avion le ramène à Montréal en quelques heures.

Mario Beaulieu est lui aussi en vacances au bord de la Méditerranée. Près de Nice, la radio lui apprend le drame. Il gare sa voiture sur le bas-côté de la route, le temps de reprendre ses esprits, puis revient en vitesse au Québec[69].

Pendant ce temps, à l'aéroport d'Ancienne-Lorette, les appareils arrivant du Nouveau-Québec atterrissent un à un devant quelque 300 personnes accourues dans l'espoir, sans doute, de voir la dépouille mortelle du premier ministre, décédé comme Duplessis dans cette lointaine Côte-Nord gorgée de richesses naturelles. Vers midi et demi, un petit *Beechcraft* se pose sur la piste et disparaît rapidement à l'intérieur d'un hangar fermé au public. Les yeux rougis, Marcel Masse demande aux policiers de laisser les journalistes pénétrer à l'intérieur. La scène est pathétique. Paul Chouinard et Jean Loiselle descendent du petit appareil. Le premier fait peine à voir. C'est un père qu'il a perdu, et de savoir que Johnson est mort au moment même où il venait de trouver son équilibre le laisse encore plus accablé. Sur l'échiquier politique, seul Pierre Trudeau continuait de l'obséder. Mais Chouinard sait que son patron ne battait jamais en retraite et qu'après avoir étudié la situation, tel un général arrêté par les lignes ennemies, il aurait trouvé le moyen d'en venir à bout.

Tous les membres du cabinet entourent la civière sur laquelle repose le corps du chef unioniste, dont le linceul est constitué d'un simple fleurdelisé. Armand Russell pleure comme un enfant. Impitoyables, les journalistes assaillent Jean-Jacques Bertrand de questions. Pour toute réponse, celui-ci se contente de dire dans un sanglot :

— Le Québec est en deuil. Je viens de perdre un frère. Quel destin tragique que celui de notre parti, qui a donné à la province trois Premiers ministres immolés à la cause du Québec.

— Nous avons perdu non seulement un chef, mais un ami ; un

grand ami de tous les Québécois vient de mourir, enchaîne Marcel Masse, qui, comme Bertrand, ne peut retenir son chagrin[70].

Avant l'exposition de la dépouille mortelle à l'Assemblée législative, où Johnson a passé vingt-deux ans de sa vie, les médecins légistes pratiquent une autopsie, conformément aux dernières volontés du premier ministre. Il voulait ainsi éviter que sa famille et son parti ne souffrent des rumeurs de suicide ou d'assassinat qui ne manqueraient pas de circuler, comme cela s'était produit à la mort de Duplessis. Les funérailles nationales n'auront lieu que le lundi suivant, après deux journées complètes en chapelle ardente.

Il s'en faudra de peu que Pierre Trudeau et le général de Gaulle ne se retrouvent côte à côte devant le cercueil de Daniel Johnson. Le président de la France, pour qui « cette mort est terrible » et constitue une « chose effroyable », fait savoir par son consulat à Québec qu'il assistera aux funérailles nationales si le gouvernement du Québec est d'accord. Il n'hésite pas à déroger au protocole selon lequel le président de la République française n'assiste qu'aux obsèques des chefs d'État, transgression qui témoigne de sa profonde amitié pour Daniel Johnson. Mais à Québec, le chef du protocole, André Patry, s'interroge sur l'opportunité de sa venue. Le climat politique a évolué depuis l'euphorie de juillet 1967. Les bourgeois ont mal digéré son « Vive le Québec libre ! ». Et ce peuple qui, voilà un an, l'accueillait comme un sauveur ne lui lancera-t-il pas des pierres aujourd'hui ? Comment éviter d'éventuelles réactions d'hostilité envers le général ? De plus, une question d'étiquette s'ajoute aux inquiétudes du chef du protocole. Le personnage de Gaulle est tellement grand qu'il faudra lui accorder la préséance sur Trudeau, premier ministre du Canada. Toutes les règles de la diplomatie l'exigent. Johnson n'étant pas une personnalité politique internationale mais un simple premier ministre provincial, la présence du président de la République française ne constituerait-elle pas une anomalie de plus dans le contexte constitutionnel du Québec ? De Gaulle avait bien assisté aux funérailles de Kennedy, mais, là, il y avait tout un aréopage international et John Kennedy était un chef d'État. L'équilibre était respecté.

Tout bien pesé, Patry déconseille à Jean-Jacques Bertrand, premier ministre intérimaire, de donner suite à la proposition du général. Comme le successeur de Johnson ne veut plus de « chicanes » avec Ottawa — c'est là son expression —, il tombe rapidement d'accord avec le chef du protocole. C'est un signe des temps : le corps du chef est encore tout chaud que déjà pointent les signes d'un premier recul québécois sur le front international. L'absence d'un leader ferme, qui avait alors atteint la plénitude de ses moyens et le sommet de son prestige, se fait déjà sentir.

André Patry fait savoir à l'Élysée que Québec est très sensible à l'attitude du général, mais que la présence du premier ministre Couve de Murville constituerait en soi un très grand honneur[71]...

De Gaulle ne comprend pas le refus du Québec et il en éprouvera un vif chagrin. Il adresse le télégramme suivant à Reine Johnson :

> C'est avec la plus profonde émotion que j'apprends la nouvelle du très grand chagrin qui vous frappe. J'avais, comme vous le savez, une exceptionnelle estime et une très vive amitié pour M. Daniel Johnson. Ma femme et moi vous prions, ainsi que les vôtres, d'agréer nos condoléances les plus sincères[72].

Durant trois jours, tout s'arrête au Québec, Une foule immense défile silencieusement devant le catafalque brun placé au pied du fauteuil du président de l'Assemblée législative. Daniel Johnson est vêtu d'un costume bleu foncé. À sa boutonnière, on a épinglé le petit drapeau fleurdelisé qui ne le quittait jamais. Sur sa poitrine est déposée une gerbe de roses rouges avec la simple mention « Reine ». Celle-ci est la première à se recueillir devant la dépouille mortelle. Toute de noir vêtue et le visage dissimulé sous un voile, elle fond en larmes en s'approchant du cercueil, devant lequel elle incline la tête durant de longs instants. L'ampleur du défilé montre à quel point Daniel Johnson était aimé du peuple. Ce sont les habitants des faubourgs et des quartiers ouvriers de la basse ville de Québec qui viennent rendre un dernier hommage à ce premier ministre en qui ils avaient reconnu l'un des leurs.

Antonio Flamand pleure durant deux jours ce chef avec lequel il pouvait communiquer en dépit d'un désaccord idéologique certain. Il sait qu'il n'a plus sa place au sein de ce parti qui obéira dorénavant aux fidèles de Bertrand. La veille, l'un d'eux lui a demandé, en souriant méchamment :

— Antonio, es-tu inquiet de ton avenir?

Ce qu'il aimait chez Johnson, c'était ce côté simple, à l'image de ces petites gens qui se pressent aujourd'hui autour du cercueil de son ami. Aussi inconsolable que le député de Rouyn-Noranda, André Lagarde demeure immobile à côté de la dépouille de ce chef politique, mort au moment où Ottawa allait peut-être commencer à céder du terrain.

Pierre Trudeau avance à son tour. Après s'être recueilli devant celui qui défendait une vision du Canada radicalement différente de la sienne, le premier ministre fédéral chuchote à l'oreille de Lagarde :

— Je sais que vous étiez l'un de ses grands amis. La mort l'a fauché. C'est la seule chose qui pouvait en avoir raison. Il était, politiquement, indestructible[73].

La fin tragique du chef unioniste sert les fins politiques du nouvel homme fort canadien, qui, au moment de l'affaire Rossillon et devant la fermeté conjuguée de Paris et de Québec, en avait été réduit à déclarer aux journalistes :

— Oh! tout ça, vous savez... Je ne durerai pas toujours et le général de Gaulle non plus; peut-être M. Johnson, non plus[74]...

Les obstacles tombent d'eux-mêmes, comme il l'avait souhaité. Dorénavant, il n'aura plus à compter avec le petit renard trop rusé de Bagot. Et dans sept mois, jour pour jour, le général de Gaulle se retirera de la vie politique.

Le dimanche soir, veille des obsèques, un petit religieux vêtu d'une soutane s'approche en sautillant du ministre Jean-Guy Cardinal. C'est l'abbé Alfred Lalîme, l'un des maîtres de Johnson au grand séminaire de Saint-Hyacinthe.

— Je suis en soutane, explique-t-il à Cardinal, pour rappeler que M. Johnson l'a portée durant deux ans.

Aux funérailles, Pierre Trudeau prend la tête du cortège aux côtés de son homologue français, Couve de Murville. Après la cérémonie religieuse de Québec, à laquelle assistent plus d'un millier de dignitaires québécois, canadiens et étrangers — symbole éclatant de la stature du premier ministre Johnson —, la dépouille est transportée à Montréal, où les citoyens viennent, innombrables, saluer en un ultime hommage celui qui dirigeait les destinées de la province. Le lendemain, mardi, les commettants du député de Bagot le conduisent à son dernier repos au cimetière paroissial. Ils sont tous présents, les habitants de Saint-Pie, ce petit village traversé par l'intrépide rivière Noire, où Daniel Johnson avait élu domicile trente ans plus tôt et où il a choisi de dormir à jamais.

Toute la population est en deuil. On ne sait plus très bien qui on pleure au juste : l'ami, le député, le premier ministre... Depuis trois jours, le médecin du village, le Dr Maurice Chaput, observe un curieux phénomène. Des hommes et des femmes envahissent la propriété de Johnson pour recueillir à la sauvette un peu de terre qu'ils enfouissent dans des boîtes d'allumettes ou pour remplir des bocaux de l'eau de la piscine. C'est dire la vénération que ses électeurs avaient pour le disparu. Plus qu'un simple souvenir, l' « eau de Daniel Johnson » prenait valeur de relique.

Le dernier des ambivalents

Daniel Johnson aura été le dernier des ambivalents. Il a laissé aux Québécois un testament politique à son image, c'est-à-dire susceptible d'interprétations diamétralement opposées. Voilà sa faiblesse et sa force. Se sachant condamné, il pressentait sûrement qu'il n'aurait jamais à trancher en faveur du Québec ou du Canada. Mais s'il avait vécu, ce patineur chevronné aurait dû choisir. Pour les uns, son déchirement était celui de tout Québécois qui tente de concilier ses deux appartenances. Comment être à la fois québécois et canadien sans émasculer sa personnalité culturelle ? Daniel Johnson se sentait québécois d'abord, mais il était aussi sincèrement attaché au Canada, son pays. Il vivait une tension qui pouvait rendre sa démarche ambiguë. Pour les autres, Johnson était indépendantiste de cœur, mais ne pouvait se résoudre, en premier ministre responsable, à déclencher un processus pour lequel ses compatriotes ne lui semblaient pas prêts. Son dilemme tenait au fait qu'il avait toujours su qu'il devançait ses troupes, mais, en bon chef, il se voyait contraint de leur emboîter le pas.

Peut-être, en effet, l'indécision aura-t-elle été sa caractéristique première. Mais à l'heure de sa mort, il se trouvait bien près du moment décisif qui sépare celui qui a choisi de celui qui hésite encore. Sans doute n'a-t-il pas eu le temps de mettre fin à cette ambivalence tranquille et rassurante qui consiste encore à se croire à la fois canadien et québécois ! Néanmoins, il acceptait l'idée que le Québec pourrait devenir souverain et vivre en harmonie avec le

Canada anglais. Johnson savait aussi que ses deux fils feraient leur nid et que l'avenir trancherait.

Toujours paradoxal, Johnson a carrément provoqué la polarisation politique du Québec par ses jeux subtils de trapéziste. Deux brèves mais tumultueuses années au pouvoir et un slogan — « Égalité ou indépendance » — auquel il a su conférer une très forte légitimité lui ont permis de nettoyer le terrain, de réduire les enjeux et les choix à leur plus simple expression : fédéralisme ou souveraineté ? Il a placé son peuple devant la seule question qui compte : un ou deux pays ? Tout en créant au passage les phénomènes Trudeau et Lévesque, il aura été le premier chef du gouvernement à dire clairement aux anglophones : « Si nous ne concluons pas ensemble un nouveau pacte, le Québec se retirera de la Confédération. » Maurice Duplessis s'opposait officiellement à la suprématie des anglophones, mais il n'en maintenait pas moins leurs privilèges. Jean Lesage tonnait comme les dieux de l'Olympe, mais finissait toujours par accepter le plat de lentilles que lui présentait Ottawa. Pour la première fois, le Canada anglais a dû affronter un leader politique prêt à maintenir fermement ses positions sur l'égalité, au risque même de la sécession. Il répétait souvent : « Ce n'est pas nous qui feront l'indépendance, ce sont les autres qui nous mettrons de côté. »

Duplessis-Johnson-Lévesque : trois noms qui symbolisent la continuité du nationalisme québécois. Johnson, c'est Duplessis poussé un peu plus loin, jusqu'à René Lévesque. Duplessis parlait d'autonomie, Johnson d'autodétermination et d'égalité, voire d'indépendance, Lévesque optera carrément pour la souveraineté doublée de l'association. Duplessis s'appuyait sur la Constitution de 1867 et Johnson, sur le droit des peuples à disposer d'eux-mêmes. Il partageait avec de Gaulle un sens aigu de l'Histoire et une intuition politique qui lui dévoilait l'avenir. Son intelligence aura été d'accepter le rôle que le destin lui imposait, celui de servir de lien entre deux époques. L'époque du nationalisme équivoque des années 50 et de la Révolution tranquille et celle de l'indépendantisme des années 70. En ce sens, il a fait avancer l'idée de l'indépendance, même s'il s'en servait comme d'un épouvantail auprès du Canada anglais. Sa stratégie consistait, entre autres, à provoquer des affrontements systématiques entre Ottawa et Québec afin de faire évoluer les esprits. Comme son maître Duplessis, il savait que les précédents sont parfois plus importants que les lois. Aussi s'appliquait-il, quand le rapport de forces l'avantageait, à poser des jalons et à mettre en place des structures qui donneraient plus de pouvoir et de poids au Québec. Devant l'intransigeance d'Ottawa, il lui aurait suffi, le jour venu, de presser le bouton pour déclencher le processus de l'indépendance.

Néanmoins, Daniel Johnson espérait faire l'économie d'une indépendance qui, hélas ! pouvait donner naissance à un État encore plus bureaucratisé et hostile à l'épanouissement des individus. Il n'était pas pressé d'en finir avec le Canada, à qui allait sa fidélité première. Entre la centralisation à la Trudeau et l'indépendance à la Lévesque, il espérait bien trouver un moyen terme. Eut-il disposé de quelques années de plus qu'il eût peut-être pu forcer Pierre Trudeau à négocier une nouvelle constitution.

Après seulement trente mois de pouvoir, il a laissé plus à l'histoire du Québec que Robert Bourassa en six ans. Avec lui, le Québec, en tant que nation, a avancé à grands pas sur la voie de l'ouverture au monde, tout en connaissant sa crise d'identité la plus aiguë. Si Jean Lesage mérite le surnom du « père de la Révolution tranquille », Daniel Johnson mérite sûrement celui du « père de l'identité québécoise ».

Plus que tout autre chef de gouvernement avant lui, il a sondé et retourné l'âme québécoise. Il a obligé ses compatriotes à retrouver leur fierté et leurs racines françaises, et les a rapprochés de leurs frères francophones du monde entier en affirmant la personnalité internationale du Québec. Daniel Johnson a tout simplement mis le Québec au monde.

Certes, le bilan législatif de son régime paraît maigre : en deux ans et demi de pouvoir, il n'aura réussi qu'à terminer quelques grandes réformes de la Révolution tranquille. Mais son œuvre est ailleurs..., dans un certain esprit qui a permis au Québec de voler haut durant un règne bref mais spectaculaire.

Aussitôt Johnson disparu, la normalisation commence. Jean-Jacques Bertrand, homme de devoir, accepte de prendre la relève malgré sa maladie. Partisan du compromis, il laissera à Pierre Trudeau l'initiative en matière constitutionnelle et internationale. On assistera, sous Bertrand d'abord, puis sous Bourassa, à l'arrêt de l'offensive constitutionnelle et du développement de la personnalité internationale du Québec. Le jour même des funérailles de Johnson, la « nouvelle ligne » pavoise. Le premier ministre de France, Couve de Murville, qui s'est entretenu la veille avec Jean-Jacques Bertrand et Pierre Trudeau, déclare aux journalistes :

— Il n'y a ni conflit ni Opposition entre la France et le Canada[75].

En acceptant la succession, Jean-Jacques Bertrand héritait aussi de l'invitation à Paris adressée par le général de Gaulle à son prédécesseur. Que faire ? Ce voyage ne lui disait rien qui vaille. Il risquait à la fois d'irriter Trudeau et d'être reçu froidement par un de Gaulle bien au fait de ses convictions fédéralistes. Ce fut finalement Jean-Guy Cardinal qui s'envola vers Paris au début de 1969, non sans promettre à son nouveau chef de passer aussi par Londres. Mais le faste de l'accueil réservé par la France à un simple ministre de l'Éducation irrita le cabinet québécois, qui, par la voix de Paul Dozois, désavoua Cardinal. Furieux, celui-ci déclara, à demi-sérieux, à Claude Morin qui l'accompagnait :

— J'exige une rétractation de Dozois, sinon je crée un gouvernement du Québec en exil[76] !

Il n'y eut pas, bien sûr, de gouvernement du Québec en exil, car Paul Dozois se rétracta. Mais tel était désormais l'état d'esprit qui prévalait dans la Vieille Capitale. L'ordre régnait à Québec, comme jadis à Varsovie.

Notes — Chapitre 10

1. *Le Devoir*, le 15 mai 1968.
2. *Ibid.*
3. Paul Martin, *Fédéralisme et Relations internationales*, Ottawa, Imprimeur de la reine, Ottawa, 1968.
4. Mitchell Sharp, *Fédéralisme et Conférences internationales sur l'éducation*, Ottawa, Imprimeur de la reine, Ottawa, 1968.
5. *Ibid.* et *Le Devoir*, le 9 mai 1968.
6. *Le Devoir*, le 11 mai 1968.
7. *Le Devoir*, le 13 avril 1968, *The Financial Post*, le 23 décembre 1967 et *MacLean's*, avril 1968.
8. Guy Lamarche.
9. Le juge Maurice Johnson.
10. Claude Morin, *op. cit.*, p. 139 et le Dr Robert Lussier.
11. Me Jean Bruneau.
12. *Le Devoir*, le 15 mai 1968.
13. Guy Lamarche.
14. *Le Devoir*, le 25 juin 1968.
15. Paul Gros d'Aillon, *Daniel Johnson, l'égalité avant l'indépendance*, Montréal, Stanké, 1979, p. 209.
16. Pierre Bourgault et le Dr Marc Lavallée.
17. *Le Devoir*, le 25 juin 1968.
18. *Ibid.*
19. Le Dr Marc Lavallée.
20. *Le Devoir*, le 27 juin 1968.
21. René Lévesque; in *Daniel Johnson,* émission télévisée diffusée à Radio-Québec, le 2 novembre 1977, dans le cadre de la série « Visages ».
22. Le Dr Robert Lussier.
23. Jeau-Paul Beaudry.
24. *Ibid.*
25. Louis Bernard.
26. Jean Loiselle et le juge Maurice Johnson.
27. Le Dr Marc Lavallée.
28. Yvette Marcoux.
29. Jean-Guy Cardinal.
30. Roland Giroux et Jean Loiselle.
31. Jean Loiselle.
32. Jean-Guy Cardinal.
33. Peter Newman, *The Canadian Establishment*, vol. 1, Toronto, McClelland and Stewart, 1977, p. 57.
34. Paul Dozois.

35. *Le Devoir*, le 21 février 1968.

36. Le Dr Réginald Johnson cité par Mario Cardinal, Vincent Lemieux et Florian Sauvageau, *Si l'Union nationale m'était contée...*, Montréal, Boréal Express, 1978, p. 116.

37. Roland Giroux.

38. Pierre-Marc Johnson.

39. Pierre Bourgault.

40. Mario Beaulieu.

41. *Le Devoir*, le 20 septembre 1968 et Jean-Paul Beaudry.

42. André Langevin, *Le Magazine Maclean*, vol. 8, n° 9, septembre 1968.

43. *Ibid.* et *Le Devoir*, les 20 février, 13 et 15 mars 1968.

44. *Le Devoir*, les 12 et 14 septembre 1968.

45. Mark Malone, « Le Double Visage de la francophonie », in *l'Univers politique*, Paris, Éditions Richelieu, p. 379, et Paul Gros d'Aillon, p. 127-128.

46. Mark Malone, *op. cit.*, p. 379 et *Le Devoir* du 14 septembre 1968.

47. *Le Devoir*, le 16 septembre 1968.

48. L'article du *Toronto Star* est reproduit dans *Le Devoir* du 23 septembre de la même année.

49. *Le Devoir*, les 17, 18 et 23 septembre 1968.

50. André Lagarde.

51. Roger Ouellet.

52. Jérôme Proulx.

53. Paul Gros d'Aillon, *op. cit.*, p. 220.

54. *Le Devoir*, le 19 septembre 1968.

55. Clément Vincent et Jérôme Proulx.

56. *L'Action nationale*, vol. 58, n° 3, septembre 1968.

57. *L'Action nationale*, vol. 58, n° 3, novembre 1968.

58. André Patry, *Le Québec dans le monde*, Montréal, Leméac, 1980, p. 106.

59. Le juge Maurice Johnson.

60. *Le Devoir*, le 26 septembre 1968.

61. *Le Devoir*, le 27 septembre 1968 ; Paul Gros d'Aillon, *op. cit.*, p. 254; et René Lévesque, *op. cit.*

62. Paul Chouinard, Jean Loiselle et Roland Giroux.

63. Clément Vincent.

64. René Lévesque, *op. cit.* et Paul Gros d'Aillon, *op. cit.*, p. 256.

65. Jean-Guy Cardinal.

66. Jean-Paul Beaudry, Fernand Lafontaine et André Lagarde.

67. Maurice Bellemare et Jérôme Proulx.

68. Yvette Marcoux.

69. Daniel Johnson fils et Mario Beaulieu.

70. *Le Devoir*, le 27 septembre 1968.

71. André Patry.
72. *Le Devoir*, le 27 septembre 1968.
73. André Lagarde.
74. *Le Devoir*, le 16 septembre 1968.
75. *Le Devoir*, le 1er octobre 1968.
76. Jean-Guy Cardinal.

Bibliographie

LES ENTREVUES

L'auteur tient à exprimer ses profonds remerciements aux personnes qui ont accepté de le rencontrer durant la rédaction de ce livre. Ces témoins se regroupent dans les catégories suivantes : collaborateurs et conseillers immédiats, ministres, députés, militants, hauts fonctionnaires, diplomates, journalistes, parents, amis, confidents et confrères séminaristes. Voici la liste par ordre alphabétique.

Archambault, Maurice
Beaudry, Jean-Paul
Beaulieu, Mario
Bellemare, Maurice
Bernard, Louis
Bertrand, Guy
Bourgault, Pierre
Bruneau, Jean
Cardinal, Jean-Guy
Cardinal, Jean-Paul
Chapdelaine, Jean
Charbonneau, Edgar
Chouinard, Paul
D'Allemagne, André
Desjardins, Régent
Dozois, Paul
Drapeau, Jean
Faribault, Marc
Flamand, Antonio
Girard, Alphonse
Giroux, Maurice

Giroux, Roland
Gosselin, Claude
Guay, Jacques
Hardy, Alfred
Johnson, Daniel (fils)
Johnson, Maurice
Johnson, Pierre-Marc
Lafontaine, Fernand
Lagarde, André
Lalîme, Alfred
Lamarche, Guy
Lavallée, Marc
Léger, Jules
Lemoyne, Samuel
Levert, Paul
Loiselle, Jean
Lussier, Robert
Lynch, Raymond
Marcoux, Yvette
Masse, Marcel
Ouellet, Roger

Parizeau, Jacques
Patry, André
Pelletier, Charles
Petit, Paul
Pineault, Jacques
Pronovost, Martin
Proulx, Jérôme

Quinn, Herbert
Russell, Armand
Sansoucy, Léo
Tormey, Réginald
Tremblay, Jean-Noël
Viens, Christian
Vincent, Clément

LES MÉDIAS ÉCRITS

Quotidiens et hebdomadaires : nous avons utilisé le quotidien *Le Devoir* pour la chronologie des événements. Les titres des autres quotidiens et hebdomadaires consultés suivent :

La Presse
Le Canada
Le Soleil
L'Action Catholique
La Patrie
The Gazette
The Montreal Star
Montréal-Matin
Le Temps
The Financial Post
Québec-Presse
The Globe and Mail
The Toronto Telegram
La Réforme

Périodiques

Canadian Business
Cité libre
Commerce
Culture
Esprit
L'Action nationale
L'Actualité
Le Magazine Maclean
Le Quartier latin
Libre Magazine
Maclean's
Maintenant
Recherches sociographiques
Relations
Revue des deux Mondes
Revue d'histoire de
   l'Amérique française
Saturday Night
Sept-Jours
The Monetary Times

LES MÉDIAS ÉLECTRONIQUES

Office national du film : nous tenons à remercier particulièrement John Kramer et Rita Roy, respectivement réalisateur et recherchiste du film *The Inheritance,* consacré au premier ministre Daniel Johnson. Un échange de bons procédés a permis à l'auteur d'avoir accès aux interviews et aux matériaux sonores et visuels réunis pour la préparation du film. Inversement, l'équipe de l'ONF a pu disposer des travaux de recherche et entrevues nécessaires à la rédaction de ce livre.

Radio-Canada

- *Post Scriptum,* entrevue avec Daniel Johnson réalisée par les journalistes Gérard Pelletier et Fernand Séguin le 5 juillet 1965.
- Débat télévisé entre Jean Lesage et Daniel Johnson diffusé le 11 novembre 1962.
- La soirée des élections télévisée le 5 juin 1966.
- *À suivre*, entrevue avec André Patry radiodiffusée le 8 avril 1979.
- *L'Histoire de la presse écrite au Québec,* série radiodiffusée en janvier 1980.

Radio-Québec

Daniel Johnson, émission consacrée à l'ancien premier ministre dans la série « Visages » et diffusée le 2 novembre 1977.

Studios CJMS

L'homme Daniel Johnson, 1915-1968, disque retraçant les grandes étapes de la vie de l'homme politique et lancé le 5 octobre 1968 par la station de radio CJMS.

SOURCES DOCUMENTAIRES

Note : nous avons regroupé sous ce titre les archives, rapports d'enquêtes, documents publics, études gouvernementales, manifestes électoraux, brochures, etc.

- Archives du séminaire de Saint-Hyacinthe
- Archives de la province de Québec
- *Journal des Débats*
- Correspondance de Lester B. Pearson à Daniel Johnson publiée en annexe au document *Fédéralisme et Conférences internationales sur l'éducation,* Ottawa, Imprimeur de la reine, 1968.

- Correspondance échangée entre Daniel Johnson et le général de Gaulle à l'occasion de la visite du premier en France et du second au Québec, en mai et juillet 1967.
- Rapport de la Commission royale d'enquête sur la vente du réseau gazier d'Hydro-Québec à la Corporation de gaz naturel, Québec, août 1962.
- Rapport de la Commission royale d'enquête sur l'enseignement dans la province de Québec, Québec, 1966.
- « Le Gouvernement du Québec et la Constitution », déclarations et allocutions du premier ministre Daniel Johnson aux conférences fédérales-provinciales de septembre 1966 et février 1968, et à la conférence interprovinciale tenue à Toronto en novembre 1967.
- *Plan d'action pour une jeune nation,* manifeste électoral de l'Union nationale aux élections de novembre 1962.
- Programmes électoraux officiels du Parti libéral et de l'Union nationale aux élections de juin 1966.
- « Rencontre du Club des volailles », transcription des discussions entre les porte-parole de l'Union nationale et du Rassemblement pour l'indépendance nationale à Saint-Adolphe-d'Howard en avril 1964.
- BERTRAND, Jean-Jacques, *Pour un renouveau,* manifeste du député de Missisquoi au congrès à la direction de l'Union nationale, septembre 1961.
- CARDINAL, Jean-Guy, *L'Union vraiment nationale,* manifeste publié en 1969 à l'occasion de la course à la direction de l'Union nationale.
- JOHNSON, Daniel, *Égalité ou Indépendance,* Montréal, Éditions de l'Homme, 1965, 125 pages.
- MARTIN, Paul, *Fédéralisme et Relations internationales,* Ottawa, Imprimeur de la reine, 1968.
- SHARP, Mitchell, *Fédéralisme et Conférences internationales sur l'éducation,* Ottawa, Imprimeur de la reine, 1968.
- TREMBLAY, Jean-Noël, *La Confédération ! Combien de temps faudra-t-il la subir ?,* Saint-Hyacinthe, Éditions Alerte, 1961, 16 pages.

AUTOBIOGRAPHIES

- BARRETTE, Antonio, *Mémoires,* Montréal, Beauchemin, 1966, 448 pages.

- CHALOULT, René, *Mémoires politiques*, Montréal, Éditions du Jour, 1969, 295 pages.
- DE MENTHON, Pierre, *Je témoigne – Québec 1967, Chili 1973*, Paris, Éditions du Cerf, 1979, 152 pages.
- LAMARSH, Judy, *Memoirs of a Bird in a Gidded Cage*, Toronto, McClelland and Stewart, 1969, 367 pages.
- LAPALME, Georges-Émile, *Mémoires. Le Paradis du pouvoir*, vol. 3, Montréal, Leméac, 1973, 263 pages.
- PEARSON, Lester B., *Mike : the Memoirs of the Right Honorable Lester B. Pearson*, vol. 3, Toronto, University of Toronto Press, 1975, 338 pages.
- SÉVIGNY, Pierre, *Le Grand Jeu de la politique*, Montréal, Éditions du Jour, 1965, 347 pages.

BIOGRAPHIES

- BLACK, Conrad, *Duplessis. Le Pouvoir*, Montréal, Éditions de l'Homme, 1977, 623 pages.
- *Current Biography*, vol. 28, New York, H.W. Wilson, 1967.
- DESBARATS, Peter, *René Lévesque ou le projet inachevé*, Montréal, Fides, 1976, 270 pages.
- GROS D'AILLON, Paul, *Daniel Johnson. L'égalité avant l'indépendance*, Montréal, Stanké, 1979, 257 pages.
- LAPORTE, Jean-Louis, *Daniel Johnson, cet inconnu*, Montréal, Beauchemin, 1968, 112 pages.
- LAPORTE, Pierre, *Le Vrai Visage de Duplessis*, Montréal, Éditions de l'Homme, 1960, 140 pages.
- *Nous avons connu Duplessis*, ouvrage écrit en collaboration, Montréal, Éditions Marie-France, 1977, 93 pages.
- PROVENCHER, Jean, *René Lévesque. Portrait d'un Québécois*, Montréal, Éditions La Presse, 1973, 270 pages.
- QUINN, Herbert F., *The Union Nationale, A Study in Quebec Nationalism*, Toronto, University of Toronto Press, 1963, 249 pages.
- RUMILLY, Robert, *Maurice Duplessis et son temps*, tomes I et II, Montréal, Fides, 1973, 722 et 747 pages.
- STURSBERG, Peter, *Diefenbaker. Leadership Gained 1956-1962*, Toronto, University of Toronto Press, 1975, 278 pages.

ÉTUDES GÉNÉRALES

- BENJAMIN, Jacques, *Comment on fabrique un Premier ministre québécois*, Montréal, Éditions de L'Aurore, 1975, 190 pages.
- BERGERON, Guy, *Du duplessisme au johnsonisme, 1956-1966*, Montréal, Parti Pris, 1967, 470 pages.
- BERTRAND, Guy, *L'État du Québec*, Québec, Éditions Fleur de Lys, 1965.
- BOURDON, Joseph, *Montréal-Matin, son histoire ses histoires*, Montréal, Éditions La Presse, 1978, 470 pages.
- CARDINAL, Mario, Vincent Lemieux et Florian Sauvageau, *Si l'Union nationale m'était contée...*, Montréal, Éditions du Boréal Express, Montréal, 1978, 348 pages.
- COUVE DE MURVILLE, Maurice, *Une politique étrangère 1958-1969*, Paris, Plon, 1971, 499 pages.
- D'ALLEMAGNE, André, *Le RIN et les Débuts du mouvement indépendantiste québécois*, Montréal, Éditions de l'Étincelle, Montréal, 1974, 160 pages.
- DESBARATS, Peter, *The State of Quebec*, Toronto, McClelland and Stewart, 1965, 188 pages.
- DION, Gérard et Louis O'Neill, *Le Chrétien et les Élections*, Montréal, Éditions de l'Homme, 1960, 123 pages.
- *Dossier Québec*, ouvrage écrit en collaboration, Paris, Stock, 1979, 519 pages.
- GIROUX, Maurice, *La Pyramide de Babel*, Montréal, Éditions de Sainte-Marie, 1967, 138 pages.
- GROSSER, Alfred, *Les Occidentaux*, Paris, Fayard, 1978.
- HARDY, Alfred, *Patronage et Patronneux*, Montréal, Éditions de l'Homme, 1979, 149 pages.
- LAGARDE, André, *Le Scandale des faux certificats*, Laval-des-Rapides, Éditions LeSieur ltée, 1964, 160 pages.
- LA TERREUR, Marc, *Les Tribulations des conservateurs du Québec*, Québec, Presses de l'Université Laval, 1973, 265 pages.
- LEMIEUX, Vincent et Raymond Hudon, *Patronage et Politique au Québec 1944-1972*, Montréal, Éditions du Boréal Express, 1975, 187 pages.
- MALLEN, Pierre-Louis, *Vive le Québec libre*, Montréal, Plon, Presses de la Cité, 1978, 378 pages.
- MALLEN, Pierre-Louis, *Êtes-vous dépendantiste ?*, Montréal, Éditions La Presse, 1979, 163 pages.

- MALONE, Mark, « Le Double Visage de la francophonie », in *L'Univers politique*, Paris, les Éditions Richelieu, 1968, 534 pages.
- MONIÈRE, Denis, *Le Développement des idéologies au Québec*, Montréal, Québec/Amérique, 1977, 377 pages.
- MONNET, François-Marie, *Le Défi québécois*, Montréal, Éditions Quinze, 1977, 255 pages.
- MORIN, Claude, *Le Pouvoir québécois en négociation*, Montréal, Éditions du Boréal Express, 1972, 207 pages.
- MORIN, Claude, *Le Combat québécois*, Montréal, Éditions du Boréal Express, 1973, 189 pages.
- NEWMAN, Peter, *Renegade in Power*, Toronto, McClelland and Stewart, 1964, 414 pages.
- NEWMAN, Peter, *The Distemper of our Times*, Toronto, McClelland and Stewart, 1968, 558 pages.
- NEWMAN, Peter, *The Canadian Establishment*, vol. 1, McClelland and Stewart, Toronto, 1977, 551 pages.
- O'NEILL, Pierre et Jacques Benjamin, *Les Mandarins du pouvoir*, Montréal, Québec/Amérique, 1978, 285 pages.
- PATRY, André, *Le Québec dans le monde*, Montréal, Leméac, 1980, 167 pages.
- PEYREFITTE, Alain, *Le Mal français*, Paris, Plon, 1976, 524 pages.
- PROULX, Jérôme, *Le Panier de crabes*, Montréal, Parti Pris, 1971, 207 pages.
- ROUANET, Anne et Pierre, *Les Trois Derniers Chagrins du général de Gaulle*, Paris, Grasset, 1980, 487 pages.
- ROY, Jean-Louis, *Le Choix d'un pays*, Montréal, Leméac, 1978, 366 pages.
- SIMEON, Richard, *Federal-Provincial Diplomacy*, Toronto, University of Toronto Press, 1972, 324 pages.
- TAINTURIER, Jean, *De Gaulle au Québec, le dossier des quatre journées*, Montréal, Éditions du Jour, 1967, 119 pages.
- TRUDEAU, Pierre Elliott, *Le Fédéralisme et la Société canadienne-française*, Montréal, Éditions HMH, 1967, 227 pages.

Index

Table des matières

Infographie : Édition•Typographie•Conseils (ETC)
Montréal, Québec

Achevé   Imprimerie
d'imprimer   Gagné Ltée
au Canada   Louiseville

En mai 1991